Springer-Lehrbuch

Arnold Heertje
Heinz-Dieter Wenzel

Grundlagen der Volkswirtschafts-lehre

Vierte, durchgesehene und aktualisierte Auflage

Mit 119 Abbildungen

Springer-Verlag

Berlin Heidelberg New York
London Paris Tokyo
Hong Kong Barcelona
Budapest

Professor Dr. Arnold Heertje
Lehrstuhl Volkswirtschaftslehre
Universität Amsterdam
O.Z. Achterburgwal 217–219
NL-1012 DL Amsterdam

Professor Dr. Heinz-Dieter Wenzel
Lehrstuhl Finanzwissenschaft
Otto-Friedrich Universität
Feldkirchenstr. 21
D-96045 Bamberg

ISBN 3-540-57147-7 Springer-Verlag Berlin Heidelberg New York Tokyo
ISBN 3-540-53789-9 3. Aufl. Springer-Verlag Berlin Heidelberg New York Tokyo

Die Deutsche Bibliothek – CIP-Einheitsaufnahme
Heertje, Arnold: Grundlagen der Volkswirtschaftslehre /
Arnold Heertje ; Heinz-Dieter Wenzel. – 4., durchges. und aktualisierte Aufl. –
Berlin ; Heidelberg ; New York ; London ; Paris ; Tokyo ;
Hong Kong ; Barcelona ; Budapest : Springer, 1993
(Springer-Lehrbuch)
ISBN 3-540-57147-7
NE: Wenzel, Heinz-Dieter:

Druck und Bindearbeiten: Ebner, Ulm
42/7130 – 543210 – Gedruckt auf säurefreiem Papier

Vorwort zur vierten Auflage

Die vorliegende Auflage ist durchgesehen, im Datenteil aktualisiert und mit einem neuen Textverarbeitungsprogramm leserfreundlicher gestaltet. Der Inhalt ist aktualisiert und verbessert worden; dabei wurde der Umfang dieser Auflage nur unwesentlich vergrößert. Hinzugekommen ist ein Abbildungs- und ein Tabellenverzeichnis. Bei der Vielzahl der verwandten Abbildungen und Tabellen sollte damit bewußt die Funktion dieses Buches als Nachschlagewerk unterstützt werden.

Bei der Neuauflage haben die Autoren vielerlei Unterstützung erfahren. So haben wir unseren Kollegen Michael Schmid, Frank G. Steindl und Wolfgang Wiegard, sowie Dr. W. Kanning für eine Fülle von Anregungen und Verbesserungsvorschlägen zu danken.

An der technischen Gestaltung dieser Auflage haben Michael Betten und Felix Gertkemper den Hauptanteil geleistet. Dafür sei Ihnen ganz herzlich gedankt. Unser Dank geht aber auch an Andrea Wölfel und Dorothee Janetzke-Wenzel sowie Stephan Düsel für das gründliche Korrekturlesen. Nicht zuletzt aber auch an die Assisstenten am Lehrstuhl für Finanzwissenschaft Barbara Wolfe und Matthias Wrede für die immer tatkräftige und konstruktive Mitarbeit.

Naarden, im Mai 1993   Bamberg, im Mai 1993

Arnold Heertje   Heinz-Dieter Wenzel

Vorwort zur dritten Auflage

Der vorliegende Band richtet sich an Studierende der wirtschaftswissen-schaftlichen Studiengänge im Haupt- und im Nebenfach. Er ist entstanden aus dem von Arnold Heertje 1975 in zweiter Auflage publizierten Heidel-berger Taschenbuch (Band 78) "Grundbegriffe der Volkswirtschaftslehre". Die dritte, vollständig neu überarbeitete und ergänzte Auflage, die gemein-sam mit Heinz-Dieter Wenzel erstellt wurde, erscheint unter dem Namen "Grundlagen der Volkswirtschaftslehre".

Damit soll die Absicht der Autoren deutlich gemacht werden, ein inhaltlich und methodisch geschlossenes Lehrbuch zum Gesamtkomplex der Volkswirtschaftslehre vorzulegen. Aufbauend auf dem sehr erfolgreichen Vorgängerband soll dies so eingängig und elementar wie möglich, aber dennoch so tiefgehend und anspruchsvoll wie nötig erfolgen.

Der Stoff ist so aufbereitet, daß die Vermittlung des ökonomischen Pro-blemverständnisses im Vordergrund steht, keinerlei ökonomisches Vorwis-sen erforderlich ist, und mathematische Grundkenntnisse vom schulischen Oberstufenniveau zum Verständnis völlig ausreichen. Daß aber eine strengere formal-analytische Vorgehensweise und damit unter Umständen eine Beschäftigung mit der symbolhaften Sprache der Mathematik in der Volkswirtschaftslehre durchaus nützlich sein kann, wird an manchen Stellen in der Form ergänzender Exkurse nicht unerwähnt gelassen.

Die Volkswirtschaftslehre beschäftigt sich mit wirtschaftlichen Wahlhand-lungen und ihren Interdependenzen. Daher ist die Bereitschaft zu abstrak-tem Denken eine conditio sine qua non für das tiefere Verständnis fast aller interessanten Fragestellungen. Den Abstraktionsgrad dabei soweit wie möglich zu reduzieren und den Kern selbst theoretisch anspruchsvoller Probleme auch graphisch anschaulich machen zu können, ist eines der Grundprinzipien dieses Lehrbuches.

Die Volkswirtschaft als Wissenschaft spannt einen Bogen von den zu er-klärenden empirischen ökonomischen Phänomenen zu den theoretischen Erklärungsmustern. In diesem Spannungsfeld kommt dem Staat als Träger des wirtschaftspolitischen Instrumentariums eine besondere Aufgabe zu. Daß auch in modernen marktwirtschaftlichen Wettbewerbsökonomien westlicher Volkswirtschaften der staatliche Handlungsbedarf nicht gering ist, war Anlaß dafür, in der vorliegenden Neuauflage der Beschreibung und Begründung der Staatswirtschaft mehr Raum zu geben. Hierbei sind na-türlich auch die ökonomischen Konsequenzen und Perspektiven der jüngst erfolgten politischen und wirtschaftlichen Einheit Deutschlands berück-sichtigt worden.

Die Autoren hoffen, daß das Buch in seiner neuen Form der volkswirtschaftlichen Ausbildung gute Dienste leisten kann, und sind für kritische Bemerkungen stets dankbar und aufgeschlossen.

Als letztes möchten wir all denen danken, die bei der Neuauflage am Finanzwissenschaftlichen Lehrstuhl der Universität Bamberg geholfen haben.

Besonderer Dank gilt dabei den Lehrstuhlassistenten Barbara Wolfe, Matthias Wrede und dem ehemaligen Mitarbeiter Axel Gierga, deren Anregungen und konstruktive Kritik in inhaltlichen Details wie auch in der praktischen Umsetzung wesentlich zum Gelingen dieses Buches beigetragen haben.

Dank gilt auch Jens Dasenbrook und Peter von Maydell für die sorgfältige Erstellung der vielen Abbildungen, Regina Schnathmann, Maike Schladetzky sowie Hagen Schröter für das gründliche Korrekturlesen und Michael Holsteuer für das Aufbereiten von Daten.

Und last but not least geht ein besonderer Dank auch an Annemarie Salzmann und Manuela Mild, die mit Geduld, Sorgfalt und Geschick aus vielen vorläufigen Fassungen ein reproduktionsfähiges Manuskript erstellten.

Naarden, im März 1991   Bamberg, im März 1991

Arnold Heertje   Heinz-Dieter Wenzel

Vorwort zur zweiten Auflage

In dieser Auflage wurde der Inhalt erneut durchgesehen und verbessert. Neben der Aktualisierung statistischer Daten und wirtschaftspolitischer Fakten haben wir durch den Einbau mathematischer Problemformulierungen versucht, die Verbindung zu Teil II (HTB, Bd. 90) enger zu knüpfen. Zur Vertiefung des Grundlagen- und Übungscharakters des Lehrbuches ist die Veröffentlichung eines Übungsbuches geplant, in dem Musterlösungen zu den in beiden Bänden enthaltenen Aufgaben vorgesehen sind. Wir hoffen, daß das Buch nicht zuletzt durch diese vorgesehene Erweiterung auch für den Unterricht an Wirtschaftsgymnasien und Fachhochschulen an Interesse gewinnt.

Nützliche Hinweise und Verbesserungsvorschläge verdanken wir vor allem Prof. Dr. Kurt W. Rothschild (Linz) und Herrn Prof. Dr. Tycho Seitz (Bochum). Herrn Dr. Peter Huber möchte ich für seine Arbeit bei der Vorbereitung der zweiten Auflage herzlich danken.

Naarden, im Oktober 1974   A. Heertje

Vorwort zur ersten Auflage

Das vorliegende Lehrbuch verfolgt die Absicht, dem Studierenden der Volkswirtschaftslehre auf moderne Weise eine Einführung in Grundgedanken der Nationalökonomie zu geben. Ich habe versucht, analytische Urteile von solchen politisch-normativer Natur sorgfältig zu trennen. Großen Wert habe ich darauf gelegt, den Leser in das moderne, vor allem in der angelsächsischen Literatur gepflegte Denken in Modellen einzuführen. Ich meine, daß insbesondere für den heutigen Studierenden der Wirtschaftswissenschaften die Erkenntnis der Relativität der Ergebnisse einer wissenschaftlichen Analyse von den zugrundeliegenden Annahmen von großer Bedeutung ist. Insofern kann das Lehrbuch auch als ein Beitrag zur Demokratisierung der wissenschaftlichen Diskussion verstanden werden.

Der erste Teil ist als Einführung recht einfach gehalten, bereitet jedoch auf die nuancierte Problematik des zweiten Teiles vor; besonders geeignet erscheint uns dieser erste Teil als Studienhilfe für Studierende der ersten Semester sowie für Juristen und andere Studierende, die die Wirtschaftswissenschaften nur im Nebenfach betreiben.

Es ist mir ein Bedürfnis, an dieser Stelle den Professoren R. Richter, H. Scherf, E. Schneider, A. Stobbe, W. Vogt und H. J. Vosgerau zu danken, die mir während einiger Studienaufenthalte in Deutschland Anregungen bzw. Hilfen gegeben haben. Insbesondere möchte ich an dieser Stelle Herrn Professor A. E. Ott herzlich für hilfreiche Vorschläge danken. Ebenfalls danke ich Herrn Dr. Seitz für sein Interesse an meiner Arbeit.

Das Buch wurde von Herrn Diplom-Volkswirt P. Huber ins Deutsche übertragen; er hat außerdem einige Abschnitte deutschen Verhältnissen angepaßt. Ich möchte zum Ausdruck bringen, daß dies m.E. in ansprechender Weise gelungen ist.

Diese deutsche Ausgabe entspricht in etwa der fünften Auflage des holländischen Originaltextes. Meinen holländischen Kollegen und Freunden danke ich an dieser Stelle für Kritik und Ratschläge, die mir bei der Verbesserung der einzelnen Auflagen sehr zustatten kamen. Ich hoffe, daß das Buch in Deutschland einer ebenso nützlichen Diskussion ausgesetzt sein wird.

Naarden, im November 1970   A. Heertje

Inhaltsverzeichnis

Einführung

KAPITEL 1 FRAGEN UND METHODEN DER VOLKSWIRTSCHAFTSLEHRE

Teil I Grundlagen der Mikroökonomie

KAPITEL 2 THEORIE DES HAUSHALTS

Teil II Grundlagen der Makroökonomie

KAPITEL 6 DIE GÜTER UND DER GÜTERMARKT

KAPITEL 7 DAS GELD UND DER GELDMARKT

KAPITEL 8 GLEICHGEWICHT AUF DEM GÜTER- UND GELDMARKT:
DAS IS-LM-MODELL

XIV

Teil III Einkommen, Produktion, Preise und Beschäftigung

KAPITEL 9 DER ARBEITSMARKT

KAPITEL 10 DAS ALLGEMEINE KEYNESIANISCHE MODELL

KAPITEL 11 WACHSTUM UND VERTEILUNG

Teil IV Der Staat

Teil V Außenwirtschaftsbeziehungen

KAPITEL 15 GRUNDLAGEN DER AUSSENWIRTSCHAFT

KAPITEL 16 SPEZIELLE ASPEKTE

Anhang

Einführung

Kapitel 1 Fragen und Methoden der Volkswirtschaftslehre

1. Gegenstand der Volkswirtschaftslehre

Der Mensch kommt mit verschiedenen Phänomenen in Berührung, deren Wesen er nicht ohne weiteres ergründen kann. Die Wissenschaften versuchen gemeinsam, die verschiedenen Ereignisse zu erklären. Dies bedeutet, daß versucht wird, die Erscheinungen logisch zu ordnen und Zusammenhänge zwischen den einzelnen Fakten offenzulegen.

Jede einzelne Wissenschaft betrachtet gewisse Gegenstände und Erscheinungen aus einem besonderen Blickwinkel. So untersucht die Biologie z.B. das Phänomen "Mensch" auf andere Weise als etwa die Psychologie. Die Beiträge, die einzelne Wissenschaften zu unserem Weltbild leisten, sind deswegen immer insoweit begrenzt, als die Einblicke, die eine Wissenschaft zu geben imstande ist, nicht zugleich ein totales Verständnis der Erscheinung sein können. Stets wird derjenige Aspekt schlecht beleuchtet, der am Rande der jeweiligen Wissenschaft liegt.

Wissenschaft treiben bedeutet, immer und immer wieder die Frage "Warum?" zu wiederholen. Wenn jemand, ausgehend von einem willkürlichen Problem, fortwährend diese Frage stellen würde, müßte er alsbald die Gebiete einer ganzen Anzahl von Wissenschaften betreten. Aus dieser Tatsache ergibt sich, daß jede einzelne Wissenschaft sich auf die Analyse spezieller Probleme beschränkt.

Aufgabe der **Volkswirtschaftslehre** ist es, Erscheinungen im Spannungsfeld menschlicher Bedürfnisse und deren Befriedigung zu erklären. Ausgangspunkt der Betrachtung sind die menschlichen Bedürfnisse wie z.B. Nahrung, Kleidung, Theatervorstellungen, Versicherung. Den Menschen wird unterstellt, daß sie versuchen, diese Bedürfnisse bis zu dem maximal erreichbaren Grad zu befriedigen.

Mittel zur Befriedigung von Bedürfnissen sind **Güter**. Diese Güter sind einteilbar in **freie** und **knappe Güter**. Freie Güter sind solche, die für jeden in jeder beliebigen Menge verfügbar sind, ohne daß die Bereitstellung Kosten verursacht. Meerwasser ist für Küstenbewohner ein solches freies Gut. Problematischer sind die knappen Güter. Sie stehen nicht in beliebiger Menge zur Verfügung. Die begrenzt verfügbare Menge führt zu der Erfordernis, diese Güter nach einem Schlüssel zu verteilen. Hier entsteht jetzt das Spannungsverhältnis zwischen Bedürfnis und Befriedigung, da ein Bedürfnis nicht mehr vollständig befriedigt werden kann.

Das Wort "knapp" muß genau vom Begriff "selten" unterschieden werden. "Weniges" ist selten, da es nur in beschränktem Maße vorhanden ist. So sind faule Eier im allgemeinen selten. Da unter normalen Umständen kein Bedürfnis nach eben solchen Eiern vorhanden ist, sind diese Produkte nicht knapp. Knapp werden diese Eier erst, wenn das Auftreten eines schlechten Redners ein spontanes Bedürfnis nach faulen Eiern entstehen läßt.

Knappheit an sich ist noch kein hinreichender Grund für das Entstehen einer Wissenschaft von der Wirtschaft. Ein brachliegendes Stück Land kann etwa für den Wohnungsbau verwendet werden, ebenso aber zur landwirtschaftlichen Nutzung oder zu Erholungszwecken. Wir müssen also zusätzlich berücksichtigen, daß, abhängig vom Grad ihrer Bearbeitung, die Güter noch in unterschiedlicher Weise verwendet werden können. Wir sagen, sie sind alternativ verwendbar. Die Knappheit und alternative Verwendbarkeit der Mittel zwingt die Wirtschaftssubjekte dazu, eine Wahl zu treffen. Die Volkswirtschaftslehre untersucht die Mechanismen, nach denen die Wirtschaftssubjekte Wahlentscheidungen treffen, um die persönlichen Bedürfnisse zu befriedigen. Wir sagen auch: um ihre persönliche Wohlfahrt zu erhöhen.

Die Volkswirtschaftslehre hat zahlreiche Berührungspunkte zu anderen Wissenschaften, die sich ebenfalls mit der Organisation der Gesellschaft befassen. Insbesondere sind die Rechtswissenschaften, die Politologie, die Soziologie und die Betriebswirtschaftslehre zu nennen. Die Volkswirtschaftslehre ist in mehrere Theoriegebiete unterteilt. Grundsätzlich kann in mikroökonomische und makroökonomische Theorie unterschieden werden. **Mikroökonomie** befaßt sich mit einzelwirtschaftlichen Sachverhalten wie z.B. individuellen Konsumentscheidungen der Haushalte oder Produktionsentscheidungen einzelner Unternehmen. **Makroökonomie** betrachtet die Aggregate einer Ökonomie wie z.B. die Investitionen, die private Nachfrage, das Sparen. Als zusätzliche Gebiete sind noch die **Finanzwissenschaft** und die Ökonomie der **Außenwirtschaft** zu nennen. Finanzwissenschaft beschäftigt sich im wesentlichen mit dem Staat und seinem Wirken in einem ökonomischen System. In der Außenwirtschaftslehre geht es um die besonderen Wirkungszusammenhänge, die aus der Verflechtung mehrerer nationaler Volkswirtschaften entstehen. Wir sprechen von "offenen" Volkswirtschaften, wenn nationale Wahlentscheidungen international vernetzt sind. Dieser Einteilung der Volkswirtschaftslehre folgt auch dieses Buch.

> **Resümee:** *Die Volkswirtschaftslehre untersucht Erscheinungen, die im Zusammenhang von Wahlentscheidungen zur Verwendung von Gütern zur Bedürfnisbefriedigung entstehen.*

2. Methoden der Volkswirtschaftslehre

Wenn man in der Zeitung zu den Ursachen von Arbeitslosigkeit einen Artikel liest, dann fällt auf, daß es für ein ökonomisches Problem zahlreiche Ursachen und Einflußfaktoren geben kann. Will man jetzt aber Ursache-Wirkung-Zusammenhänge analysieren, so wird das Problem sehr unübersichtlich und sehr schwer faßbar. Um nun doch eine Aussage über Zusammenhänge machen zu können, bildet man eine **Theorie**, die man als **Modell** quantifiziert. Dabei wird meistens folgendermaßen vorgegangen: Zunächst sammelt man Daten zu einem ökonomischen Sachverhalt, den man in eine Theorie fassen will. Zwischen den einzelnen Daten werden Beziehungen angenommen, so daß Ursachen und Wirkungen in Hypothesen festgelegt werden. Bei dieser als **Induktion** bezeichneten Methode benutzt man häufig die deskriptive Statistik. So kann z.B. durch Materialsammlung untersucht werden, was man ex post über den Zusammenhang von Butterpreis und Butterverbrauch im Zeitablauf aussagen kann. Auf dem Wege der Induktion läßt sich dann ex ante die Hypothese einer preisabhängigen Nachfragefunktion nach Butter bilden.

Aus einer Summe induktiv gewonnener Hypothesen werden im zweiten Schritt durch logische Ableitungen Konklusionen gebildet. Diese methodische Vorgehensweise nennt man **Deduktion**. Damit sind sowohl Induktion wie Deduktion Bestandteile einer Theorie, die die Nachfrage nach Butter erklären soll.

Eine Theorie ist somit zur Erklärung ähnlicher Situationen anwendbar, wobei die Einhaltung der Prämissen, unter denen sie gelten soll, erforderlich ist. Die in Modellen abgebildeten Theorien sind dabei stets eine **Abstraktion** der Wirklichkeit, da sie nur auf einige ausgewählte Aspekte der Realität zurückgreifen.

Eine Theorie gilt es nun anhand von empirischen Daten zu überprüfen und zu bestätigen oder zu falsifizieren. Jede Theorie gilt nur als vorläufig bestätigt, bis sie durch eine bessere Theorie abgelöst wird. So kann es vorkommen, daß gleichzeitig mehrere Theorien mit entgegengesetzten Aussagen existieren und es nicht möglich ist, eine Theorie zu falsifizieren. Dies kennt man aus anderen Wissenschaften auch. So streiten sich Physiker seit Jahrzehnten darum, ob Licht eine Welle oder ein Teilchen ist. Beide Theorien lassen sich durch Experimente unterstützen und es ist sicher, daß mindestens eine Theorie falsch ist, jedoch ist es bisher nicht gelungen, eine der Theorien zu falsifizieren. Ebenso gibt es in der Wirtschaftswissenschaft verschiedene Lehrmeinungen, die sich teilweise auch widersprechen, nebeneinander.

Um dem anfangs angedeuteten Problem zahlreicher Einflußfaktoren auf eine ökonomische Größe zu begegnen, verhält sich der Wirtschaftswissenschaftler ähnlich wie andere Wissenschaftler. Will man in der Physik ein Phänomen erklären, so konstruiert man ein Experiment, bei dem möglichst alle störenden Nebeneinflüsse ausgeschlossen werden. Der Luxus eines solchen Experimentes unter kontrollierten Bedingungen ist dem Volkswirt nicht gegeben. Seine Experimente finden "in der freien Natur" statt. Er kann ein Experiment weder anhalten, noch unter absolut gleichen Bedingungen wiederholen. Die Bedingungen, unter denen eine ökonomische Aussage gelten soll, sind meistens eng an bestimmte wirtschaftliche Rahmengegebenheiten geknüpft. Um zu sagen, daß alle übrigen in der Theorie nicht betrachteten Größen unverändert bleiben sollen, setzt man die sogenannte **Ceteris-Paribus-Bedingung** (im folgenden durch c.p. abgekürzt). Die Anwendung dieser Klausel ist in der sehr komplexen Realität unvermeidlich. Die Allgemeingültigkeit einer Theorie wird dadurch eingeschränkt.

Die Qualität einer ökonomischen Theorie hängt nicht davon ab, ob alle in der Realität auftretenden Phänomene in ihr berücksichtigt werden. Das Gegenteil ist richtig. Eine gute Theorie, und damit ein gutes ökonomisches Modell verwendet nur wenige, aber dafür relevante Wirkungszusammenhänge. Relevante Zusammenhänge sind Kausalstrukturen, die der jeweiligen Fragestellung angemessen sind. Eine umfassende Theorie oder ein großes, alle denkbaren Einflußfaktoren berücksichtigendes Modell wäre genausowenig nützlich wie eine Landkarte im Maßstab eins zu eins.

Analysiert man Ereignisse nach ihrer Ursache und den Wirkungen, so spricht man von **positiver Ökonomie**. Hier geht es um die Erfassung von Vorgängen der Realität in Theorien. An den Wirtschaftswissenschaftler treten nun immer wieder Politiker, Manager oder andere Personen heran und wünschen sich eine Empfehlung, wie sie ein bestimmtes Problem optimal lösen können. Diese beste Lösung ist durch bestimmte Normen, die sie zu erfüllen hat, determiniert. In diesem Zusammenhang wird von **normativer Ökonomie** gesprochen.

> **Resümee:** *In der Volkswirtschaftslehre werden wissenschaftliche Methoden zur Untersuchung von Sachverhalten angewandt. Man spricht von induktivem Faktensammeln und deduktiver Auswertung. Ökonomische Theorien sind Erklärungsmuster, die von der Realität abstrahieren. Werturteile sollten genau von kausalen Feststellungen getrennt werden.*

3. Konsum und Produktion

Im ersten Paragraphen war von Bedürfnissen die Rede. Auch ist schon gesagt worden, daß man zur Bedürfnisbefriedigung Güter benötigt, wovon die meisten Güter in einer Volkswirtschaft produziert werden müssen. Zur Produktion dieser Güter müssen sogenannte Vorleistungsgüter eingesetzt werden.

Insgesamt werden die Güter in Konsumgüter und Kapital- bzw. Produktionsgüter unterteilt. Die Menge an Kapitalgütern in einer Gesellschaft wird als **Kapitalstock** bezeichnet. Um bei Kapital abzugrenzen, daß es sich nicht um eine Geldsumme handelt, fügt man das Wort "Real" hinzu. **Realkapital** sind dann alle Gebäude, Maschinen, Telephone usw., die in der Produktion eingesetzt werden. Die gleiche Waschmaschine, die im Haushalt als Konsumgut verwendet wird, ist für einen Waschsalon ein Kapitalgut. Das zur Produktion von Gütern eingesetzte Realkapital ist einer der drei **Produktionsfaktoren**.

Ein weiterer Produktionsfaktor ist die **menschliche Arbeit**. Noch keine Produktion ist derartig automatisiert, daß sie völlig ohne menschliche Arbeit auskommt. In einem ökonomischen System ist auch der Faktor Arbeit begrenzt durch die Summe derer, die arbeiten können, multipliziert mit der Zeit, die sie maximal arbeiten dürfen.

Als dritter Faktor wurde früher der Boden genannt, mit allem, was er hervorbringt (landwirtschaftliche Produktion, Bodenschätze, Standort), jedoch mußte man feststellen, daß auch andere Faktoren der Natur oder der Umwelt mit in die Produktion eingehen. Während Boden sehr schnell als knapper Faktor erkennbar war, ging man bei Luft oder Wasser von einer unendlichen Verfügbarkeit aus. Luft- und Wasserverbrauch (durch Verschmutzung) machten erst später auf die Knappheit dieser Faktoren aufmerksam. Deswegen faßt man alle durch die Natur vorgegebenen Produktionsfaktoren einschließlich Boden zusammen. Man spricht bei dem dritten Produktionsfaktor von **Umwelt** oder Natur.

Zur Produktion von Gütern werden diese drei Produktionsfaktoren miteinander kombiniert. Für jedes Gut wird man unterschiedliche Mengen der einzelnen Güter einsetzen (**Inputfaktoren**), um dann damit das Gut (Output) zu erzeugen.

Der Kauf der produzierten Güter durch die Konsumenten wird Konsum genannt. Diese Art der Definition versteht also unter einem Brot in der Speisekammer ein Konsumgut. Dasselbe Brot in der Auslage eines Bäckers ist noch Produktionsmittel oder Kapitalgut. Produktionsmittel müssen noch kombiniert werden, um das Brot auf den Eßtisch einer Haushaltung zu bringen. Wenn man von "Produktion" spricht, darf man also nicht ausschließlich an technische Formveränderungen denken, sondern z.B. auch an Transport, Lagerung und Verpackung. Jede Handlung, durch die der Nutzen eines Gutes erhöht wird, ist produktiv.

Letzten Endes ist jede Produktion auf Konsum gerichtet. Durch lange Umwege, die bei der Produktion eingeschlagen werden, wird die Aufmerksamkeit von dieser Tatsache etwas abgelenkt, aber schließlich gewinnt doch der Fabrikant von Teigmaschinen seine Bedeutung ebenso aus dem Konsum wie der Bäcker, der das Brot backt und unter die Leute bringt.

Resümee: Zur Produktion von Gütern werden Produktionsfaktoren eingesetzt. Auch wenn produzierte Güter nicht direkt zum Konsum verwendet werden, sondern als Vorleistungsgüter wiederum in der Produktion eingesetzt werden, so ist letztlich jede Produktion auf den Konsum gerichtet.

---

4. Arbeitsteilung und Tausch

Die **Arbeitsproduktivität**, also die Produktion pro eingesetzter Arbeit, z.B. in Stunden pro Beschäftigtem gemessen, nimmt nicht allein durch Kapitalbildung, sondern auch durch die **Arbeitsteilung** zu. Die Menschheit hat frühzeitig erkannt, daß es sinnvoll ist, wenn jeder Einzelne sich auf einen kleinen Teil des gesellschaftlichen Produktionsprozesses spezialisiert. Die Gesamtproduktion kann gesteigert werden, wenn jeder seine eigene Kapazität so weit wie möglich ausnutzt. Durch die Arbeitsteilung bekommt man eine besondere Fertigkeit in den auszuführenden Arbeiten, wodurch die Berufstauglichkeit erhöht werden kann. Außerdem ist mit einer entsprechenden Spezialisierung zu rechnen.

Ein besonderer Aspekt der Arbeitsteilung, nämlich jene, welche betriebsintern stattfindet, wird bereits von ADAM SMITH (1723-1790) - dem Begründer der klassischen Schule - beleuchtet. In seinem wichtigsten Werk aus dem Jahre 1776 "An Inquiry into the Nature and Causes of the Wealth of Nations" beschreibt er die Arbeitsteilung in einer Nadelfabrik.

Eine weitgetriebene Arbeitsteilung ist indessen nur unter der Voraussetzung einer gut entwickelten Tauschwirtschaft möglich. Wenn jeder sich auf einen kleinen Teil des Produktionsprozesses spezialisiert, muß die Sicherheit gegeben sein, daß Konsumgüter durch **Tausch** erworben werden können. Ein Buchbinder oder ein Sänger kann unbesorgt in seinem Spezialgebiet tätig sein, wenn er weiß, daß andere für seine Nahrung und Kleidung sorgen. Diese Güter kann er kaufen. Man sollte folglich erwarten, daß in einer Gesellschaft, in der die Arbeitsteilung noch nicht so weit fortgeschritten ist wie in unserer heutigen, auch der Tauschverkehr primitiver abläuft. Dies ist in der Tat auch der Fall. Güter werden noch gegen Güter getauscht (sogenannter Realtausch) und erst langsam werden bestimmte Wertgegenstände als Zwischenlösung anerkannt, bis schließlich Geld als allgemeines Tauschmittel eingeführt wird. Arbeiten in der Produktion, Empfangen von Lohn, Übereignen von Geld und Kaufen von Konsumgütern im Laden ist an die Stelle des Tausches von Bärenfellen gegen Fische getreten.

> **Resümee:** *Die Arbeitsproduktivität nimmt u.a. durch Kapitalbildung und Arbeitsteilung zu. Eine wichtige Folge der Arbeitsteilung ist der Tausch. Die am weitesten entwickelte Form des Tausches ist die, in der Geld als Tauschmittel eingeführt ist.*

---

5. Güterknappheit und Wohlfahrt

Den Wirtschaftssubjekten wird i.d.R. unterstellt, daß sie ihre Bedürfnisse, soweit es irgendwie geht, befriedigen wollen. Die Bedürfnisbefriedigung ist der Grad an **Nutzen** oder damit synonym individueller **Wohlfahrt**, den die einzelnen Wirtschaftssubjekte erreichen.

Oft wird jedoch in oberflächlichen Überlegungen der Inhalt des Begriffs "Wohlfahrt" eingegrenzt auf die Verfügbarkeit stofflicher Güter. Nicht selten liegt die Ansicht vor, daß eine hohe individuelle Wohlfahrt gegeben ist, wenn jemand Besitzer eines Autos, eines Fernsehapparates oder einer Spülmaschine ist. Ebenso spricht man davon, daß in einem Land, in dem große Mengen an langlebigen Konsumgütern zur Verfügung stehen, große Wohlfahrt herrscht.

Nun darf nicht verkannt werden, daß all diese Güter der Bedürfnisbefriedigung dienen und aus diesem Grunde ihren Beitrag zur Wohlfahrt leisten. Der Umkehrschluß, daß die Wohlfahrt ausschließlich von stofflichen Dingen abhängt, ist jedoch nicht zulässig. So hängt die Bedürfnisbefriedigung auch davon ab, welche Opfer für den Erwerb eben dieser Güter erbracht werden müssen. Wenn es jemand vorzieht, lieber einen Tag lang dem Müßiggang nachzugehen als 200.- DM zu verdienen, für die er Güter kaufen könnte, dann ist seine persönliche Wohlfahrt größer, wenn er die Freizeit genießt, als wenn er an diesem Tag arbeitet. Der ökonomische Aspekt dieser Alternative ist in der Tatsache zu sehen, daß eine Wahl zu treffen ist unter knappen Dingen, nämlich Arbeitszeit - oder wenn man will - Freizeit. Derartige Überlegungen, die die individuelle Wohlfahrt beeinflussen, werden auch von Kollektiven angestellt. Die Arbeitnehmer können in den Tarifauseinandersetzungen mit den Arbeitgebern neben Lohnerhöhungen auch zusätzliche Urlaubstage oder geringere Wochenarbeitszeit fordern. Offenbar sind sie in diesem Fall der Ansicht, daß ihrer Wohlfahrt nicht allein durch das zusätzliche Einkommen gedient ist, sondern auch durch die zusätzliche Freizeit.

Daß Wohlfahrt im Sinne von Bedürfnisbefriedigung mehr umfaßt als allein materielle Güter und Geld, wird auch ersichtlich, wenn wir daran denken, daß neuerdings saubere Luft, reines Wasser und Ruhe knapp werden, alles Güter, die der Mensch zum Leben braucht. Auch die **Natur** trägt also zur Bedürfnisbefriedigung bei. Die Einsicht, daß mit diesen Dingen Bedürfnisse des Menschen gestillt werden, bedeutet, daß mit den knappen Gütern gewirtschaftet werden muß. Somit folgt aus der Erkenntnis eines Bedarfs an sauberer Luft, daß bestimmte Produktionsprozesse künftig zu unterbleiben haben. In anderen Fällen müssen spezielle Techniken entwickelt und angewandt werden, um der Luftverunreinigung entgegenzuwirken. Wenn die Gesellschaft zu dem Schluß kommt, daß ein Naturschutzgebiet auf Kosten einer Neuansiedlung von Industrie bestehen bleiben soll, dann ist ein ökonomischer Aspekt in der Tatsache zu sehen, daß mit knappen Gütern gewirtschaftet wird. Die Wahlhandlungen in der Nationalökonomie beschränken sich deshalb nicht auf diejenigen, bei denen Vor- und Nachteile in Geldeinheiten ausgedrückt werden können. Auch die Wahl zwischen mehr Straßen, Industrie usw. und weniger Natur kann somit nicht ausgespart werden. Dies gerade ist Thema der modernen **Umweltökonomie**. Der Begriff "Wohlfahrt" hat also Bezug zur Bedürfnisbefriedigung, und diese ist insoweit abhängig vom Wirtschaften mit knappen, alternativ verwendbaren Gütern.

> *Resümee: Der Wohlfahrtsbegriff der Volkswirtschaftslehre bezieht sich auf das individuelle oder gemeinschaftliche Niveau der Bedürfnisbefriedigung, wobei dieses wiederum vom Wirtschaften mit knappen, alternativ verwendbaren Gütern abhängig ist, wozu auch die Umwelt zählt.*

6. Die Organisation des Wirtschaftslebens

Man kann sich fragen wie es kommt, daß jedermann seiner eigenen bescheidenen Aufgabe im Produktionsprozeß nachkommt und nicht statt dessen seine für den Lebensunterhalt nötigen Güter selbst herstellt. Sowohl das Problem der Kapitalbildung als auch die Frage der Arbeitsteilung ist ausreichend, uns zu fragen, ob hier nicht gewaltige Organisationsprobleme verborgen sind. Schon die Organisation z.b. eines Festes bietet - vor allem wenn man es zu einem guten Ende bringen will - besondere Schwierigkeiten, obwohl die Zahl der Teilnehmer relativ gering und die Erfolgsbedingungen, wie z.B. die Anzahl der Spaßvögel, bekannt sind. Wie werden in einer großen Gesellschaft diese Probleme gelöst?

Im Prinzip existieren zwei Möglichkeiten, die ihrerseits ziemlich weit voneinander entfernt liegen. Entweder man versucht alles von oben bis ins kleinste Detail zu regeln oder man läßt den Dingen freien Lauf. Der Gastgeber des Festes kann alles bis aufs i-Tüpfelchen organisieren oder aber er tut gar nichts und hofft, daß eine Art spontane Ordnung entsteht. Im ersten Fall sprechen wir von einer **Zentralverwaltungswirtschaft**. Im zweiten Fall, in dem die Unternehmer auf Wünsche der Konsumenten reagieren, liegt eine **freie Marktwirtschaft** vor. Die Unternehmer verlegen sich vor allem auf die Güterproduktion, wohingegen die Konsumenten eben Bedarf entwickeln, woraus die Nachfrage auf den Märkten entsteht. In der Wirklichkeit kommen ausschließlich Mischformen dieser Idealtypen vor.

Die spontane Ordnung, die bei der freien Marktwirtschaft entsteht, wird zwangsläufig irgendwo Organisationslücken bekommen. Um beim Festbeispiel zu bleiben: Die spontane Festordnung kann dazu führen, daß einige Gäste von der restlichen Festgesellschaft ausgegrenzt werden. Hier greift dann der Gastgeber ordnend ein. Ebenso hat der Staat in einer Ökonomie die Möglichkeit, mit aktiver Politik in die spontane Ordnung einzugreifen und damit die Situation zu verbessern. Die westlichen Volkswirtschaften sehen freien Marktwirtschaften ähnlich; der Staat nimmt gegenwärtig aber großen Einfluß auf das Wirtschaftsleben. In der ehemaligen UdSSR bestand bis vor Beginn der Perestroika das System der Zentralverwaltungswirtschaft. Analog war es in der ehemaligen DDR und anderen Ostblockstaaten. Nachdem die katastrophalen Mängel dieses Systems Ende der 80er Jahre zum ökonomischen Offenbarungseid geführt haben, gibt es seit Beginn der 90er Jahre in den GUS-Nachfolgestaaten der ehemaligen UdSSR wie in allen Ländern Osteuropas eine Orientierung auf das marktwirtschaftliche Modell.

Eine Ausnahme von dieser Entwicklung bildet China. Aber auch hier sind im Rahmen der übergeordneten Zentralverwaltungswirtschaft - zumindest in einigen Wirtschaftsregionen - vorsichtige Stärkungen ökonomischer Eigeninitiative zu beobachten.

In Deutschland lagen seit dem zweiten Weltkrieg zwei konkurrierende ordnungspolitische Konzeptionen vor. In der ehemaligen Deutschen Demokratischen Republik wurde versucht, den Typ der Zentralverwaltungswirtschaft zu realisieren, um die nach MARX willkürliche, ja anarchische Entscheidung des Marktes über Art und Menge der zu produzierenden Güter und der Verteilung der daraus entstehenden Einkommen nach sogenannten gesellschaftlichen Zielvorstellungen zentral zu steuern. Das Ergebnis vierzigjähriger sozialistischer Zentralplanung war 1990 meßbar: Ein wirtschaftliches Trümmerfeld, verbunden mit einem äußerst bescheidenen Lebensstandard der Bevölkerung. Die Zentralverwaltung führte zur Überorganisation, zum Aufblähen des Staatsapparates, zum Verzehr von Umwelt und bestehendem Kapitalstock. Mit der Revolution von 1989/90 änderte sich die Wirtschaftsordnung hin zu dem Modell, das in der BR Deutschland seit über vierzig Jahren angewendet wird, das Modell der **Sozialen Marktwirtschaft**, das 1948 von LUDWIG ERHARD und ALF MÜLLER-ARMACK ins Leben gerufen wurde. Bei dieser Wirtschaftsordnung handelt es sich um ein marktwirtschaftliches Mischsystem. Zentrales Element ist der Markt, auf dem möglichst frei bewegliche Preise Angebot und Nachfrage zum Ausgleich bringen sollen. Der Markt wird allerdings nur unter der Voraussetzung ausreichenden Wettbewerbs unter Produzenten und unter Nachfragern geräumt. Folgerichtig ist der Wettbewerb institutionell durch Wettbewerbsaufsicht des Bundeskartellamtes (Kontrolle von Monopolen, Oligopolen und Kartellen) gesichert. Da in einem derartigen System Löhne und Gewinne Äquivalente einer entsprechenden Leistung sind, wird es als notwendig erachtet, leistungsunfähigen bzw. in der Erwerbsfähigkeit geminderten Personen, wie etwa Rentnern und Invaliden, ein angemessenes Einkommen zu garantieren. Zur sozialen Marktwirtschaft wird das deutsche Wirtschaftssystem daher durch staatliche Einkommensumverteilungspolitik mittels Fürsorgeleistungen, Renten- und Lastenausgleichszahlungen, Wohnungsbauzuschüssen, Subventionen usw.

Die soziale Marktwirtschaft wurde im Jahre 1967 um Planungs- und Lenkungselemente zentralplanwirtschaftlicher Art durch das Gesetz zur Förderung der Stabilität und des Wachstums der Wirtschaft (das sogenannte **Stabilitätsgesetz**) erweitert. Dieses Gesetz legt die Ziele der deutschen Wirtschaftspolitik in vier Bereichen fest. Wirtschaftspolitische Maßnahmen sollen Vollbeschäftigung, angemessenes Wirtschaftswachstum, Geldwertstabilität und außenwirtschaftliches Gleichgewicht zum Ziel haben. Im Rahmen dieses Gesetzes hat die Bundesregierung erweiterte Möglichkeiten, in das freie Spiel der Marktkräfte einzugreifen.

---

*Resümee: Zur Organisation des Wirtschaftslebens gibt es die Extremformen der **freien Marktwirtschaft** und der **Zentralverwaltungswirtschaft**. In Deutschland wurde nach dem zweiten Weltkrieg mit beiden Wirtschaftssystemen experimentiert. Die Mischform der sozialen Marktwirtschaft ist das evolutorisch erfolgreiche System.*

---

7. Der Datenkranz der Volkswirtschaftslehre

Es wurde bereits festgestellt, daß die Volkswirtschaftslehre, genau wie andere Wissenschaften, Beschränkungen unterliegt. Die Erklärung bestimmter Erscheinungen wird soweit getrieben, bis eine bestimmte Grenze erreicht worden ist. Wenn etwa der Preis für Butter gestiegen ist, weil die Nachfrage nach Butter zugenommen hat, dann untersucht der Ökonom außerdem, welcher Ursache die Nachfragesteigerung zugeschrieben werden kann. Stellt er bei seiner Untersuchung ein gestiegenes Bedürfnis an Butter fest, dann ist für ihn eine Grenze erreicht, denn er wendet sich nicht der Frage zu, warum das Bedürfnis an Butter gestiegen ist. Solche Grenzen der Volkswirtschaftslehre werden auch als **Daten** bezeichnet. Es handelt sich um Fakten, die wohl einen Einfluß auf ökonomische Tatbestände haben, deren Erklärung aber anderen Wissenschaften überlassen wird. Die Daten grenzen das Gebiet ab, in dem sich die Wirtschaftswissenschaft betätigt. Ein Ökonom erachtet einen Tatbestand als erklärt, wenn er ihn aus den Daten ableiten kann.

Über die Frage, was zu den Daten gerechnet werden soll, besteht in der Volkswirtschaftslehre zwar relative Einigkeit. Dies bedeutet aber nicht, daß sich im Laufe der Entwicklung der Nationalökonomie keine Verschiebungen in den Auffassungen über die Grenzen dieser Wissenschaft vollziehen. Gerade in unserer Zeit ist die Neigung groß, die Grenzen der Volkswirtschaftslehre eher als Grenzstreifen denn als exakte Linie zu verstehen. In den letzten Jahren sind diese "festen" Grenzen immer mehr aufgeweicht worden. Die Methoden der ökonomischen Analyse finden in vielen Nachbardisziplinen Verwendung. Insbesondere die Soziologen, die Politikwissenschaften aber auch die Jurisprudenz sind hier zu nennen. Wir illustrieren dies anhand der Vorstellung, wie man sich bis jetzt die Volkswirtschaftslehre abgegrenzt denkt.

Man kann vier Arten von Daten kategorisieren:

1. Die Bedürfnisskalen oder die Präferenzstruktur der Konsumenten;

2. Die verfügbaren Mengen und Qualitäten an Produktionsfaktoren;

3. Die juristische und soziale Struktur der Gesellschaft;

4. Den Stand des technischen Wissens.

Das erste Datum betrifft die Bedürfnisse der Konsumenten nach Gütern wie Kleidung, Theatervorstellungen und Nahrungsmitteln. Die Volkswirtschaftslehre geht nicht auf die Frage ein, warum jemand lieber einen Minirock trägt als einen Hosenanzug. Dennoch verdient festgestellt zu werden, daß die Präferenzen in zunehmendem Maße von der Werbung beeinflußt werden, so daß die Wechselwirkung mit diesem Tatbestand, der derartig viele ökonomische Aspekte besitzt, so intensiv ist, daß die Ökonomie nicht mehr vernachlässigen kann, auch näher auf das Entstehen von Bedürfnissen und ihren Veränderungen einzugehen. So entstehen Bedürfnisse auch durch neue technische Entwicklungen, so daß der **Technische Fortschritt** sukzessive diese Datenskala verändert.

Was die Mengen an Produktionsfaktoren anbelangt, kann festgestellt werden, daß die verfügbaren Mengen an natürlichen Ressourcen und Arbeit nahezu immer als Datum verstanden werden, auch wenn bisweilen versucht wird, im Rahmen der Wirtschaftstheorie die Größe der Bevölkerung zu erklären. Die Menge des dritten Produktionsfaktors, des Kapitals, wird überwiegend durch die Theorie erklärt, und man kann dann auch das verfügbare Kapital nicht zu den Daten der Volkswirtschaftslehre rechnen. Was die Qualität der Produktionsfaktoren anbelangt, ist man ebenfalls in zunehmendem Maße geneigt, nach ökonomischen Erklärungen zu suchen. So wird z.B. eine Verbindung hergestellt zwischen der Qualität des Produktionsfaktors Arbeit sowie Art und Umfang der Ausgaben für Bildung und Unterricht.

Die Erklärung der juristischen und sozialen Struktur der Gesellschaft überließ die Volkswirtschaftslehre lange Zeit anderen Wissenschaften. Die juristischen und sozialen Strukturen haben aber Einfluß auf eine Vielzahl ökonomischer Größen, so daß die moderne volkswirtschaftliche Theorie auch diese Einflußfaktoren nicht mehr als fix betrachten kann. Ein Beispiel ist das im angelsächsischen Sprachraum entwickelte Forschungsgebiet der **Economics of Law**.

Das vierte Datum, der Stand des technischen Wissens, ist vielleicht das beste Beispiel für die schrittweise Veränderung der Grenzen der Volkswirtschaftslehre. Zunächst war es kaum umstritten, daß die Entwicklung der Technik zu den Daten gerechnet werden könne. Heute dagegen ist die Sicht viel umfassender. Denn sowohl die Entwicklung technischer Möglichkeiten, die Verbreitung dieser Erkenntnisse, die Anwendung neuer Produktionsmethoden wie auch wieder deren Verbreitung, sind Gegenstand ökonomischer Forschung.

> **Resümee:** *Die Volkswirtschaftslehre hat ihre Grenzen dort, wo ökonomische Sachverhalte nur noch mit den Methoden anderer Wissenschaften beantwortet werden können. Die Weiterentwicklung der ökonomischen Theorie hat dazu geführt, daß diese Grenzen immer fließender werden.*

8. Schlußbemerkung

Die Wirtschaftswissenschaft versucht, verschiedene Phänomene zu erklären, die aus der Knappheit, d.h. aus der Spannung zwischen Bedürfnissen und den verfügbaren Mitteln zu ihrer Befriedigung entstehen. Die Menschen versuchen diese Spannung durch die Produktion möglichst vieler Güter zu lösen. Es scheint so, als würden sich die Bedürfnisse stets weiter entwickeln und verfeinern, abhängig von den Präferenzen und Wertungen der Individuen. Die Güterproduktion ihrerseits kann die Umwelt auf eine Weise beeinflussen, die neue Knappheit an reiner Luft und klaren Gewässern entstehen läßt.

Das Streben nach Wohlfahrt im Sinne einer subjektiven Bedürfnisbefriedigung kann den Entschluß reifen lassen, die Produktion einzuschränken, umweltfreundlicher zu gestalten oder gar vollständig einzustellen. Die wirtschaftliche Bedeutung einer solchen Entscheidung liegt in der Tatsache begründet, daß mit knappen Gütern gewirtschaftet wird, die auch auf andere Weise eingesetzt werden können. Vor dem Hintergrund dieser Überlegungen kann auch eine Verlangsamung des wirtschaftlichen Wachstums zugunsten einer intakten Umwelt zielkonform mit dem Wunsch nach höherer Wohlfahrt sein. Die Umwelt ist nicht allein Produktionsfaktor, sondern auch Konsumgut.

Die wirtschaftliche Bedeutung des Zielkonfliktes zwischen Wachstum der Produktion und der Sehnsucht nach natürlichen Lebensverhältnissen ist im Wirtschaften mit knappen Gütern zu sehen, wobei die Vor- und Nachteile immer nur teilweise in Geldeinheiten ausgedrückt werden können. Die Wirtschaftswissenschaft beschränkt sich nicht auf Fragestellungen, die in monetären Größen formuliert werden können. Sie umfaßt sämtliche Wahlhandlungen, die die Verwendung knapper Güter zum Inhalt haben. In welcher Weise die Wahl getroffen werden muß, kann die Nationalökonomie als Wissenschaft nicht vorschreiben. Die Entscheidung beruht auf Überlegungen, die in politischer und ethischer Lebensanschauung wurzeln und ihren Ursprung nicht in der Wirtschaftswissenschaft haben.

Fragen und Aufgaben zum 1. Kapitel

1.) Was möchte die Volkswirtschaftslehre erklären?

2.) Welche Aufgabe kommt dem Staat in einem marktwirtschaftlichen System, einem gemischten System oder einer Zentralverwaltungswirtschaft zu?

3.) Kann ein Süßwassersee ein

a) freies Gut?

b) knappes Gut

c) Konsumgut

d) Produktionsgut sein?

Nennen Sie Beispiele!

4.) In der Zeitung lesen Sie, daß der Preis für Kaffee gefallen ist, weil in Brasilien ein Rekorderntejahr war. Sie sind skeptisch und wollen diese Behauptung überprüfen. Wie gehen Sie wissenschaftlich vor?

5.) Durch staatliche Förderung der Automobilindustrie werden 5.000 Arbeitsplätze geschaffen, die volkswirtschaftliche Produktion steigt um 100.000 Automobile, ein Naturschutzgebiet mit seltenen Tierarten muß dafür geopfert werden.

a) Welche Wohlfahrtsaspekte müssen gegeneinander abgewogen werden?

b) Welche dieser Effekte lassen sich in Geldeinheiten quantifizieren?

6.) Machen Sie anhand eines Beispiels deutlich, daß die Arbeitsproduktivität durch Arbeitsteilung steigt. Wägen Sie Vor- und Nachteile arbeitsteiligen Wirtschaftens ab.

7.) Diskutieren Sie am Beispiel der marktwirtschaftlichen Umgestaltung in den neuen Bundesländern die Probleme, die bei der Transformation einer Zentralverwaltungswirtschaft in eine Marktwirtschaft typisch sind.

Literatur zum 1. Kapitel

(Hier die wichtigsten Datensammlungen für volkswirtschaftliche Arbeiten)

Inland:

Bundesministerium der Finanzen (BMF). Finanzbericht. Bonn. Jährlich.
Deutsche Bundesbank. Monatsberichte der Deutschen Bundesbank. Frankfurt am Main. Monatlich.

Deutscher Städtetag (Hrsg.). Statistisches Jahrbuch deutscher Städte. Köln. Jährlich.

Sachverständigenrat (SVR). SVR Gutachten. Stuttgart. Jährlich

Statistisches Bundesamt (StatBuAmt). Fachserie 18. Volkswirtschaftliche Gesamtrechnungen. Stuttgart. Jährlich.

Statistisches Bundesamt (StatBuAmt). Statistisches Jahrbuch für die Bundesrepublik Deutschland. Stuttgart. Jährlich.

Statistische Landesämter. Statistische Jahrbücher der Länder. Jeweils im Land. Jährlich.

Ausland:

Europäische Gemeinschaften (EG). Eurostatistik. Luxemburg. Monatlich.

Food and Agriculture Organization (FAO). Production Yearbook. Rome. Jährlich.

International Monetary Fund (IMF). International Financial Statistics. Washington, D.C. Vierteljährlich.

Organisation for Economic Cooperation and Development (OECD). Economic Surveys (Länderanalysen). Paris. Monatlich. (Schweiz, Frankreich, BR Deutschland, Italien, Niederlande, Jugoslawien, Großbritannien, Türkei, Norwegen, Dänemark, Island, Irland, USA, Griechenland, Australien, Kanada) pro Monat ein Land.

Statistisches Bundesamt (StatBuAmt). Statistisches Jahrbuch für das Ausland. Stuttgart. Jährlich (seit 1989).

United Nations Conference on Trade and Development (UNCTAD). Handbook. New York. Jährlich.

World Bank. World Development Report. Washington, D.C. Jährlich.

Teil I Grundlagen der Mikroökonomie

Kapitel 2 Theorie des Haushalts

1. Einführung

Wir wissen, daß die grundlegende ökonomische Problemstellung in der Knappheit der zur Befriedigung von Bedürfnissen benötigten Güter liegt. Mit diesem Knappheitsproblem ist der Mensch als Verbraucher wie auch als Produzent von Gütern konfrontiert. Als Verbraucher spürt er die Knappheit an der Begrenztheit seines Einkommens, was sich in seiner **Budgetrestriktion** manifestiert. Diese Begrenztheit der monetären Mittel als Knappheit des Geldes bezeichnen zu wollen, wäre jedoch ein Trugschluß. Das Gegenteil ist richtig. Das Geld ist knapp, weil Güter knapp sind. Und Güter sind knapp, weil die Ressourcen zu ihrer Produktion knapp sind. Die menschliche Arbeitskraft ist eine solche Ressource, wir sprechen hier auch von **Produktionsfaktor**. Die Entlohnung dieses Produktionsfaktors stellt das Einkommen des Verbrauchers dar und bestimmt damit seine Budgetrestriktion.

Ein repräsentativer **Haushalt** fällt somit zwei für ihn wichtige Entscheidungen: Die des Verbrauches an Gütern - wir sprechen hier von Konsumentscheidung - und die der Beteiligung an der Gütererzeugung - wir sprechen hier von Arbeitsangebotsentscheidung.

Eine Arbeitsangebotsentscheidung wird jedoch dann erst zu Einkommen, wenn die menschliche Arbeitskraft in die Produktion eingesetzt und eine Güternachfrage erst dann zu Konsum, wenn die gewünschten Güter tatsächlich produziert werden. In einer Robinson-Crusoe-Ökonomie werden alle diese Entscheidungen von einem einzigen Haushalt getroffen. In einer arbeitsteiligen Ökonomie fallen Verbrauchs- und Produktionsentscheidungen jedoch auseinander. Werden Entscheidungen über die Gütererzeugung und dessen Ressourcenverbrauch getroffen, sprechen wir daher von **Unternehmung**.

Die **Mikroökonomie** befaßt sich mit den Entscheidungen von Haushalten und Unternehmungen sowie deren Zusammenwirken. Die Koordination der Pläne einzelner Haushalte und Unternehmungen erfolgt über **Märkte**. Bestehen Differenzen zwischen Angebots- und Nachfragewünschen, so spielt der **Preis** die Rolle eines Steuerungsinstrumentes. Ist z.B. die Brötchenproduktion eines Bäckers bei hohen Brotpreisen größer als die Nachfrage der Haushalte, so stimmen Angebots- und Nachfragepläne erst dann überein, wenn bei sinkendem Brötchenpreis mehr gekauft und weniger produziert wird. Die **Preise** fungieren also als Richtschnur für die Entscheidungen der Unternehmungen und Haushalte in Bezug auf die Produktion und den Konsum. Zugleich wird dabei über den Faktoreinsatz alternativ verwendbarer, knapper Faktoren entschieden. Wenn der Preis eines Gutes hoch ist, beispielsweise, weil große Nachfrage nach ihm herrscht, ist dies ein Signal für die Produzenten, die Produktion dieses Gutes zu steigern. Die Unternehmer erblicken Gewinnmöglichkeiten und setzen Produktionsfaktoren ein, die alternativer Verwendung entzogen werden, um auf diese Weise stark gefragte Artikel erzeugen zu können.

Obwohl in den Preisen oft Knappheitsverhältnisse zum Ausdruck kommen, so gibt es doch Fälle, in denen dies nicht der Fall ist. Bereits in der Einführung kamen Umweltprobleme zur Sprache. Die Knappheit an sauberer Luft, reinem Wasser und Naturschutzgebieten kommt nicht oder nur mangelhaft in den Preisen zum Ausdruck. Eine Schwierigkeit besteht auch darin, daß sich die Bedürfnisse künftiger Generationen an Erholung und natürlicher Umwelt nicht in den heutigen Preisen widerspiegeln, obwohl doch diesen zukünftigen Verhältnissen ebenfalls Rechnung getragen werden sollte. Es gibt deshalb häufige Diskussionen über die Wirkungsweise des Preismechanismus, die Rolle des Staates und der Notwendigkeit, die Resultate des Preismechanismus zu korrigieren. Will man sich an dieser Diskussion auf fruchtbare Weise beteiligen, dann setzt dies den Einblick in die Art und Weise voraus, in der die Preise in unserer Gesellschaft zustandekommen.

---

*Resümee: Ein Haushalt fragt Güter nach und bietet Arbeit an; eine Unternehmung bietet Güter an und fragt Arbeit nach. Die Koordination der Angebots- und Nachfragepläne erfolgt über Märkte. Als Steuerungsinstrument fungiert der Preis. Ist die Koordination ökonomischer Aktivitäten über Märkte und durch Preise dominant in einer Volkswirtschaft, so spricht man von **Marktwirtschaft**. Auf diese Annahme baut unsere weitere Argumentation auf.*

---

2. Die Wahlmöglichkeiten des Haushalts

Ein Haushalt ist Verbraucher von Gütern und Bezieher von Einkommen. In der Verwendung seines Einkommens trifft der Haushalt eine Entscheidung über seinen Güterverbrauch heute und morgen oder anders ausgedrückt über **Konsum** und **Sparen**. So gesehen ist Sparen eine intertemporale

Verbrauchsentscheidung. Wenn wir im folgenden die Grundprinzipien der Verbrauchsentscheidung betrachten, können wir uns auf den Konsum beschränken. Die Konsumentscheidung erfolgt natürlich nicht unabhängig von der Entscheidung über die Einkommensentstehung. In der Realität sind indes die Wahlmöglichkeiten eines Haushalts über Art und Umfang seiner Arbeitstätigkeit sehr eingeschränkt. Deshalb wollen wir schrittweise vorgehen und zunächst das Arbeitsangebot und damit das Einkommen eines Haushalts als gegeben betrachten.

Wenn ein Haushalt nicht spart, wie wir hier annehmen wollen, kann das gesamte Einkommen für Konsumzwecke verwandt werden. Der **Konsumplan** als Kombination der Güterverbrauchswünsche des Haushalts ist bei gegebenen Güterpreisen der finanziellen Restriktion des Einkommens, der **Budgetrestriktion** unterworfen. Dies verdeutlicht die folgende Abbildung.

Abbildung 2.1: *Konsumplan und Budgetrestriktion*

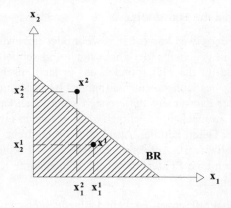

Im Falle zweier Güter x_1 und x_2 sind die Konsumpläne in der geometrischen Interpretation alle Kombinationen (x_1, x_2) im positiven Orthanten des Koordinatensystems. Der Konsumplan $x^1 = (x_1^1, x_2^1)$ besteht aus x_1^1 Mengeneinheiten des Gutes 1 und x_2^1 Mengeneinheiten des Gutes 2. Nicht jeder Konsumplan ist vom Haushalt finanzierbar, wenn das Einkommen gegeben ist und Güter Geld kosten. Für unser Zwei-Güter-Beispiel seien p_1, p_2 die bei dem Haushalt vorgegebenen und nicht vom Konsumplan abhängigen Güterpreise und Y das Haushaltseinkommen. Dann ist

$$(1) \qquad Y = p_1 x_1 + p_2 x_2$$

die Gleichung der Budgetrestriktion. In der geometrischen Darstellung entspricht der Budgetrestriktion die **Budgetgerade** BR in der obigen Abbildung. Diese Gerade ist also der geometrische Ort aller Konsumpläne (x_1, x_2), bei denen das Einkommen Y voll verausgabt wird. Jeder zusätzliche Konsum und damit alle Konsumpläne, die wie x^2 oberhalb der Bilanzgerade liegen, sind mit dem Einkommen des Haushalts nicht finanzierbar. Also beschränken sich die Konsumwahlmöglichkeiten eines Haushalts auf die in Abbildung 2.1 schraffierte **Budgetmenge**.

> ***Resümee:*** *Die Wahlmöglichkeiten eines Haushalts beziehen sich auf den Konsum, die Ersparnisbildung und das Arbeitsangebot. Die Wahl erfolgt simultan. Zur Beschreibung und Analyse empfiehlt sich eine gedankliche Trennung. Da Sparen als intertemporale Verbrauchsentscheidung aufgefaßt werden kann, beschränken wir uns im folgenden auf die Konsumwahl und das Arbeitsangebot.*

3. Die Präferenzen des Haushalts

Ein Konsument, der etwas kauft, hat bewußt oder unbewußt verschiedene Kaufmöglichkeiten gegeneinander abgewogen und schließlich eine Wahl, d.h. eine Vorliebe für das Güterbündel, das er sich anschafft, ausgesprochen. Die Theorie des Konsumentenverhaltens basiert somit auch auf dem Gedanken, daß der Konsument Präferenzen ausdrücken kann. Wir wollen, um dies deutlich zu machen, annehmen, daß es sich in einem bestimmten Fall stets um zwei Güter, nämlich Äpfel und Birnen dreht. Der Konsument sagt z.B., daß er lieber 10 Äpfel und 2 Birnen, als 9 Äpfel und 4 Birnen hat. Er drückt dann eine **Präferenz** für die erstgenannte Kombination von Äpfeln und Birnen aus.

Das Erklären von Präferenzen ist kein Untersuchungsziel der Mikroökonomie, wohl aber die Beschreibung der Eigenschaften dieser Präferenzen. Ist ein Konsument in der Lage, alle Konsumpläne von z.B. Äpfeln und Birnen gemäß seiner Präferenzen zu unterscheiden, sprechen wir von der **Präferenzordnung** des Haushalts im Güterkonsum. Ein Konsument, der Präferenzen ausdrücken kann, kann auch Indifferenzen deutlich machen. Jemand, der sagen kann, daß er das eine dem anderen vorzieht, kann auch sagen, daß ihm eine Güterkombination so lieb ist wie eine andere. Das Aussprechen von Indifferenzen für verschiedene Güterkombinationen bedeutet, daß der Konsument allen diesen Kombinationen denselben **Nutzen** zuerkennt.

Abbildung 2.2: *Indifferenzkurven*

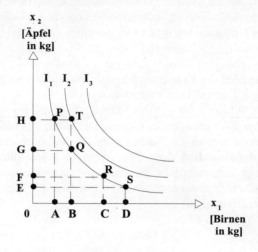

Wenn wir entlang der Abszisse der Abbildung 2.2 die Menge der Birnen auftragen und auf der Ordinate die Menge der Äpfel, dann stellt jeder Punkt dieses Schaubildes eine bestimmte Kombination von Birnen und Äpfeln dar. Die Güterkombination OA Birnen und OH Äpfel (Punkt P) stiftet einem bestimmten Konsumenten ebensoviel Nutzen, wie Kombination OB Birnen und OG Äpfel (Punkt Q). Verbinden wir nun alle Punkte, die Güterkombinationen darstellen, welche denselben Nutzen stiften, dann erhalten wir eine **Indifferenzkurve**. Die oben bereits genannten Punkte liegen auf der Indifferenzkurve I_1.

Die Kombination OB Birnen und OH Äpfel (Punkt T) wird dem Konsumenten einen höheren Nutzen stiften als die Kombination P, die auf der Kurve I_1 liegt. Alle Güterkombinationen, die dem Konsumenten denselben Nutzen stiften wie die Güterkombination im Punkt T, liegen auf der Indifferenzkurve I_2. Eine weiter vom Ursprung O entfernte Indifferenzkurve stellt also die Güterkombinationen dar, die mehr Nutzen stiften als die Kurven, die dichter am Ursprung liegen. Dies setzt jedoch voraus, daß bei allen denkbaren Konsumplänen ein Haushalt lieber mehr als weniger konsumiert. Diese Annahme der **Nichtsättigung** dürfte in der Realität nicht in allen Fällen so plausibel sein, wie sie im ersten Moment scheint. Dennoch ist sie zur Beschreibung der Präferenzen, bezogen auf "normale" Konsumpläne, sehr nützlich, wie wir im folgenden sehen werden.

Wenn Indifferenzkurven Ausdruck der Gleichbewertung durch den Konsumenten darstellen, so kann man unterschiedliche Indifferenzkurven nach dem "Grad" der Nützlichkeit indizieren. In der Mikroökonomie spricht man auch vom **Nutzenindex**. Für unser Beispiel von Abbildung 2.2 wäre dann

(2) $u_{I_1} < u_{I_2} < u_{I_3}$

wenn u für den Nutzen steht und der Index I_1, I_2, I_3 die zugehörigen Indifferenzkurven kennzeichnet. In der Nutzentheorie der Mikroökonomie läßt sich nachweisen, daß man den Nutzenindex als Funktionswert einer wohldefinierten **Nutzenfunktion** darstellen kann, die jeder Güterkombination eine reellwertige Zahl zuordnet. Dies ist von dem französischen Nobelpreisträger GÉRARD DEBREU nachgewiesen worden. Wir können damit Ungleichung (2) umformen zu

(3) $u(x^1) < u(x^2) < u(x^3)$,

wenn x^1, x^2, x^3 für beliebige Güterkombinationen der jeweiligen Indifferenzkurve I_1, I_2, und I_3 stehen. In der **ordinalen** Nutzentheorie ist der Funktionswert einer Nutzenfunktion völlig unerheblich. Wichtig ist nur, daß die ordinale Reihung der Indifferenzkurven auch in den Funktionswerten zum Ausdruck kommt. So muß eine weiter rechts liegende Indifferenzkurve einen höheren Nutzenwert haben als eine weiter links liegende.

In der **kardinalen** Nutzentheorie ist dies anders. Hier hat auch die Größe des Abstandes zwischen zwei Indifferenzkurven eine Bedeutung. In der Mikroökonomie ist diese Annahme umstritten. Wir versuchen daher mit den Annahmen der ordinalen Nutzentheorie auszukommen.

Eine noch nicht beantwortete Frage ist, warum in der obigen Abbildung die Indifferenzkurven zum Ursprung hin gekrümmt - wir sagen auch **konvex** zum Ursprung - sind.

Zu diesem Zweck betrachten wir die Güterkombination P, Q, R und S auf der Indifferenzkurve I_1. Während die Menge Birnen von P nach Q, von Q nach R und von R nach S um je eine Einheit zunimmt, nimmt die Apfelmenge um eine unterschiedliche Anzahl Einheiten ab. Was bedeutet dies? Da P, Q, R und S Güterkombinationen sind, die denselben Nutzen stiften, ist der Konsument offenbar bereit, das erste Mal mehr Äpfel zu geben, um eine zusätzliche Birne einzutauschen (von P nach Q) als im zweiten Fall (von Q nach R) usw. Nun ist im zweiten Fall sein Apfelvorrat geringer als im ersten Fall, wohingegen für die Birnen das umgekehrte gilt. Wir müssen daraus schließen, daß der Konsument den Verlust eines Apfels im zweiten Fall als schwerwiegender empfindet als in der vorigen Situation. Wir sagen, daß der zusätzliche Nutzen, den ein Konsument einer Einheit seines Vorrats zuerkennt, sich in dem Maße vergrößert wie der Vorrat sich verkleinert. Wenn man von den Birnen ausgeht, kann man auch sagen, daß der Konsument einer zusätzlichen Birne in dem Maße weniger Nutzen zuerkennt, in dem er über einen größeren Birnenvorrat verfügt. Kurz formuliert: Die relative Wertschätzung von Birnen, gemessen in Äpfeln, sinkt mit größerem Birnenvorrat.

Diese Überlegung gilt für jede gegebene Indifferenzkurve analog. Akzeptiert man diese Überlegung als Erfahrungssatz, so ist die Konvexität der Indifferenzkurven gerechtfertigt.

Abbildung 2.3: *Nutzenpreis der Birnen*

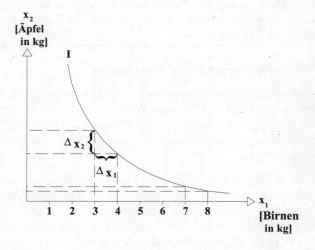

In der Sprache der Mikroökonomie heißt es: Wir setzen die Eigenschaft der **"abnehmenden Grenzrate der Substitution"** voraus. Das bedeutet nichts anderes, als daß bei unverändertem Nutzen das Austauschverhältnis Äpfel gegen Birnen oder damit äquivalent der **Nutzenpreis** der Birnen in Apfeleinheiten mit zunehmendem Birnenvorrat abnimmt. Der Nutzenpreis der Birnen entspricht dem Substitutionsverhältnis $\Delta x_2 / \Delta x_1$ zwischen Äpfeln (x_2) und Birnen (x_1). Im Grenzfall bei beliebiger Teilbarkeit der Gütermengen ist daher die **Grenzrate der Substitution**

(4) $$GRS_{x_1, x_2} = \left| \frac{dx_2}{dx_1} \right|$$

nichts anderes als der positive Wert der Steigung der Indifferenzkurve.

Für mehr als zwei Güter gelten diese Überlegungen analog. Es gibt Präferenzen, somit Indifferenzkurven und Grenzraten der Substitution zwischen jeweils zwei Gütern als Ausdruck der Nutzenbewertung ihrer gegenseitigen Substitution.

*Resümee: Die Präferenzordnung eines Haushalts läßt sich über Indifferenzkurven beschreiben, die den geometrischen Ort der Güterkombinationen gleichen Nutzens darstellen. In der ordinalen ist im Gegensatz zur kardinalen Nutzentheorie nur die Reihung und nicht der Abstand von Indifferenzkurven von Bedeutung. In der Konvexität der Indifferenzkurve steckt die Annahme, daß der **Nutzenpreis** (Grenzrate der Substitution) eines Gutes, gemessen in Einheiten eines anderen Gutes, abnimmt, je mehr von einem Gut verfügbar ist.*

4. Rationalprinzip und optimaler Konsumplan

Ein Haushalt erstellt seinen Konsumplan unter Beachtung seiner Budgetsituation. Damit beschränken sich seine Wahlmöglichkeiten auf die Budgetmenge, die wir im Zwei-Güter-Fall von Abbildung 2.1 als schraffierte Fläche aller Gütermengenkombinationen auf oder unterhalb der Budgetgerade charakterisiert hatten.

Nehmen wir die Präferenzordnung des Haushalts hinzu, so läßt sich der Nutzen jeder der möglichen Konsumpläne über die zugehörige Indifferenzkurve mit dem Nutzen anderer Konsumpläne vergleichen. Unterstellen wir nun als **Rationalprinzip**, daß Konsumenten nach maximaler Bedürfnisbefriedigung streben, so ist der **optimale Konsumplan** derjenige, der zu maximalem Nutzen führt.

In der Geometrie des Zwei-Güter-Falles läßt sich der optimale Konsumplan graphisch leicht ermitteln, wenn das Haushaltseinkommen und die Güterpreise gegeben sind. Kombinieren wir dazu die Abbildungen 2.1 und 2.2 zu 2.4.

Abbildung 2.4: *Optimaler Konsumplan*

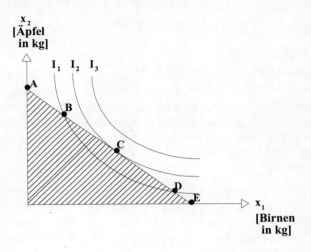

Die Budgetgerade *AE* begrenzt die Menge der schraffiert eingezeichneten Konsumpläne nach oben. Jeder Konsumplan auf und unterhalb der Budgetgeraden ist vom Haushalt finanzierbar; Konsumpläne oberhalb *AE* sind dagegen bei gegebenem Einkommen und festen, vom Konsumplan unabhängigen Güterpreisen, nicht finanzierbar. Das erkennt man aus (1), der Gleichung der Budgetrestriktion. Löst man diese nach x_2 auf, so erhält man mit

$$(5) \qquad\qquad x_2 = -\frac{p_1}{p_2}x_1 + \frac{Y}{p_2}$$

einen Ausdruck für diejenige Menge an Äpfeln, die vom Budget Y gekauft werden kann, falls zum Preis p_1 schon x_1 Birnen in der Einkaufstasche liegen. Offensichtlich bleibt zum Apfelkauf nichts übrig, wenn bereits $x_1 = Y/p_1$ kg Birnen gekauft wurden. Damit ist $x_2 = 0$. Durch den Konsumplan Y ($x_1 = Y/p_1$, $x_2 = 0$) kann diese Konstellation charakterisiert werden. Für den nur in Äpfel eingesetzten Konsumplan steht A ($x_1 = 0$, $x_2 = Y/p_2$) völlig analog. Mischungen im Konsumplan sind genau dann finanzierbar, wenn mit

$$(6) \qquad\qquad p_1 \Delta x_1 = -p_2 \Delta x_2$$

ein mehr an Birnen ($\Delta x_1 > 0$), bewertet zu den Birnenpreisen p_1, den Einsparungen $-p_2\Delta x_2$ im Apfelkauf äquivalent ist. Alle Mischungen im Konsumplan müssen daher mit dem **Kostenpreis**

$$(7) \qquad \frac{\Delta x_2}{\Delta x_1} = -\frac{p_1}{p_2}$$

bewertet werden. Dies gerade ist die Steigung der Budgetrestriktion AE. Wird also das gegebene Budget voll verausgabt, liegen alle Konsumpläne auf AE. Sie liegen darunter, wenn eingedenk der Mühen eines Einkaufganges aus dem Budget auch noch ein Entspannungsschoppen Wein gezahlt werden soll.

Wo liegt nun auf der Budgetgerade der für den Haushalt optimale Konsumplan? Sicherlich dort, wo er den höchsten Nutzen realisieren kann. Das wird nicht in A oder E sein, auch nicht in B, denn jede weitere Umschichtung von Äpfeln gegen Birnen vergrößert den Nutzen, bis in C die Indifferenzkurve I_2 erreicht ist.

Hier stimmen die Steigungen der Indifferenzkurve und der Budgetrestriktion überein und damit der Nutzen- und Kostenpreis der Substitution von Äpfeln gegen Birnen. Also ist mit

$$(8) \qquad GRS_{x_1,x_2} = p_1 / p_2$$

das Übereinstimmen von Grenzrate der Substitution und Preisverhältnis die charakteristische Bedingung für den optimalen Konsumplan.

---

*Resümee: Besteht das Rationalprinzip für den Haushaltskonsum in dem Wunsch nach maximal möglicher Bedürfnisbefriedigung, so ist es rational, ausschließlich Konsumpläne auf der Budgetgeraden zu realisieren. Der **optimale Konsumplan** ist derjenige, der zu maximalem Nutzen führt. Er liegt dort, wo Budgetgerade und Indifferenzkurve sich tangieren. Für diesen Konsumplan stimmen Kosten- und Nutzenpreise überein. Damit entspricht die Grenzrate der Substitution zweier Güter deren Preisverhältnis.*

5. Der optimale Konsumplan bei Preis- und Einkommensänderungen

Bei der Wahl des Konsumplanes sind Preise und Einkommen für den Haushalt ein Datum. Gesetzt den Fall, das Einkommen des Konsumenten betrage 100,- DM pro Woche und der Preis für Äpfel und Birnen betragen jeweils 1,- DM bzw. 2,- DM pro kg. Wir gehen davon aus, daß der Konsument sein ganzes Einkommen in Äpfeln und Birnen anlegt.

Nun gilt für den Konsumenten zumeist, daß er keinen Rabatt eingeräumt bekommt, wenn er mehr kauft. Wenn er also z.B. 4 oder 40 kg Äpfel einkauft, so muß er doch stets 1 kg Äpfel mit 1,- DM bezahlen.

Wenn dies so ist, sagen wir, daß der Konsument **Mengenanpasser** ist. Der Preis ist gegeben, er kann allein bestimmen, welche Menge er kaufen will.

Wir unterstellen, daß obengenannter Konsument Mengenanpasser ist. Gibt er sein ganzes Einkommen für Äpfel aus, dann kauft er 100 kg Äpfel; kauft er aber ausschließlich Birnen, dann würde die entsprechende Menge Birnen 50 kg betragen. In der Abbildung 2.5 sind diese Mengen entsprechend auf der x_2- und x_1- Achse aufgezeichnet, angedeutet mit den Buchstaben A und E.

Abbildung 2.5: *Optimaler Konsumplan bei Preisänderungen*

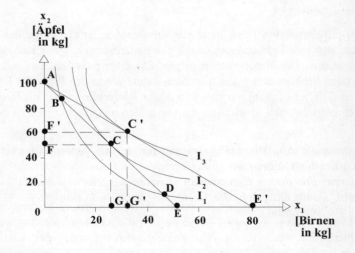

Der optimale Konsumplan liegt in C auf der Budgetgeraden AE. Der Nutzen ist am größten, wenn OF kg Äpfel und OG kg Birnen gekauft werden. Wir wollen nun annehmen, daß die Gemüsehändler den Preis für Birnen auf 1,25 DM pro kg festsetzen. Die Birnen werden also billiger. Wie wird unser Konsument reagieren?

Gibt der Konsument sein ganzes Einkommen für Birnen aus, dann kann er hierfür nun 80 kg Birnen kaufen.

Der Punkt E verschiebt sich auf der Abszisse nach rechts. Die Quantität Äpfel, die er kaufen kann, wenn er sein ganzes Einkommen für Äpfel ausgibt, bleibt unverändert.

Die neue Einkommensgerade ist also AE' und den neuen optimalen Konsumplan finden wir, indem wir die Indifferenzkurve aufsuchen, die diese gerade tangiert. Der Tangentialpunkt heißt C'. Die optimale Kombination besteht nun aus OF' Äpfeln und aus OG' Birnen.

Wenn ausschließlich der Birnenpreis sinkt, fällt auf, daß der Konsument sowohl mehr Äpfel als auch mehr Birnen kaufen wird. Der Birnenpreis scheint also nicht allein die Quantität der nachgefragten Birnen, sondern auch die nachgefragte Menge Äpfel zu beeinflussen. Wir sagen, daß die nachgefragte Menge Birnen eine Funktion des Birnenpreises und des Apfelpreises ist. Genauso gilt, daß die nachgefragte Apfelmenge von beiden Preisen abhängig ist.

Dieses auf den ersten Blick merkwürdige Resultat ist die Folge des Umstandes, daß jede Preisänderung auch das Realeinkommen der Konsumenten verändert. Das Realeinkommen gibt das Güterpaket an, das mit dem nominalen Einkommen gekauft werden kann. Wenn der Preis für Rasierklingen fällt, ist es nicht nur möglich, mehr Rasierklingen zu kaufen, sondern es entsteht auch Spielraum, um von anderen Artikeln mehr zu erwerben.

Allgemein gilt also: **Die nachgefragte Menge eines jeden Gutes ist eine Funktion aller Güterpreise**.

Als Gedankenexperiment lassen sich die aus Preisänderungen resultierenden Konsumplanänderungen in einen **Einkommenseffekt** und einen **Substitutionseffekt** zerlegen. Der erste gibt die Konsumänderung wieder, die durch die Veränderung des Realeinkommens bzw. der Kaufkraft bedingt ist. Der zweite dagegen gibt die Substitution zwischen teurer und billiger gewordenen Gütern an. In der angewandten Mikroökonomie ist diese Unterscheidung von großem Nutzen. Darauf können wir im Rahmen dieses Buches nicht eingehen.

Der optimale Konsumplan ändert sich auch, wenn sich das Einkommen ändert. Steigt es von 100,- DM auf 150,- DM pro Woche, verschiebt sich die Budgetgerade parallel nach rechts. Gesetzt den Fall, der Apfelpreis betrage wieder 1,- DM pro kg und der Birnenpreis 2,- DM pro kg, dann kann der Konsument, indem er sein ganzes Einkommen für Äpfel ausgibt, 150 kg Äpfel kaufen. Gibt er sein ganzes Einkommen für Birnen aus, vermag er 75 kg Birnen zu erwerben. Der Tangentialpunkt der neuen Budgetgerade mit der höchsten erreichbaren Indifferenzkurve ist der Punkt C'. Ausgehend vom selben Preisverhältnis von Äpfeln und Birnen und dem größeren Einkommen wird der Konsument nun eine Güterkombination wählen, bei der er sowohl über mehr Äpfel (von OF nach OF') als auch über mehr Birnen (von OG nach OG') verfügt.

Abbildung 2.6: *Optimaler Konsumplan bei Einkommensänderungen*

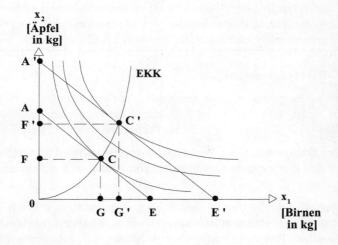

Allgemein gilt also: **Die nachgefragte Menge eines jeden Gutes ist eine Funktion des Einkommens**.

Verbindet man alle Tangentialpunkte C bei variierendem Einkommen, so erhält man die **Einkommens-Konsum-Kurve** (*EKK*). Diese hat eine positive Steigung, wenn beide Güter bei steigendem Einkommen mehr nachgefragt werden. In diesem Fall spricht man von **superioren** Gütern. Güter, die bei einer Einkommenserhöhung in geringerer Menge als vorher nachgefragt werden, bezeichnet man als **inferior**. Dieser Fall ist gar nicht so selten, wie es auf den ersten Blick scheint. Ein Beispiel ist die Substitution von Margarine gegen Butter bei steigendem Haushaltseinkommen. Solche Substitutionsprozesse von "minderwertigen" gegen "höherwertige" Konsumgüter bei steigendem Wohlstand gibt es in der Realität sogar sehr häufig. Die *EKK* wird zu Ehren des deutschen Statistikers CH. L. ERNST ENGEL, der Mitte des 19. Jahrhunderts den Zusammenhang zwischen Nahrungsmittelnachfrage und Einkommensentwicklung untersuchte, auch **Engel-Kurve** genannt. Aus ihr lassen sich für jedes der beiden betrachteten Güter sogenannte **Einkommensnachfragekurven** ermitteln, die man als Graph von Nachfragefunktionen interpretieren kann, die bei konstanten Preisen nur mit dem Einkommen variieren.

---

*Resümee: Der optimale Konsumplan und damit die nutzenmaximale Nachfrage nach jedem Gut ist sowohl eine Funktion der Güterpreise wie eine Funktion des Haushaltseinkommens. Die **Einkommens-Konsum-Kurve** stellt den geometrischen Ort aller optimalen Konsumpläne bei Variation des Haushaltseinkommens dar. In Abhängigkeit von ihrem Verlauf unterscheidet man superiore und inferiore Güter.*

---

6. Die Güternachfragefunktion

Aus dem Vorhergehenden ist zu ersehen, welche Güterkombination, bestehend aus Äpfeln und Birnen, der Konsument bei gegebenem Einkommen, gegebenen Güterpreisen und gegebener Präferenzordnung kaufen wird.

Wenn der Birnenpreis einer Veränderung unterliegt, wird - so sahen wir bereits - sich die optimale Kombination von Birnen und Äpfeln auch ändern.

Betrachten wir nun die Birnen, dann kann man feststellen, wieviele davon ein Konsument bei alternativen Birnenpreisen nachfragen wird. Die Beziehung zwischen Preis und nachgefragter Menge des betreffenden Gutes nennt man **Nachfragefunktion** und ihre geometrische Darstellung **Nachfragekurve**. Die Nachfragekurve hat meist einen von links nach rechts fallenden Verlauf: bei einem höheren Preis resultiert eine geringere nachgefragte Menge. Bei einem niedrigeren Preis dementsprechend eine höhere nachgefragte Menge.

Abbildung 2.7: *Nachfragekurve nach Birnen*

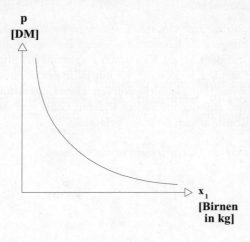

Die in Abbildung 2.7 dargestellte Nachfragefunktion nach Birnen ist jedoch nicht unabhängig von den anderen Güterpreisen. In unserem Zwei-Güter-Beispiel von Abbildung 2.5 wird ersichtlich, daß eine Preissenkung für Birnen zu einer Mehrnachfrage für Birnen und Äpfel führt. Deshalb beschreibt die obige Nachfragefunktion nur ceteris paribus das individuelle Nachfrageverhalten eines Haushalts.

Die **allgemeine Nachfragefunktion** für Birnen und Äpfel läßt sich für einen Haushalt dann schreiben als

(9.1) $$x_1 = x_1(p_1, p_2, Y),$$

(9.2) $$x_2 = x_2(p_1, p_2, Y).$$

Dabei haben wir berücksichtigt, daß - wie uns die Engel-Kurve zeigt - auch das Haushaltseinkommen Y die Nachfrage nach Birnen und Äpfeln beeinflußt.

Ist ein Haushalt Mengenanpasser, so wird er bei von ihm nicht veränderbaren Preisen p_1, p_2 auf der Grundlage des Haushaltseinkommens Y seine individuelle allgemeine Nachfrage nach Gütern so äußern, daß er mit

(10) $$p_1 x_1(p_1, p_2, Y) + p_2 x_2(p_1, p_2, Y) = Y$$

seiner Budgetrestriktion genügt und zugleich die Mischung zwischen x_1 und x_2 nutzenmaximal ist.

Nun ist die Nachfrage nur eines Konsumenten nach Birnen ein Bruchteil der Gesamtnachfrage aller Konsumenten nach Birnen. Wollen wir wissen, wieviel Birnen auf dem Markt für Birnen insgesamt bei alternativen Preisen nachgefragt werden, so können wir mit Hilfe der **horizontalen Aggregation** der individuellen Nachfragekurven eine **Gesamtnachfragekurve** bilden. Dabei wird c.p. der Preis aller anderen Güter und das Einkommen der jeweiligen Konsumenten konstant gelassen.

Abbildung 2.8: *Gesamtnachfragekurve nach Birnen*

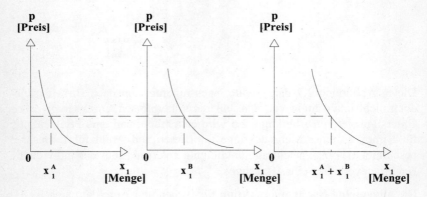

Die aggregierte Nachfragekurve als Bild der Gesamtnachfragefunktion sagt uns noch nicht, welcher Preis sich auf dem Markt für Birnen de facto einstellen wird. Es wird nur festgestellt, was die Konsumenten bei alternativen Preisen kaufen werden. Einer dieser Preise kommt in Wirklichkeit zustande. Auf welche Weise dies geschieht, werden wir im Kapitel 4 sehen.

Resümee: *Die Haushaltsnachfrage nach einem Gut hängt ab von den Preisen aller Güter und dem Haushaltseinkommen. Diese funktionale Abhängigkeit wird als* **allgemeine Nachfragefunktion** *bezeichnet. Betrachtet man c.p. nur die Abhängigkeit der Güternachfrage vom eigenen Preis des Gutes, so spricht man von* **Nachfragefunktion für ein Gut**. *Deren zweidimensionale graphische Darstellung ergibt die* **Nachfragekurve**. *In der Ökonomie hat es sich eingebürgert, den Preis auf der Ordinate und die Menge auf der Abszisse abzutragen. Die Gesamtnachfrage für ein Gut auf einem Markt erhält man durch horizontale Aggregation der einzelnen Nachfragekurven.*

---

7. Die Arbeitsangebotsfunktion

Bisher haben wir in der Entscheidung des Haushalts die Höhe des Haushaltseinkommens als gegeben betrachtet. Dies entspricht in vielen ökonomischen Situationen durchaus der Realität, da kurzfristig die Anpassung des Arbeitseinkommens eines Haushalts durch Mehrarbeit oder höhere Stundenlöhne und ähnliches nur sehr begrenzt möglich ist. Mittel- und langfristig dürfte das schon weniger richtig sein. Deshalb wollen wir in diesem Abschnitt überlegen, wie sich das Entscheidungsproblem des Haushalts ändert, wenn neben dem Konsumgüterbündel auch das Haushaltseinkommen endogen bestimmt wird.

Das Haushaltseinkommen werde ausschließlich über Arbeit erzielt. Arbeit bedeutet aber Freizeitverzicht und Freizeit sei ein positives Gut in der Präferenzstruktur des Haushalts. Damit ist die Haushaltsentscheidung zwischen Freizeit und einem beliebigen anderen Gut wieder geometrisch als Zwei-Güter-Fall darstellbar und unsere Aufgabe ist, den optimalen Konsumplan für Freizeit und ein anderes Gut zu bestimmen.

Wir brauchen dazu eine Darstellung der Präferenzen mittels Indifferenzkurven und Budgetrestriktion. Angenommen, pro Arbeitseinheit - dies mag eine Stunde, ein Monat oder ein Jahr sein - wird ein **Lohnsatz** in Höhe von w Geldeinheiten als Preis für die Arbeit gezahlt. Dann ist im Zwei-Güter-Fall die Budgetrestriktion durch

(11) $$p_1 x_1 = w(F^{max} - F)$$

gegeben. Auf der linken Seite stehen die Ausgaben für das Gut x_1 und auf der rechten Seite die Einnahmen, die dem Haushalt daraus erwachsen, daß er in Höhe von $F^{max}-F$ auf Freizeit (in Stunden, Monaten oder Jahren gemessen) verzichtet. Dabei ist F^{max} die maximal mögliche Freizeit (z.B. 24 Stunden auf Tagesbasis) und F die tatsächlich realisierte. Schreiben wir (10) um zu

(12) $$p_1 x_1 + wF = wF^{max},$$

so wird die völlige Analogie zum bisher betrachteten Zwei-Güter-Fall offenkundig.

Auf der rechten Seite steht nunmehr eine feste Einkommensgröße, da sowohl der Lohnsatz wie die maximale Freizeit konstant sind. Auf der linken Seite steht der mit Preisen bewertete Konsum für zwei Güter, die nutzenstiftend für den Haushalt sind. Warum aber ist w der Preis für Freizeit? Doch gerade deswegen, weil jede "konsumierte" Freizeiteinheit den Verzicht auf das mit w entlohnte Arbeitsangebot bedeutet. Man spricht von **Opportunitätskosten** der Freizeit. Damit läßt sich der optimale Konsumplan wieder graphisch bestimmen.

Abbildung 2.9: *Optimaler Konsumplan mit Freizeit*

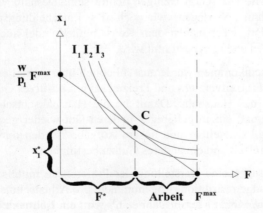

Im nutzenmaximalen Punkt C wird die optimale Menge x_1^* eines Gutes x_1 und die optimale Freizeit F^* nachgefragt. Spiegelbildlich dazu stellt sich auch das **Arbeitsangebot** dar, was sich ja gerade als Residuum zur maximal möglichen Freizeit ergibt.

Offenkundig verändert sich der optimale Konsumplan und damit auch das Arbeitsangebot mit den Preisen, oder genauer gesagt mit dem Preisverhältnis. Das Verhältnis von Lohnsatz und Güterpreis wird als **Reallohnsatz** bezeichnet und dient als Preis in der Darstellung der **Arbeitsangebotskurve**.

Abbildung 2.10: *Arbeitsangebotskurve des Haushalts*

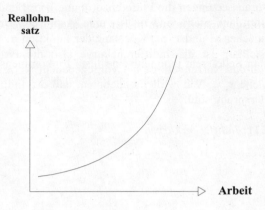

Den typischen Verlauf dieser Kurve verdeutlicht die Abbildung 2.10. Auch hier hängt die **allgemeine Arbeitsangebotsfunktion** eines Haushalts, wie im Konsumnachfragefall, von allen Güterpreisen und dem Lohnsatz ab. Die obige Arbeitsangebotskurve ist nur die geometrische Darstellung der **Arbeitsangebotsfunktion**, die c.p. alle anderen Preise als gegeben betrachtet. Sind also alle Güterpreise und der Lohnsatz für den Haushalt ein Datum, wird er sich als Mengenanpasser auch im Arbeitsangebot verhalten. Damit liegt als Produkt von Lohnsatz und eingesetzter Arbeit auch das Haushaltseinkommen fest.

> **Resümee:** *Das Haushaltseinkommen bestimmt sich endogen über das Arbeitsangebot eines Haushalts. Der Preis für eine eingesetzte Arbeitseinheit ist der Lohnsatz, er entspricht den Opportunitätskosten der Freizeit.*

8. Die Analytik der Haushaltsoptimierung

Die in diesem Kapitel behandelte Fragestellung läßt sich mit Hilfe einiger mathematischer Beziehungen auch analytisch lösen. Wir beschränken uns dabei wieder auf den Zwei-Güter-Fall. Die Verallgemeinerung auf den n-Güter-Fall ist intuitiv einsichtig.

Wir führen zunächst eine reellwertige **Nutzenfunktion**

(13) $u = u(x_1, x_2)$

mit positiven ersten partiellen Ableitungen $\partial u/\partial x_1$, $\partial u/\partial x_2 > 0$ ein. Wie bereits erwähnt, existiert eine solche reellwertige ordinale Ordnung der Präferenzen des Haushalts, wie GÉRARD DEBREU gezeigt hat, unter ganz schwachen Voraussetzungen die Präferenzordnung betreffend. Eine **Indifferenzkurve** ist dann nichts anderes als eine graphische Darstellung der Beziehung zwischen x_1 und x_2 bei Konstanz der Funktion u. In dreidimensionaler Darstellung ist die Indifferenzkurve also die Projektion eines Schnittes durch das Nutzengebirge bei vorgegebenem Nutzenwert auf die Gütergrundfläche x_1, x_2. Wir wollen annehmen, daß die Indifferenzkurven **konvex** zum Ursprung sind.

Abbildung 2.11: *Indifferenzkurven*

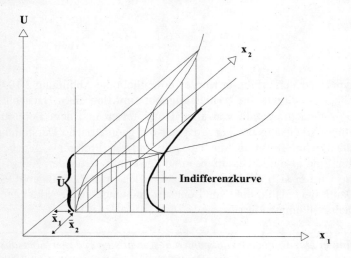

Wie Abbildung 2.11 zeigt, können die Indifferenzkurven konvex sein, auch wenn der Grenznutzen im Konsum eines Gutes nicht abnimmt, sondern zunimmt. Das ersieht man aus dem Verlauf der Schnittflächen parallel zur x_1- und x_2-Achse. Also wäre an dieser Stelle die Forderung des **Ersten Gossenschen Gesetzes**, einen abnehmenden Grenznutzen im Konsum eines jeden Gutes vorauszusetzen, völlig unnötig, ganz abgesehen davon, daß man damit das Gebäude der **ordinalen Nutzentheorie** verließe. Zurück zum Entscheidungsproblem des Haushaltes. Dieser versucht denjenigen Konsumplan (x_1, x_2) zu finden, der seinen Nutzen $u(x_1, x_2)$ unter der Nebenbedingung seiner Budgetrestriktion

(1) $$Y = p_1 x_1 + p_2 x_2$$

maximiert. Zur Lösung dieses Problems verwendet man in der Regel die Methode der **Lagrange-Multiplikatoren**.

Wir kommen an dieser Stelle aber auch ohne diese Technik zum Ziel. Wenn wir die nach x_2 aufgelöste Nebenbedingung (1) in die zu maximierende Funktion u einsetzen, vereinfacht sich die Optimierungsaufgabe zu:

$$\text{maximiere } u(x_1, Y/p_2 - x_1 p_1/p_2)$$

durch geeignete Wahl von x_1. Da x_1 die einzige Variable unseres Problems ist, erhalten wir die notwendige Optimalbedingung über die Ableitung nach x_1 als

$$u_{x_1} + u_{x_2}(-p_1 / p_2) = 0$$

oder damit äquivalent

(14) $$\frac{u_{x_1}}{u_{x_2}} = \frac{p_1}{p_2}$$

Diese Beziehung bezeichnet man als **Zweites Gossensches Gesetz**: Das Verhältnis der Grenznutzen entspricht dem Verhältnis der Güterpreise. Im Gegensatz zum ersten ist also das zweite Gossensche Gesetz eine notwendige Optimalbedingung.

Wenn wir uns klar machen, daß die linke Seite von (14) nichts anderes darstellt als die **Grenzrate der Substitution** von x_1 gegen x_2, haben wir damit den Bogen gespannt zur Bedeutung der Konvexität einer Indifferenzkurve. Schreiben wir dazu die Bedingung der Nutzenkonstanz als

(15) $$\bar{u} = u(x_1, x_2)$$

so erhalten wir als totales Differential

$$0 = u_{x_1} dx_1 + u_{x_2} dx_2$$

oder umgeformt

(16) $$-\frac{dx_2}{dx_1}\bigg|_{\bar{u}} = \frac{u_{x_1}}{u_{x_2}}$$

als negative Steigung der Indifferenzkurve. Wie wir nach (4) wissen, ist letztere aber nichts anderes als die Grenzrate der Substitution von x_1 gegen x_2. Die Konvexität der Indifferenzkurve sichert uns die ökonomisch sinnvolle Lösung des Entscheidungsproblems. Dies aber wird gerade gewährleistet durch die Forderung der abnehmenden Grenzrate der Substitution. Wie gewinnen wir aus der Optimalbedingung (14) die Nachfragefunktion für den nutzenmaximierenden Haushalt?

Indem wir beachten, daß (14) in mathematisch exakter Schreibweise lautet:

(14') $$\frac{u_{x_1}(x_1,x_2)}{u_{x_2}(x_1,x_2)} = \frac{p_1}{p_2}$$

Gemeinsam mit der Budgetrestriktion (1) haben wir also zwei Gleichungen mit zwei Unbekannten, den optimalen Konsummengen x_1^* und x_2^*. Je nach Nutzenfunktion kann man also Nachfragefunktionen spezifizieren. Und es ist an dieser Stelle auch keine Überraschung, daß bestimmte Typen von Nutzenfunktionen auch bestimmte Typen von Nachfragefunktionen ergeben werden. Aber das ist ein Thema der **Angewandten Mikroökonomie**.

Zum Schluß noch ein kurzer Exkurs zu einer in der Angewandten Mikroökonomik besonders wichtigen Eigenschaft von Nachfragefunktionen: Der Reagibilität der Haushaltsnachfrage auf Veränderungen des Preises des gleichen Gutes.

Beziehen wir marginale Preisänderungen auf marginale Mengenänderungen wie z.B. mit dx/dp, so beschreiben wir über die erste Ableitung die Steigung der Nachfragefunktion. Selbst bei einfachen Typen von Nachfragefunktionen variiert diese Kennziffer der Reagibilität in der Regel sehr stark.

Die Frage ist nun, gibt es Kennziffern, die in dem Sinne "stabiler" sind, als daß sie auf Preis- oder Mengenänderungen weniger stark reagieren? Solche

Kennziffern erhalten wir, wenn wir relative Nachfrageänderungen auf relative Preisänderungen beziehen. Wir nennen sie **Elastizitäten**. So ist z.B.

$$\varepsilon(x,p) = \frac{dx}{dp}\frac{p}{x}$$

die Preiselastizität der Nachfrage. Sie gibt uns an, um wieviel Prozent die Nachfrage nach Gut x sich verändert, wenn sich der Preis p dieses Gutes um ein Prozent verändert. In der Schreibweise

(17)
$$\varepsilon(x,p) = \frac{dx/x}{dp/p}$$

wird deutlich, daß die Steigung der Nachfragekurve das Vorzeichen der Preiselastizität bestimmt, so daß bei typischen Funktionsverläufen die Preiselastizitäten negativ sind.

Elastizitäten werden wir auch noch an anderen Stellen kennenlernen. Sie haben eine große Bedeutung in empirischen Untersuchungen der Mikro- und Makroökonomie.

Resümee: Mit Hilfe mathematischer Formulierungen lassen sich ökonomische Zusammenhänge und Fragestellungen kurz und bündig darstellen.

---

9. Schlußbemerkung

In diesem Kapitel haben wir die Theorie des Haushalts behandelt. Für die Wahlmöglichkeiten eines Haushalts haben sich die Präferenzen als entscheidungswichtig herausgestellt. Präferenzen können geometrisch in Form von Indifferenzkurven oder analytisch als Nutzenfunktion verdeutlicht werden.

Der Nutzen wird gemäß PARETO als ordinal und nicht kardinal meßbar vorausgesetzt. Damit ist das erste Gossensche Gesetz für den konvexen Verlauf der Indifferenzkurven unbrauchbar aber auch unnötig. GOSSEN, der in der Mitte des 19. Jahrhunderts lebte, war ein Vorläufer der Grenznutzenschule der Nationalökonomie. Diese Schule, die um 1870 entstand, und zu der MENGER, JEVONS und WALRAS gehören, hat vor allem die Rolle des Konsumenten im Wirtschaftsprozeß untersucht. Dies war eine Reaktion auf die klassische Schule (um 1800), die speziell der Produktion große Beachtung geschenkt hat.

Die Grenznutzenschule kann auch noch genauer untergliedert werden in die Österreichische Schule, die Cambridger Schule und die Lausanner Schule. Zur Österreichischen Schule werden neben MENGER auch VON WIESER und VON BÖHM-BAWERK gerechnet. Einer der späten Verfechter dieser Schule ist SCHUMPETER. Der Begründer der Cambridger Schule ist MARSHALL, der im Gegensatz zu JEVONS mehr bei den englischen Klassikern anschließt, vertreten durch SMITH, RICARDO und MILL. WALRAS war das Haupt der Lausanner Schule, zu der auch PARETO gehörte. WALRAS und sein Nachfolger haben in vielfältiger Weise von mathematischen Methoden Gebrauch gemacht.

Fragen und Aufgaben zum 2. Kapitel

1.) Was ist eine Indifferenzkuve?

2.) Was für ein Unterschied herrscht zwischen der Theorie des Konsumentenverhaltens vor und nach PARETO?

3.) Warum ist die Budgetrestriktion eine Gerade?

4.) Was versteht man unter Grenznutzen?

5.) Was ist der Inhalt des 1. Gossenschen Gesetzes?

6.) Wie lautet das 2. Gesetz von Gossen?

7.) Was ist eine individuelle Nachfragekurve?

8.) Was ist eine Gesamtnachfragekurve?

9.) Wodurch kann sich die Gesamtnachfragekurve verschieben?

10.) Warum wird der Konsument die Güterkombination wählen, die sich im Tangentialpunkt zwischen Budgetgerade und einer der Indifferenzkurven ergibt?

11.) Der Konsument ist in vielen Fällen Mengenanpasser. Was heißt das?

12.) Können zwei Indifferenzkurven einander schneiden?

13.) Was bedeutet es, wenn die Indifferenzkurven Geraden sind?

14.) a) Ein Junge bekommt ein Taschengeld von 3,- DM, das er in Kartoffelchips und Waffeln anlegt. Der Preis für Waffeln ist 0,25 DM, der Preis für Chips variiert. Wenn eine Portion Chips 0,10

DM kostet, ist die optimale Kombination von Kartoffelchips und Waffeln für den jungen Mann: 12,5 Portionen Kartoffelchips und 7 Waffeln. Bei einem Preis für Chips von 0,25 DM sind dies: 6 Portionen Chips und 6 Waffeln. Bei einem Preis für Kartoffelchips von 0,40 DM ist die optimale Kombination 4 Portionen Chips und 5,5 Portionen Waffeln und bei einem Preis für Kartoffelchips von 0,50 DM ist dies 3,5 Portionen Chips und 5 Waffeln.

Man zeichne die individuelle Nachfragekurve des jungen Mannes in bezug auf Kartoffelchips.

b) Was passiert mit der Nachfragefunktion, wenn sein Taschengeld erhöht wird?

15.) Zeichnen Sie auf der Basis der in der vorhergehenden Aufgabe verwendeten Zahlen in ein Schaubild die Budgetgerade und einen Satz dazu passender Indifferenzkurven.

16.) Welche Kombination wird der Junge kaufen, wenn der Preis für eine Portion Kartoffelchips 0,15 DM beträgt?

17.) Zwischen dem Preis und der nachgefragten Menge nach einem bestimmten Gut besteht die folgende Beziehung:

Preis in Pfennigen	Nachfrage in Stück
74	20
62	30
55	40
48	50
43	60
33	80
25	100
19	120
14	140

Zeichnen Sie mit Hilfe dieser Zahlen die Nachfragekurve.

18.) Eine Untersuchung der Einkommen sämtlicher Haushalte eines Landes ergab:

Haushalte mit einem Einkommen von (in Tausend DM)	Ausgaben für Tee und Kaffee in DM
unter 6	92
6 bis unter 7	108
7 bis unter 8	110
8 bis unter 9	121
9 bis unter 10	127
10 bis unter 11	135
11 bis unter 12	134
12 bis unter 13	152
13 bis unter 14	149

Diese Zahlen zeigen die Beziehung zwischen den Ausgaben für Tee und Kaffee und dem Einkommen. Zeichnen Sie ein Achsenkreuz, bei dem auf der Horizontalen das Einkommen und auf der Vertikalen der Verbrauch abgetragen ist. Tragen Sie die angegebenen Tabellenwerte in das Schaubild ein. In diese Punktwolke kann man näherungsweise eine Engel-Kurve einzeichnen. Berechnen Sie die prozentuale Zunahme des Verbrauchs als Folge einer prozentualen Zunahme des Einkommens für einige Einkommensklassen.

19.) Organisieren Sie eine Diskussion über die Frage, inwiefern die Werbung die Wahlhandlungen der Konsumenten beeinflußt. Wird die Funktion des Preismechanismus durch die Werbung beeinflußt?

20.) Formulieren Sie die in diesem Kapitel dargestellte Theorie, indem Sie von einer Nutzenfunktion mit drei Gütern x, y und z ausgehen.

Literatur zum 2. Kapitel

Böventer, Edwin von. Einführung in die Mikroökonomie. Siebte, durchgesehene und verbesserte Auflage. München, Wien 1991.

Debreu, Gérard. Theory of Value: An axiomatic Analysis of Economic Equilibrium. New York 1976. (Deutsche Ausgabe: Werttheorie: Eine axiomatische Analyse des ökonomischen Gleichgewichts. Berlin u.a.O. 1976.)

Linde, Robert. Einführung in die Mikroökonomie. Stuttgart u.a.O. 1988.

Schumann, Jochen. Grundzüge der mikroökonomischen Theorie. Sechste, überarbeitete Auflage. Berlin u.a.O. 1992.

Varian, Hal R. Grundzüge der Mikroökonomik. (Aus dem Amerikanischen von R. Buchegger). Zweite, überarbeitete und erweiterte Auflage. München, Wien 1991.

Kapitel 3 Theorie der Unternehmung

1. Einführung

In der Theorie des Haushalts haben wir die beiden zentralen Entscheidungsprobleme des Haushalts diskutiert: Die Bestimmung des optimalen Konsumplanes und des dazu notwendigen Arbeitseinkommens. Für gegebene Preise konnten wir eine Lösung beider Probleme ableiten und aufzeigen, wie der Haushalt als Mengenanpasser auf Variationen dieser Preise reagiert. Das Ergebnis nannten wir Güternachfrage- und Arbeitsangebotsfunktion. Durch Aggregation dieser auf den individuellen Entscheidungen eines repräsentativen Haushalts beruhenden Funktionen konnten wir die auf einen ganzen Markt bezogene Gesamtnachfrage nach einem Gut oder das Gesamtangebot des Faktors Arbeit als Funktion des Preises darstellen.

Wenn wir nun als **Unternehmung** diejenige Instanz verstehen, die spiegelbildlich zu den Haushaltsentscheidungen Güter anbietet und Arbeitsleistungen nachfragt, so liegt es nahe, auch diese Entscheidungen in Angebots- und Nachfragefunktionen zu übersetzen und dann für einen ganzen Markt wieder zu aggregieren. Voraussetzung dafür ist, daß die Unternehmung ein Ziel verfolgt. Als solches wollen wir das Streben nach **Gewinnmaximierung** unterstellen. Wie entsteht ein Gewinn für eine Unternehmung? Doch dadurch, daß die von der Unternehmung produzierten Güter zu Preisen angeboten und verkauft werden können, die die Entstehungskosten dieser Güter übersteigen. Für die Unternehmung sind also zwei Dinge von zentraler Bedeutung. Erstens, die physischen Bedingungen der Produktion, d.h. die technologischen Beziehungen der Umwandlung von **Produktionsfaktoren** in Güter und zweitens die **Kosten** dieser Transformationen.

Was beim Haushalt der Konsum war, ist also in der Unternehmung die Produktion. Was bei ersterem die Nutzenmaximierung war, ist bei letzterem die **Gewinnmaximierung**. Das bedeutet, daß die Theorie der Unternehmung sich sehr viel einfacher darstellt als die des Haushalts. Denn das Rationalprinzip der Gewinnmaximierung benötigt keine komplizierte Präferenzstruktur. Für eine Unternehmung ist ein Güterbündel nur hinsichtlich des daraus erzielbaren Gewinnes von Interesse. Somit spielt nicht die Zusammensetzung, sondern der in Geld dimensionierte Verkaufswert - abzüglich der in Geld dimensionierten Kosten - die entscheidende Rolle. Wir sprechen daher auch von einem **eindimensionalen** Entscheidungsproblem der Unternehmung.

> **Resümee:** *Das Entscheidungsproblem der Unternehmung ist zu dem des Haushalts dual. Es ist überdies sehr viel weniger komplex, da die Zielfunktion der Gewinnmaximierung nur eindimensional ist.*

2. Die Produktion

Unter **Produktion** verstehen wir die Umwandlung von Produktionsfaktoren in Güter. Daher können Güter Waren und Dienstleistungen und Faktoren Arbeit und Kapitalgüter sein. Letzteres bedeutet, daß auch bereits produzierte Güter wieder als Produktionsfaktoren in die Produktion eingehen können. Jede Produktion ist also durch Input- und Outputmengen charakterisiert.

Abbildung 3.1: *Produktionspläne und Produktionsfunktion*

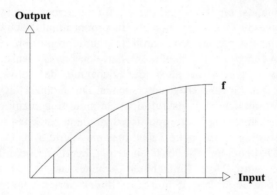

Jede Kombination dieser beiden Mengen bezeichnen wir in Analogie zum Konsumplan als **Produktionsplan**. Wenn wir die von einer Unternehmung technisch realisierbaren Produktionspläne als schraffierte Fläche in der Input-Output-Ebene verdeutlichen, so wird offenkundig, daß die für die Unternehmung interessanten Produktionspläne auf dem oberen Rand f der Fläche der realisierbaren Produktionspläne liegen. Denn dies ist die Menge der **effizienten** Produktionspläne, die bei gegebenem Input einen maximalen Output realisieren. Solche Beziehungen zwischen Input und Output nennen wir **Produktionsfunktionen**. Es gibt viele Typen von Produktionsfunktionen. Wir wollen uns hier auf die über das klassische **Ertragsgesetz** beschriebene Technologie im Ein-Faktor-Fall beschränken. Aus Erfahrung wissen wir, daß, wenn ein konstanter Produktionsfaktor (Boden)

sukzessive mit Einheiten eines variablen Produktionsfaktors (Arbeit) kombiniert wird, der Gesamtertrag (z.b. Korn) zuerst über-, später unterproportional zum variablen Faktor ansteigt. Kombiniert man stets mehr Einheiten des variablen Produktionsfaktors (Arbeit) mit dem konstant gehaltenen Produktionsfaktor (Boden), dann wird schließlich der Gesamtertrag (Korn) nicht mehr steigen, sondern möglicherweise abnehmen. Eine solche Beziehung zwischen Gesamtproduktion und variablem Produktionsfaktor gilt nicht nur für die Agrarwirtschaft, sondern auch für viele Bereiche der industriellen Fertigung. In Tabelle 3.1 haben wir die oben genannte Erfahrungstatsache anhand eines Zahlenbeispiels demonstriert. Wir gehen dabei davon aus, daß auf einem genau umrissenen Stück Land Getreide angebaut wird und daß sukzessive mehr Arbeiter auf diesem Stück Land beschäftigt werden. Wir sehen dann, daß, wenn z.b. drei Arbeiter beschäftigt sind, der Gesamtertrag sich auf 25 Ztr. beläuft, bei Beschäftigung von neun Arbeitern aber auf 106 Ztr. Getreide (siehe Spalte 2). Wenn nacheinander ein zweiter, dritter, ... fünfter Arbeiter eingesetzt wird, steigt der physische Gesamtertrag mehr als proportional. Nach dem fünften Arbeiter nimmt der physische Gesamtertrag unterproportional zu und fällt sogar ab dem fünfzehnten Arbeiter. Anstatt den physischen Gesamtertrag zu betrachten, kann man auch die Zunahme des physischen Gesamtertrages, den **Grenzertrag**, untersuchen. Der Grenzertrag drückt aus, wieviel eine zusätzliche Arbeitskraft dem Gesamtertrag zuzufügen vermag. Nimmt der Gesamtertrag überproportional zu, dann sprechen wir von steigenden Grenzerträgen. In Spalte 3 sind dies die Werte 5, 8, 12, 14 und 16. Vom fünften Arbeiter an fällt der Grenzertrag, bis dieser beim fünfzehnten Arbeiter Null wird. Vom fünfzehnten Arbeiter an ist der Grenzertrag negativ, d.h. der Gesamtertrag nimmt ab. In der vierten Spalte der Tabelle wurde der Durchschnittsertrag berechnet. Man erhält diese Werte, indem man den physischen Gesamtertrag durch die Anzahl der eingesetzten Arbeitskräfte dividiert. Bis einschließlich dem achten Arbeiter nimmt der Durchschnittsertrag stets zu. Die Anstellung eines neunten (oder weiteren) Arbeitnehmers wird einen geringeren physischen Durchschnittsertrag zur Folge haben.

Tabelle 3.1: *Ertragsgesetz*

Arbeiter	Physischer Ge-samtertrag (in Ztr.)	Grenzertrag (in Ztr.)	Durchschnitts-ertrag (in Ztr.)
1	2	3	4 (2:1)
1	5	5	5,0
2	13	8	6,5
3	25	12	8,3
4	39	14	9,7
5	55	16	11,0
6	70	15	11,6
7	84	14	12,0
8	96	12	11,8
9	106	10	11,4
10	114	8	11,0
11	121	7	10,3
12	126	5	10,0
13	130	4	10,0
14	132	2	9,4
15	132	0	8,8
16	130	-2	8,1
17	127	-3	7,5

Den höchsten Wert der Spalte 3 haben wir bei fünf Arbeitern, den höchsten Wert in Spalte 4 bei acht Arbeitern. Das bedeutet also, daß der durchschnittliche Ertrag noch steigt, während der physische Grenzertrag bereits fällt. Dies verwundert nicht, wenn man bedenkt, daß der siebente Arbeiter dem Gesamtertrag noch 14 Ztr. hinzufügt und der Durchschnittsertrag der ersten sechs Arbeiter niedriger ist, nämlich 11,6 Ztr. Die Vergrößerung des Gesamtertrages durch den Einsatz eines siebenten Arbeiters ist also größer als der Durchschnittsertrag, mit der Folge, daß der Durchschnittsertrag von sieben Arbeitern größer ist als der von nur sechs. Solange der physische Grenzertrag größer ist als der Durchschnittsertrag, wird letzterer steigen. Der Durchschnittsertrag fällt, wenn der Grenzertrag kleiner als der Durchschnittsertrag ist.

Abbildung 3.2: *Ertragsgesetzlicher Verlauf*

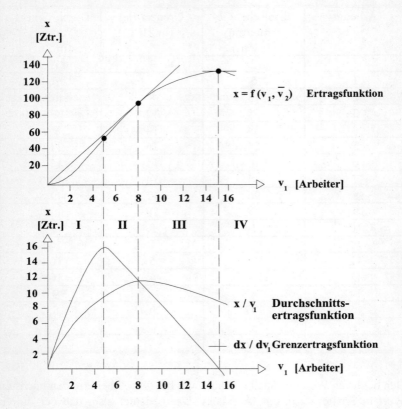

Die Werte der Tabelle sind in Abbildung 3.2 graphisch wiedergegeben. Im oberen Teil dieser Graphik ist auf der Abszisse die Zahl der eingesetzten Arbeitskräfte, v_1 und auf der Ordinate die Ertragsfunktion f des physischen Gesamtertrages aufgetragen unter Berücksichtigung der Konstanz des zweiten Produktionsfaktors Boden.

Im unteren Teil der Graphik ist horizontal die Zahl der Arbeiter und vertikal der physische Grenzertrag sowie der Durchschnittsertrag aufgezeichnet.

Die Unterteilung der Abszisse erfolgte in beiden Schaubildern im gleichen Maßstab. Wir können so aus der Graphik unmittelbar ableiten, daß bei 4

Arbeitern der Gesamtertrag 39 Ztr., der Grenzertrag 14 Ztr. und der Durchschnittsertrag 9,7 Ztr. beträgt.

Überproportional steigt der Gesamtertrag im Bereich *I*, proportional bzw. unterproportional im Bereich *II* bzw. *III*. Im Bereich *IV* fällt schließlich der Gesamtertrag mit steigendem Einsatz des Faktors Arbeit. Der Grenzertrag ist dann negativ.

Weiter sehen wir, daß die Grenzertragskurve die Durchschnittsertragskurve im höchsten Punkt schneidet. Also sind dort, wo der Durchschnittsertrag maximal ist, Grenz- und Durchschnittsertrag gleich.

Ziehen wir wieder den schon im letzten Kapitel verwandten Elastizitätsbegriff zur Kennzeichnung der unterschiedlichen Produktionsphasen der ertragsgesetzlichen Technologie heran, so sehen wird, daß die **partielle Produktionselastizität**

(1) $$\eta(f, v_1) = \frac{\partial f / f}{\partial\ v_1 / v_1}$$

des Faktors Arbeit, und das heißt, das Verhältnis von relativer Änderung des Ertrages und relativer Änderung des Faktoreinsatzes, in den Bereichen *I* bis *III* positiv und im Bereich *IV* negativ ist. In den Bereichen *I* und *II* ist η größer als eins. Für den Produktionsplan *B* ist η gleich eins und für alle Produktionspläne rechts kleiner als eins. Der "produktivste" Produktionsplan maximaler Produktionselastizität liegt also irgendwo im Bereich links von *B*.

Dies muß aber keineswegs derjenige sein, der später von der Unternehmung gewählt wird. Denn wenn als Rationalprinzip die Gewinnmaximierung gewählt ist, lohnen sich Produktionsausdehnungen solange, wie die Kosten in geringerem Ausmaß steigen als die Produktionserlöse.

> *Resümee: Unternehmen wählen unter technisch realisierbaren die effizienten Produktionspläne. Die Gesamtheit aller technisch effizienten Produktionspläne stellen wir mittels der **Produktionsfunktion** dar. Die ertragsgesetzliche Produktionsfunktion ist in der ökonomischen Praxis von besonderer Bedeutung.*

3. Die Kosten der Produktion

Im vorausgegangenen Paragraphen haben wir die Technologie der Produktion betrachtet und dazu Input- und Outputmengen gegenübergestellt. Den dort in den Vordergrund gestellten ertragsgesetzlichen Produktionsfunktionsverlauf wollen wir auch hier wieder heranziehen, um uns das unternehmerische Entscheidungsproblem zu verdeutlichen. Dieses baut zwar auf Beziehungen zwischen **Mengen** von Inputs und Outputs auf, ist aber letztendlich auf **Werte** ausgerichtet. Denn die Produktion dient der Gewinnerzielung, wobei der Gewinn als Differenz zwischen **Erlös** aus dem Produktverkauf und den **Kosten** des Faktoreinsatzes eine Wertgröße darstellt. Die Kosten ergeben sich als Produkt von Preis und Menge des eingesetzten Faktors. In unserem Ein-Faktor-Beispiel des letzten Paragraphen können wir die Mengenkomponente der Kosten durch Umkehrung der Kausalstruktur im ertragsgesetzlichen Produktionsverlauf darstellen. Die zur Produktion erforderliche Quantität des variablen Faktors nimmt zuerst unter- und später überproportional zum physischen Gesamtertrag zu. Den Bereich *IV* in Abbildung 3.2 lassen wir im folgenden außer acht.

Abbildung 3.3: *Inverses Ertragsgesetz*

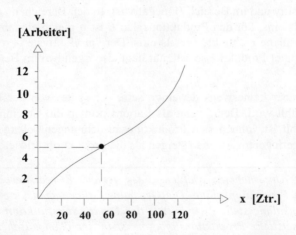

Anfänglich erfordert eine zusätzliche Einheit des Endproduktes weniger Einheiten des variablen Faktors als in einem späteren Stadium. In Abbildung 3.3 ist dieser Zusammenhang bildlich dargestellt. Dabei ist der physische Gesamtertrag horizontal und die erforderliche Menge des variablen Faktors vertikal abgebildet. Wir haben dabei angenommen, daß v_1 der variable Faktor menschliche Arbeit ist. Wenn man die Anzahl der Arbeiter mit ihrem Lohn multipliziert, erhält man die **Lohnsumme**, die bezahlt werden muß, um eine bestimmte Quantität des Endproduktes herzustellen.

Angenommen, der Lohn pro Arbeiter sei stets 500,- DM pro Woche, unabhängig von der Frage, ob viele oder wenige Arbeiter beschäftigt werden. Der Produzent ist in diesem Fall **Mengenanpasser** als Nachfrager auf dem Markt für Produktionsfaktoren: Der Preis (der Lohn) ist gegeben, der Produzent paßt die nachgefragte Faktormenge an.

Wir nehmen nun an, daß die Variable v_1 in Abbildung 3.3 so dimensioniert ist, daß sie für eine 20-Wochen-Arbeitszeit eines Arbeiters steht. Deshalb muß $5 \cdot 20 \cdot 500$,- DM = 50.000,- DM an Löhnen ausbezahlt werden, um 55 Ztr. Getreide zu erzeugen. Auf diese Weise kann man für jede Produktionsmenge errechnen, welcher Betrag an Löhnen aufzuwenden ist.

Abbildung 3.4: *Kostenfunktion der variablen Kosten*

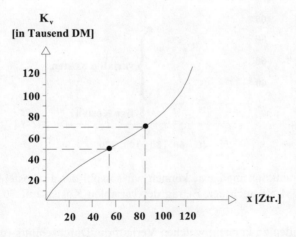

Da die erforderliche Anzahl Arbeitskräfte stets mit der gleichen Zahl $20 \cdot 500$,- DM = 10.000,- DM multipliziert wird, wird der Verlauf der Kurve in Abbildung 3.3 nicht durch diese Multiplikation beeinflußt. Die Abbildung 3.4 zeigt somit auch genau denselben Verlauf der Kurve wie die in Abbildung 3.3 gezeichnete, mit dem Unterschied, daß auf der Ordinate nun der Betrag abgetragen ist, der eingesetzt werden muß, um eine bestimmte Produktion zu verwirklichen. Wir haben jetzt den Verlauf der Kurve der variablen Kosten K_v abgeleitet. Man spricht von **variablen** Kosten, weil diese von der Produktionsmenge abhängig sind. Von diesen (gesamten) variablen Kosten zu unterscheiden sind die durchschnittlichen variablen Kosten (variable Stückkosten). **Fixe** Kosten K_f dagegen ändern sich nicht, wenn die Produktion eine Änderung erfährt. Im angeführten Fall sind die Ausgaben für Grund und Boden fixe Kosten. Ob nun viel oder wenig Getreide angebaut wird, beeinflußt die Kosten für Grund und Boden nicht. Wenn wir diese Komponente der Gesamtkosten mit 20.000,- DM annehmen, ist es uns möglich, die Gesamtkostenfunktion $K(x)$ abzubilden.

Abbildung 3.5: *Gesamtkostenfunktion*

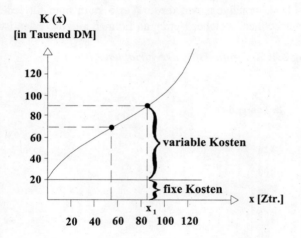

Für die Produktionsmenge x_1 können wir sowohl den Fixkostenbetrag mit 20.000,- DM als auch den Betrag der variablen Kosten mit 70.000,- DM angeben.

Um feststellen zu können, welchen Verlauf die Durchschnitts- und Grenzkosten haben werden, wollen wir zuerst in Tabellenform die variablen Kosten angeben. Sie werden aus den Zahlen der Tabelle 3.1 und der Annahme berechnet, daß jede Arbeitskraft 20 Wochen gegen eine Entlohnung von 500,- DM pro Woche arbeitet.

Tabelle 3.2: *Variable Kosten K$_v$*

Produktion in Ztr.	Variable Kosten in Tausend DM	Produktion in Ztr.	Variable Kosten in Tausend DM
5	10	106	90
13	20	114	100
25	30	121	110
39	40	126	120
55	50	130	130
70	60	132	140
84	70	132	150
96	80		

Wenn man diese Daten graphisch wiedergibt, entsteht ein Punktdiagramm.

Abbildung 3.6: *Punktdiagramm*

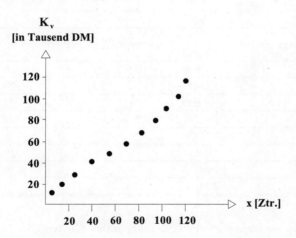

Zieht man durch die eingezeichneten Punkte eine stetige Kurve, dann er-hält man die Kurve der variablen Kosten, die in den Abbildungen 3.3 und 3.4 bereits eingezeichnet ist. Das Durchlegen einer stetigen Kurve bedeu-tet, daß wir für dazwischenliegende Produktionsmengen ermitteln, wie hoch die Kosten wären. Diese neuen Ergebnisse können auch in einer Ta-belle zusammengefaßt werden. Der Einfachheit halber haben wir dies für die Produktionsmengen von 1 bis 25 Ztr. getan.

Die Berechnung der **durchschnittlichen variablen Kosten** K_v/x ist nun recht einfach. Man dividiert die variablen Kosten durch die Produktionsmenge. So betragen etwa die variablen Kosten bei einer Produktion von 10 Ztr. Getreide 17.000,- DM. Die variablen Durchschnittskosten sind also 17.000,- DM : 10 = 1.700,- DM. Auf dieselbe Art und Weise kann man berechnen, daß die durchschnittlichen variablen Kosten bei einer Produktionsmenge von 25 Ztr. gleich 1.200,- DM sind. Im Intervall von 0 - 132 Ztr. können wir so für jede Produktionsmenge die durchschnittlichen variablen Kosten berechnen. Stellt man das Ergebnis dieser Berechnungen graphisch dar, dann erhalten wir die Kurve der durchschnittlichen variablen Kosten, die in Abbildung 3.7 gezeichnet ist.

Tabelle 3.3: _Variable Kosten_

Produktion in Ztr.	Variable Kosten in DM	Produktion in Ztr.	Variable Kosten in DM
1	2.500	14	21.000
2	4.500	15	22.000
3	6.500	16	23.000
4	8.500	17	24.000
5	10.000	18	24.950
6	11.500	19	25.500
7	13.000	20	26.250
8	14.500	21	27.000
9	15.750	22	27.750
10	17.000	23	28.500
11	18.000	24	29.250
12	19.000	25	30.000
13	20.000		

Aus Tabelle 3.3 kann man auch die **marginalen Kosten** oder sogenannten **Grenzkosten** ableiten. Unter den Grenzkosten K' versteht man die zusätzlichen Kosten, die aufgewendet werden müssen, um die Produktion um eine Einheit auszudehnen. Wenn die Erzeugung eines Ztrs. Getreide 2.500,- DM kostet, hingegen die variablen Kosten für 2 Ztr. Getreide 4.500,- DM betragen, belaufen sich die Grenzkosten für den zweiten Ztr. auf 2.000,- DM. So betragen die Grenzkosten für den achten Ztr. etwa 1.500,- DM.

Neben den durchschnittlichen variablen Kosten K_v/x kann man nun für jede willkürliche Produktionsmenge die marginalen Kosten K' errechnen. Die Grenzkosten sind ebenfalls in Abbildung 3.7 eingezeichnet.

Abbildung 3.7: *Grenzkosten und durchschnittliche variable Kosten*

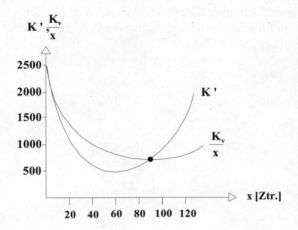

Die variable Durchschnittskostenkurve K_v/x und die Grenzkostenkurve $dK/dx = K'$ schneiden einander im tiefsten Punkt von K_v/x. Solange die Grenzkosten niedriger sind als die durchschnittlichen variablen Kosten, haben letztere einen fallenden Verlauf. Wenn die Grenzkosten höher sind als die durchschnittlichen variablen Kosten, steigen die durchschnittlichen variablen Kosten. Hieraus folgt, daß die Grenzkosten gleich den durchschnittlichen variablen Kosten sind bei einer Produktionsmenge, bei der die durchschnittlichen variablen Kosten weder steigen noch fallen. Dieser Fall ist im Minimum der durchschnittlichen variablen Kosten gegeben.

Schließlich können wir noch die durchschnittlichen fixen Kosten berechnen. In Abbildung 3.5 nahmen wir für unser Beispiel Fixkosten K_f in Höhe von 20.000,- DM an. Die durchschnittlichen fixen Kosten fallen sehr schnell, wenn eine größere Produktionsmenge in Angriff genommen wird. Bei 10 Ztr. Getreide belaufen sich diese auf 2.000,- DM, bei 100 Ztr. auf 200,- DM. In Abbildung 3.8 ist die Beziehung zwischen durchschnittlichen fixen Kosten und Produktionsmenge x graphisch dargestellt.

Abbildung 3.8: *Durchschnittliche Fixkosten*

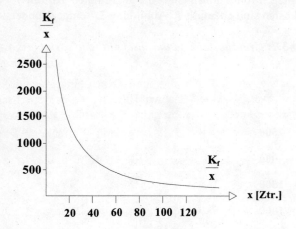

Abbildung 3.9: *Grenz- und Durchschnittskosten*

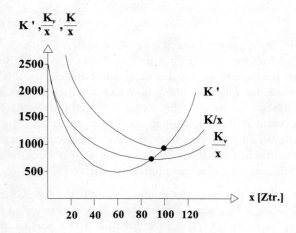

Die durchschnittlichen Gesamtkosten *K/x* sind gleich der Summe der durchschnittlichen variablen und durchschnittlichen fixen Kosten.

(2)
$$\frac{K(x)}{x} = \frac{K_v(x)}{x} + \frac{K_f}{x}.$$

In Abbildung 3.9 wurden diese ebenfalls eingezeichnet.

Im selben Schaubild sind auch die Grenzkosten eingezeichnet; die marginale Kostenkurve K' schneidet sowohl die Kurve der durchschnittlichen Gesamtkosten als auch die durchschnittliche variable Kostenkurve im tiefsten Punkt der betreffenden Kurven. Der Abstand zwischen K/x und K_v/x wird umso kleiner, je größer die Produktionsmenge x ist, weil die durchschnittlichen fixen Kosten dann abnehmen.

Die Kostenfunktionen verschieben sich durch Änderungen der Technik und durch Preisänderungen der Produktionsmittel sowie durch Größenänderungen des konstant gehaltenen Produktionsfaktors. Angemerkt sei noch, daß in der Realität meist ein linearer Verlauf der Gesamtkostenfunktion angetroffen wird, weil die beachteten empirischen Gegebenheiten sich fast immer nur auf ein begrenztes Produktionsintervall beziehen.

> **Resümee:** *Mit der Analyse der Kostensituation einer Unternehmung haben wir einen zweiten wichtigen Aspekt der Theorie der Unternehmung beleuchtet.* **Kostenfunktionen** *ergeben sich aus Produktionsfunktionen, wenn die Preise der variablen Faktoren und die Fixkosten bekannt sind.*

4. Der optimale Produktionsplan

Der optimale Produktionsplan ist der gewinnmaximale. Der Gewinn aber ist mit

(3) $G(x) = E(x) - K(x)$

die Differenz zwischen Erlösen E und Kosten K. Somit handelt ein gewinnmaximierender Produzent immer rational, wenn er für jede denkbare Outputmenge x seine Kosten minimiert. Andererseits kann Kostenminimierung allein auch keine vernünftige Strategie sein, denn ohne Produktion entstünden gar keine Kosten, aber auch keine Gewinne. Die richtige Strategie besteht also darin, sowohl Erlöse als auch Kosten im Blick zu behalten und die Produktion dann auszuweiten, wenn die Erlöse schneller steigen als die Kosten.

Abbildung 3.10: *Der gewinnmaximale Produktionsplan*

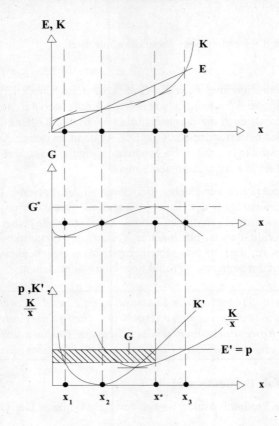

Wenn wir unterstellen, daß der Unternehmer **Mengenanpasser** ist und für jede abgesetzte Menge seines Produktes einen Preis p erzielt, so kann man die für die Unternehmung optimale Outputmenge graphisch ableiten. Die Erlösgerade

$$(4) \qquad\qquad E(x) = px$$

schneidet die ertragsgesetzliche Gesamtkostenkurve $K(x)$ in zwei Punkten x_2 und x_3. Bei beiden Outputmengen sind Erlöse gleich Kosten und somit die Gewinne gleich null. In dem Bereich zwischen x_2 und x_3 sind positive Gewinne und links und rechts davon nur negative Gewinne, also Verluste, realisierbar.

Betrachten wir die Gewinnzone in den Outputbereichen zwischen x_2 und x_3 und versetzen wir uns in die Lage eines Unternehmers, der sich fragt, wie weit er, ausgehend von x_2, seinen Output vergrößern soll, um einen maximalen Gewinn zu erreichen. Er wird seine Produktionsmenge genau dann erhöhen, wenn die Kosten einer zusätzlichen Outputmenge geringer sind als die damit verbundenen Erlöse. Mit anderen Worten, die Zusatzkosten pro Mengeneinheit müssen niedriger sein als die Zusatzerlöse. Dies können wir schreiben als

$$(5) \qquad \frac{dK}{dx} < \frac{dE}{dx}.$$

Also wird er seine Produktion ausdehnen bis zur Menge x^*, aber auch nicht weiter, denn jede darüber hinausgehende Produktion ist durch höhere Zusatzkosten als Zusatzerlöse gekennzeichnet. Damit liegt der gewinnmaximale Produktionsplan bei der Outputmenge x^*. Wenn der Unternehmer aber einen Output in Höhe von x^* verkauft, erzielt er einen Erlös von $E^* = px^*$. Pro Outputeinheit entstehen aber nur Kosten in Höhe von K/x^* gemäß dem Durchschnittskostenverlauf. Also bleibt ein Gewinn G^* in Höhe der schraffierten Fläche. Die Festlegung des optimalen Produktionsplanes über die Bestimmung der gewinnmaximalen Outputmenge bezeichnet man auch als **Outputregel**.

---

*Resümee: Nach der **Outputregel** ist der optimale Produktionsplan eines mengenanpassenden Unternehmers so zu wählen, daß die Grenzkosten den Grenzerlösen entsprechen. Als Mengenanpasser sind die Outputpreise für den Unternehmer ein Datum. Somit entspricht der Grenzerlös dem Güterpreis p. Die Gewinne sind maximal, wenn der Schnittpunkt von K' und p im aufsteigenden Ast von K' liegt; sie sind minimal - und es entstehen **Verluste** - wenn der Schnittpunkt im absteigenden Ast der Grenzkostenkurve liegt.*

---

5. Die Güterangebotsfunktion

Variiert man den Produktpreis p, der für den mengenanpassenden Unternehmer den Grenzerlös einer Outputveränderung bestimmt, so reagiert ein gewinnmaximierender Unternehmer mit einer Outputveränderung. Die Zuordnung von Preis und optimaler Outputmenge bezeichnen wir als **Angebotsfunktion**.

Nach der Outputregel des letzten Paragraphen ist deren Bestimmung für uns kein weiteres Problem.

Abbildung 3.11: *Die Angebotsfunktion der Unternehmung*

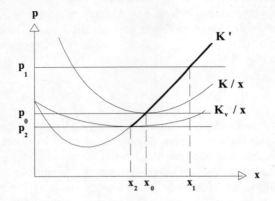

Das Angebotsverhalten eines gewinnmaximierenden Unternehmers wird ja gerade durch den aufsteigenden Ast der Grenzkostenkurve K' beschrieben. Jeder Schnittpunkt von K' und Grenzerlöskurve - der horizontalen Preisgerade - beschreibt eine bei gegebenem Preis optimale Preis-Mengen-Kombination.

Es existiert also eine Angebotsfunktion, die angibt, welche Mengen ein einzelner Anbieter bei alternativen Preisen anbietet. Diese Angebotsfunktion fällt mit der Grenzkostenkurve zusammen, soweit diese oberhalb des Schnittpunktes mit der durchschnittlichen variablen Kostenkurve liegt. Wenn der Preis unter das Minimum der Gesamtkosten fällt, wird Verlust gemacht, doch ein Teil der Fixkosten wird noch getragen. Die Fixkosten resultieren aus Ausgaben für Gebäude und Maschinen, die faktisch bereits getätigt wurden, so daß es natürlich selbstverständlich ist, zu versuchen einen möglichst großen Teil wieder zu erwirtschaften. Indem man die Produktion also weiterführt, kann man den Verlust in Grenzen halten. Fällt der Preis unter das Minimum der durchschnittlichen variablen Kosten, dann wird die Produktion stillgelegt, weil jede nun zu produzierende Gütereinheit den Verlust vergrößern würde.

Die Angebotsfunktion einer Unternehmung verschiebt sich aus demselben Grund wie die Grenzkostenkurve: durch Veränderungen der Technik und durch Preisänderungen der Produktionsmittel.

Aus den Angebotsfunktionen aller Unternehmungen auf einem Markt kann die **Gesamtangebotskurve** auf dem Wege horizontaler Aggregation abgeleitet werden. Für zwei Anbieter haben wir dies in Abbildung 3.12 demonstriert.

Abbildung 3.12: *Horizontale Aggregation*

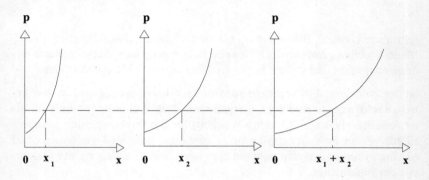

Die Gesamtangebotsfunktion bringt zum Ausdruck, welche Mengen durch die gemeinsamen Anbieter bei unterschiedlichen Preisen angeboten werden. Eben wie für die Gesamtnachfragefunktion gilt auch in diesem Fall die Bemerkung, daß es nicht möglich ist, mit dieser Funktion allein den Preis zu bestimmen. Wir wissen nun, wie sich die Produzenten verhalten werden, d.h. wir wissen, was sie bei alternativen Preisen anbieten werden. Die Angebotsfunktion hat einen ansteigenden Verlauf, was zum Ausdruck bringt, daß bei einem höheren Preis von den Unternehmern eine größere Menge angeboten wird.

---

*Resümee: Nach der **Outputregel** ist die Güterangebotsfunktion einer Unternehmung als Mengenanpasser mit dem aufsteigenden Ast der Grenzkostenkurve identisch. Die **Gesamtangebotsfunktion** ergibt sich mit horizontaler Aggregation über alle Angebotsfunktionen eines Marktes.*

---

6. Die Arbeitsnachfragefunktion

Beziehen wir den Gewinn einer Unternehmung nicht auf die produzierte Menge, sondern auf die dazu eingesetzten variablen Faktoren, so kann man mit der sogenannten **Inputregel** das Gewinnmaximum charakterisieren. Durch Variation der Inputpreise gewinnen wir die **Faktornachfragefunktionen**.

Gehen wir wieder aus von der ertragsgesetzlichen Produktionsfunktion von Paragraph zwei, die wir als

$$(6) \qquad\qquad x = f(v_1, \overline{v}_2)$$

schreiben können. Hier steht v_1 für den variablen Faktor Arbeit (in 20 Mann-Wochen gemessen). Der zweite Faktor sei wie bisher in unserer Argumentation fix und stehe z.B. für die Nutzung von Grund und Boden.

Ist der Produzent nun **Mengenanpasser im Güterangebot und in der Arbeitsnachfrage**, so sind der Güterpreis p und der Lohnsatz w (Preis für eine Arbeitseinheit von 20 Mann-Wochen) für ihn unveränderlich gegeben. Er hat seinen Produktionsplan so zu gestalten, daß der Gewinn maximal ist. Zum Produktionsplan gehören aber sowohl die Festlegung der Output- wie der Inputmenge.

Bei einer Produktionsfunktion vom Typ (6) mit nur einem variablen Faktor - der Arbeit - ist somit die Festlegung einer gewinnmaximalen Inputmenge äquivalent zur Festlegung der gewinnmaximalen Outputmenge.

Formen wir die Gewinngleichung (3) mit dem Erlös $E = px$ und den Kosten $K = wv_1$ um zu

$$(7) \qquad\qquad x = \frac{G}{p} + \frac{w}{p} v_1,$$

so können wir die Inputregel geometrisch verdeutlichen.

In Analogie zur Haushaltstheorie führen wir **Isogewinnkurven** als geometrischen Ort gleicher Gewinne in die x,v_1-Ebene ein. Jede Kombination von Input v_1 und Output x, die auf einer solchen Kurve liegt, führt zu gleichen Gewinnen. Deren Höhe kann man ablesen am Schnittpunkt der Isogewinnkurve mit der Ordinate.

Abbildung 3.13: *Inputregel*

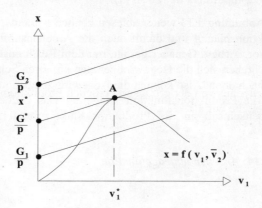

Dies ist eine Konsequenz der Gewinngleichung (7). Wir wissen sogar noch mehr: Jede Isogewinnkurve ist eine Gerade mit positiver Steigung, die Steigung entspricht dem Lohnsatz *w* dividiert durch das Preisniveau *p*, und die Isogewinngeraden verschieben sich mit steigendem Gewinn nach oben.

Der maximale Gewinn wird also durch diejenige Isogewinngerade festgelegt, die die Produktionsfunktion tangiert. Also beschreibt $A(x^*, v_1{}^*)$ die gewinnmaximale Input-Output-Kombination. In *A* sind die Steigungen von Isogewinngerade und Produktionsfunktion gleich. Also gilt im Optimum

$$(8) \qquad \frac{w}{p} = \frac{\partial f}{\partial v_1} .$$

Auf der rechten Seite steht die Grenzproduktivität des Faktors v_1, auf der linken Seite seine Entlohnung in realen Einheiten, der **Reallohnsatz**.

In der zu (8) alternativen Schreibweise in Wertgrößen

$$(9) \qquad w = p\, \partial f / \partial v_1$$

können wir die Inputregel auch formulieren als: **Im Gewinnmaximum entspricht der Faktorpreis seinem Wertgrenzprodukt.** Dabei stellt das **Wertgrenzprodukt** denjenigen Betrag in Geldeinheiten dar, den eine Unternehmung durch den zusätzlichen Einsatz einer Einheit v_1 erlösen kann. Es ist nicht weiter verwunderlich, daß im Optimum dieser marginale Erlös den marginalen Kosten einer Faktoreinheit entsprechen muß. Und genau das ist Inhalt der Inputregel der Form (9).

Wie wir aus Abbildung 3.13 weiter ablesen können, verändert sich der optimale Produktionsplan A und damit auch die Arbeitsnachfrage mit dem Preis des Faktors Arbeit. Genauer gesagt, mit dem Reallohnsatz. Steigt der Reallohnsatz, drehen sich die Isogewinngeraden um ihren Schnittpunkt mit der Ordinate nach oben. Also können die Isogewinngeraden nur im Bereich links von A die Produktionsfunktion tangieren. Das bedeutet aber, der optimale Arbeitseinsatz in der Produktion sinkt mit steigendem Faktorpreis.

Abbildung 3.14: *Arbeitsnachfragefunktion*

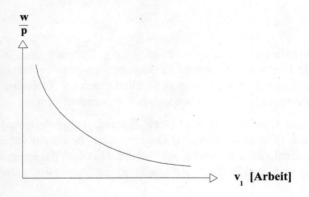

Der auf diese Weise abgeleitete Zusammenhang zwischen Faktorpreis und Arbeitseinsatz ist in Abbildung 3.14 dargestellt.

> ***Resümee:*** *Über die* **Inputregel** *kann man die Arbeitsnachfragefunktion der mengenanpassenden Unternehmung ableiten. Über alle Unternehmungen als Arbeitsnachfrager könnte man durch horizontale Aggregation die* **Gesamtnachfrage** *nach Arbeit ermitteln.*

7. Die Analytik der Unternehmungsoptimierung

Wir wollen zunächst den gewinnmaximalen Produktionsplan mit der **Outputregel** ableiten. Gehen wir von der Gewinngleichung der Form

(10) $$G(x) = p\,x - K(x)$$

aus, so ist bei festem Güterpreis p das Gewinnmaximum durch die Optimalbedingung erster Ordnung

(11) $$0 = G'(x) = p - K'(x)$$

und damit durch die Gleichheit von Preis und Grenzkosten

(12) $$p = K'(x)$$

bestimmt. $K(x)$ ist dabei die Gesamtnachfragefunktion, die wir spiegelbildlich aus der ertragsgesetzlichen Produktionsfunktion ableiten konnten.

Wie wir in Abbildung 3.10 sehen konnten, reicht die Bedingung (12) aber nicht aus, um ein Gewinnmaximum zu realisieren. Denn die **Preis-gleich-Grenzkosten-Regel** könnte uns auch in das Gewinnminimum und damit in die Verlustzone führen. Wir brauchen also eine zusätzliche hinreichende Bedingung. Und diese ist wie wir wissen, bei Maximierungsproblemen

(13) $$G''(x) < 0.$$

Diese Bedingung ist mit

(14) $$K''(x) > 0$$

äquivalent, und damit wissen wir, daß das Gewinnmaximum durch den aufsteigenden Ast der Grenzkostenfunktion bestimmt wird.

Als Angebotsfunktion kommt jedoch nur derjenige Teil des aufsteigenden Astes in Frage, der oberhalb den Durchschnittskosten liegt.

Wenn wir nun zeigen, daß das Minimum der Durchschnittskosten gleich den Grenzkosten ist, oder geometrisch ausgedrückt, daß die Grenzkostenkurve die Durchschnittskostenkurve im Minimum schneidet (vergleiche dazu auch Abbildung 3.10), ist auch dieser Forderung Genüge getan.

Bestimmen wir mit

(15) $$\frac{d}{dx}\frac{K(x)}{x} = 0$$

das Minimum, so erhalten wir daraus

$$\frac{K'(x)x - K(x)}{x^2} = 0$$

oder in äquivalenter Schreibweise

(16) $$K'(x) = \frac{K(x)}{x}.$$

Damit haben wir über die Outputregel mit Hilfe der Kostenfunktion den optimalen Gewinn und die optimale Produktion charakterisiert. Über die Produktionsfunktion könnten wir den dazugehörigen Faktoreinsatzes berechnen.

Wir wollen nun umgekehrt vorgehen und über die Inputregel den gewinnmaximalen Produktionsplan mit Hilfe des optimalen Faktoreinsatz bestimmen.

Auch hier gehen wir von der Gewinngleichung (10) aus. Schreiben wir diese in der Form

(17) $$G(v_1) = pf(v_1, \bar{v}_2) - wv_1$$

indem wir sowohl den Output wie die Kosten direkt als Funktion des Faktoreinsatzes des variablen Faktors v_1 schreiben, so erhalten wir die Optimalbedingung

(18) $$0 = G'(v_1) = p\frac{\partial f}{\partial v_1}(v_1, \bar{v}_2) - w$$

und daraus die graphisch abgeleitete Bedingung der Gleichheit von Faktorpreis und Wertgrenzprodukt

(19) $$w = p\frac{\partial f}{\partial v_1}(v_1, \bar{v}_2).$$

Resümee: *Den gewinnmaximalen Produktionsplan kann man über die Input- und die Outputregel mit einem mathematischen Maximierungsansatz kurz und schmerzlos bestimmen.*

8. Schlußbemerkung

In diesem Kapitel haben wir die Theorie der Unternehmung dargestellt. In ihr werden die Wahlmöglichkeiten der Unternehmung hinsichtlich Güterangebot und Arbeitsnachfrage diskutiert. Nimmt man die Gewinnmaximierung einer Unternehmung als Rationalprinzip, so kann man den optimalen Produktionsplan auf zwei Wegen ermitteln. Erstens über die **Outputregel**, nach welcher die Produktion soweit ausgedehnt wird, bis Grenzkosten und Grenzerlös gleich sind. Da ein Produzent als Mengenanpasser den Outputpreis als gegeben betrachtet, kann für jeden Preis die optimale Produktion bestimmt werden. Auf diese Weise entsteht die Güterangebotsfunktion.

Zweitens kann der optimale Produktionsplan aber auch über die **Inputregel** bestimmt werden, bei welcher der Faktoreinsatz soweit ausgedehnt wird, bis Faktorpreis und Wertgrenzprodukt übereinstimmen. Auch auf dem Faktormarkt verhält sich der Produzent als Mengenanpasser, der den Faktorpreis als gegeben betrachtet. Durch Variation des Lohnsatzes kann damit der jeweilige optimale Arbeitseinsatz bestimmt werden. Auf diese Weise entsteht die Arbeitsnachfragefunktion.

Den Problemen, die speziell die Produktion betreffen, ist von seiten der Klassiker große Aufmerksamkeit geschenkt worden. Wichtige Vertreter sind ADAM SMITH (1723 - 1790), DAVID RICARDO (1772 - 1823), JOHN STUART MILL (1806 - 1873) und JEAN BAPTISTE SAY (1767 - 1832). SMITH wird als einer der Begründer der Nationalökonomie angesehen, vor allem auf Grund seines 1776 erschienenen Buches "An Inquiry into the Nature and Causes of the Wealth of Nations".

Fragen und Aufgaben zum 3. Kapitel

1.) Wie lautet das Ertragsgesetz?

2.) Was versteht man unter variablen Kosten?

3.) Was sind Grenzkosten?

4.) Welche Beziehung besteht zwischen Grenzerlös und Grenzkosten, wenn angenommen wird, daß der Produzent nach maximalem Gewinn strebt?

5.) Warum fällt die Angebotsfunktion mit dem Teil der Grenzkostenfunktion zusammen, der oberhalb des Schnittpunkts mit der durchschnittlichen variablen Kostenfunktion liegt, und nicht mit dem Teil, der oberhalb des Schnittpunkts mit der durchschnittlichen Gesamtkosten-funktion liegt?

6.) Auf Grund welcher Ursachen kann sich die Gesamtangebotsfunktion verschieben?

7.) Ein Bauer besitzt ein Stück Land, auf dem er Getreide anbaut. Wenn er auf diesem Grund und Boden 1 Arbeiter beschäftigt, so erzeugt die-ser einen Ertrag von 4 Ztr.

Arbeiter	2	3	4	5	6	7	8	9	10
Ertrag	9	15	22	29	35	40	43	44	44

Berechnen Sie den Durchschnittsertrag und den Grenzertrag und stellen Sie diese im Schaubild dar.

8.) In einer Möbelfabrik werden Stühle hergestellt. Die Fixkosten für die Stuhlfabrikation betragen 3000,- DM.

Stühle	Arbeitskosten	Stühle	Arbeitskosten
1	15,-	6	50,00
2	25,-	7	59,00
3	32,50	8	72,50
4	38,50	9	87,50
5	43,50	10	107,50

Berechnen Sie die durchschnittlichen Gesamtkosten und die Grenz-kosten und zeichnen Sie diese.

9.) Von einer Maschinenfabrik wissen wir, daß die Fixkosten 140,- DM betragen. Die variablen Kosten sind bei einer Produktion von:

Maschinen	1	2	3	4	5	6	7
variable Kosten	100,-	160,-	195,-	260,-	360,-	510,-	714,-

Der Maschinenhersteller ist Mengenanpasser auf dem Absatzmarkt.

a) Wieviel Maschinen wird der Fabrikant verkaufen, wenn der Verkaufspreis 150,- DM pro Maschine ist?

b) Wie groß ist der Gewinn oder Verlust bei diesem Absatz? (Verwenden Sie ein Schaubild, doch versuchen Sie, den Gewinn oder Verlust in Zahlen auszudrücken.)

10.) Ein Fabrikant von Kinderwagen bekommt von seiner Buchhaltung die folgenden Werte. Die Gesamtkosten betragen bei einer Produktion von:

Kinder-wagen	1	2	3	4	5	6	7
Gesamt-kosten	500,-	620,-	690,-	800,-	890,-	1260,-	1660,-

Die fixen Kosten belaufen sich auf 300,- DM.

a) Berechnen Sie die durchschnittlichen Gesamtkosten, die durchschnittlichen variablen Kosten und die Grenzkosten, und zeichnen Sie diese in ein Schaubild ein.

b) Berechnen Sie, wie groß der Gewinn oder Verlust ist, wenn er seine Kinderwagen für 180,- DM pro Stück verkaufen kann. Zeigen Sie Gewinn oder Verlust in der Graphik durch Schraffieren auf.

11.) Formulieren Sie das Ertragsgesetz auf drei Arten.

12.) Zeigen Sie anhand einer Graphik, was mit der Gesamtangebotsfunktion passiert, wenn die Zahl der Anbieter zunimmt.

13.) Der wichtigste Grundstoff für die Seifenherstellung ist Fett. Zeigen Sie in einer Graphik, welchen Einfluß eine Preiserhöhung für Fett auf die Gesamtangebotsfunktion der Seifenhersteller hat.

14.) Begründen Sie, warum in der Realität die Gesamtkostenfunktion oft linear zu sein scheint.

15.) Zeichnen Sie die in Aufgabe 14 angesprochene Gesamtkostenfunktion. Geben Sie die Fixkosten im Schaubild wieder. Zeichnen Sie schließlich die durchschnittlichen Fixkosten.

16.) Eine Gesamtkostenfunktion lautet: $K = 40x + 100$.

    a)   Berechnen Sie die Grenzkosten.

    b)   Berechnen Sie die durchschnittlichen Fixkosten für die Produktionsmenge x = 10.

    c)   Bestimmen Sie die durchschnittlichen variablen Kosten.

    d)   Beweisen Sie auf allgemeine Weise, daß bei einer linearen Gesamtkostenfunktion die Grenzkosten gleich den durchschnittlichen variablen Kosten sind.

17.) Was versteht man unter Inputregel und Outputregel?

18.) Verdeutlichen Sie, wie in einer Unternehmung Faktornachfragefunktionen abgeleitet werden?

19.) Welche Analogie besteht zwischen Isogewinnkurve und Budgetgerade?

20.) Verdeutlichen Sie, daß die Preis-gleich-Grenzkosten-Regel nur eine notwendige, aber keine hinreichende Bedingung für die Realisierung eines Gewinnmaximums darstellt. Geben Sie dazu ein Beispiel an.

Literatur zum 3. Kapitel

Böventer, Edwin von. Einführung in die Mikroökonomie. Siebte, durchgesehene und verbesserte Auflage. München, Wien 1991.

Linde, Robert. Einführung in die Mikroökonomie. Stuttgart u.a.O. 1988.

Schumann, Jochen. Grundzüge der mikroökonomischen Theorie. Sechste, überarbeitete Auflage. Berlin u.a.O. 1992.

Smith, Adam. An Inquiry into the Nature and Causes of the Wealth of Nations. 1776. (Deutsche Übersetzung: Der Wohlstand der Nationen. München 1974. Neu aus dem Englischen übertragen und mit einer Würdigung von Horst Claus Recktenwald.)

Varian, Hal R. Grundzüge der Mikroökonomik. (Aus dem Amerikanischen von R. Buchegger). Zweite, überarbeitete und erweiterte Auflage. München, Wien 1991.

Kapitel 4 Das Marktgleichgewicht bei Mengenanpassung

1. Markt und Mengenanpassung

Unter **Markt** versteht man das zusammenhängende Ganze von Nachfrage und Angebot nach einem Gut. Diese Definition ist sehr weit gehalten, so daß beim Begriff "Markt" nicht ausschließlich an den geographischen Ort eines ökonomischen Tausches gedacht werden muß (z.b. ein Viehmarkt). In diesem Sinne existiert z.b. ein Weltmarkt für Getreide, auf dem sich das gesamte Getreideangebot sowie die gesamte Getreidenachfrage begegnen.

Der Gleichgewichtspreis kommt unter dem Einfluß von Nachfrage und Angebot auf dem Markt zustande. Mengenanpassung setzt eine bestimmte Marktform voraus, d.h. eine bestimmte Verhaltensweise, mittels derer die Nachfrager und Anbieter miteinander konkurrieren. Als wichtigstes muß das Gut, das gehandelt wird (z. B. Kaffee), vollkommen identisch sein für alle Nachfrager und Anbieter. Die Nachfrager orientieren sich dann bei ihrer Güterwahl ausschließlich am Preisgebaren der Anbieter. Es gibt keine Qualitätsunterschiede und dergleichen, die Anlaß sein könnten, bei einem bestimmten Anbieter zu kaufen. Das Gut wird in einem solchen Fall als **homogen** bezeichnet. Als weitere Voraussetzung muß der Markt vollkommen überschaubar sein. Jeder Nachfrager oder Anbieter kennt alle Nachfrage– und Angebotspreise, und Informationen stehen allen Marktteilnehmern gleichmäßig und kostenlos zur Verfügung. Einen solchen Markt nennt man **transparent**. Ein Markt, auf dem ein homogenes Gut gekauft und verkauft wird und der obendrein noch transparent ist, wird als **vollkommen** bezeichnet. Auf einem vollkommenen Markt kann zu einem bestimmten Zeitpunkt stets nur ein Preis entstehen. Daß diese Feststellung richtig ist, leuchtet ein, wenn man sich die Situation auf einem Gemüsemarkt vorstellt, auf dem identischer Rotkohl angeboten wird, und jeder Nachfrager und Anbieter den ganzen Markt übersieht. Es ist klar, daß sich auf diese Weise ein einziger Preis bilden muß, weil jeder Verkäufer, der einen höheren Preis verlangt, überhaupt nichts verkaufen kann.

Wenn nun sehr viele Nachfrager und Anbieter auf einem vollkommenen Markt operieren, spricht man von **vollkommener Konkurrenz**. Genau diese Marktform der vollkommenen Konkurrenz ist charakteristisch für die Verhaltensweise **Mengenanpassung**. Es entsteht stets nur ein einziger Preis, und durch den geringen Anteil, den die einzelnen Nachfrager und Anbieter an der Gesamtnachfrage, respektive dem Gesamtangebot, haben, ist jeder Preis, der entsteht, für den entsprechenden Produzenten oder Konsumenten ein gegebenes Faktum. In diesem Fall können nur die Nachfra-gemengen so angepaßt werden, daß der Konsument maximale Bedürfnis-befriedigung und der Produzent maximalen Gewinn erreicht.

> **Resümee:** *Mengenanpassung setzt die Marktform* **vollkommene** **Konkurrenz** *voraus. Diese Marktform beinhaltet, daß sowohl auf der Nachfrageseite als auf der Angebotsseite eines vollkommenen Marktes sehr viele Nachfrager und Anbieter auftreten. Ein vollkommener Markt ist ein Markt, der transparent ist und auf dem ein homogenes Gut gehandelt wird. Der Begriff "Markt umschreibt in der Volkswirtschaftslehre mehr als nur den geographischen Ort des ökonomischen Tausches.*

2. Das Marktgleichgewicht

Wenn auf dem Kaffeemarkt vollkommene Konkurrenz herrscht, kann eine Gesamtnachfrage– und eine Gesamtangebotsfunktion abgeleitet werden. Diese beiden Funktionen haben wir in Abbildung 4.1 dargestellt. Die An-gebotsfunktion verläuft von links nach rechts steigend, die Nachfragefunk-tion von links nach rechts fallend. Es handelt sich bei beiden um hypothe-tische Funktionen insofern, als sie aussagen, was Konsumenten bei alter-nativen Preisen tun würden.

Bei üblichen Annahmen über die Präferenzen der Konsumenten und die Technologie der Produzenten kommt stets nur ein einziger Preis zustande, nämlich der Preis p_0 . Bei diesem Preis ist die nachgefragte Gütermenge gleich der angebotenen Gütermenge.

Bei dieser Gütermenge sind Angebots– und Nachfrageplanungen der Viel-zahl der Haushalte und Unternehmungen miteinander kompatibel. Es herrscht **Gleichgewicht**; p_0 ist der Gleichgewichtspreis, x_0 die Menge, die bei diesem Preis verkauft wird. Man muß sich vor Augen führen, daß eine solche Konsistenz der Pläne aller Beteiligten möglich ist, ohne lenkendes Eingreifen einer allwissenden oder umfassend informierten Instanz.

In einer dezentral organisierten Ökonomie in welcher eine Vielzahl von Haushalten und Unternehmungen voneinander unabhängig ihre allein am eigenen Vorteil orientierten Optimalentscheidungen realisieren, gibt es kein Chaos, sondern eine Vereinbarkeit aller Pläne bei einem für alle glei-chen einheitlichen Marktpreis. Und dies gilt für alle Märkte.

Abbildung 4.1: *Marktgleichgewicht*

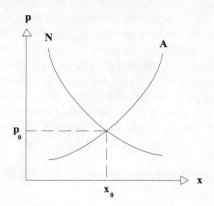

Die Existenz eines Gleichgewichtspreises sowie die Eindeutigkeit eines allgemeinen Gleichgewichtes im Preis– und Mengensystem ist Thema der neoklassischen **Allgemeinen Gleichgewichtstheorie**, die auf Arbeiten von LÉON WALRAS (1834–1910) aufbaut.

Dieses interdependente **Totalmodell** einer Ökonomie ist insbesondere durch wichtige Beiträge der Nobelpreisträger KENNETH J. ARROW und GÉRARD DEBREU weiterentwickelt und verfeinert werden.

Andererseits sagt die neoklassische Theorie nichts darüber aus, wie solche gleichgewichtigen Preissysteme sich im Zeitablauf bilden. Hier gibt es noch Handlungsbedarf in der ökonomischen Theorie.

Im Kapitel 2 haben wir die Gesamtnachfragefunktion abgeleitet. Bei der Ermittlung der Funktionsbeziehung zwischen dem Preis und der gesamten nachgefragten Gütermenge haben wir folgende Größen als konstant angenommen:

1. die Präferenzstruktur der Konsumenten,

2. die Einkommen der Konsumenten,

3. die Zahl der Konsumenten, die dieses Gut kaufen,

4. die Preise aller anderen Güter.

Ändert man eine dieser Größen, dann kann dies zur Folge haben, daß bei demselben Preis mehr (weniger) nachgefragt wird. Die Nachfragekurve verschiebt sich dann nach rechts (links). In Abbildung 4.2 ist eine Verschiebung der Nachfragekurve dargestellt worden. Durch die Zunahme der Zahl der Nachfrager, durch Erhöhung der Einkommen, durch Preisänderung der anderen Güter oder einfach, weil die Konsumenten über mehr Einheiten dieses Gutes verfügen wollen, fragen sie bei einem Preis p_4 nicht A Einheiten dieses Gutes nach, sondern F. Auch bei jedem anderen Preis wird mehr nachgefragt als die Menge, die aus der Nachfragefunktion N_1 resultiert. Man sagt dann: "Die Nachfrage nimmt zu". Die Nachfragefunktion kann sich auch nach links verschieben, wenn als Folge der vier genannten Ursachen die Konsumenten bei einem bestimmten Preis weniger nachfragen würden, als die Nachfragefunktion N_1 angibt. Man sagt dann: "Die Nachfrage nimmt ab".

Abbildung 4.2: *Verschiebung von Angebots– und Nachfragekurven*

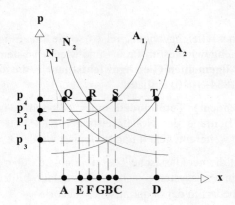

Auch die Gesamtangebotskurve kann sich verschieben. Veränderungen folgender Größen können dafür die Ursache sein:

1. Stand der Technik,

2. die Preise der Produktionsmittel,

3. die Zahl der Anbieter,

4. der Bestand des fixen Produktionsfaktors.

Eine Veränderung der Zahl der Anbieter setzt voraus, daß es freien Zutritt (und Austritt) zum (vom) Markt gibt. Diese Voraussetzung ist wichtig, weil anders der Charakter der vollkommenen Konkurrenz verloren gehen würde. Eine Einschränkung des Angebots kann immer dazu führen, daß jeder Einzelne Einfluß auf den Ablauf des Marktgeschehens bekommt. Der Zutritt zum Markt wird solange erfolgen, bis keiner der Anbieter mehr als die normale Vergütung für die Produktion erhält.

Das Angebot nimmt zu, wenn als Folge von Änderungen der drei oben genannten Größen die Angebotskurve sich nach rechts von A_1 nach A_2 verschiebt. Beim Preis p_4 werden zuerst C und nach Änderung obiger Parameter D Einheiten des Gutes angeboten. Nimmt das Angebot ab, dann wird sich die Angebotskurve nach links verschieben.

Bei gegebener Nachfragefunktion N_1 und Angebotsfunktion A_1 wird der Preis p_1 zustande kommen und die Menge E bei diesem Preis abgesetzt werden.

Verschiebt sich die Nachfragekurve von N_1 nach N_2, dann wird bei unveränderter Angebotsfunktion A_1 der Gleichgewichtspreis p_1 zustande kommen. Als Folge einer Zunahme der Nachfrage steigt also der Preis von p_1 auf p_2. Wenn nicht die Nachfrage, sondern das Angebot zugenommen hat (Angebotskurve verschiebt sich von A_1 nach A_2), dann wird sich der Gleichgewichtspreis p_3 (Schnittpunkt N_1 mit A_2) einstellen. Als Folge einer Zunahme des Angebotes wird der Preis dann von p_1 auf p_3 fallen.

Man muß die **Verschiebung** von Nachfrage– und/oder Angebotskurve gut unterscheiden von einer Veränderung von nachgefragter und/oder angebotener Gütermenge als Folge einer **Bewegung** entlang der Kurve. Ersteres beruht auf Veränderung der Modelldaten, das Zweite ist die Folge von Änderungen der nachgefragten oder angebotenen Gütermengen, verursacht durch Preisänderungen bei gleichbleibenden Modelldaten.

> *Resümee: Bei vollkommener Konkurrenz wird der Gleichgewichtspreis auf dem Markt durch einen Ausgleich von nachgefragter und angebotener Gütermenge bestimmt. Durch Verschiebungen der Gesamtnachfrage und/oder Gesamtangebotsfunktion kann das Gleichgewicht auf einem anderen Niveau zustande kommen.*

3. Preisbildung bei vollkommener Konkurrenz

Das im voranstehenden Paragraphen besprochene Marktgleichgewicht kann mit Hilfe eines mathematischen Gleichungssystems noch etwas genauer dargestellt werden. Das Modell umfaßt dabei zwei Funktionen und eine Gleichgewichtsbedingung. Wir haben eine Gesamtnachfragefunktion, eine Gesamtangebotsfunktion sowie den Ausgleich von Gesamtnachfrage und Gesamtangebot kennengelernt.

Bezeichnen wir die Nachfragemenge mit dem Symbol x_n und den Preis mit dem Symbol p, dann gilt $x_n = f(p)$, d.h. die nachgefragte Gütermenge ist eine Funktion des Preises. Nehmen wir an, daß die Nachfragefunktion linear verläuft, dann können wir diese wie folgt schreiben:

(1) $x_n = \alpha p + \beta$, $\alpha < 0, \beta > 0$.

Der negative Parameter α bedeutet, daß wir einen fallenden Verlauf der Nachfragefunktion unterstellen. Setzen wir $\alpha = -2$ und $\beta = 6$, dann lautet die Gesamtnachfragefunktion: $x_a = -2p + 6$.

Wenden wir uns nun der Gesamtangebotsfunktion zu. Dazu bezeichnen wir das Gesamtangebot mit dem Symbol x_a und den Preis mit p. Die Beziehung zwischen x_a und p wird dann durch $x_a = g(p)$ umschrieben. Wird auch in diesem Fall eine lineare Beziehung zwischen dem Gesamtangebot und dem Preis unterstellt, dann folgt:

(2) $x_a = \gamma p + \delta$, $\gamma > 0, \delta > 0$.

Daß positiv gewählt wurde, bedeutet, daß die Angebotsfunktion einen steigenden Verlauf besitzt. Setzen wir $\gamma = 1$ und $\delta = 3$, dann ergibt sich für die Gesamtangebotsfunktion: $x_a = p + 3$.

Ein Marktgleichgewicht stellt sich ein, wenn der Preis so hoch ist, daß das Gesamtangebot gleich der Gesamtnachfrage ist. Diese Tatsache wird durch die **Gleichgewichtsbedingung**

(3) $x_a = x_n$

zum Ausdruck gebracht. Das Modell, das die Situation auf dem gegebenen Markt beschreibt, ist nun vollständig; es besteht aus drei Gleichungen:

$$x_n = -2p + 6,$$
$$x_a = p + 3,$$
$$x_a = x_n.$$

Man kann nun den Gleichgewichtspreis auf diesem Markt ermitteln, indem das Modell aufgelöst wird. Es gilt dann:

$$p^* + 3 = -2p^* + 6.$$

Der Gleichgewichtspreis beträgt also $p^* = 1$; die Gleichgewichtsmenge erhält somit den Wert $x_a = x_n = 4$. Ersetzt man die Parameter α, β, γ und δ nicht durch Zahlenwerte, dann kann der Gleichgewichtspreis auf allgemeine Weise abgeleitet werden. Dabei wird p^* in α, β, γ und δ ausgedrückt. In diesem Fall sind p, x_a und x_n die endogenen Variablen, die erklärt werden, während α, β, γ und δ die exogenen Variablen sind, d.h. die Größen aus denen die endogenen Variablen erklärt werden.

Resümee: Ein Modell stellt in verkürzter Schreibweise einen Aspekt der Realität dar; in unserem Beispiel ist dies die Preisbildung auf einem Markt bei vollkommener Konkurrenz. Die Linearisierung des Modells ist ein Beispiel für die Realitätsverkürzung.

---

4. Die Preiselastizität der Nachfrage

Wie schon an anderer Stelle betont, ist es von einer gewissen Bedeutung zu wissen, in welchem Ausmaß sich die nachgefragte Gütermenge eines Gutes ändert, wenn dessen Preis eine kleine Änderung erfährt. Wenn eine Fuhrunternehmung die Tarife ändert, sind Kenntnisse um die Wirkung dieser Maßnahme auf die Zahl der Reisenden recht nützlich.

Abbildung 4.3: *Nachfragekurve*

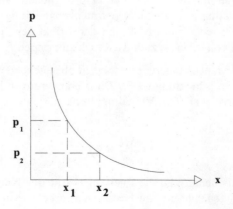

Betrachten wir einmal die in Abbildung 4.3 gezeichnete Nachfragekurve. Bei dem Preis p_1 ist die nachgefragte Gütermenge x_1, beim Preis p_2 ist sie x_2. Eine Preisänderung von p_1 auf p_2 führt deshalb zu einer entgegengesetzten Änderung der nachgefragten Gütermenge von x_1 auf x_2. Man ist geneigt, das Verhältnis $(x_2 - x_1)/(p_2 - p_1)$ für ein gutes Maß für den Effekt einer Preisänderung auf die Nachfrage, anzusehen. Das ist aber nicht der Fall. Um dies zu verstehen, betrachten wir folgendes Beispiel: Wenn $p_1 = $ 2,- DM und $p_2 = 1,98$ DM, dann ist die Preisdifferenz $p_2 - p_1 = -0,02$ DM.

Bei p_1 soll nun die nachgefragte Gütermenge $x_1 = 10$ kg betragen und bei p_2 werden $x_2 = 10,5$ kg nachgefragt. $x_2 - x_1$ ist also gleich 0,5 kg. Das Verhältnis ist dann

$$\frac{0,5}{-0,02} = -25.$$

Drücken wir die Menge $x_2 - x_1$ in Pfund aus, dann erhalten wir

$$\frac{x_2 - x_1}{p_2 - p_1} = \frac{1}{-0,02} = -50.$$

Mit anderen Worten, das Verhältnis ist abhängig von den Einheiten, in denen Preisänderungen und Mengenänderungen ausgedrückt sind und ist deshalb in dieser Form ungeeignet, um als Maßstab zu dienen und die Wirkung einer Variablen auf die andere zum Ausdruck zu bringen. Drückt man die Preisänderung in Prozenten des ursprünglichen Preises aus und die Gütermengenänderung in Prozent der ursprünglichen Gütermenge, dann bildet das Verhältnis prozentuale Gütermengenänderung zu prozentualer Preisänderung ein recht gutes Maß, um den Effekt der Preisänderung auf die nachgefragte Gütermenge zum Ausdruck zu bringen.

Die prozentuale Mengenänderung beträgt in obenstehendem Beispiel 5 %, die prozentuale Preisänderung −1 %. Die Veränderungen haben ein entgegengesetztes Vorzeichen. Das Verhältnis ist dann

$$\frac{+5\%}{-1\%} = -5.$$

Dieses Verhältnis nennt man die **Preiselastizität der Nachfrage**. Um die prozentuale Mengenänderung zu bestimmen, drückt man im allgemeinen die Mengenänderung $x_2 - x_1$ nicht in Prozenten von x, sondern in Prozenten des Mittels von x_1 und x_2 aus. Die Preisänderung berechnet man dementsprechend in Prozenten des Mittels der Preise p_1 und p_2.

Die Preiselastizität der Nachfrage ist also das Verhältnis zwischen der prozentualen Mengenänderung und der prozentualen Preisänderung. Streng genommen muß es sich hierbei um eine marginale Preisänderung handeln. Diese Elastizität wird häufig mit dem Buchstaben ε bezeichnet. Im oben angeführten Beispiel ist $\varepsilon = -5$.

Wenn als Folge einer Preisänderung die nachgefragte Gütermenge unverändert bleibt, dann ist $\varepsilon = 0$. Die Nachfrage ist dann völlig unelastisch. In Abbildung 4.4a haben wir eine derartige, völlig unelastische Nachfragekurve gezeichnet.

Abbildung 4.4a: **Abbildung 4.4b**

Unelastische Nachfrage   *Elastische Nachfrage*

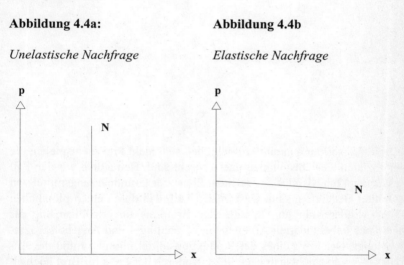

Diese Situation ist bei lebensnotwendigen Gütern gegeben. Bei Luxusartikeln wird die Nachfragekurve eher so verlaufen, wie wir es in Abbildung 4.4b zum Ausdruck gebracht haben. ε erreicht bei derartigen Gütern sehr hohe Werte.

Resümee: *Die Preiselastizität der Nachfrage ist das Verhältnis der prozentualen Gütermengenänderung zur prozentualen Preisänderung.*

5. Staatliche Markteingriffe

Der Preis, der auf einem Markt mit vollkommener Konkurrenz unter Einfluß von Nachfrage und Angebot zustande kommt, ist das Ergebnis einer freien Preisbildung. Der Preisbildungsprozeß wird nicht behindert durch irgendeine Form staatlicher Eingriffe.

Abbildung 4.5: *Preisfixierung*

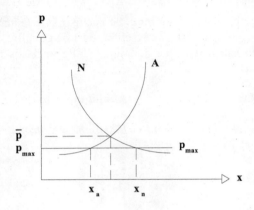

Die freie Preisbildung garantiert nicht, daß sich nicht Preise einspielen, die unter sozialen Gesichtspunkten unerwünscht sind. Betrachten wir den Fall eines Entwicklungslandes, in welchem Preise für Grundnahrungsmittel von besonderer Bedeutung sind. Gesetzt den Fall, daß durch einen plötzlichen ernsten Minderertrag an Getreide der Brotpreis unverhältnismäßig als Folge eines unbehinderten Arbeitens des Nachfrage- und Angebotsprozesses ansteigt. Der Preis eines der Produktionsmittel nimmt zu und die Angebotskurve verschiebt sich nach links, wodurch der Preis für Brot hochgetrieben wird. In einer derartigen Situation drohen ernsthafte politische Probleme. Dann wird der Staat eingreifen, indem er Höchstpreise setzt, die selbstverständlich unter jenem Preis liegen, der sich sonst einspielen würde. Die Setzung eines Höchstpreises wird in Abbildung 4.5 demonstriert.

Der gleichgewichtige Preis wird aus politischen Gründen als unvertretbar angesehen. Der Staat setzt den Höchstpreis p_{max} fest, zu dem verkauft werden muß. Bei diesem Preis liegt aber kein Gleichgewicht zwischen Nachfrage und Angebot vor. Die nachgefragte Gütermenge x_n ist größer als die angebotene Gütermenge x_a. Hier zeigt sich eine typische Erscheinung, die sich bei staatlichen Eingriffen - wie notwendig sie auch seien - immer beobachten läßt. Die Preissetzung zwingt nämlich dazu, weitere Maßnahmen in Form von Rationierungsmaßnahmen für das Brot zu ergreifen. Nachfrager, die durch den Preisbildungsprozeß ausgeschaltet sein würden, weil sie nicht genügend Kaufkraft besitzen, kommen nun ebenso zum Zuge wie die kaufkräftigeren Nachfrager.

Geht es bei der **Höchstpreispolitik** vor allem um den Schutz des Verbrauchers, so versucht die **Mindestpreispolitik** vor allem die Belange der Erzeuger zu schützen. Die Möglichkeit ist gegeben, daß durch eine temporär schwächere Nachfrage eine Unternehmung die Produktion einstellen müßte, weil der Gleichgewichtspreis weit abgesunken ist. In einem solchen Fall kann der Staat eingreifen, indem er einen Minimumpreis festsetzt, der oberhalb des Preises liegt, der auf Grund freier Preisbildung entstehen würde und auf diese Weise eine weitere Produktion garantieren.

> **Resümee:** *Die freie Preisbildung führt nicht immer zu politisch vertretbaren Resultaten. Staatliche Eingriffe in Form von Höchst- und Mindestpreisen werden deshalb als notwendig erachtet. Die staatlichen Eingriffe ziehen in der Regel weitere Maßnahmen nach sich.*

6. Schlußbemerkung

Erst in diesem Kapitel haben wir den Gleichgewichtspreis für einen Markt abgeleitet, auf dem die Marktpartner ausschließlich Mengenanpassung treiben können. Ferner haben wir mit der Besprechung der Marktform der vollkommenen Konkurrenz begonnen. Diese Konkurrenzsituation tritt auf, wenn sehr viele Nachfrager und Anbieter auf einem vollkommenen Markt operieren.

Deutlich geworden ist, daß sowohl die Nachfrageseite als auch die Angebotsseite wichtig für das Zustandekommen des Gleichgewichtspreises ist. Die klassische Schule, die ausschließlich dem Angebot, und die Grenznutzenschule, die vor allem der Nachfrage Beachtung geschenkt hatte, betrachten also beide nur eine Seite der Medaille. Die **objektive Wertlehre**, die von den Klassikern wohl als objektiv bezeichnet wird, weil man die Preise aus einer objektiven Größe, nämlich den Produktionskosten zu erklären trachtete, und die **subjektive Wertlehre**, die speziell die subjektiven Überlegungen der Wirtschaftssubjekte untersuchte, wurden durch den englischen Nationalökonomen ALFRED MARSHALL (1842–1924) zu einer Synthese vereint. Das Modell der vollkommenen Konkurrenz findet man, deutlich ausgedrückt, in MARSHALLS Werk; auch der Elastizitätsbegriff wurde von ihm behandelt.

Die Ökonomen haben lange Zeit überwiegend der Marktform der vollkommenen Konkurrenz Beachtung geschenkt und blieben auf diese Weise einigermaßen blind für eine zunehmende Monopolisierung und Machtbildung, die sich in der Wirtschaft vollzog. Deshalb hatte man auch soviel Vertrauen in den Preismechanismus; durch die Konkurrenz sollten immer die niedrigstmöglichen Preise entstehen. Tatsächlich ist es aber offenbar, daß aus vielerlei Gründen ein freier Marktzutritt nicht gegeben ist. Auf diese Weise kann der Verkauf eines bestimmten Gutes in Händen einer einzelnen großen Unternehmung liegen. Das beste praktische Beispiel für vollkommene Konkurrenz ist heute noch die Preisbildung an den Börsen.

Man kann nun auf die Funktion des Preismechanismus noch etwas näher eingehen. Den Klassikern unter den Ökonomen stand immer das Bild der vollkommenen Konkurrenz vor Augen, wenn sie von der guten Wirkungsweise des Preismechanismus aus dem Blickwinkel der Verwendung knapper Güter und der Allokation der Produktionsfaktoren sprachen. ADAM SMITH entwarf selbst das Bild von der **unsichtbaren Hand**, die dafür sorgt, daß ungeachtet des auf den Vorteil des Einzelnen gerichteten Strebens der Konsumenten und der Produzenten sich ein für die Gesellschaft als Ganzes optimales Ereignis einstellen sollte. Bei vollkommener Konkurrenz deckt der Preis auf lange Sicht immer gerade die Stückkosten, da die am Markt operierenden Produzenten die Betriebe vergrößern und neue Unternehmer auf den Plan treten solange noch Gewinnmöglichkeiten bestehen. Diese Gewinnmöglichkeiten hängen von der Intensität der Nachfrage ab. Eine Zunahme der Nachfrage führt immer zu einem höheren Gleichgewichtspreis durch eine Verschiebung der Nachfragekurve nach rechts. Auf die veränderte Situation reagieren wieder die Anbieter, so daß leicht die Ansicht entstehen kann, daß die Konsumenten durch die Wiedergabe ihrer Präferenzen sowohl Art als auch Umfang der Produktion steuern.

In dieser Beziehung darf nicht übersehen werden, daß ausschließlich die kaufkräftigen Präferenzen auf dem Markt erscheinen. Außerdem kann auf einem Markt mit vollkommener Konkurrenz als Folge fortlaufender Verschiebungen der Nachfrage- und Angebotsfunktionen große Unruhe herrschen. Die nachteiligen Folgen sind beispielsweise in den Entwicklungsländern zu beobachten, deren Wirtschaft oft von einem einzigen auf dem Weltmarkt gehandelten Produkt abhängig ist. Schließlich gibt es auch bei vollkommener Konkurrenz keine Garantie, daß externe Nachteile der Produktion wie z.B. Luftverschmutzung durch rauchende Schornsteine automatisch in die Produktionskosten und damit in die Preise eingehen. So kann deshalb die Funktion des Preismechanismus als Selbstregulierungsmechanismus bereits im Fall der vollkommenen Konkurrenz zur Diskussion gestellt werden; bei unvollkommener Konkurrenz allerdings ist dazu eher mehr denn weniger Anlaß gegeben.

Fragen und Aufgaben zum 4. Kapitel

1.) a) Was versteht man unter "Markt"?

  b) Was ist ein vollkommener Markt?

  c) Was versteht man unter vollkommener Konkurrenz?

2.) Was kann eine Verschiebung der Angebotskurve verursachen?

3.) Was kann eine Verschiebung der Nachfragekurve verursachen?

4.) Was versteht man unter der Preiselastizität der Nachfrage?

5.) Zeichnen Sie eine unelastische Nachfragekurve

6.) a) Ist der Automarkt homogen?

  b) Ist dieser Markt transparent?

  c) Existieren auf ihm so viele Anbieter, daß der Preis für jeden ein Datum ist?

7.) Zeigen Sie, wie der Eintritt eines neuen Anbieters in den Markt den Gewinn des einzelnen Anbieters beeinflußt.

8.) Kann es bei vollkommener Konkurrenz Kostenunterschiede zwischen den Anbietern geben?

9.) Auf einem Markt mit vollkommener Konkurrenz beträgt der Gleichgewichtspreis 1,50 DM. Der Staat wünscht einen Mindestpreis zu setzen, durch den der Verbrauch halbiert wird. Wenn die Preiselastizität der Nachfrage konstant $-2,5$ ist, auf welchem Niveau muß sich dann dieser Minimumpreis bewegen?

10.) Es ist gegeben:

$$x_n = \alpha \, p + \beta,$$
$$x_a = \gamma \, p + \delta, \qquad \alpha < 0, \beta > 0$$
$$x_a = x_n. \qquad\qquad \gamma > 0, \delta > 0$$

a) Berechnen Sie den Gleichgewichtspreis.

b) Bestimmen Sie die Gleichgewichtsmenge.

c) Wie verändert sich der Gleichgewichtspreis wenn β verdoppelt wird?

11.) Berechnen Sie die Preiselastizität der Nachfrage und des Angebots im Gleichgewicht, wenn gilt: $\alpha = -2$, $\beta = 6$, $\gamma = 1$ und $\delta = 3$.

12.) Gegeben ist die Gesamtangebotsfunktion $x_a = 2p$.

a) Zeichnen Sie diese Angebotsfunktion.

b) Berechnen Sie die Preiselastizität des Angebots.

c) Was fällt Ihnen auf?

Literatur zum 4. Kapitel

Böventer, Edwin von. Einführung in die Mikroökonomie. Siebte, durchgesehene und verbesserte Auflage. München, Wien 1991.

Marshall, Alfred. Principles of Economics. Band 1. London 1890.

Sohmen, Egon. Allokationstheorie und Wirtschaftspolitik. Tübingen 1976.

Varian, Hal R. Grundzüge der Mikroökonomik. (Aus dem Amerikanischen von R. Buchegger). Zweite, überarbeitete und erweiterte Auflage. München, Wien 1991.

Kapitel 5 Das Marktgleichgewicht bei Preisstrategie

1. Preisstrategie

In unserer modernen Gesellschaft weicht vor allem die Situation auf der Angebotsseite stark von dem Bild ab, das im vorigen Kapitel gezeichnet wurde. Kapitel 4 ist deshalb jedoch nicht unnütz. Denn bestimmte Märkte, wie etwa Märkte für gewisse Agrarprodukte und die Börse reichen recht nahe an das Bild einer vollkommenen Konkurrenz heran. Dagegen sollten andere, weiter von diesem Bild abweichende Marktformen, besser mit Hilfe eines anderen Ansatzes beschrieben werden, den wir in diesem Kapitel vorstellen wollen.

Die oben gemachte Annahme homogener Güter und homogener Marktbedingungen ist in der Realität selten anzutreffen. Damit gewinnt der Begriff Gut eine gewisse Unbestimmtheit. Können wir denn von einem Gut Kaffee sprechen, wenn verschiedene Marken um die Gunst der Käufer wetteifern? Qualitätsunterschiede, Unterschiede in den Dienstleistungen usw. machen den Markt heterogen. Die Konsequenz dieses Tatbestandes ist, daß die Konsumenten sich nicht allein vom Preis in ihrer Entscheidung lenken lassen, sondern auch von anderen Überlegungen. Sie sind bereit, lieber etwas mehr zu bezahlen, wenn Sie meinen, daß der betreffende Verkäufer z.b. einen besseren Kundendienst bietet. Der Markt ist dann nicht mehr vollkommen. Ist jedoch die Zahl der Anbieter sehr groß, dann spricht man von **monopolistischer Konkurrenz**. Diese auf den ersten Blick etwas befremdende Namensgebung für diese Marktform hakt bei der Tatsache ein, daß jeder Anbieter Monopolist ist in bezug auf eine bestimmte Marke, die er verkauft, obwohl er jedoch mit den anderen Marken zu konkurrieren hat.

Während der Marktbegriff des vorigen Kapitels deutlich umrissen war, weil es sich um homogene Güter drehte, hat der Marktbegriff dieses Kapitels notwendigerweise eine gewisse Unbestimmtheit. Der Markt ist nun das zusammenhängende Ganze von Nachfrage und Angebot nach artverwandten Gütern. Durch das Zufügen des Wortes "verwandt" ist der Markt nicht mehr scharf abgegrenzt.

Wenn man z.B. den Markt für Personenwagen in Deutschland betrachtet, kann man sich die Frage stellen, ob das Volkswagenwerk Monopolist ist. Nach den vorausgegangenen Erklärungen dürfte klar sein, daß das Volkswagenwerk stets insofern ein Monopol hat, als es der einzige Anbieter von Volkswagen ist. Auf demselben Markt für Personenwagen bieten zahllose Unternehmen konkurrierende Marken an. Wenn wir uns nicht auf den

Automobilmarkt beschränken, sondern den Markt für Personenbeförderung im allgemeinen betrachten, müssen wir zugleich allen Substituten für Autoverkehr, wie z.B. die öffentlichen Verkehrsmittel, das Fahrrad usw. Rechnung tragen.

Der heterogene Charakter der Güter bewirkt, daß die Unternehmer den Preis ihrer von ihnen verkauften Güter nicht als gegeben betrachten müssen, sondern im Gegenteil diese Preise selbst bestimmen können. Sie können also **Preispolitik** treiben. Von einer Angebotsfunktion, die wiedergibt, was sie bei verschiedenen Preisen tun würden, kann keine Rede mehr sein, weil sie selbst den Preis fixieren.

Sie können jedoch nicht nur den Preis bestimmen, sondern müssen in der Regel bei allen diesen Marktformen auch **Qualitätspolitik** und **Werbung** betreiben. Die Produzenten bieten unterschiedliche Güterqualitäten an, und ein jeder von ihnen wird mittels Werbung versuchen, den Konsumenten vom überlegenen Charakter seiner Produkte zu überzeugen. Qualitätspolitik und Werbung werden zwar im folgenden hier und da genannt werden; unser Augenmerk wird aber hauptsächlich auf die Preispolitik gerichtet sein.

Zwei Fälle von Preisstrategie untersuchen wir näher, nämlich das **Monopol** und das **Oligopol**. Ein Monopolist kann den optimalen Preis setzen, ohne daß er mit anderen Anbietern zu rechnen hat. Von Oligopol spricht man, wenn wenige Anbieter den Markt beherrschen. Sie müssen dann bei ihrer Preispolitik mit Reaktionen der Konkurrenten rechnen. Gerade diese letztere Situation kommt in der Realität vielfach vor.

> **Resümee:** *In der Realität kommen homogene Güter selten vor. Durch die Heterogenität der Güter werden die Grenzen des Marktes unbestimmt. Bei unvollkommener Konkurrenz sind auch Preisstrategien der Anbieter denkbar. Unternehmungen sind also keine Mengenanpasser mehr. Demgegenüber liegt aber immer noch eine Gesamtnachfragefunktion vor, weil für die Konsumenten die durch die Unternehmung fixierten Preise wieder den Charakter eines Datums tragen. Monopol und Oligopol implizieren eine Zugangsbeschränkung zum Markt.*

2. Der Monopolfall

Für einen monopolistischen Anbieter - wir sprechen in diesem Fall von Angebotsmonopol oder einfach von **Monopol** - gibt es keine Konkurrenten, die gleiche oder ähnliche Güter auf den Markt bringen. Für den Haushalt gibt es keine Substitute. So haben Post und Bundesbahn in Deutschland

Monopole für bestimmte Postdienstleistungen und Personenbeförderung auf der Schiene. Für Monopolisten als einzige Anbieter eines Gutes gibt es keine Angebotsfunktion mehr, denn für ihn ist nicht mehr der Marktpreis, sondern das Nachfrageverhalten der Haushalte bei alternativen Preisen, d.h. die Nachfragefunktion, von Bedeutung. Bei Kenntnis dieser Nachfragefunktion, der **Preis-Absatz-Funktion** (PAF), kann ein Monopolist die für ihn gewinnmaximale Kombination von Preis und Menge bestimmen. Also schrumpft seine Angebotsfunktion auf eine in der Regel einzige Preis-Mengen-Kombination, den **Cournotschen Angebotspunkt**. Um dies zu ermöglichen, unterstellen wir, wie auch im Fall der vollkommenen Konkurrenz, eine **vollständige Information** des Monopolisten. Er muß die **wahre** Preis-Absatz-Funktion kennen. In Abbildung 5.1 ist eine Gerade als PAF angenommen worden. Der Monopolist wird, so nehmen wir an, die Kombination von Preis und Absatz wählen, bei der sein Gewinn maximal ist. Dieser Fall ist gegeben, wenn soviel produziert wird, daß Grenzerlös und Grenzkosten gleich sind. Die Grenz- und Durchschnittskosten können genauso gezeichnet werden wie im Fall vollkommener Konkurrenz.

Abbildung 5.1: *Gewinnmaximierung im Monopol*

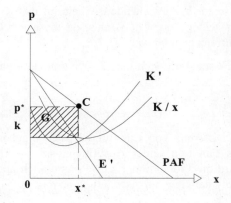

Die Kurve des Grenzerlöses verläuft aber anders. Der Grenzerlös ist nun gleich dem Erlös der letzten Einheit, vermindert um die Ertragsminderung, die die Folge eines Preisnachlasses ist, der auch auf die übrigen verkauften Einheiten gegeben werden muß. Wenn 10 Einheiten zu einem Preis von 2,- DM pro Stück verkauft werden können und 11 Einheiten zu einem Preis von 1,90 DM pro Stück, ist der Grenzerlös gleich 1,90 DM (der Erlös für die 11. Einheit), vermindert um 10 · 0,10 DM (der Preisminderung der vorigen 10 Einheiten), also -,90 DM. Dieses Ergebnis erhält man auch, indem man die Gesamterlöse für 10 bzw. 11 Einheiten vergleicht: 10 Einheiten zu 2,- DM ergeben insgesamt 20,- DM und 11 Einheiten zu 1,90 DM insgesamt 20,90 DM. Das Beispiel zeigt, daß der Grenzerlös kleiner als der Preis ist. Die Kurve des Grenzerlöses verläuft also unterhalb von der PAF. Dies ist nicht nur in diesem Beispiel, sondern auch allgemein der Fall. Man kann beweisen, daß im Fall einer linearen PAF die Grenzerlöskurve ebenfalls eine Gerade ist und die Kurve die Abszisse beim halben Abszissenabschnitt der PAF schneidet. Da die Steigungen beider Kurven negativ sind, ist also die Steigung der Grenzerlöskurve halb so groß wie die der PAF.

Zusammen mit den Kostenfunktionen können wir nun das Gleichgewicht bestimmen. Bei der Gütermenge x^* sind die Grenzkosten gleich dem Grenzerlös, und deshalb ist der Gewinn maximal. Der Preis beträgt p^*, so daß der Stückgewinn gleich $(p^* - k)$ ist, weil die Durchschnittskosten bei einer Produktionsmenge x^* gleich k betragen. Der Gewinn G ist gleich dem Stückgewinn $(p^* - k)$, multipliziert mit der Zahl der abgesetzten Gütereinheiten $(p^* - k)x^*$.

Den Punkt C auf der PAF nennt man auch den **Cournotschen Punkt**, weil der Franzose COURNOT bereits im Jahre 1838 diese Gleichgewichtslösung formulierte. Mit seiner bahnbrechenden Arbeit auf dem Gebiet der Oligopoltheorie war er seiner Zeit weit voraus, da diese durch das Bild vollkommener Konkurrenz geprägt war.

In analytischer Form stellt sich das Gewinnmaximierungsproblem wie folgt. Es ist

(1) $$G(x) = p(x)x - K(x)$$

der sich aus der Differenz von Erlös und Kosten ergebende Gewinn des Monopolisten als Funktion seiner Ausbringungsmenge. Da für die PAF $p = p(x)$ steht, wird die Produktion x zum Preis p auch abgesetzt. Die notwendige Bedingung der Gewinnmaximierung ist mit

(2) $$p(x) + xp'(x) = K'(x)$$

die Gleichheit von Grenzerlös und Grenzkosten. Hieraus ersehen wir, daß im Monopolfall der Preis, den der Monopolist im Gewinnmaximum verlangt, größer als seine Grenzkosten ist, denn die Steigung der PAF ist mit $p'(x) < 0$ negativ.

Verglichen mit der Lösung, die sich im Falle der Mengenanpassung bei vollkommener Konkurrenz ergibt, ist also der Monopolpreis höher und die produzierte Menge niedriger. Hat eine solche Marktsituation ein Beharrungsvermögen, oder gibt es in der Realität auch für einen Monopolisten Zwänge, sich der Marktlösung anzunähern? Diese Frage ist unter dem Stichwort **Contestable Markets** in der jüngeren Literatur ausführlich diskutiert worden. Wie BAUMOL, PANZAR und WILLIG (1982) gezeigt haben, kann unter Umständen allein der drohende Marktzutritt von Konkurrenten dazu führen, daß Monopolprofite freiwillig reduziert werden, oder sich im Extremfall sogar die kompetitive Lösung einstellt.

Formt man die Optimalbedingung (2) noch ein wenig um, so kann man die als Monopolmacht bezeichnete Preissenkung oberhalb der Grenzkosten als von der Preiselastizität der Nachfrage, mithin als von der Reaktion der Nachfrager, abhängig darstellen. Denn mit der Preiselastizität der Nachfrage

$$(3) \qquad \varepsilon(x,p) = \frac{dx}{dp}\frac{p}{x} < 0$$

können wir (2) schreiben als

$$(4) \qquad \frac{p - K'}{p} = -\frac{1}{\varepsilon}.$$

Interpretiert man die relative Differenz zwischen Preissenkung des Monopolisten und seinen Grenzkosten als dessen Monopolmacht, so nimmt diese mit abnehmender Preiselastizität der Nachfrage zu.

---

*Resümee: Bei gegebener PAF setzt der Monopolist seinen Preis selbst. Dabei ist es nicht etwa so, daß der Monopolist den Preis willkürlich hochtreiben kann, denn dann würde er seinen ganzen Absatz verlieren. Der **Cournotsche Punkt** ist diejenige Preis-Absatz-Konstellation, bei welcher der Monopolist einen maximalen Gewinn erzielt.*

---

3. Ein einfaches Modell der monopolistischen Preisbildung

Die graphische Bestimmung der Gleichgewichtssituation des Monopolisten kann in Modellform dargestellt werden, wenn wir eine PAF und die Gesamtkostenfunktion explizit einführen. Nennen wir den Absatz x, die Gesamtkosten K und den Preis p, dann sei die Preis-Absatz-Funktion $p = p(x)$ und $K = K(x)$ die Gesamtkostenfunktion. Der Einfachheit halber unterstellen wir einen linearen Verlauf der PAF und der Gesamtkostenfunktion. Diese sollen wie folgt lauten:

(5) $p = -2x + 17$

und

(6) $K = x + 10.$

Aus (5) kann der Gesamterlös als Funktion von x abgeleitet werden:

(7) $E = p(x)x = -2x^2 + 17x.$

Die graphische Darstellung der Gesamterlösfunktion zeigt eine umgestülpte Parabel. Denn an zwei Stellen ($x = 0$, $p(x) \neq 0$) und ($x \neq 0$, $p(x) = 0$) ist der Erlös gleich null, und dazwischen ist er positiv. Für den gesamten Gewinn als Funktion von x ergibt sich nun:

(8) $G = -2x^2 + 17x - x - 10$

                             $= -2x^2 + 16x - 10.$

Wird angenommen, daß der Monopolist nach Gewinnmaximierung strebt, dann muß das Maximum von G durch Optimierung der Absatzmenge x gefunden werden. Dieses Problem läßt sich wieder mit Hilfe der Differentialrechnung lösen. Es muß gelten:

$$\frac{dG}{dx} = 0 \quad \text{und} \quad \frac{d^2G}{dx^2} < 0.$$

Der Gleichgewichtswert für x, den wir x^* nennen, folgt dann aus:

$$-4x^* + 16 = 0$$

$$x^* = 4.$$

Der Gleichgewichtspreis ist auf diese Weise ebenfalls bestimmt. Er läßt sich ermitteln, wenn wir $x^* = 4$ in die Gleichung (5) einsetzen. Wir erhalten so $p^* = 9$. Der Vollständigkeit halber berechnen wir noch den Grenzerlös als

Funktion von x und die Grenzkosten ebenfalls als Funktion von x. Wir bekommen:

$$\frac{dE}{dx} = -4x + 17$$

und

$$\frac{dK}{dx} = 1.$$

Da der gesamte Gewinn gleich der Differenz zwischen dem gesamten Erlös und den Gesamtkosten ist, bedeutet das Nullsetzen der ersten Ableitung der Gewinnfunktion nach x, daß der Grenzerlös und die Grenzkosten in der Gleichgewichtssituation gleich sein müssen:

$$-4x^* + 17 = 1 \text{ oder } x^* = 4.$$

---

*Resümee: Die Preisbildung beim Monopol kann durch ein einfaches Modell beschrieben werden. Ist die PAF linear, so ist auch die Grenzerlöskurve eine Gerade. Der **Cournotsche Punkt** liegt auf der PAF und bestimmt die gewinnmaximale Preis-Mengen-Kombination. Verglichen mit dem Fall vollkommener Konkurrenz ist der Preis höher und die Menge niedriger.*

---

4. Das Oligopol

Oligopole kommen in der Realität häufig vor, doch von einer befriedigenden Oligopoltheorie kann bis heute keine Rede sein. Sie sind dadurch gekennzeichnet, daß es z.b. wenige Anbieter eines Gutes und viele Nachfrager gibt. Solche Marktformen nennen wir Angebotsoligopole oder im folgenden einfach Oligopole. Sobald auf einem Markt einige Anbieter miteinander konkurrieren, sind unterschiedliche Verhaltensweisen der Anbieter denkbar. Einerseits besteht die Möglichkeit eines Konkurrenzkampfes auf Leben und Tod, der alle benachteiligt und dem die Schwächsten zum Opfer fallen, andererseits ist eine mehr oder weniger weitgehende Kooperation nicht ausgeschlossen.

Die Schwierigkeit besteht darin, daß die Unternehmer, die nach maximalem Gewinn streben, merken, daß jede Aktion zu einer Reaktion der Konkurrenten führt. Über diese Reaktionen können viele Hypothesen aufgestellt werden, aus denen man ohne weiteres keine Wahl treffen kann. So kann man z.b. annehmen, daß eine Reaktion des Konkurrenten nicht erfolgt oder daß die Konkurrenten ihre Preise um denselben Betrag ändern werden. Bei jeder Hypothese resultiert ein anderes Gleichgewicht.

Betrachten wir einmal unter n Anbietern den i-ten Anbieter. Als Gewinnmaximierer stellt sich für ihn das Problem, bei gegebener aggregierter Marktnachfragefunktion

$$(9) \qquad\qquad p(x) = p \sum_{j=1}^{n} x_j$$

und gegebenen individuellen Kosten $K_i(x_i)$ seinen Gewinn

$$(10) \qquad\qquad G_i = p(x)x_i - K_i(x_i)$$

zu maximieren. Als notwendige Optimalbedingung für eine optimale Angebotsmenge des Anbieters *i* ergibt sich

$$(11) \qquad \frac{dG_i}{dx_i} = 0 = p(x) + p'(x) \sum_{j=1}^{n} \frac{dx_j}{dx_i} \cdot x_i - K_i' .$$

Diese Bedingung reduziert sich auf die schon bekannte Optimalbedingung (2) für den Monopolisten, wenn mit

$$(12) \qquad\qquad \frac{dx_j}{dx_i} = 0 \qquad\qquad \text{für } i \ne j$$

alle anderen Anbieter nicht auf die Aktivitäten des Anbieters *i* reagieren. Reagieren aber Mitanbieter auf Marktaktivitäten der anderen - und dieses Verhalten ist für Oligopolmärkte ja gerade charakteristisch - ist die Lösung des Gewinnmaximierungsproblems des Anbieters *i* von den Handlungsweisen aller anderen abhängig. Hat er begründete Hypothesen darüber, kann er seinem Gewinnmaximum nahe kommen. Hat er diese nicht, so haben wir es mit einer typischen Problemstellung der ökonomischen **Spieltheorie** zu tun.

Für den Fall eines **Dyopols**, des Angebotsoligopols mit zwei Anbietern, kann man für eine lineare Nachfragefunktion und konstante Grenz- und Durchschnittskosten das **Cournot-Nash-Gleichgewicht** als Schnittpunkt zweier **Reaktionskurven** (bedingtes Angebot) des Gutes x (x_1^b und x_2^b) der beiden Anbieter verdeutlichen, wenn jeder Anbieter das Angebot des anderen als gegeben betrachtet.

Abbildung 5.2: *Cournot-Nash-Lösung*

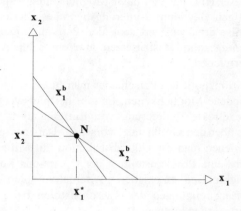

Das Problem ist symmetrisch, wenn beide Anbieter identisch sind. Folglich ist in unserem Gedankenexperiment im Punkt N mit

$$x^* = x_1^* = x_2^*$$

eine Kompatibilität der Optimalpläne beider Anbieter gewährleistet, mithin ein Marktgleichgewicht im Dyopol.

Man kann zeigen, daß Absprachen der Anbieter die Situation der Nachfrager verschlechtert und z.b. das gemeinsame Gewinnmaximum in der Regel größer ist als die Summe der individuellen Maxima. Welches Ergebnis aber tatsächlich auf dem Markt realisiert wird, muß mit Methoden der Spieltheorie analysiert werden.

Meist scheinen die Preise auf einem oligopolistischen Markt ziemlich starr zu sein, was aus einer gewissen Abneigung erklärt wird, die Preise als Waffen im Konkurrenzkampf zu gebrauchen. Die Unternehmer konkurrieren dann über Werbung, Qualität und Kundendienst. Diese Elemente der Unternehmenspolitik faßt man auch unter dem Begriff **Marketingmix** zusammen. Das Marketingmix umfaßt die Fertigungspolitik, die Preispolitik, die Distributionspolitik und die Werbepolitik.

Die **Fertigungspolitik**, die sich weiter in Produkt- und Sortimentspolitik unterteilen läßt, bezieht sich auf Zahl und Art der geführten Produkte, die Eigenschaften, die ihnen gegeben werden sollen, das Ausmaß der Produktdifferenzierung und die Entwicklung ganz neuer Produkte.

Die **Preispolitik** umfaßt die Festlegung der Güterpreise. In der Realität lassen sich in dieser Hinsicht viel mehr Möglichkeiten feststellen, als man aus der kurzfristigen Gewinnmaximierungshypothese herleiten könnte. Es kann beispielsweise erwägenswert sein, den Preis niedriger als nach dem Gewinnmaximierungskalkül festzusetzen, um ein schnelleres Wachstum des Marktes zu erreichen.

Bei der **Distributionspolitik** unterscheidet man in der Wahl der Produktionswege verschiedene Möglichkeiten. Es gibt beispielsweise Alternativlösungen, die eine direkte Belieferung von Einzelhändlern wie auch eine Warenverteilung über den Großhandel vorsehen. Daneben gibt es Alternativlösungen, bei denen man die Güterdistribution mit Mitteln der Logistik angeht. Dies wäre eine Problemstellung der Operations Research der Betriebswirtschaftslehre. Endlich existieren Alternativprobleme bei der Frage, wie die Verkaufsanstrengungen der Zwischenstufen bei gegebenem Absatzweg stimuliert werden können.

Schließlich bleibt die **Werbepolitik**, ein Teil der Unternehmenspolitik, mit der jeder täglich in Berührung kommt. Hier eröffnet sich eine ganze Anzahl von Wahlproblemen. Welche Themen müssen in die Werbekampagne aufgenommen werden? Welche finanziellen Mittel müssen für Werbung ausgegeben werden im Vergleich zu den Beträgen, die für die anderen absatzpolitischen Instrumente zur Verfügung stehen? Wenn der Umfang des Werbehaushalts festgelegt ist, stellt sich die Frage der zeitlichen Ausgabenverteilung und die Mittelverteilung auf die verschiedenen Werbeträger.

Der Wettbewerb auf einem oligopolistischen Markt wird nicht nur durch den Einsatz der absatzpolitischen Instrumente bestimmt, den die etablierten Firmen vornehmen, sondern auch durch die Drohung der latenten Konkurrenz. Wenn die bestehenden Unternehmungen beträchtliche Gewinne erwirtschaften, ist der Markt für neue Anbieter anziehend. Denkbar ist jedoch, daß die bereits auf dem Markt bestehenden Unternehmungen diese Möglichkeit in ihre Preisfestsetzung einbeziehen. Die Preiskonkurrenz tritt dann auf einem oligopolistischen Markt nur noch rein zufällig von Zeit zu Zeit auf. In diesem Fall spricht man von einem **Preiskrieg**, so wie er beispielsweise gelegentlich auf dem Benzinmarkt unter dem Einfluß der freien Tankstellen entbrennt.

Ein Oligopol kann sich aber auch langsam zu einem Machtblock einiger weniger Unternehmen entwickeln, was sowohl den Zutritt neuer Anbieter auf den Markt, wie auch den zwischenbetrieblichen Wettbewerb beispielsweise durch Absprachen verhindert. Eine solche Übereinkunft zwischen selbständigen Unternehmungen eines Wirtschaftszweiges, bei der die zwischenbetriebliche Konkurrenz geregelt oder begrenzt wird, nennt man ein **Kartell**. Werden Preisabsprachen getroffen, dann liegt ein Preiskartell vor. Aus volkswirtschaftlicher Sicht besteht die Gefahr, daß ein Kartell zum einen ineffiziente Produktionsmethoden konserviert zum anderen für hohe Güterpreise verantwortlich ist. Der Staat schreitet deshalb auf der Grundlage des Gesetzes gegen Wettbewerbsbeschränkungen gegen Kartellbildungen ein.

In dieser Beziehung läßt sich feststellen, daß der Staat wichtige Aufgaben bei Fusions- und Konzentrationserscheinungen in unserer Wirtschaft hat. Dies insbesondere bei Zusammenschlüssen bislang selbständiger Unternehmungen, wobei auch oft ersichtlich ist, daß ein Betrieb A einen Betrieb B vollständig schluckt. Die Mittel- und Kleinbetriebe kommen auf diese Weise in eine immer schwierigere Lage. Die Frage, ob die Konzentrationsbewegung aus der Sicht des Wachstums und der technischen Entwicklung positiv gewertet werden darf, muß an dieser Stelle unbeantwortet bleiben.

> **Resümee:** *Die Oligopoltheorie ist kompliziert, weil sehr viele denkbare Verhaltensweisen der Oligopolisten berücksichtigt werden müssen. Die Analyse solcher Verhaltensweisen ist Aufgabe der ökonomischen **Spieltheorie**. In der Praxis kann man beobachten, daß bei Oligopolen sehr oft eine gewisse asymmetrische Preisstarrheit auftritt. Asymmetrisch deshalb, weil Preiserhöhungen möglich bleiben, jedoch keine Preissenkungen. Sehr oft beruht ein derartiges Verhalten auf einer Kartellabsprache, hinter der in Wahrheit eine Machtkonzentration einiger Unternehmen steht.*

5. Das Gesetz gegen Wettbewerbsbeschränkungen und geltendes EG-Recht

Die die Konsumenten benachteiligenden Produktionsentscheidungen und die preisverhärtende Wirkung von Kartellabsprachen sind für den Staat

Anlaß, durch geeignete Maßnahmen zu versuchen, den Wettbewerb auf einem ausreichenden Niveau zu halten.

Zu diesem Zweck wurde in Deutschland das **Gesetz gegen Wettbewerbsbeschränkungen** erlassen. Wichtigster Bestandteil des Gesetzeswerkes ist das sogenannte **Verbotsprinzip**, das im Paragraphen 1 formuliert wurde. Danach sind Verträge, die Unternehmen oder Vereinigungen von Unternehmen zu einem gemeinsamen Zweck schließen, und Beschlüsse von Vereinigungen von Unternehmen unwirksam, soweit sie geeignet sind, die Erzeugung oder die Marktverhältnisse für den Verkehr mit Waren oder gewerblichen Leistungen durch Beschränkung des Wettbewerbs zu beeinflussen. In Absatz 1 des § 1 wird jedoch betont: "Dies gilt nicht, soweit in diesem Gesetz etwas anderes bestimmt ist." In der Bundesrepublik sind demzufolge wettbewerbsmindernde Verträge und Beschlüsse prinzipiell verboten. Weitere Paragraphen (§ 2 – § 14) regeln Ausnahmen vom Verbotsprinzip.

Im Paragraphen 2 wird das Kartellverbot speziell für sogenannte Konditionenkartelle, d.h. für Kartelle, die die einheitliche Anwendung allgemeiner Geschäfts, Lieferungs- und Zahlungsbedingungen zum Gegenstand haben, aufgehoben.

Rabattkartelle, Strukturkrisenkartelle, Rationalisierungskartelle sowie Spezialisierungskartelle wie auch Ausfuhr-, Einfuhr- und sogenannte Sonderkartelle unterliegen dem Verbot des § 1 ebenfalls nicht.

Verträge und Beschlüsse der eben angeführten Sonderregelungen bedürfen zu ihrer Wirksamkeit jedoch der Anmeldung beim Bundeskartellamt. Das Bundeskartellamt verfügt über die Möglichkeit, die Erteilung der Erlaubnis von Auflagen abhängig zu machen. Bei einem eventuellen Mißbrauch kann die Kartellbehörde die Verträge und Beschlüsse für unwirksam erklären.

Der zweite Abschnitt des Gesetzes gegen Wettbewerbsbeschränkungen befaßt sich im § 15 mit der grundsätzlichen Wichtigkeit von Preis- und Konditionenvereinbarungen, im § 16 mit der vertikalen Preisbindung, sowie in späteren Paragraphen mit Verträgen, die die wirtschaftliche Bewegungsfreiheit einschränken, sowie mit Regelungen über Patente, Gebrauchsmuster und Sortenschutzrechte.

Der dritte Abschnitt (insgesamt 6 Paragraphen) schließlich behandelt die wirtschaftliche Konzentration, sofern es sich um Unternehmenszusammenschlüsse handelt, die eine marktbeherrschende Stellung ergeben.

Neben dem Gesetz gegen Wettbewerbsbeschränkungen gilt in Deutschland ebenfalls das dem deutschen Recht übergeordnete EG-Wettbewerbsrecht. In den Römischen Verträgen von 1957 sind mit den Artikeln 85, 86 und 92 Regelungen für die Wettbewerbspolitik in der Gemeinschaft getroffen worden.

Artikel 85 betrifft Vereinbarungen zwischen Firmen oder andere gemeinsame Praktiken, die den Handel zwischen den Mitgliedsstaaten beeinflußen könnten und zum Ziel oder Ergebnis haben, daß Wettbewerb verhindert, gestört oder beschränkt wird. In Artikel 85 werden explizit fünf spezifische Arten von Vereinbarungen zwischen Firmen genannt, die gemäß dieses Artikels ungesetzlich wären:

1. Vereinbarungen - schriftlicher oder mündlicher Art -, die Preise oder sonstige oder indirekt festlegen;

2. jede Art von Vereinbarungen, die darauf abzielen, die Produktion, die Märkte oder die technische Entwicklung zu begrenzen oder zu kontollieren;

3. Vereinbarungen, durch die Märkte zwischen unabhängigen Produzenten aufgeteilt werden;

4. die Anwendung unterschiedlicher Bedingungen und Konditionen auf verschiedene Käufer ein- und desselben Produktes; und

5. jedwede Vereinbarung, durch die der Käufer eines Produktes gezwungen wird, als Voraussetzung für den Kauf andere, in keiner Beziehung stehende Produkte zu kaufen.

Während sich Artikel 85 auf Vereinbarungen zwischen unabhängigen Firmen bezieht, beschäftigt sich Artikel 86 mit der Beschränkung oder Verzerrung des Wettbewerbs durch einzelne Firmen, die ihre Monopolstellung oder Quasi-Monopolstellung ausnutzen. Die nach Artikel 86 verbotenen wettbewerbsbeschränkenden Praktiken sind dadurch gekennzeichnet, daß die betreffenden Firmen versuchen, einen unangebrachten Vorteil aus einer dominierenden Stellung im Gemeinsamen Markt oder in bedeutenden Teilen dieses Marktes zu ziehen. Dabei gleichen die verbotenen Praktiken denen aus Artikel 85.

Artikel 92 bezieht sich nicht direkt auf Firmen, sondern auf den Staat. Staatliche Hilfe jedweder Art, die den Firmen von ihren nationalen Regierungen gewährt werden und die dazu geeignet sind, den Wettbewerb zu verzerren, indem sie bestimmte Firmen bevorzugen, werden als unvereinbar mit dem Gemeinsamen Markt angesehen. Bei Zuwiderhandlungen ist die EG-Kommission ermächtigt, die entsprechende Regierung zur Aufgabe bzw. Änderung ihrer Praktiken zu zwingen und gegebenenfalls den Europäischen Gerichtshof anzurufen

Wettbewerbspolitik ist keine einfache Sache. Wir wissen, wie schillernd der Marktbegriff im Lichte der Heterogenität der Güter ist. Die meisten Güter sind durch Substitute ersetzbar. Aus diesem Grund ist es nicht einfach festzustellen, wann eine wirtschaftliche Machtstellung aufgebaut ist. Dabei kommt noch hinzu, daß oligopolistische und monopolistische Unternehmungen neben den angesprochenen Nachteilen auch günstige Aspekte aufweisen. In größeren Unternehmenseinheiten kann durch weitergehende Arbeitsteilung und modernste Produktionstechniken eine größere Produktivität erreicht werden. Ebenso kann sich eine größere Unternehmung zielgerichtete Forschung leisten. Auf diese Weise kann eine kostensparende Gütererzeugung auch zum Nutzen des Konsumenten sein. Die technische Entwicklung ist obendrein, wie wir noch sehen werden, ein wesentliches Stimulans des wirtschaftlichen Wachstums. In der Wettbewerbspolitik tritt man so einerseits gegen den Mißbrauch von Machtstellungen ein, während auf der anderen Seite darüber gewacht wird, daß die Vorteile der Massenproduktion sowie der Forschung und Entwicklung nicht angetastet werden. Das Abwägen der Vor- und Nachteile enthält dabei außerökonomische Wertvorstellungen.

> **Resümee:** *Das Gesetz gegen Wettbewerbsbeschränkungen zielt auf die Erhaltung eines ausreichenden Wettbewerbs ab. Daneben gilt in Deutschland das dem deutschen Recht übergeordnete EG-Wettbewerbsrecht.*

6. Schlußbemerkung

In diesem Kapitel haben wir uns mit einigen Fällen unvollkommener Konkurrenz befaßt. Die Theorie der unvollkommenen Konkurrenz ist - abgesehen von dem Beitrag COURNOTs - vor allem nach 1933 durch die Veröffentlichungen des amerikanischen Nationalökonomen E.H. CHAMBERLIN und der Engländerin JOAN ROBINSON entwickelt worden. Beide wiesen darauf hin, daß die Marktform der vollkommenen Konkurrenz ein idealtypisches Produkt wissenschaftlichen Elfenbeinturmdenkens zu werden drohte, und betonten die praktische Bedeutung von Monopol, Oligopol und der monopolistischen Konkurrenz.

Für uns ist vor allem der Gedanke von Bedeutung, daß eine Schwächung der Konkurrenz zu einer Machtkonzentration führt und zu mehr oder weniger einseitiger Fixierung der Preise durch die Unternehmer. Die Preise werden starr und verlieren ihre Flexibilität, die sie bei vollkommener Konkurrenz haben, bei der jede Änderung der Daten auf die Preise durchschlägt. Wenn keine vollkommene Konkurrenz herrscht, wird ein höherer Grundstoffpreis in den Verkaufspreisen munter hochgerechnet, aber ein Sinken der Grundstoffpreise wird als Sondergewinn kassiert, indem man die Verkaufspreise beibehält. Auch kann bei einer Mindestpreisregelung der ineffiziente Grenzbetrieb seine Produktion aufrechterhalten. Es ist begreiflich, daß der Staat bei derartigen Entwicklungen einzugreifen wünscht. In Deutschland wurde die rechtliche Basis durch das Gesetz gegen Wettbewerbsbeschränkungen im Jahre 1957 geschaffen. Das Hauptanliegen des Gesetzgebers war die Förderung eines gesunden Wettbewerbs durch das Verbot unzulässiger Praktiken.

Fragen und Aufgaben zum 5. Kapitel

1.) Warum kann man beim Monopol keine Angebotsfunktion ableiten?

2.) In welcher Hinsicht besitzt die Deutsche Bundesbahn ein Monopol?

3.) Warum ist es schwierig zu beschreiben, was eine wirtschaftliche Machtstellung ist?

4.) Nennen Sie verschiedene Analogien zwischen der Theorie des Haushaltsverhaltens und der Theorie der Unternehmung.

5.) Beantworten Sie die obige Aufgabe für die Beispiele vollkommene Konkurrenz und Monopol.

6.) Geben Sie einige praktische Beispiele für Oligopole.

7.) Beobachten Sie einige Zeit die Werbeangebote einiger Waschmittelfirmen in Zeitungen und Illustrierten. Registrieren Sie Sonderangebote, Preisänderungen usw.

8.) Nennen Sie einige Kartelle in Deutschland und der EG, und erläutern Sie das in Deutschland geltende Wettbewerbsrecht.

9.) Nehmen wir an, ein Monopolist strebe nicht nach maximalem Gewinn, sondern nach maximalem Gesamterlös. Zeigen Sie graphisch, welcher Gleichgewichtspreis zustandekommt.

10.) Die Preis-Absatz-Funktion eines Monopolisten lautet: $p = -3x + 12$. Die Kostenfunktion ist: $K = 2x + 5$.

a) Bestimmen Sie den Gleichgewichtspreis, wenn dieser Monopolist nach maximalem Gesamterlös strebt.

b) Bestimmen Sie den Gleichgewichtspreis, wenn dieser Monopolist den maximalen Gewinn ansteuert.

c) Berechnen Sie in beiden Fällen die Preiselastizität der Nachfrage im Gleichgewicht.

11.) Gehen Sie von einer linearen Nachfragefunktion $x = a - bp$, linearen und identischen Grenzkosten $c_1 = c_2 = c$ für beide Anbieter aus und leiten Sie die Cournot-Nash-Lösung ab.

12.) Gehen Sie aus von den Annahmen von Aufgabe 11 und leiten Sie die Bedingung für ein gemeinsames Gewinnmaximum ab.

Literatur zum 5. Kapitel

Baumol, W.J., Panzar, J.C., Willig, R.D. Contestable Markets and the Theory of Industry Structure. New York u.a.O. 1982.

Bleckmann, Albert. Europarecht. Fünfte Auflage. Köln 1990.

Chamberlin, Edward H. The Theory of Monopolistic Competition. Cambridge. 1933. Achte Auflage. London 1966.

Cournot, Antoine A. Recherches sur les Principes Mathématiques de la Théorie des Richesses. Paris 1838.

Kreps, David M. A Course in Microeconomic Theory. New York u.a.O. 1990.

Nash, John F. Equilibrium Points in n-Person Games. In: Proceedings of the National Academy of Science. USA. Band 36. S. 48 - 49. 1950.

Nash, John F. Non-cooperative Games. In: Annals of Mathematics. Band 54. S. 286 - 295. 1951.

Stackelberg, Heinrich von. Marktform und Gleichgewicht. Wien, Berlin 1934.

Stackelberg, Heinrich von. Grundlagen der theoretischen Volkswirtschaftslehre. Zweite Auflage. Tübingen 1951. Teil II Grundlagen der Makroökonomie.

Wied-Nebbeling, Susanne. Markt- und Preistheorie. Berlin u.a.O. 1993.

Teil II Grundlagen der Makroökonomie

Kapitel 6 Die Güter und der Gütermarkt

1. Die Volkswirtschaft als Kreislauf

Im Teil über die "Grundlagen der Mikroökonomie" richteten wir unser Augenmerk auf die ökonomischen Aktivitäten der "Haushalte" und "Unternehmungen". Da wir repräsentative Haushalte und Unternehmungen zur Analyse herangezogen haben, konnten wir die Ergebnisse unserer Überlegungen auf den "Sektor Haushalt" und den "Sektor Unternehmung" verallgemeinern.

Bereits eine flüchtige Betrachtung des Wirtschaftsprozesses eines Landes zeigt aber neben diesen beiden Aggregaten die Existenz der Staatswirtschaft, der Banken und des Auslandes auf. Der Einfachheit halber lassen wir diese drei Sektoren vorläufig außer acht; wir abstrahieren von ihnen. Dies bedeutet mit anderen Worten, daß wir unsere Aufmerksamkeit zu allererst auf eine **geschlossene Volkswirtschaft ohne staatliche Aktivität** richten werden. Dadurch, daß wir das Bankensystem unberücksichtigt lassen, betonen wir in unserer Darstellung vor allem die realwirtschaftliche Seite der Volkswirtschaft. Wir betrachten also insbesondere die Güterströme.

Die **Mikroökonomie** lieferte die Erklärungsmuster für individuelle Gütertransaktionen auf einer Vielzahl von Märkten. Indes versucht die **Makroökonomie**, von den Eigenarten unterschiedlicher Gütertransaktionen zu abstrahieren, und betrachtet Güter wie Wirtschaftseinheiten als Aggregate. Damit verwischt sie natürlich individuelle Charakteristika von Märkten und Marktteilnehmern. Auf der anderen Seite erlaubt diese Vorgehensweise aber eine sehr viel einfachere und übersichtlichere Darstellung und Erklärung der Grundmuster der ökonomischen Aktivitäten einer gesamten Volkswirtschaft und deren wirtschaftlicher Leistungsfähigkeit. Die Erklärung der Höhe des Volkseinkommens, des gesamtwirtschaftlichen Produktionswertes und anderer aggregierter ökonomischer Größen wie Sparen und Investieren ist das zentrale Anliegen der Makroökonomie.

Das erklärte Ziel aller Produktion ist der Konsum. Diese Feststellung kann nicht anders interpretiert werden, als daß die in den Unternehmungen produzierten Güter auf die eine oder andere Weise in die Hände der Konsumenten gelangen. Wir unterstellen, daß alle Produktionsfaktoren aus den

Haushalten stammen und daß sie den Unternehmungen zur Produktion zur Verfügung gestellt werden.

Es existiert also einerseits ein Güterstrom von den Produzenten zu den Konsumenten, andererseits ein Strom von Produktionsfaktoren von den Konsumenten zu den Produzenten. Man nennt diese Erscheinung einen **Güterkreislauf**. Die Idee eines Kreislaufs im Wirtschaftsprozeß stammt von FRANÇOIS QUESNAY (1694 - 1774), Arzt der MADAME DE POMPADOUR und Hofarzt LUDWIG XV.

In Abbildung 6.1 ist ein solcher Kreislauf schematisch wiedergegeben. Dort ist zum einen der Strom von Konsumgütern und Produktionsfaktoren und zum anderen ein zweiter Strom eingezeichnet, der als Geldstrom entgegengesetzt zum Güterstrom verläuft. Wenn *A* ein Gut von *B* kauft, wechselt das Gut von *B* zu *A*, während das Geld - der Preis des Gutes - von *A* an *B* übergeben wird.

Abbildung 6.1: *Wirtschaftskreislauf*

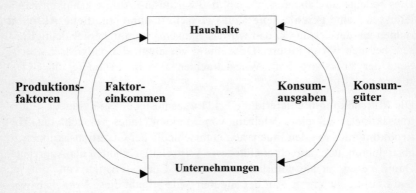

Es ist klar, daß alle Ströme in einem Kreislaufschema auf gleiche Zeiteinheiten bezogen sein müssen. Bezeichnet man in einem solchen Kreislaufschema alle sektoralen Ziel- oder Ausgangspunkte von Strömen als **Pole**, so läßt sich für einen **geschlossenen** Kreislauf, in dem alle Ströme einen Anfang und ein Ende haben, ein **Kreislaufaxiom** formulieren. Dieses besagt: Für jeden Pol muß die Summe der hinein- gleich der Summe der hinausfließenden Ströme sein.

Dieses Axiom gilt für Güter- wie Geldströme und drückt aus, daß in der Kreislaufdarstellung wert- oder mengenmäßig äquivalente Tauschbeziehungen zwischen Sektoren abgebildet werden. In dieser Form der Kreislaufdarstellung produzieren die Unternehmen ausschließlich Konsumgüter für die Haushalte, und diese verwenden ihr gesamtes Faktoreinkommen für Konsumgüterkäufe. In einem solchen Fall spricht man von einer **stationären** Wirtschaft, in welcher im Gegensatz zu einer **evolutionären** Wirtschaft keine produzierten Güter für den Ausbau des Kapitalstocks der Produktionsanlagen verwandt werden.

Berücksichtigt man, daß die Haushalte einen Teil ihres Einkommens zur Ersparnisbildung verwenden und Unternehmungen Investitionen zum Ausbau ihres Kapitalstocks tätigen, so muß der Kreislauf um diese Ströme ergänzt werden.

Abbildung 6.2: *Kreislauf und Vermögensbildung*

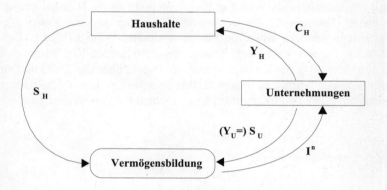

Wir unterscheiden dabei zwischen der **Bruttoinvestition** I^b als Summe aller produzierten und nicht konsumierten Güter einer Periode, die wir in Anlage- und Lagerinvestitionen aufspalten können, und der **Nettoinvestition** I^n als Differenz zwischen dem als **Abschreibung** Ab bezeichneten produktionsbedingten Verschleiß und I^b. Somit kann in Höhe von

(1) $$I^n = I^b - Ab$$

periodisch der Kapitalbestand der Unternehmungen erhöht werden. Steht K für den Kapitalbestand, so gilt folglich

(2) $$I^n = \Delta K .$$

Bei positiven Nettoinvestitionen erhöht sich der Kapitalbestand in gleichem Ausmaße. Wir beschränken uns in der Darstellung des Kreislaufs auf die Einnahmen- und Ausgabenströme.

Die Haushalte verwenden das aus den Unternehmen zufließende Faktoreinkommen Y_H für Konsumausgaben C_H und Ersparnisse S_H. Die Ersparnisse der Haushalte stellen einen gegenwärtigen Konsumverzicht dar. In Höhe von S_H verzichten Haushalte auf den Konsum, erhöhen aber in gleichem Ausmaß ihr Vermögen und damit ihre Konsummöglichkeiten in der Zukunft. Diese Vermögensbildung stellen wir in Form eines zusätzlichen Pols im Kreislauf dar. Im Gegensatz zu den beiden anderen Polen der Haushalts- und Unternehmungssektoren, die institutionell abgegrenzt sind, ist der Pol der Vermögensbildung von seiner Funktion (der Darstellung der Vermögensänderung) her bestimmt.

Auch Unternehmungen können in Form von nicht an die Haushalte ausgeschütteten Gewinnen Y_U Ersparnisse S_U bilden. Der gesamte Konsumverzicht beider Sektoren bildet die Nettoinvestitionen I^n im Kreislauf. Denn mit dieser Summe wird die Erhöhung des bestehenden Kapitalstocks finanziert. Mit Hilfe des Kreislaufaxioms kann man über die Gleichheit von Zuflüssen und Abflüssen folgende Beziehungen zwischen Einkommen, Konsumausgaben und Ersparnisbildung ableiten. Für den Haushaltspol

(3) $$Y_H = C_H + S_H,$$

für den Unternehmungspol

(4) $$C_H + I^n = Y_H + S_U$$

oder wegen der Gleichheit von S und Y auch

(4') $$C_H + I^n = Y_H + Y_U$$

und für den Vermögensbildungspol

(5) $$S_H + S_U = I^n.$$

Aus dieser Gleichungsdarstellung des Kreislaufs läßt sich unmittelbar für unsere einfache Zwei-Sektoren-Ökonomie das Gesamteinkommen einer Volkswirtschaft, das als Summe der Einkommen beider Sektoren (Haushalte und Unternehmungen) bestimmt wird, durch die Identität

(6) $$Y = C + S$$

ausdrücken, wenn C für den Konsum und S für die Ersparnis der beiden Sektoren Haushalte und Unternehmungen steht. Die Größe Y bezeichnen wir auch als **Volkseinkommen**. Sie ist die Summe aus Löhnen und Gehältern, Pacht und Miete, sowie Zinsen und Gewinnen. Bei den Gewinnen müssen wir zwischen verteilten und unverteilten Gewinnen unterscheiden. Die unverteilten oder nicht ausgeschütteten Gewinne sind gleich der Unternehmensersparnis S_U und bilden mit Y_U das Faktoreinkommen der Unternehmungen. Dort sind sie ein Teil des Volkseinkommens Y, genauso wie die an die (Eigentümer) Haushalte ausgeschütteten Gewinne, die Bestandteil von Y_H sind.

Während Gleichung (6) eine Identität für die Verfügung über das Volkseinkommen darstellt, läßt sich die analog aus den obigen Kreislaufberechnungen ableitbare Beziehung

$$(7) \qquad\qquad Y = C + I^n$$

als Identität für die Gleichheit von **Nettowertschöpfung** und Volkseinkommen interpretieren. Denn die Produktion führt zu einer Nettowertschöpfung in Höhe des Wertes der produzierten und verkauften Konsumgüter C und dem Wert der Nettoinvestition I^n. Die Nettowertschöpfung bezeichnet man auch als **Nettosozialprodukt**.

Eine dritte Möglichkeit der Darstellung einer Identität unseres einfachen Kreislaufschemas wäre mit

$$(8) \qquad\qquad I^n = S$$

das Übereinstimmen von Nettoinvestitionen und privaten Ersparnissen $(S_H + S_U)$ einer Volkswirtschaft. Bezieht man sich auf die **volkswirtschaftliche** Ersparnis

$$(9) \qquad\qquad S^b := S_H + S_U + Ab$$

als Summe von privater Ersparnis und Abschreibung, so gilt (8) in der modifizierten Form

$$(8') \qquad\qquad I^b = S^b$$

weiterhin als Identitätsgleichung und

$$Y^b = C + I^b$$

wäre die **Bruttowertschöpfung** oder das **Bruttosozialprodukt.**

> *Resümee: Gesamtwirtschaftliche Aktivitäten können in Form eines Kreislaufs verdeutlicht werden. In einem geschlossenen Kreislauf gilt das **Kreislaufaxiom**. Über dieses können die grundlegenden Identitäten eines Kreislaufmodells in Form von Gleichungen dargestellt werden.*

2. Volkseinkommen und Sozialprodukt: Ein Beispiel

Im Verkaufspreis einer Einheit eines bestimmten Produktes einer Unternehmung sind die Kosten für die Erzeugung enthalten. Als Kostenarten sind unter anderem Löhne und Gehälter, Zinsen, Miete und Pacht und der Wert der in das Produkt eingehenden Roh- und Hilfsstoffe zu unterscheiden. Die Differenz zwischen dem Verkaufserlös und den anfallenden Produktionskosten ist der **Gewinn.**

Multipliziert man den Verkaufspreis einer Produkteinheit mit der Anzahl der während eines Jahres produzierten Einheiten dieses Produktes, dann erhält man als Ergebnis den Marktwert der produzierten Güter. Dieser Marktwert ist gleich der Summe aus Löhnen und Gehältern, Zinsen, Miete und Pacht, dem Gesamtwert der in den erzeugten Gütern verarbeiteten Roh- und Hilfsstoffe und dem Gewinn. Roh- und Hilfsstoffe sind Güter, die bereits produziert sind. Zu Beginn des Produktionsprozesses waren diese bereits vorrätig. Durch das Kombinieren der Produktionsfaktoren wird dem bereits bestehenden Wert der Roh- und Hilfsstoffe weiterer Wert hinzugefügt. Die totale Wertsteigerung läßt sich aus dem Unterschied zwischen Marktwert und dem Wert der angesetzten Roh- und Hilfsstoffe ermitteln. Diesen Unterschied nennt man **Bruttowertschöpfung.**

Gehen wir einmal von einer Volkswirtschaft aus, in der neben den Haushalten nur eine Unternehmung existiert. Alle Eigentümer von Produktionsfaktoren bringen diese in den einzigen Betrieb ein. Weiter nehmen wir an, daß diese Volkswirtschaft keine ökonomischen Kontakte mit dem Ausland pflegt.

Die Unternehmung erzeugt auf dem Wege der Kombination der Produktionsfaktoren eine Anzahl von Gütern. Die Bruttowertschöpfung dieses Güterpaketes wird **Bruttosozialprodukt** genannt. Alle diese Güter werden an die Haushalte verkauft. Diese wiederum bezahlen mit dem Geld, das sie von der Unternehmung für ihre Leistungen bei der Erstellung des Bruttosozialproduktes empfangen haben. Die Summe der Leistungseinkommen nennt man **Volkseinkommen**. Diese Summe setzt sich zusammen aus der

Lohn- und Gehaltssumme, der Zinssumme, Miete und Pacht und dem Gewinn. Wir stellen nun für jeden Pol ein **Konto** auf, das auf der (rechten) Habenseite zufließende monetäre Ströme und auf der (linken) Sollseite abfließende monetäre Ströme verbucht.

Tabelle 6.1: *Nettowertschöpfung*

Haushalte

Privater Verbrauch	360	Lohn- und Gehaltssumme	230
		Zinssumme	50
		Miete und Pacht	10
		Gewinn	70
Summe	360	Summe	360

Unternehmungen

Lohn- und Gehaltssumme	230	Lieferungen von Gütern	
Zinssumme	50	für den privaten	
Miete und Pacht	10	Verbrauch	360
Gewinn	70		
Nettowertschöpfung	**360**		
Summe	360	Summe	360

Wir sehen also, daß die Unternehmung für einen Gegenwert von 360 Mrd. DM Güter produziert hat. Dieser Wert stellt das Bruttosozialprodukt dar. Das gesamte Sozialprodukt ist im Laufe des Jahres an die Haushalte geliefert worden. Die Summe der Entlohnungen - das Volkseinkommen - ist in diesem einfachen Beispiel gleich dem Wert des Bruttosozialprodukts.

In den **Volkswirtschaftlichen Gesamtrechnungen** (VGR), dem auf gesamtwirtschaftlichen Kreislaufbeziehungen beruhenden System der Volkseinkommensstatistik in Deutschland, werden regelmäßig periodenbezogene (auf Jahresbasis) Ex-post-Darstellungen des Einkommenskreislaufs publiziert. Im Sprachgebrauch der VGR bezeichnet man die Konten von Tabelle 6.1 als **Einkommenskonto** der Haushalte und als **Produktionskonto** der Unternehmungen.

Die Produktion verschleißt in der Regel aber auch Kapital. Die Herstellung neuer Kapitalgüter als Ersatz für den verschlissenen Teil des Kapitals nennt man **Ersatzinvestition**. Die Ersatzinvestitionen sind also wertmäßig den Abschreibungen gleich.

Um den Kapitalgütervorrat konstant zu halten, wird unser Betrieb - neben der Erzeugung aller anderen Güter - Kapitalgüter als Ersatz produzieren müssen. Weil wir davon ausgegangen sind, daß alle Produktionsfaktoren in den Produktionsprozeß einbezogen werden, bedeutet dies, daß der Betrieb weniger für den Konsum bestimmte Güter erzeugen kann.

Gesetzt den Fall, die jährlichen Abschreibungen belaufen sich auf 40 Mrd. DM, dann kann die Lieferung von Gütern an die Haushalte nicht höher sein als 320 Mrd. DM. Die Summe der Leistungsentgelte kann deshalb auch nicht größer sein als der Unterschied zwischen der Bruttowertschöpfung und den Abschreibungen. Diese Differenz nennen wir **Nettowertschöpfung**.

In bezug auf das Sozialprodukt machen wir denselben Unterschied. Der Wert des Bruttosozialprodukts ist gleich der Bruttowertschöpfung und ebenso ist der Wert des **Nettosozialprodukts** gleich der Nettowertschöpfung.

Wenn wir nun die Ersatzinvestitionen in unsere Analyse aufnehmen, verändern sich natürlich die Werte der obigen Beispielrechnung. Weil in Tabelle 6.1 von der Unternehmung allein Güter produziert werden, die an die Haushalte geliefert werden, und damit Ersatzinvestitionen vernachlässigt wurden, war das Volkseinkommen um 40 Mrd. DM zu groß. Die Korrektur in Tabelle 6.2 kommt dadurch zustande, daß die Lohn- und Gehaltssumme, Zinssumme und Gewinn um 20, respektive 10 und 10 Mrd. DM vermindert wurden.

Tabelle 6.2: *Nettowertschöpfung bei Abschreibungen*

Haushalte

Privater Verbrauch	320	Lohn- und Gehaltssumme	210
		Zinssumme	40
		Miete und Pacht	10
		Gewinn	60
Summe	320	Summe	320

Unternehmungen

Abschreibung		40	Lieferung von Gütern	
Lohn- und			für den privaten	
Gehaltssumme	210		Verbrauch	320
Zinssumme	40		Ersatzinvestitionen	40
Miete und Pacht	10			
Gewinn	60			
Nettowertschöpfung		**320**		
Summe		360	Summe	360

Wenn 360 Mrd. DM ausbezahlt werden, so heißt das, daß die Haushalte insgesamt mehr Einkommen hatten als möglich ist, wenn der Kapitalstock konstant gehalten wird. Da die im vorigen Paragraphen zuviel ausbezahlten 40 Mrd. DM nicht ausschließlich den Gewinn vergrößert haben, sondern allen zugute kamen, verdienen jetzt alle Einkommensempfänger im Prinzip weniger. Selbstverständlich erhalten die mit der Erzeugung der als Ersatz dienenden Kapitalgüter betrauten Arbeitnehmer eine Entlohnung.

Neben den zum Ersatz dienenden Investitionen kann die Unternehmung beschließen, zusätzliche Kapitalgüter anzufertigen. Der Kapitalstock nimmt dadurch im Zeitablauf zu. Die Produktion zusätzlicher Kapitalgüter nennt man Investieren zu Erweiterungszwecken. Mit Hilfe dieser **Erweiterungsinvestitionen** ist es möglich, in Zukunft ein größeres Sozialprodukt zu erzeugen.

Ersatzinvestitionen und Erweiterungsinvestitionen werden zusammen **Bruttoinvestitionen** genannt. Die Erweiterungsinvestitionen sind also die Differenz zwischen Bruttoinvestitionen und Ersatzinvestitionen. Die Erweiterungsinvestitionen sind Nettoinvestitionen. Weil die Ersatzinvestitionen genauso groß sind wie die Abschreibungen, können wir auch sagen, die **Nettoinvestitionen** sind gleich der Differenz zwischen Bruttoinvestitionen und Abschreibungen.

Wir sind davon ausgegangen, daß alle Produktionsfaktoren bereits in die Unternehmung eingebracht sind. Es ist daher nicht möglich, ein größeres Nettosozialprodukt zu erzeugen als das in der Tabelle 6.2 dargestellte. Dabei haben wir zusätzlich angenommen, daß das gesamte Nettosozialprodukt in Form von Gütern an die Haushalte geliefert wird. Wenn aber Nettoinvestitionen vorgenommen werden, verbleibt eine bestimmte Gütermenge im Betrieb. Gesetzt den Fall, die Nettoinvestitionen belaufen sich auf 70 Mrd. DM, dann bedeutet dies, daß vom Nettosozialprodukt 70 Mrd. DM weniger an die Haushalte geliefert werden können.

Da das Nettosozialprodukt genauso groß ist wie das Volkseinkommen, können die Haushalte zu Konsumzwecken über einen Betrag von 70 Mrd. DM weniger verfügen als dies in unserem Beispiel möglich war. Wir nennen den Teil des Einkommens, der nicht konsumiert wird, die Ersparnisse - oder aus makroökonomischer Sicht - das Sparen. Es werden also 70 Mrd. DM von den Haushaltungen gespart. Dieser Betrag ist gleich den Nettoinvestitionen.

Tabelle 6.3: *Nettowertschöpfung bei Nettoinvestitionen*

Haushalte

Privater Verbrauch	250	Lohn- und Gehaltssumme	210
Sparen	**70**	Zinssumme	40
		Miete und Pacht	10
		Gewinn	60
Summe	320	Summe	320

Unternehmungen

Abschreibungen		40	Lieferung von Gütern für den privaten Verbrauch		250
Lohn- und Gehaltssumme	210				
Zinssumme	40		Ersatzinvestitionen		40
Miete und Pacht	10		Erweiterungsinvestitionen	70	
Gewinn	60		**Nettoinvestitionen**		**70**
Nettowertschöpfung		**320**	Bruttoinvestitionen		110
Summe		360	Summe		360

Auf Grund der vorgenommenen Nettoinvestitionen ist es nicht möglich, Güter im Werte von 320 Mrd. DM an die Haushalte zu liefern, sondern höchstens für 250 Mrd. DM.

In der VGR des Statistischen Bundesamtes in Wiesbaden bringt man die Veränderung des Kapitalgütervorrates, des Kapitalstocks also, auf dem Wege einer speziellen Rechnungsführung in einem eigenen Vermögensänderungskonto zum Ausdruck. Das Vermögensänderungskonto lautet dann im Anschluß an die vorhergehenden Rechnungsbeispiele wie folgt:

Tabelle 6.4: *Vermögensänderungskonto*

Vermögensänderung

Ersatzinvestitionen	40	Abschreibungen	40
Nettoinvestitionen	**70**	**Sparen**	**70**
Summe	110	Summe	110

Wir sind bisher stets davon ausgegangen, daß alle von der Unternehmung produzierten und zum Konsum bestimmten Güter von den Haushalten gekauft werden. Im Beispiel von Tabelle 6.3 ist angenommen worden, daß die Unternehmung Güter im Werte von 250 Mrd. DM erzeugt und daß die Haushalte eben diese Quantität abnehmen.

Wir nehmen nun an, daß die Haushalte anstelle von 250 Mrd. nurmehr 200 Mrd. DM zu Konsumzwecken auszugeben wünschen. Das Sparen beläuft sich dann auf 120 Mrd. DM. Die Folge ist, daß die Unternehmung nicht alle für den Konsum bestimmten Güter verkaufen kann. Es bleiben also Güter im Werte von 50 Mrd. auf Lager. Es bildet sich ein **Lagerbestand**.

Weil ex definitione alle Güter im Besitz der Unternehmung Kapitalgüter sind, wird auch der Lagerbestand zu den Kapitalgütern gerechnet. Eine Zunahme des Kapitalstocks nannten wir bisher Nettoinvestition. Nun, da wir die Lagerbestandsänderung in unsere Analyse aufgenommen haben, bestehen die Nettoinvestitionen nicht mehr allein aus Erweiterungsinvestitionen, sondern auch aus einer Zunahme des Lagerbestandes.

Als Folge der Lagerbestandsveränderung müssen wir unsere Rechnungsbeispiele ändern:

Im Konto Haushalte: Der private Verbrauch ist um 50 Mrd. DM zurückgegangen; das Sparen hat um 50 Mrd. DM zugenommen.

Im Konto Unternehmungen: Die Lieferung von Gütern für den privaten Verbrauch ist um 50 Mrd. DM niedriger; das Lager wurde um denselben Betrag aufgestockt. Da die Lagerbestandszunahme zu den Nettoinvestitionen gerechnet wird, sind diese um 50 Mrd. DM gestiegen. Die Bruttoinvestitionen steigen demzufolge um denselben Betrag. Auch das Vermögensänderungskonto unterliegt derselben Veränderung.

Tabelle 6.5: *Nettowertschöpfung bei Lageraufbau*

Haushalte

Privater Verbrauch	200	Lohn und Gehaltssumme	210
Sparen	120	Zinssumme	40
		Miete und Pacht	10
		Gewinn	60
Summe	320	Summe	320

Unternehmungen

Abschreibungen		40	Lieferung von Gütern		
Lohn- und			für den privaten		
Gehaltssumme	210		Verbrauch		200
Zinssumme	40		Ersatzinvestitionen	40	
Miete und Pacht	10		Erweiterungs-		
			investitionen	70	
Gewinn	60		Lagerbestands-		
			zunahme	50	
			Nettoinvestitionen	120	
Nettowertschöpfung		320	Bruttoinvestitionen		160
Summe		360	Summe		360

Vermögensänderung

Ersatzinvestitionen	40	Abschreibungen	40
Nettoinvestitionen	120	Sparen	120
Summe	160	Summe	160

Wir sind bis zu diesem Zeitpunkt von einer einzigen Unternehmung ausgegangen. In unseren Rechnungsbeispielen bezog sich das Konto Unternehmungen deshalb stets auf den einzigen Betrieb. Weil in unserer Volkswirtschaft viele verschiedene Betriebe existieren, wird diese Rechnungslegung nicht für jede Unternehmung einzeln vorgenommen, sondern nur insgesamt für sämtliche Unternehmungen. Wenn mehrere Unternehmungen gleichzeitig arbeiten, werden zwischenbetriebliche Güterströme vorliegen. Das Endprodukt des einen Betriebes ist häufig Rohstoff für den anderen Betrieb. Es gibt außerdem eine Anzahl Unternehmungen, die für andere Dienstleistungen verrichten. Wenn im folgenden von Güterströmen von einem Betrieb zum anderen die Rede sein wird, verstehen wir hierunter auch die **Dienstleistungen**. Auf die Berechnung des Brutto- oder Nettosozialprodukts haben diese zwischenbetrieblichen Lieferungen keinen Einfluß. Das Bruttosozialprodukt ist immer gleich der Bruttowertschöpfung. Diese Größe wird - wie wir wissen - definiert als Unterschied zwischen dem Marktwert der erzeugten Güter und dem Verbrauch an Roh- und Hilfsstoffen. Berechnet man also pro Betrieb die Brutto- und Nettowertschöpfung, dann wird nach Aufsummierung über sämtliche Betriebe das Brutto- bzw. Nettosozialprodukt entstehen.

In der Entstehungsrechnung werden die zwischenbetrieblichen Lieferungen außer acht gelassen. Im angeführten Beispiel gehen wir von zwei Unternehmungen aus. Eine Erweiterung dieses Beispiels auf mehrere Betriebe hat keinen Einfluß auf das endgültige Resultat.

Tabelle 6.6: *Entstehungsrechnung*

Betrieb A

Abschreibungen	10	Lieferung von Gütern an Betrieb B		100
Lohn- und				
Gehaltssumme	60	Ersatzinvestitionen	10	
Zinssumme	10	Erweiterungs-		
Miete und Pacht	5	investitionen	0	
Gewinn	25	Lagerbestands-		
		zunahme	0	
		Nettoinvestitionen	0	
Nettowertschöpfung	**100**	Bruttoinvestitionen		10
Summe	110	Summe		110

Betrieb B

Abschreibungen		30	Lieferung von		
Lieferung von			Gütern zu		
Gütern durch			Konsumzwecken		250
Betrieb A		100	Ersatzinvestitionen	30	
Lohn- und			Erweiterungs-		
Gehaltssumme	150		investitionen	70	
Zinssumme	30		Lagerbestands-		
Miete und Pacht	5		zunahme	0	
Gewinn	35		Nettoinvestitionen	70	
Nettowertschöpfung		**220**	Bruttoinvestitionen		100
Summe		350	Summe		350

Entstehungsrechnung

	Betrieb		Σ		Betrieb		Σ
	A	B			A	B	
Abschreibung	10	30	40	Lieferung von			
Lohn- und				Gütern zu			
Gehaltssumme	60	150		Konsumzwecken		250	250
Zinssumme	10	30		Ersatzinvestitionen	10	30	40
Miete und Pacht	5	5		Erweiterungs-			
Gewinn	25	35		investitionen	0	70	70
				Lagerbestands-			
				zunahme	0	0	0
Nettowert-							
schöpfung	**100**	**220**	**320**				
Summe			360	Summe			360
Zwischenbetriebliche				Zwischenbetriebliche			
Lieferungen			100	Lieferungen			100

Betrieb A fertigt ausschließlich Güter an, die an Betrieb B geliefert werden. Wir sehen dann, daß - nach Ausklammerung der zwischenbetrieblichen Lieferungen - die Entstehungsrechnung dieselbe ist wie die für eine Unternehmung entwickelte Rechnung.

> **Resümee:** *In unserem einfachen Kreislaufmodell ohne Staat und ohne Auslandssektor entspricht die Bruttowertschöpfung wertmäßig dem* **Bruttosozialprodukt.** *Die nach Abzug der Abschreibung übrigbleibende Nettowertschöpfung ist wertmäßig mit dem Leistungseinkommen einer Volkswirtschaft identisch. Diese Größe bezeichnen wir daher auch als* **Volkseinkommen.** *Der Teil des nicht konsumierten Volkseinkommens wird Ersparnis oder Sparen genannt und ist mit den Nettoinvestitionsausgaben des Unternehmungssektors identisch.*

3. Das Keynessche Nachfrage-Modell

Bei der vereinfachenden Beschreibung makroökonomischer Zusammenhänge haben wir vom Staat und von außenwirtschaftlichen Beziehungen abstrahiert und somit eine **geschlossene Volkswirtschaft ohne staatliche Aktivität** betrachtet.

Wir wollen auch hier bei dieser Vereinfachung bleiben und uns fragen, welche Höhe das Volkseinkommen unseres Kreislaufmodells annimmt, wenn bestimmte **Verhaltensweisen** der Konsumenten und Produzenten für deren Güternachfrage bestimmend sind. Eine Antwort auf diese Frage ist von beträchtlicher gesellschaftlicher Bedeutung, weil die Zahl der Arbeitsplätze eng mit der Höhe des Volkseinkommens zusammenhängt. Bei gleichbleibenden Preisen bedeutet ein niedriges Volkseinkommen eine geringe Produktion. Dieses wiederum bedeutet, daß weniger Arbeitnehmer eine Beschäftigung finden als bei großem Produktionsumfang. In gleichem Maße ist der Auslastungsgrad der anderen Produktionsmittel, wie etwa Maschinen und Gebäude, umso höher je größer die produzierten Gütermengen sind.

Um die Erörterung der Faktoren, die für die Höhe des Volkseinkommens von Bedeutung sind, nicht unnötig zu komplizieren, stellen wir uns in diesem Kapitel vor, die Produktionskapazität sei konstant. Dies bedeutet, daß in der Betrachtungsperiode die Zahl der verfügbaren Arbeitskräfte gegeben ist, ebenso wie der Kapitalstock, die natürlichen Ressourcen, das Ausmaß der Arbeitsteilung und der Stand des technischen Wissens. Bei dieser kurzfristigen Sicht der Dinge verändert sich die Arbeitsproduktivität nicht. In dieser Situation bestimmen die Nachfragefaktoren, in welchem Ausmaß die Produktionskapazität ausgelastet wird. Die Darstellung der Rolle, die die über die Kaufkraft von Nachfragern bestimmte **effektive Nachfrage** von Produzenten und Konsumenten bei der Bestimmung der Höhe des Volkseinkommens spielt, steht in diesem Abschnitt an zentraler Stelle. Die nachfolgenden Überlegungen beruhen auf der Theorie, die JOHN MAYNARD KEYNES (1883 - 1946) in seinem 1936 veröffentlichten Fundamentalwerk "The General Theory of Employment, Interest and Money" entwickelt hat.

In diesem wohl am meisten zitierten ökonomischen Werk unseres Jahrhunderts versucht KEYNES, eine Antwort darauf zu geben, wie es nach dem Zusammenbruch der New Yorker Börse im Jahre 1929 zur **großen Depression**, der **Weltwirtschaftskrise**, kommen konnte, die durch Massenarbeitslosigkeit und somit andauernde Unterauslastung der Ressourcen des Arbeitsmarktes gekennzeichnet war. Der Kern der **Keynesschen Theorie** läßt sich im sogenannten **Nachfragemodell** verdeutlichen. Der Grundgedanke dieses Modells ist aufzuzeigen, wie ökonomische Gleichgewichte entstehen können, wenn die Produktion von der Absatzseite begrenzt wird. In solchen Fällen bestimmt die **effektive Nachfrage** die Höhe des Volkseinkommens.

Auf längere Sicht verändert sich indessen die Produktionskapazität wohl. Die Arbeitsbevölkerung wächst, der Kapitalstock wird größer, es werden neue Rohstoffquellen entdeckt, die Arbeitsteilung und der technische Wandel schreiten fort. Betrachtet man die Entwicklung des Volkseinkommens im Zeitablauf, dann müssen neben den Nachfragefaktoren auch die Determinanten des Angebots beachtet werden. Diese Annäherung der Darstellung an die Realität wird in einem späteren Kapitel vollzogen. Wir unterstellen dann, daß die Produktionskapazität nicht mehr konstant sondern variabel ist.

Im folgenden wird vorerst allerdings nur die Nachfrageseite des Wirtschaftsgeschehens betrachtet. Zu diesem Zweck untersuchen wir zunächst die Nachfrage, die die Konsumenten ausüben, die sogenannte konsumtive Nachfrage.

Eine zentrale Hypothese der Keynesianischen Theorie besagt, daß der Konsum vom Einkommen der Haushalte abhängt. Diese Verhaltenshypothese können wir als (makroökonomische) **Konsumfunktion**

(10) $C = C(Y)$

formulieren.

Nach den Statistiken der VGR ist die Korrelation zwischen Konsumausgaben und Volkseinkommen eindeutig positiv. Die Daten zeigen, daß der Konsum nicht im gleichen Maße ansteigt wie das Volkseinkommen. Der

Einfachheit halber werden wir aber annehmen, daß der Konsum C proportional zum Volkseinkommen Y steigt. In der Tabelle 6.7 ist ein derartiger Fall wiedergegeben. Die Größen sind in Mrd. DM ausgedrückt.

Tabelle 6.7: *Konsum und Volkseinkommen*

C	Y
100	150
200	300
300	450
400	600
500	750

Wir haben dabei angenommen, daß $C = 2/3\ Y$ gilt. Der Quotient C/Y wird **durchschnittliche Konsumquote** genannt. In unserem Beispiel ist diese durchschnittliche Konsumquote für jedes Einkommen gleich, nämlich $C/Y = 2/3$. Neben dem Verhältnis von C zu Y ist das Verhältnis zwischen zusätzlichem Konsum und zusätzlichem Einkommen, das eine Konsumsteigerung hervorruft, von Bedeutung. Dieser Bruch $\Delta C/\Delta Y$ wird **marginale Konsumquote** genannt. In unserem Beispiel ist

$$\frac{zusätzlicher\ Konsum}{zusätzliches\ Einkommen} = \frac{2}{3}$$

Die marginale Konsumquote ist stets kleiner oder gleich 1, weil die Konsumsteigerung höchstens gleich der Zunahme des Volkseinkommens ist. Wenn $C = 2/3\ Y$, fällt die marginale Konsumquote zusammen mit der durchschnittlichen Konsumquote. Beide Quoten sind dann 2/3.

Das Komplement zur marginalen Konsumquote wird **marginale Sparquote** genannt. Nennt man die marginale Konsumquote c, dann ist die marginale Sparquote s gleich $1 - c$.

Die Konsumfunktion läßt sich natürlich auch graphisch darstellen. In Abbildung 6.3 werden auf der Abszisse das Volkseinkommen Y abgetragen und auf der Ordinate der Konsum C. Somit ist die Funktion $C = 2/3\ Y$ eine Gerade durch den Ursprung. Aus dem Schaubild ist ersichtlich, welchen Wert C bei einem bestimmten Volkseinkommen Y annimmt. Y sei etwa 450 Mrd. DM. Fällt man von diesem Punkt ein Lot auf die Funktion $C =$

2/3 Y, dann findet man den Schnittpunkt A, zu dem der Konsum $C = 300$ Mrd. gehört.

Abbildung 6.3: _Konsumfunktion_

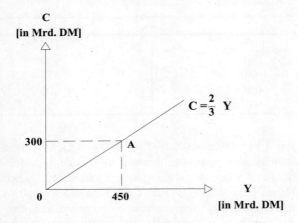

Die Funktion $C = 2/3\ Y$ ordnet jedem Wert von Y einen bestimmten Wert von C zu.

Die Gleichung $C = 2/3\ Y$ muß gut von den Definitionsgleichungen, die im vorhergehenden Abschnitt besprochen wurden, unterschieden werden. Definitionsgleichungen allein haben keinen Aussagewert; sie drücken nur Identitäten aus. Aus einer Gleichung vom Typus $Y = C + S$ kann nicht ohne weiteres die Höhe des Volkseinkommens abgeleitet werden. Es wird nur angegeben, daß, gleichgültig welches Volkseinkommen Y sich auch einstellen mag, dieses stets gleich der Summe aus Konsum und Sparen ist.

Die Gleichung für die Konsumfunktion hingegen drückt ein bestimmtes Verhalten der Gesamtheit der Konsumenten aus. Sie verhalten sich derart, daß sie stets 2/3 des Volkseinkommens konsumieren. Diese Gleichung nennt man deshalb **Verhaltensgleichung**. Die Verhaltensgleichungen sind die eigentlichen Bausteine einer Theorie.

Nun ist es aber nicht so, daß das Verhalten aller Konsumenten genau durch eine solche glatte Linie, wie sie in Abbildung 6.3 gezeichnet wurde, beschrieben werden kann. Das menschliche Verhalten äußert sich meist in eigenwilliger Weise. Aber auch wenn die Dinge eigentlich komplizierter sind, bleibt der Grundgedanke derselbe: Es besteht ein Kausalzusammenhang zwischen den gesamten Ausgaben zu Konsumzwecken und der Höhe des Volkseinkommens. Auch wenn wir beachten, daß der Zusammenhang in Wirklichkeit komplizierter sein kann, spricht dies nicht gegen unser Vorgehen, die makroökonomische Konsumfunktion der Einfachheit halber als Gerade durch den Ursprung darzustellen.

Abbildung 6.4: *Konsumfunktion mit autonomem Konsum*

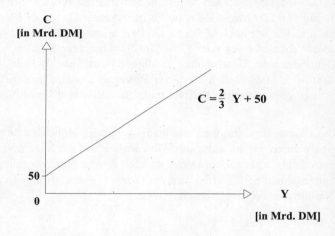

Wenn man zusätzlich **autonomen** Konsum unterstellt, d.h. eine Nachfrage nach Konsumgütern, die unabhängig vom Volkseinkommen Y ist, wird die Konsumfunktion etwas allgemeiner. Gesetzt den Fall, daß die Konsumfunktion durch

$$(11) \qquad C = 2/3\ Y + 50$$

beschrieben wird, so beträgt der autonome Konsum 50 Mrd. DM. Die marginale und die durchschnittliche Konsumquote sind nun nicht mehr gleich groß. Diese Funktion ist in Abbildung 6.4 dargestellt. Die durchschnittliche Konsumquote

$$(12) \qquad \frac{C}{Y} = \frac{2/3\,Y + 50}{Y} = \frac{2}{3} + \frac{50}{Y}$$

ist nicht mehr für jedes Volkseinkommen Y gleich. Die marginale Konsumquote ist aber wieder 2/3 und demzufolge konstant.

Die Haushalte fragen Konsumgüter, die Unternehmungen Investitionsgüter nach und häufen bestimmte Vorräte an. Über C verfügen die Konsumenten, über I jedoch die Unternehmer. Der Einfachheit halber werden wir nun annehmen, daß die Unternehmungen beschlossen haben, einen Betrag von 200 Mrd. DM zu investieren, ganz unabhängig von der Höhe des Volkseinkommens. Unabhängig von der Höhe des Bruttosozialprodukts wünschen die Unternehmer also, den Kapitalstock bis zum Ende der Periode um 200 Mrd. DM wachsen zu lassen. Mit anderen Worten: Sie planen, einen Betrag von 200 Mrd. DM netto zu investieren. Ob dieser Plan realisiert wird, müssen wir noch abwarten. Anders ausgedrückt, ob die Investitionen später ebenfalls - ex post - 200 Mrd. DM betragen werden, ist noch offen. Den Plänen der Unternehmer zufolge, d.h. **ex ante** sind die Investitionen 200 Mrd. DM, doch muß dieser Betrag gut unterschieden werden von den in einer bestimmten Periode faktisch realisierten Investitionen **ex post**.

Wenn die Ex-ante-Investitionen unabhängig von der Höhe des Sozialprodukts sind, nennen wir sie **autonom**. Dies wollen wir aus Vereinfachungsgründen zunächst unterstellen. Damit ist auch für die Unternehmungen eine Verhaltensannahme getroffen, die wir (wenn wir das Symbol I von nun an mit Nettoinvestitionen gleichsetzen) als

$$(13) \qquad\qquad I = 200$$

formulieren können.

Die Summe aus der einkommensabhängigen Nachfrage der Haushalte nach Konsumgütern und der Ex-ante-Investitionsnachfrage der Unternehmungen ergibt die **effektive Nachfrage** im Sinne von KEYNES mit

$$(14) \qquad\qquad Y^d = C(Y) + I.$$

Nach Keynes herrscht **Gleichgewicht auf dem Gütermarkt**, wenn die Produktion mit der effektiven Güternachfrage übereinstimmt

$$(15) \qquad\qquad Y = Y^d.$$

Also ist die gleichgewichtige Produktion diejenige, die ein Faktoreinkommen schafft, bei dem sie auch nachgefragt wird. Wir wollen uns das am Beispiel der durch (11) und (13) beschriebenen effektiven Nachfrage graphisch klarmachen.

Abbildung 6.5: *Gleichgewicht auf dem Gütermarkt*

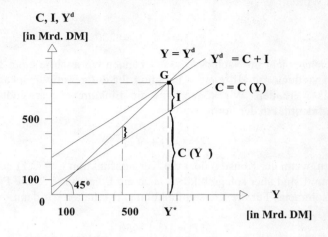

G ist der Schnittpunkt der Kurve der effektiven Nachfrage Y mit der Gleichgewichtsbedingung, der $Y = Y^d$ - Achse. Hier sind die Nachfragewünsche der Träger der effektiven Nachfrage mit der Produktion kompatibel. Diese Situation wird als **Nachfragegleichgewicht** bezeichnet, um damit anzudeuten, daß die effektive Nachfrage die gleichgewichtsbestimmende Größe ist. Das Nachfragegleichgewicht wird bei einem Volkseinkommen von $Y^* = 750$ Mrd. DM und Nettoinvestitionen in Höhe von $I = 200$ Mrd. DM realisiert. Bei dem Volkseinkommen Y^* ist die Konsumnachfrage über die Konsumfunktion mit $C(Y^*) = 550$ Mrd. DM gerade so groß, daß die Summe aus gewünschtem Konsum und geplanter Investition die Produktion voll ausschöpft. Folglich sind auch die geplanten Investitionen mit

$$(16) \qquad I_{ex\ ante} = I_{ex\ post} = 200$$

uneingeschränkt realisierbar. In unserem Beispiel mit linearen Funktionsverläufen gibt es genau einen Produktionswert, bei dem diese Rechnung aufgeht. Und der entspricht gerade dem Wert des Volkseinkommens Y^*. Nehmen wir nun mit $Y = 450$ Mrd. DM ein anderes Produktionsniveau. Für diesen Fall beträgt die Konsumnachfrage

$$C(450) = 350$$

und für die Investitionen bleibt nur noch der Rest von 100 Mrd. DM. Mit anderen Worten

$$I_{ex\ post} = 100 < I_{ex\ ante} = 200.$$

Das Gleichgewicht im Nachfragemodell können wir auch in einer alternativen Darstellung mit Hilfe einer Funktion für die gesamtwirtschaftlichen Ersparnisse erhalten. Wir können für die Einkommensverwendung die Kreislaufidentität in der Form

(17) $Y = C(Y) + S(Y)$

schreiben, wenn der Konsum über die Konsumfunktion $C = C(Y)$ bestimmt wird. Damit sind aber spiegelbildlich auch die Ersparnisse S eine Funktion des Einkommens. Für die Konsumfunktion (11) erhalten wir dann

(18) $S(Y) = 1/3\ Y - 50$

als **keynesianische Sparfunktion** mit marginaler Sparquote $s = 1/3$.

Abbildung 6.6: *Sparfunktion und Nachfragegleichgewicht*

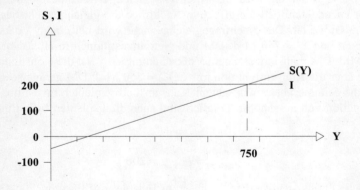

In Abbildung 6.6 zeigen wir, daß das Nachfragegleichgewicht auch mit Hilfe der Sparfunktion $S(Y)$ abgeleitet werden kann. Denn aus den Gleichungen (14) und (17) erhält man unmittelbar mit Hilfe der Gleichgewichtsbedingung (15) eine alternative Gleichgewichtsbedingung

(19) $S(Y) = I.$

Man darf (19) nicht mit der Identitätsbedingung $S = I$ verwechseln. Letzteres ist eine Ex-post-Gleichheit, wohingegen in (19) nur Ex-ante-Größen stehen.

> **Resümee:** *Im Nachfragemodell bestimmt die* **effektive Nachfrage** *das Nachfragegleichgewicht. Dieses ist dadurch gekennzeichnet, daß das aus der Produktion erwachsende Volkseinkommen gerade ausreicht, um die produzierte Gütermenge nachzufragen.*

4. Der elementare Nachfragemultiplikator

Im vorangegangenen Abschnitt haben wir das Gütermarktgleichgewicht im Nachfragemodell bestimmt. Das gleichgewichtige Volkseinkommen war durch die effektive Nachfrage bestimmt. Wir wollen uns nun fragen, wie Änderungen der effektiven Nachfrage dieses Nachfragegleichgewicht beeinflussen. Diese Vorgehensweise bezeichnet man als **komparativ statische Analyse**. Dazu gehen wir aus von einem Nachfragemodell mit linearer Konsumfunktion. Es besteht aus den drei Gleichungen

(20.1) $$Y = C + I,$$

(20.2) $$C = cY + C_0,$$

(20.3) $$I = I_0.$$

Die Gleichung (20.1) hat zum Inhalt, daß die Summe der Ausgaben im Gleichgewicht genauso groß ist wie das Volkseinkommen. Sie ist die **Gleichgewichtsbedingung** des Modells und beinhaltet die Bedingung $Y^d = Y$. Die zweite Gleichung bringt das Konsumverhalten zum Ausdruck. Es wird angenommen, daß der Konsum vom Volkseinkommen linear abhängig ist. Für die marginale Konsumquote setzen wir keine Zahl ein, sondern den Buchstaben c, so daß das Modell jetzt allgemeiner geworden ist. Die dritte Gleichung schließlich besagt, daß angenommen wird, die Investitionen seien autonom. Die Unternehmer investieren einen Betrag I_0 unabhängig von der Höhe des Volkseinkommens. In diesem Modell sind also c, C_0 und I_0 gegebene Größen, wohingegen die Variablen Y, C und I erklärt werden müssen. Man nennt die Größen c, C_0 und I_0 auch die **exogenen** Variablen des Modells und die Größen C, I und Y die **endogenen** Variablen. Die erste Gruppe der Variablen sind die erklärenden, die zweite die erklärten Größen.

Wir werden das Modell nun nach Y auflösen, d.h. den Gleichgewichtswert Y^* des Volkseinkommens bestimmen. Wir erhalten:

(20.4) $\qquad\qquad\qquad Y = cY + C_0 + I_0 .$

Für den Gleichgewichtswert Y^* ergibt sich deshalb:

(20.5) $\qquad\qquad\qquad Y^* = \dfrac{C_0 + I_0}{1 - c} .$

Setzen wir die Werte des Beispiels aus dem vorhergehenden Abschnitt ein, nämlich $C_0 = 0$, $I_0 = 200$ und $c = 2/3$, dann erhalten wir $Y^* = 600$. Würden wir $c = 1/2$, $I_0 = 150$ und $C_0 = 0$ einsetzen, dann bekämen wir $Y^* = 300$. Wir stellen fest, daß im allgemeinen der Gleichgewichtswert Y^* dem $1/(1-c)$-fachen der Summe aus autonomem Konsum und autonomen Investitionen entspricht.

Den Faktor $k = 1/(1 - c)$, mit dem man die autonomen Ausgaben multiplizieren muß, um das gleichgewichtige Volkseinkommen zu erhalten, nennt man den **elementaren Multiplikator**, weil die Veränderung von Y ein multiplikatives Vielfaches der Änderung der autonomen Nachfrage ist. Wenn $c = 1/2$, ist der Multiplikator $k = 2$, wenn $c = 2/3$, beträgt der Multiplikator 3. Der Multiplikator ist also umso größer, je höher die Ausgabenneigung ist, und er ist größer als eins, solange die marginale Konsumquote kleiner als eins ist. In allgemeiner Form können wir den Multiplikatoreffekt beschreiben durch

(21) $\qquad\qquad\qquad \dfrac{dY^*}{dI_0} = \dfrac{1}{1 - c} .$

Aus der **Multiplikatoranalyse** können wir folglich den Schluß ziehen, daß eine Zunahme beispielsweise der autonomen Investitionen zu einer Zunahme des Gleichgewichtswertes des Volkseinkommens führt, die ein Vielfaches der Zunahme der autonomen Investition I_0 ist. Vergrößert sich z.B. I_0 um den Betrag von 50 Mrd. DM und beläuft sich die marginale Konsumquote auf $c = 1/2$, dann nimmt Y zu um $(1/(1 - 1/2))50 = 100$ Mrd. DM. Der Multiplikator ist 2.

Die Abbildung 6.7 verdeutlicht diesen erstaunlichen Effekt, daß nämlich das Volkseinkommen sich um mehr als die autonome Nachfrage vergrößert, graphisch.

Abbildung 6.7: *Der elementare Multiplikator*

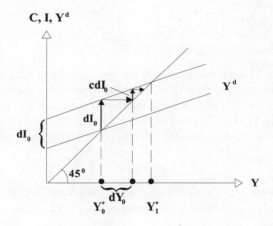

Wir wollen diesen Multiplikatorprozeß in den einzelnen Stufen erläutern.

In der ersten Stufe steigen die autonomen Investitionen um dI; um den gleichen Wert steigen also auch die autonome Nachfrage und damit die Gesamtnachfrage. Im Nachfragegleichgewicht der ersten Stufe gilt $dY^d = dY_0 = dI$, da die effektive Gesamtnachfrage die Produktion bestimmt. Die erhöhte Produktion führt zu einer Einkommenssteigerung in gleicher Höhe. Da das Einkommen mit der marginalen Konsumquote c zu zusätzlicher Nachfrage $c\, dY_0$ verwandt wird, steigt die Nachfrage in der zweiten Stufe um $c\, dI$. Die Nachfrageerhöhung bestimmt wiederum die Produktionsausweitung, diese den Einkommensanstieg usw.

Den kumulativen Prozeß des zunehmenden Gleichgewichtseinkommens können wir bezeichnen durch

$$dY^* = dI_0 + cdI_0 + c(cdI_0) + \dots$$

und damit durch eine mit dI_0 multiplizierte, unendliche geometrische Reihe

(22)
$$dY^* = dI_0 \sum_{i=0}^{\infty} c^i.$$

Für die unendliche geometrische Reihe kennen wir die Formel

(23)
$$\sum_{i=0}^{\infty} c^i = \frac{1}{1-c} \qquad \text{für } c \neq 1.$$

Dies genau stellt aber den Multiplikator der Gleichung (21) dar. Also ist dY^* die Differenz zwischen dem ursprünglichen Gleichgewichtseinkommen Y_0^* und dem Gleichgewichtseinkommen nach der autonomen Nachfrageerhöhung Y_1^*. Die Überlegungen in Abschnitt 3 zeigten uns, daß das gleichgewichtige Einkommen im Nachfragemodell der Bedingung

(19) $S(Y) = I$

genügt, wenn wir zur Vereinfachung der Schreibweise von nun an unter Y das gleichgewichtige Einkommen verstehen.

Diese Gleichgewichtsbedingung erlaubt es uns, den elementaren Multiplikator einer Nachfrageerhöhung um dI mit Mitteln der komparativen Statik auf alternative Weise zu verdeutlichen.

Das **totale Differential** als Gleichung in den Veränderungen der Variablen Y in (19) ergibt

(24) $S'(Y)\, dY = dI.$

Wenn wir für die marginale Sparquote $S' = dS/dY$ abkürzend s schreiben, so ist

(25)
$$\frac{dY}{dI} = \frac{1}{s}$$

wiederum der elementare Nachfragemultiplikator. Er ist mit (21) identisch, da wegen der Einkommensverwendungsidentität

(6) $Y = C(Y) + S(Y)$

nach totaler Differentiation

$$dY = C'(Y)dY + S'(Y)dY$$

oder

$$1 = C'(Y) + S'(Y)$$

folgt. Also ergänzen sich die marginale Konsumquote ($C'(Y) = c$) und die marginale Sparquote ($S'(Y) = s$) zu eins.

Resümee: *Die Steigerung des Gleichgewichtseinkommens beträgt ein Vielfaches der Zunahme der autonomen Ausgaben. Dieses Vielfache bezeichnen wir im keynesianischen Nachfragemodell als den **elementaren Multiplikator**. Der elementare Multiplikator steigt mit steigender marginaler Konsumquote.*

---

5. Das Gütermarktgleichgewicht

Bisher haben wir in der Güternachfrage neben der einkommensabhängigen Konsumnachfrage nur autonome Investitionswünsche der Unternehmungen berücksichtigt. Es spricht aber vieles dafür, daß auch das gesamtwirtschaftliche Investitionsvolumen keineswegs unabhängig von den gesamtwirtschaftlichen Rahmenbedingungen ist. Insbesondere dürften die Gewinnerwartungen der Unternehmungen eine wichtige Rolle bei der Entscheidung über die Ausweitung des Sachkapitalbestandes spielen. Neben anderem hängt der Gewinn aber von der Ertragsrate des eingesetzten Sachkapitals ab. Es erscheint vernünftig anzunehmen, daß Unternehmungen solange neu investieren, wie die Ertragsrate der letzten eingesetzten Investitionseinheit noch größer ist als der Marktzins, d.h. der Ertrag für alternative Finanzanlagen. Ordnet man alle denkbaren Investitionsprojekte einer Volkswirtschaft nach der Höhe der **Grenzleistungsfähigkeit des Kapitals** (marginal efficiency of capital), so wird diese als MEC bezeichnete Kurve einen fallenden Verlauf haben, denn je höher das Investitionsvolumen ist, desto niedriger wird c.p. der Ertrag der letzten Kapitaleinheit sein.

Unterstellen wir, daß Unternehmungen solange investieren, bis marginale Ertragsrate und Marktzins gleich groß sind, kann man die MEC-Kurve der Gesamtinvestitionen auch in Abhängigkeit vom Marktzins darstellen. Dies wird in Abbildung 6.8a verdeutlicht. Damit sind die Investitionen nicht mehr autonom, sondern variabel. Für jeden Marktzins gibt es ein dazugehöriges Investitionsvolumen. Wir wissen aber, daß die Höhe der gesamtwirtschaftlichen Investitionen c.p. das gleichgewichtige Einkommen im Nachfragemodell bestimmt. Also können wir schließen, daß zu jedem Marktzins *r* ein gleichgewichtiges Volkseinkommen gehört.

Diese Kurve der gleichgewichtigen Zins-Einkommens-Konstellationen auf dem Gütermarkt nennen wir **IS-Kurve**, da sie der Gleichgewichtsbedingung

(26) $I(r) = S(Y)$

genügt. Im Gegensatz zur ursprünglichen Gleichgewichtsbedingung (19) gibt es also nicht nur ein zu einem autonomen Investitionsvolumen "passendes" Gleichgewichtseinkommen, sondern ein ganzes Kontinuum, da mit r auch das Investitionsvolumen variiert.

Abbildung 6.8: *Die IS-Kurve*

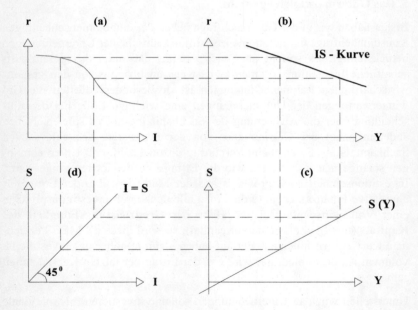

Ausgehend von der MEC-Kurve in Abbildung 6.8a kann man graphisch verdeutlichen, daß die IS-Kurve in (b) einen fallenden Verlauf haben muß, wenn in (d) die Gleichgewichtsbedingung berücksichtigt und in (c) von einer mit dem Einkommen zunehmenden Sparfunktion ausgegangen wird.

Die IS-Kurve stellt also eine negative Korrelation zwischen dem Marktzins *r* und dem Volkseinkommen im Gleichgewicht des Nachfragemodells dar. Steigt der Zins, so sinkt c.p. das Volkseinkommen. Wie läßt sich dieser Zusammenhang ökonomisch nachvollziehen? Ein höherer Zins bedeutet höhere **Opportunitätskosten** der Auswertung des Sachkapitalbestandes, denn alternativ mögliche Finanzanlagen bringen einen höheren Ertrag. Folglich werden gewinnmaximierende Unternehmungen weniger in Realkapital investieren. Die Investitionsnachfrage auf dem Gütermarkt nimmt also ab. Eine geringere effektive Nachfrage auf dem Gütermarkt führt aber zu Produktionseinschränkungen und damit zu Einkommenseinbußen, wie wir über den Multiplikatoreffekt im letzten Abschnitt verdeutlicht hatten.

Dies ist die simple Logik des Nachfragemodells, wenn wir über die effektive Nachfrage argumentieren. Diese Wirkungskette ist nicht so offenkundig, wenn wir wie in Abbildung 6.8 mit Hilfe der Sparfunktion die IS-Kurve ableiten. Beide Betrachtungsweisen sind aber symmetrischer Natur. Sie sind letztendlich Ausdruck der Tatsache, daß die effektive Nachfrage das Niveau des Volkseinkommens bestimmt.

> *Resümee: Die **IS-Kurve** ist der geometrische Ort aller Zins-Einkommens-Konstellationen, die mit dem Gütermarktgleichgewicht kompatibel sind. Sie fällt mit steigendem Einkommen, wenn die MEC-Kurve einen fallenden Verlauf aufweist.*

6. Staatliche Aktivität im Nachfragemodell

Bisher haben wir ausschließlich die Aktivitäten der Haushalte und Unternehmungen betrachtet. Was ändert sich, wenn wir unser Nachfragemodell erweitern und staatliche Aktivitäten mit einbeziehen? Nehmen wir dazu an, der Staat frage Güter nach und erhebe Steuern mit proportionalem Satz τ auf das Volkseinkommen. Dann wird das **Steueraufkommen** T durch

$$(27) \qquad\qquad T = \tau Y, \qquad\qquad 0 \le \tau < 1$$

bestimmt, das zur Finanzierung der **Staatsausgaben** G verwendet werden kann. Hinsichtlich des Gütermarktgleichgewichtes im Nachfragemodell bewirken Staatsausgaben G und Steuereinnahmen T entgegengesetzte Effekte. Staatsausgaben erhöhen die Gesamtnachfrage. Bestimmt die effektive Nachfrage das gleichgewichtige Volkseinkommen, ist dies also ein **expansiver** Effekt. Einkommensteuern dagegen vermindern das den Haushalten für Konsum- und Sparzwecke verfügbare Einkommen Y^v. Legen die

Haushalte für ihre Konsumnachfrage nicht das Einkommen vor Steuern Y, sondern mit $Y^v = Y - T$ das Einkommen nach Steuern zugrunde, so konsumieren sie c.p. weniger. Dieser Nachfragerückgang ist ein **kontraktiver** Effekt.

Abbildung 6.9: *Wirkung von Staatsausgaben*

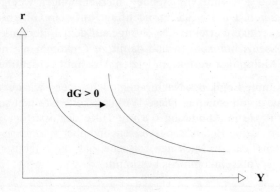

Was ist der Nettonachfrageeffekt? Unterstellen wir einmal, zusätzliche Staatsausgaben sollen gänzlich durch Steuern finanziert werden. Dann gilt offensichtlich in marginaler Betrachtungsweise

(28) $dG = dT.$

Zusätzliche Ausgaben des Staates führen in voller Höhe zu einer Nachfragesteigerung. Man sagt auch, der Staat habe eine marginale Ausgabenneigung von eins. Anders bei den in gleicher Höhe erhobenen Steuern. Diese vermindern zwar das für den Konsum verfügbare Einkommen in gleicher Höhe, führen jedoch nur zu demjenigen Teil zu einem Nachfragerückgang, zu dem die Haushalte ihr Einkommen für Konsumzwecke verausgaben. Diesen Teil gibt uns die marginale Konsumquote c an. Da $c < 1$ ist, überwiegt also eindeutig der expansive Effekt zusätzlicher Staatsausgaben, selbst dann, wenn diesen in gleicher Höhe Steuererhöhungen gegenüberstehen. Dieses Ergebnis wird dem Norweger TRYGVE HAAVELMO zugeschrieben, dem Nobelpreisträger von 1989, und nach ihm als **Haavelmo-Theorem** bezeichnet. An anderer Stelle wollen wir auf die quantitative Größe dieses eindeutig expansiven Effektes eingehen.

Diese Argumentation gilt unabhängig von der jeweiligen Investitionsnachfrage und damit unabhängig vom herrschenden Marktzins, denn die MEC-Kurve wird nicht tangiert. Also können wir folgern, daß zusätzliche Staatsausgaben, selbst wenn sie vollständig über Steuern finanziert werden, die IS-Kurve des Gütermarktgleichgewichtes nach rechts verschieben.

Resümee: *Staatsausgaben für Güter und Dienstleistungen erhöhen im Nachfragemodell die effektive Nachfrage und wirken somit expansiv. Dies gilt selbst dann, wenn Staatsausgaben in voller Höhe durch Einkommensteuern finanziert werden.*

---

7. Preise und Beschäftigung im Gütermarktmodell

Es ist deutlich geworden, daß die Höhe des Nettosozialprodukts von der effektiven Nachfrage abhängt. Wenn die Haushalte insgesamt aus ihrem Einkommen mehr sparen wollen, d.h. wenn ihre Sparneigung zunimmt, fällt der Konsum C und damit die effektive Nachfrage, so daß auch die Produktion zurückgeht, da die Unternehmer diese der effektiven Nachfrage anpassen. Dies bedeutet, daß Beschäftigte, die noch vor kurzem im Produktionsprozeß waren, entlassen und Maschinen stillgelegt werden. Ein Zustand, in dem große Arbeitslosigkeit herrscht und die Maschinen nicht laufen, wird Depression genannt. Eine **Depression** kann durch mangelnde effektive Nachfrage erklärt werden.

Gesetzt den Fall, die effektive Nachfrage werde durch Staatsausgaben stimuliert. Wird die Produktion dann unbegrenzt steigen können? Dies wird sicher nicht der Fall sein, da schon die zur Verfügung stehende Menge an Arbeit als Engpaß fungieren wird.

Unterscheiden wir nun zwischen der Menge an produzierten Gütern und deren in Preisen gemessenen Werten. Bisher haben wir beide Größen synonym verwandt, da wir von einem festen gesamtwirtschaftlichen **Preisniveau** ausgegangen waren. Wollen wir zulassen, daß sich dieses ändert, müssen wir zwischen einem **nominalen** und einem **realen** Sozialprodukt unterscheiden. Das nominale Sozialprodukt ergibt sich als Produkt der realen, physischen Produktion (oder der zu festen Preisen bewerteten physischen Produktion) mit einem Preisniveau P als gewogenes Mittel der Güterpreise.

Solange keine Vollbeschäftigung und damit **Unterbeschäftigung** der Produktionsfaktoren herrscht, wird eine Zunahme der effektiven Nachfrage die reale Produktion erhöhen. Dies ist die Situation, die wir bislang immer vorausgesetzt haben, und die uns erlaubte, das Preisniveau als konstant anzusehen.

Diese Situation ändert sich, wenn Vollbeschäftigung herrscht. Dann führt eine Vergrößerung der effektiven Nachfrage zu Engpässen, weil die Betriebe nicht noch mehr produzieren können. Sie sind an der Grenze ihrer Produktionskapazität angelangt. In dieser Situation kann X nicht mehr steigen, ungeachtet der Bemühungen der Unternehmer, durch Verbesserung der Arbeitsbedingungen und Organisieren von Überstunden die Produktion zu steigern. Die zunehmende Güterknappheit kommt dann in Preissteigerungen zum Ausdruck. Wenn die Vollbeschäftigungsgrenze überschritten ist, führt eine Zunahme der effektiven Nachfrage jedoch ausschließlich zu einem höheren Preisniveau, es sei denn, die **Arbeitsproduktivität** würde in demselben Maße zunehmen wie die effektive Nachfrage.

Die Berechnung des Preisniveaus ist eine statistische Frage, zu der viel Spezialwissen nötig ist. Eine Änderung des Preisniveaus wird mit Hilfe von **Indexzahlen** zum Ausdruck gebracht. Indexzahlen sind Verhältniszahlen, von denen eine, die als Basis dient, willkürlich gleich 100(%) gesetzt wird.

Nehmen wir an, daß ein Konsumgut und ein Kapitalgut hergestellt werden. Als Konsumgut wählen wir Weißbrot und als Kapitalgut Teigmaschinen. In der Ausgangssituation - der Basisperiode - soll der Preis für ein Brötchen 0,20 DM betragen und der Preis einer Teigmaschine 100.000,- DM. Angenommen, in einer Betrachtungsperiode sei der Brötchenpreis auf 0,25 DM gestiegen, und die Teigmaschine koste nun 150.000,- DM. Wie ist die durchschnittliche Preissteigerung? Dazu berechnen wir zuerst sogenannte **partielle Preisindexzahlen** für die einzelnen Güter. In der Ausgangssituation wurden die Preise auf 100 gesetzt, und wir fragen, wie die Preise in der Betrachtungsperiode in bezug auf die Basisperiode sind. Die partiellen Indizes sind also 100 - 125 und 100 - 150. Man ist nun geneigt, den Wert $(125 + 150)/2 = 137,5$ als Preisniveau für die Betrachtungsperiode anzugeben. Dies ist aber nicht richtig, weil auf diese Weise der relativen Bedeutung, die Brötchen und Teigmaschinen in der Volkswirtschaft genießen, nicht Rechnung getragen wird. So ist es denkbar, daß in der Basisperiode nur zwei Teigmaschinen hergestellt worden sind, wohingegen 3 Millionen Brötchen gebacken wurden. Dies bedeutet, daß der Umsatz in Teigmaschinen 200.000,- DM ausgemacht hat und der in Brötchen 600.000,- DM. Mit anderen Worten, der Preissteigerung bei Brötchen muß ein größeres Gewicht zuerkannt werden als der Preiserhöhung für Teigmaschinen. Wir sagen, die partiellen Preisindizes müssen mit den Umsätzen der Basisperiode gewogen werden. Das Ergebnis dieser Prozedur ist dann ein zusammengesetzter, gewogener Preisindex:

$$(600.000 \cdot 125 + 200.000 \cdot 150) / (600.000 + 200.000) = 131,25.$$

Das Preisniveau ist also um 31 % gestiegen, weil der Index des allgemeinen Preisniveaus in bezug auf die Basisperiode um 31,25 Punkte zugenommen hat. Die Berechnung von Preisindizes ist eine der wichtigsten Aufgaben des **Statistischen Bundesamtes** in Wiesbaden. Es publiziert z.b. den als Indikator für die Kosten der Lebenshaltung außerordentlich bedeutsamen **Index für Lebenshaltung**. Der Preisindex für Lebenshaltung ist ein gewogenes Mittel der partiellen Preisindizes der Konsumgüter, die vom statistischen Normalhaushalt (4-Personen-Haushalt) gekauft werden. Die partiellen Preisindizes werden mit den Ausgaben der Normalfamilie für bestimmte Güter eines genau definierten Warenkorbes gewogen.

Die Ausgabenanteile als Gewichte bestimmen somit analog zu unserem obigen Beispiel die relative Bedeutung einer Preisänderung. Es nehme z.B. der partielle Preisindex für Kleidung um 200 Punkte zu. Spielt dies eine Rolle für den allgemeinen Preisindex für Lebenshaltung? Das hängt offenbar davon ab, ob die Haushalte große Ausgaben für Kleidung bestreiten müssen. In einem tropischen Land dürfte eine derartige Preissteigerung die Konsumenten buchstäblich kalt lassen, da sie vermutlich wenig Wert auf Kleidung legen. In einem Land am Polarkreis, in dem jeder Einwohner zu großen Ausgaben für Kleidung gezwungen ist, dürfte die Preiserhöhung jedoch eine wichtige Rolle spielen.

Resümee: Herrscht Unterbeschäftigung der Produktionsfaktoren, und hier insbesondere des Produktionsfaktors Arbeit, so führt eine Stimulierung der effektiven Nachfrage zu einer Zunahme des realen Volkseinkommens. Im Fall der Vollbeschäftigung geht eine Zunahme der effektiven Nachfrage in die Preise. Das nominale Volkseinkommen steigt mit steigendem Preisniveau, und das reale Volkseinkommen bleibt unverändert. Das Preisniveau ist ein gewogenes Mittel aller Güterpreise das auf statistischem Wege mit Hilfe von Indexziffern berechnet wird. Die Gewichte bringen die relative Bedeutung der gewogenen Größe zum Ausdruck. Der Preisindex für Lebenshaltung wird monatlich vom Statistischen Bundesamt publiziert.

8. Schlußbemerkung

In diesem Kapitel wurde ein einfacher Wirtschaftskreislauf beschrieben und daraus das keynesianische Nachfragemodell entwickelt. Dieses geht davon aus, daß die Größe des Sozialprodukts - bei gegebener Produktionskapazität - durch die effektive Nachfrage bestimmt wird. Diese effektive Nachfrage setzt sich aus der Nachfrage der Konsumenten nach Konsumgütern und aus der Investitionsgüternachfrage der Unternehmer zusammen. Die volkswirtschaftliche Produktion ist genau dann im Gleichgewicht, wenn ein Sozialprodukt entsteht, bei dem die realisierten Investitionen der Unternehmungen gleich den geplanten Investitionen sind. Ungeplante Lagerbestandsänderungen treten dann nicht auf. Aus dem in dieser Situation verdienten Gleichgewichtseinkommen sparen die Haushalte einen Betrag S, der genau gleich den Nettoinvestitionen I der Betriebe ist. Sind die Produktionsfaktoren im Zustand der Vollbeschäftigung voll ausgelastet, führt eine weiter zunehmende effektive Nachfrage zu einer Steigerung des allgemeinen Preisniveaus P.

Wenn sich die Konsumfunktion und/oder die Investitionsfunktion verschieben, kommt ein anderes Gleichgewichtseinkommen zustande. Da sich bei jedem Produktionsniveau eine bestimmte Beschäftigungssituation einstellt, bedeutet ein Rückgang der Produktion gleichzeitig Arbeitslosigkeit für viele Arbeitnehmer. Für KEYNES war dieses Faktum Anlaß zu analysieren, wovon Produktionsänderungen, Einkommen und Beschäftigung abhängen. Denn vor dem zweiten Weltkrieg hatte sich in den dreißiger Jahren der als **Weltwirtschaftskrise** bezeichnete Zustand hoher Arbeitslosigkeit fast über die ganze Welt ausgebreitet. Gerade in jener Zeit ist die Theorie entstanden, aus der die Kerngedanken dieses Kapitels stammen. Sie wurde von dem englischen Nationalökonomen JOHN MAYNARD KEYNES (1883 - 1946) entwickelt. Im Jahre 1936 erschien KEYNES' Buch "The General Theory of Employment, Interest and Money", in dem er betonte, daß die Depression, in der sich die Welt befunden hatte, aus einer unzureichenden Nachfrage erklärt werden müßte. Nach seiner Ansicht ist die Konsumfunktion ziemlich **stabil**, weil sich die Konsumgewohnheiten nur langsam veränderten und schwer zu beeinflussen seien. Die Unternehmer hätten in einer Depression überhaupt kein Interesse an Investitionen. Investieren bedeutet, daß mit einer Zeitverzögerung eine größere Menge Konsumgüter auf dem Markt angeboten wird, als wenn die Investition unterbleibt. Wenn keine lebhafte Nachfrage nach Konsumgütern vorliegt, besteht die Gefahr, daß die Investition unrentabel ist, weil der Unternehmer mit einem Lager voll unverkäuflicher Endprodukte sitzen bleibt.

Ein derartiges Verhalten ist sowohl unvereinbar mit der Zielsetzung der Unternehmer, einen angemessenen Gewinn zu realisieren, als auch mit ihrem Wunsch, dauerhaft auf dem Markt zu bleiben. Wenn der Absatz stagniert, kann nicht erwartet werden, daß die Unternehmer durch Investitionen ihre Produktionskapazität vergrößern. Es liegt vielmehr auf der Hand, daß beide Komponenten der effektiven Nachfrage - Konsum und Investition - Hand in Hand steigen sollten. KEYNES zufolge kann die Volkswirtschaft dann auch allein wieder mit Hilfe staatlicher Stimulation der effektiven Nachfrage in Gang gebracht werden. Zu diesem Zweck sollte der Staat z.B. ein Programm öffentlicher Baumaßnahmen ausführen. Straßenbau, Brücken- und Schulneubauten können in dieser Situation zieladäquate Mittel sein, um das Wirtschaftsleben wieder anzukurbeln. Beim Stimulationsprozeß spielt der Multiplikatoreffekt zusätzlicher staatlicher Ausgaben eine wichtige Rolle. Der Staatsausgabenmultiplikator ist in der Regel größer als eins, so daß das Sozialprodukt um mehr steigt als die Staatsausgaben zunehmen.

Fragen und Aufgaben zum 6. Kapitel

1.) Was versteht man unter einem Wirtschaftskreislauf?

2.) Auf welche zwei Arten kann man diesen Kreislauf darstellen?

3.) Was versteht man unter Wertschöpfung? Was ist der Unterschied zwischen Netto- und Bruttowertschöpfung?

4.) Warum sprechen wir eigentlich von Wertschöpfung?

5.) Was versteht man unter

     a) Bruttosozialprodukt?

     b) Nettosozialprodukt?

     c) Bruttoinvestition?

     d) Nettoinvestition?

     e) Volkseinkommen?

6.) Was versteht man unter dem Begriff "Sparen"? Wird dieser Definition zufolge auch gespart, wenn jemand einen Teil seines Einkommens ins Wasser wirft?

7.) Vergrößert der Gewinn die Wertschöpfung?

8.) Zeigen Sie, daß die makroökonomischen Identitäten gelten!

9.) Auf welche Weise berechnet man für einen Betrieb die Höhe seines Beitrages zum Volkseinkommen?

10.) In einem bestimmten Jahr wurden durch die Unternehmungen 300 Mrd. DM an Konsumgütern und 140 Mrd. DM an Kapitalgütern erzeugt. Die Haushalte beziehen für Löhne und Gehälter 200 Mrd. DM, an Zinsen 100 Mrd. DM und aus Miete und Pacht 50 Mrd. DM Die Summe der Wertschöpfung belief sich auf 400 Mrd. DM.

a) Stellen Sie sämtliche Rechnungsarten zusammen.

b) Wie groß ist das Nettosozialprodukt?

11.) Der Wert der erzeugten Kapitalgüter beläuft sich auf 50 Mrd. DM, während die Betriebe Abschreibungen in Höhe von 30 Mrd. DM vornehmen. Der volkswirtschaftliche Konsum beträgt 300 Mrd. DM An Löhnen und Gehältern, Zinsen, Miete und Pacht sowie Gewinnen werden 230 Mrd. DM respektive 50, 30 und 80 Mrd. DM ausbezahlt.

a) Stellen Sie sämtliche Rechnungsarten zusammen.

b) Wie groß ist das Volkseinkommen?

c) Wie hoch sind die Nettoinvestitionen und wie sind diese zusammengesetzt?

12.) Vervollständigen Sie untenstehende Rechnungsbeipiele, wenn gegeben ist, daß sich das Volkseinkommen auf 270 Mrd. DM beläuft.

Haushalte

Konsum	...	Löhne und Gehälter	140
Sparen	...	Zinsen	...
		Miete und Pacht	...
		Gewinn	...
Summe	...	Summe	...

Unternehmungen

Abschreibungen	30	Konsumgüter	...
Löhne und Gehälter	...	Nettoinvestitionen	...
Zinsen	30	Ersatzinvestitionen	...
Miete und Pacht	30		
Gewinn	...		
Summe	...	Summe	...

Vermögensänderung

Bruttoinvestitionen	100	Abschreibungen	...
		Sparen	...
Summe	...	Summe	...

13.) Die in einem Land neu erstellten Betriebe haben allein zur Zielsetzung, Roh- und Hilfsstoffe für bereits bestehende Betriebe zu produzieren. Wird ihre Produktion den totalen Produktionswert steigern?
Wird die Wertschöpfung davon beeinflußt? Begründen Sie die Antwort!

14.) Was versteht man unter der makroökonomischen Konsumfunktion?

15.) In untenstehender Tabelle sind für einige Wirtschaftszweige der Produktionswert, der Verbrauch an Roh- und Hilfsstoffen (einschließlich
Dienstleistungen Dritter) sowie die Abschreibungen angegeben.

	Markt- wert	Ver- brauch	Abschrei- bungen
Textilindustrie	3091	2174	86
Schuhe und Bekleidung	2650	1268	38
Holz- und Möbelindustrie	1099	620	34
Papierindustrie	1349	882	49
Chemische Industrie	6359	4192	266
Glas, Keramik, Baustoffe	991	450	47

Berechnen Sie für zwei Wirtschaftszweige den Beitrag zum Volkseinkommen.

16.) Was versteht man unter der marginalen respektive der durchschnittlichen Konsumquote?

17.) Was versteht man unter der effektiven Nachfrage?

18.) Was sind Ex-ante-Investitionen?

19.) Was versteht man unter dem Begriff "Arbeitslosigkeit"? Was ist eine Depression?

20.) Wann spricht man von Überbeschäftigung?

21.) Wie berechnet man den Index für Lebenshaltung?

22.) Wie läßt sich die IS-Kurve ableiten?

23.) Wie wirken zusätzliche Staatsausgaben auf die IS-Kurve?

24.) a) Berechnen Sie das Gleichgewichtseinkommen, wenn die Konsumfunktion C = 3/4 Y gegeben ist und die autonomen Investitionen 50 Mrd. DM betragen.

b) Wieviel wird aus dem Gleichgewichtseinkommen gespart?

c) Leiten Sie das Gleichgewicht auf graphischem Wege ab.

d) Berechnen Sie den Multiplikator des Modells.

25.) Gegeben ist die Konsumfunktion $C = 3/4\ Y + 200$. Wir nehmen also an, daß die Konsumenten auch noch konsumieren, wenn ihr Einkommen auf Null gesunken ist. Außerdem nehmen wir an, daß die autonomen Investitionen 100 Mrd. DM ausmachen.

a) Entwerfen Sie eine Tabelle für die Einkommen $Y = 150, 300, 450, 600$ und 900, in der Ex-ante-Konsum und Ex-ante-Investitionen einzutragen sind.

b) Bei welchem Volkseinkommen Y stimmen die Pläne der Konsumenten mit denen der Unternehmer überein?

c) Wieviel wird in diesem Fall gespart?

d) Leiten Sie das Gleichgewicht graphisch ab.

e) Berechnen Sie das Gleichgewichtseinkommen auch algebraisch.

f) Leiten Sie aus der Konsumfunktion die Sparfunktion ab.

g) Entwerfen Sie ein Schaubild, in dem das Gleichgewichtseinkommen mit Hilfe der Sparfunktion und der Investitionen bestimmt wird.

h) Wie groß ist der Investitionsmultiplikator?

26.) Die Konsumfunktion lautet: $C = 3/4\ Y + 1000$. Die Summe aus autonomen Investitionen und Staatsausgaben soll sich auf 3 Mrd. DM belaufen.

a) Bestimmen Sie den Gleichgewichtswert für das Volkseinkommen, indem Sie annehmen, daß dieses durch die effektive Gesamtnachfrage bestimmt wird.

b) Nehmen wir an, daß die Arbeitsproduktivität konstant ist und 20.000,- DM je Erwerbstätigem beträgt. Liegt dann Vollbeschäftigung vor, wenn 1 Million Erwerbstätige einen Arbeitsplatz finden sollen?

c) Um welchen Betrag müssen die Staatsausgaben verändert werden, damit das Nachfragegleichgewicht erreicht wird?

Literatur zum 6. Kapitel

Dornbusch, Rudiger; Fischer, Stanley. Makroökonomik. Fünfte, völlig neu bearbeitete und erweiterte Auflage. München, Wien 1992.

Felderer, Bernhard; Homburg, Stefan. Makroökonomik und neue Makroökonomik. Fünfte, verbesserte Auflage. Berlin u.a.O. 1991.

Keynes, John M. The General Theory of Employment, Interest and Money. London 1936.

Schmitt-Rink, Gerhard; Bender, Dieter. Makroökonomie geschlossener und offener Volkswirtschaften. Zweite, vollständig überarbeitete und erweiterte Auflage. Berlin, u.a.O. 1992.

Westphal, Uwe. Makroökonomik: Theorie, Empirie und Politikanalyse. Berlin, Heidelberg 1988.

Kapitel 7 Das Geld und der Geldmarkt

1. Wesen und Funktion des Geldes

In den vorangehenden Kapiteln haben wir uns ausschließlich mit der güterwirtschaftlichen Seite einer Volkswirtschaft beschäftigt.

Wieviel Güter produziert werden, hängt davon ab, in welchem Ausmaß die Wirtschaftssubjekte durch Nachfrage das Produktionspotential in Anspruch nehmen. Es besteht einmal die Möglichkeit, daß sie so wenig nachfragen, daß nicht alle potentiellen Arbeitnehmer zur Erzeugung der nachgefragten Produktionsmenge gebraucht werden. In diesem Fall spricht man von unfreiwilliger Arbeitslosigkeit. Demgegenüber steht der Fall, daß die Arbeitsbevölkerung nicht ausreicht, um die Güter, die nachgefragt werden, in befriedigender Menge erzeugen zu können. Die Folgen dieses Zustandes sind Engpässe; die Wirtschaft läuft auf vollen Touren. In dieser Situation werden Preiserhöhungen vorgenommen; die Güter werden knapper. Eine Preissteigerung bedeutet, daß eine größere Menge Geld für dasselbe Gut ausgegeben werden muß als zu einem früheren Zeitpunkt.

Die Rolle, die das Geld spielt, ist bis jetzt in unserer Behandlung der Dinge unbeachtet geblieben. Die monetäre Seite des Wirtschaftskreislaufes muß jedoch ebenfalls beachtet werden. So wurde z.B. bisher nicht erörtert, wo die Unternehmungen die Mittel beschaffen, um ihre Investitionen zu finanzieren. Die Unternehmungen können die Investitionen mit Geld finanzieren, das sie selbst in der Vergangenheit angehäuft haben. Wenn in den Unternehmungen keine flüssigen Mittel verfügbar sind, sind die Investitionen ebenfalls durchführbar unter der Voraussetzung, daß die Haushalte ihnen das benötigte Geld leihen. Die Haushalte geben den Unternehmungen Kredit, die auf diese Weise die Investitionen finanzieren können. Solange das Bankensystem aus unserer Betrachtung ausgeklammert bleibt, haben wir die beiden einzigen Wege angedeutet, auf denen die Unternehmungen ihre Investitionen finanzieren können.

Um sich mit der Geldwirtschaft auseinanderzusetzen, sollte man sich vorher einige grundsätzliche Dinge zum Thema Geld verdeutlichen. Geld ist etwas, womit wir täglich umgehen. Im Grunde ist klar, was es ist und wofür man es braucht. Es ist ein **Zahlungsmittel,** mit welchem man (fast) alles kaufen kann. Welche Funktionen erfüllt es dabei? Zum einen hilft es, den Tausch zu erleichtern,. Wir nenne dies **Tauschmittelfunktion.** Im Laufe der Entwicklung der Tauschwirtschaft kam das Bedürfnis nach einem Objekt auf, das allgemeine Anerkennung als Tauschmittel findet. Die Schwierigkeiten, die entstehen, wenn man mit Konsumgütern entlohnen will, die in dem Betrieb hergestellt werden, in dem man seiner Arbeit nachgeht, sind leicht vorstellbar. Der Arbeitnehmer müßte einen Tauschpartner suchen, der genau diese Güter benötigt und bereit ist, dafür andere Konsumgüter abzugeben. Wohin dies führen kann, mag man sich am bekannten Beispiel des frierenden Bäckers und des hungernden Schneiders verdeutlichen. Der Tausch wird noch komplizierter, wenn jemand in einem Unternehmen arbeitet, in dem statt Konsumgütern Kapitalgüter hergestellt werden.

Neben einem allgemein anerkannten Tauschmittel ist auch eine **Recheneinheit** für eine entwickelte Tauschwirtschaft erforderlich. Im allgemeinen besitzt das in der jeweiligen Tauschwirtschaft anerkannte Tauschmittel zugleich die Funktion einer Recheneinheit. Dies muß nicht so sein: So fungierte die Guinee in England als Recheneinheit, wurde aber nicht als Tauschmittel eingesetzt. Werden alle Gütermengen und Leistungen mit Hilfe von ein und derselben Recheneinheit ausgedrückt, so sind deren Werte unmittelbar miteinander vergleichbar. Die Vorteile einer Recheneinheit für eine sich immer weiter entwickelnde Tauschwirtschaft sollen anhand des folgenden Beispiels verdeutlicht werden:

Abbildung 7.1: *Tauschverhältnisse*

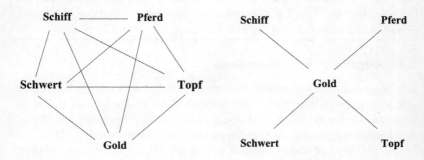

Jede Verbindung drückt ein Austauschverhältnis aus. Ohne Gold als Recheneinheit sind 10 Preisverhältnisse und mit Gold als Recheneinheit nur noch 4 Preisverhältnisse notwendig. Für größere Gütermengen kann man die Zahl der Tauschverhältnisse mit der Formel $n(n-1)/2$ berechnen, wobei n für die Anzahl der Güter steht. Wenn eines der Güter als Recheneinheit eingeführt wird und damit die Rolle des Geldes spielt, reduziert sich diese Zahl auf $n-1$.

Geld teilt den Naturaltausch Bärenfelle gegen Fische in zwei Akte. Für die Bärenfelle tauscht man einen Geldbetrag ein, und mit diesem Geld kann man Fische kaufen. Man hat die Möglichkeit, Fische zu kaufen, aber man kann es auch lassen. Wenn Geld einmal allgemein eingeführt ist, steht der Empfänger des Geldes also vor der Wahl, es wieder auszugeben oder es ganz oder teilweise zu behalten. Durch das Geld ist es möglich, den Kaufakt und Verkaufsakt zeitlich zu trennen. Man spricht von der **Wertaufbewahrungsfunktion** des Geldes.

Es ist sofort einleuchtend, das nicht jedes beliebige Gut die Funktion von Geld übernehmen kann. So darf das Gut, das Geld darstellt, nicht beliebig vermehrbar sein. Sonst wäre es jedermann möglich, seinen Reichtum problemlos zu vermehren. Deswegen werden für Geld seltene Materialien verwendet, oder die Herstellung wird durch besondere Produktionstechniken begrenzt. Zusätzlich sollte der Geldstoff homogen, teilbar und haltbar sein. Güter, die diese Eigenschaften haben, können als Geld verwendet werden. So wurden als Geld Edelmetalle, Steine, Lebensmittelkarten, Zigaretten, Federn usw. verwendet.

Resümee: Geld hat in einer arbeitsteiligen Wirtschaft drei Funktionen. Es dient als Tauschmittel, als Recheneinheit und als Wertaufbewahrungsmittel. Geld muß aus Materialien bestehen, die teilbar, homogen, haltbar und nicht beliebig vermehrbar sind.

---

2. Die Organisation des Geldwesens

Um unser heutiges Geldwesen zu verstehen, lohnt sich ein Blick in die historische Entwicklung. Gold- und Silbermünzen sind sehr früh in der Geschichte unserer Zivilisation als Geld zirkuliert. Das heißt für uns, daß sie im Tausch allgemein als Zahlungsmittel anerkannt wurden. Der Staat bürgte für Gewicht und Feingehalt, indem er die Münzen in einer bestimmten Form ausprägte. Im Laufe der Zeit wurden die beiden genannten Metalle Währungsmetalle, d.h., die Güterwerte wurden allgemein in Standardmünzen ausgedrückt. Die älteste Form der Goldwährung wird als **Goldumlaufwährung** bezeichnet.

Mit der Entwicklung des Tausch- und Zahlungsverkehrs hielten auch Wechsel und Solawechsel ihren Einzug. In diesem Zusammenhang ist insbesondere der Brauch von Bedeutung, der sich im 17. Jahrhundert in England einbürgerte, Gold und Goldmünzen bei Goldschmieden in Aufbewahrung zu geben. Sie gaben Empfangsbescheinigungen aus, die von Anfang an als Geld zirkulierten, weil sie vollständig durch Gold gedeckt waren. Diese Billetten, die später Banknoten genannt wurden, entmaterialisierten sich langsam vom Gold. Die Goldschmiede entdeckten nämlich, daß stets nur ein geringer Teil der begebenen Schuldtitel eingewechselt wurde. Sie konnten folgerichtig einen höheren Betrag an Billetten begeben, als mit dem Goldvorrat in Übereinstimmung war. Hier entstand eine wichtige Abart der Goldwährung, die **Goldkernwährung**. So kam Geld in Umlauf, dessen Nominalwert keine Beziehung zum Wert des Stoffes hatte, aus welchem das Geld hergestellt war. In einem solchen System ist es also nicht notwendig, daß die umlaufende Geldmenge vollständig durch Gold gedeckt ist. In Deutschland war eine Goldkernwährung bis zum Ausbruch des 1. Weltkrieges 1914 gegeben. Die Reichsbank kaufte und verkaufte Gold zu einem festen Preis von jedem und an jeden, der dies wünschte. Der Ausbruch des Krieges zwang die damalige Reichsregierung jedoch, diese Praxis aufzugeben.

In der Bundesrepublik Deutschland wurde 1948 unter dem Einfluß der Alliierten das Geldwesen neu organisiert. Vorbild war das Federal Reserve System der Vereinigten Staaten. Die schlechten Erfahrungen mit Zentralbanken, die von der politischen Führung abhängen, führten zu einer Zentralbankorganisation, die föderativ aufgebaut und von der politischen Führung unabhängig war. In den bisher geschilderten Währungssystemen war das ausgegebene Geld durch Gold ganz oder teilweise gedeckt. Alternativ kann man ausgegebenes Geld durch **Devisen** (d.h., ausländische Zahlungsmittel) decken. In der Bundesrepublik war keine solche Deckung vorgesehen. Lediglich das Vertrauen der Benutzer, daß das Geld, das sie benutzen, etwas wert ist, führt zu der Kaufkraft der Deutschen Mark. Ein solches System hat gegenüber einem mit Golddeckung den Vorteil, daß die Produktion des Geldes nur wenige Ressourcen beansprucht. Wenn in einem Land mit Golddeckung die Geldmenge erhöht werden soll, so muß zunächst Gold produziert werden, zu relativ hohen Kosten.

Die föderative Struktur der Bundesbanken sah zunächst unabhängige Landeszentralbanken und eine gemeinsame Bank aller deutschen Länder vor. Dieses System wurde dann mit Inkrafttreten des Grundgesetzes beseitigt. Es wurde eine Zentralbank mit der **Deutschen Bundesbank** geschaffen. Die Landeszentralbanken wurden der Bundesbank unterstellt und dienen als Hauptverwaltungen; selbständig sind sie nur in einem sehr eingeschränkten Rahmen. Die Aufgaben der Bundesbank sind im Gesetz über die Deutsche Bundesbank (BuBankG) festgelegt. Die Bundesbank soll den Geldumlauf und die Kreditversorgung der Wirtschaft mit dem Ziel regeln, die Währung zu sichern und für die Abwicklung des Zahlungsverkehrs mit dem Ausland sowie innerhalb der Bundesrepublik Deutschland zu sorgen (§ 3 BuBankG). Die Besonderheit der Deutschen Bundesbank, im Gegensatz zu anderen Zentralbanken wie denen von Frankreich (bis 1993) und Großbritannien, ist die Unabhängigkeit von der politischen Führung. Sie soll zwar die Wirtschaftspolitik der jeweiligen Regierung unterstützen; jedoch hat sie eindeutig vorrangig die gesetzlich festgelegten Ziele der Geldpolitik zu verfolgen. Als die wesentliche Aufgabe ist die Sicherung des Geldwertes zu nennen. Die Erfahrungen mit der **Hyperinflation** vor 1948 und die guten Erfahrungen mit der wertstabilen Deutschen Mark zeigen, wie wichtig eine stabile Währung für das Funktionieren und Wachsen einer Volkswirtschaft ist. Im Rahmen des fortschreitenden politischen und ökonomischen Integrationsprozesses in Europa dient die Deutsche Bundesbank als Modell für die Schaffung einer Europäischen Zentralbank.

Die Bundesbank fungiert auch als Bank für die Geschäftsbanken. Zur Versorgung mit Liquidität sind die Kreditinstitute in einem bestimmten Umfang auf Guthaben bei der Zentralbank angewiesen. Die Banken sind in der Bundesrepublik verpflichtet, einen bestimmten Prozentsatz ihrer kurz- und mittelfristigen Verbindlichkeiten gegenüber den Nichtbanken als **Mindestreserve** bei der Bundesbank zu halten. Für die kurzfristige Liquiditätsversorgung räumt die Bundesbank den Geschäftsbanken Refinanzierungslinien für den **Diskont-** oder **Lombardkredit** ein.

Als Bank des Staates ist die Bundesbank nur in sehr begrenztem Umfang tätig. Im alten System war es möglich, daß die Regierung die Ausleihungen bei der Zentralbank bestimmen konnte. Auf diese Weise war die Haushaltsfinanzierung einfach möglich, jedoch die Geldwertstabilität gefährdet. Deswegen wurde der Kreditrahmen, den der Staat bei der Bundesbank hat, stark begrenzt. So kann der Bund sich nur bis zu 6 Mrd. DM bei der Bundesbank verschulden, und dies auch nur in Form von Kassenüberbrückungskrediten für kurzfristige Liquiditätsengpässe. Den Ländern kann die Bundesbank Kassenverstärkungskredite bis zu 40 DM je Einwohner (den Stadtstaaten bis zu 80 DM) gewähren. Wenn der Staat sich jedoch verschulden möchte, hat die Bundesbank die Aufgabe, die angebotenen Finanzierungsschätze, Bundesschatzbriefe und Obligationen im Namen des Bundes zu verkaufen.

> **Resümee:** *Man kann Goldumlaufwährungen, Goldkernwährungen und ungedeckte Währungen unterscheiden. Beim 1. Typ wird Gold selbst als Geld benutzt, beim 2. Typ besteht eine vollständige oder teilweise Dekkung der ausgegebenen Geldscheine in Gold, das bei der Zentralbank hinterlegt ist, und beim 3. Typ ist weder eine Gold- noch eine Devisendeckung vorhanden. In der Bundesrepublik wurde der 3. Typ realisiert. Mit Inkrafttreten des Grundgesetzes wurde eine Zentralbank geschaffen, die unabhängig von der politischen Führung ist. Sie hat zur Aufgabe, den Geldwert zu sichern. Zudem fungiert sie als Bank der Banken und als Bank des Staates.*

3. Die Geldmenge und die Giralgeldschöpfung

Das gegenwärtig in unserem Land zirkulierende Geld kann wie folgt unterschieden werden. Es gibt:

- **Banknoten**; sie werden durch die Bundesbank in Umlauf gebracht (Produktionsmonopol).

- **Münzen**; Münzherr ist der Bund; die jeweilige Regierung gibt die Münzen aus (Münzregal).

- **Buch-** oder **Giralgeld**; wird vom Bankensystem im bargeldlosen Zahlungsverkehr geschaffen.

Ältere Erscheinungsformen des Geldes (wie Salz, Metalle, Muscheln, Vieh, vollwertige Münzen usw.) werden auch **Warengeld** genannt, das sich dadurch auszeichnet, daß sich sein Wert als Zahlungsmittel aus seinem Materialwert bestimmt. Im Unterschied dazu stellen die Zahlungsmittel der Gegenwart im allgemeinen **Kreditgeld** dar, bei welchem der Wert als Zahlungsmittel größer als der stoffliche Eigenwert ist. In dieser Kategorie unterscheiden wir **Bargeld** und **Buch-** oder **Giralgeld**. Bargeld als Summe der Scheidemünzen (stoffwertarme Münzen) und Noten stellt das gesetzliche Zahlungsmittel dar. Giralgeld dagegen besteht aus nicht verbrieften Forderungen an die Bundesbank und die Geschäftsbanken. Man benutzt dafür auch den Ausdruck **Sichteinlagen** oder **Depositen,** um deutlich zu machen, daß diese Forderungen durch ihre Besitzer jederzeit ("auf Sicht") in gesetzliche Zahlungsmittel umgetauscht werden können.

Nun wollen wir uns mit der quantitativen Abgrenzung des Geldbegriffes befassen. Zur **Geldmenge** (Geldvolumen) zählen der Bargeldumlauf (DM-Noten und Münzen; auch jene, die sich im Ausland befinden) und die Sichteinlagen der Nichtbanken (im allgemeinen Haushalte, Unternehmen,

Staat), abzüglich der Bargeldbestände der Kreditinstitute, der Sichteinlagen der Kreditinstitute bei der Zentralbank und der Zentralbankeinlagen des Staates. Nach den Geldmengenkonzepten der Deutschen Bundesbank bezeichnet man diesen Teil des Geldvolumens als **M1**. Es ist dasjenige Geld, das am schnellsten verfügbar ist, d.h. die Tauschmittelfunktion steht eindeutig im Vordergrund. Kommen nun die Termineinlagen mit einer Befristung unter vier Jahren hinzu, so erhält man die Geldmenge **M2**, und werden die Spareinlagen mit gesetzlicher Kündigungsfrist mit einbezogen, ergibt sich die Geldmenge **M3**. Bei der Geldmengenabgrenzung gemäß M2 und M3 spielt die Wertaufbewahrungsfunktion die entscheidende Rolle. Die drei Geldmengen sind in Abbildung 7.2 dargestellt:

Abbildung 7.2: *Geldmengendefinitionen*

	Bargeld		
+	Sichteinlagen		
=	M1	+ Termineinlagen	
		= M2	+ Spareinlagen
			= M3

Für die Gesamtwirtschaft ist es von entscheidender Bedeutung, die Größe dieser Geldmengen zu kennen und mit geldpolitischen Instrumenten beeinflussen zu können. Für die Bundesbank ist die Geldmenge M3 am wichtigsten. Die Politik der Bundesbank zielt darauf ab, diese innerhalb eines vorgegebenen **Korridors** zu steuern. Wachstum der Geldmenge und Größe des Korridors hängen von der für ein Jahr prognostizierten wirtschaftlichen Entwicklung ab. Denn die Geldmenge bezieht sich auf die Verfügungsgewalt über Geld, die die Nichtbanken erlangen. Und dies sind die Sektoren Haushalte, Unternehmungen und Staat. Da gesamtwirtschaftliche Entscheidungen über Angebot und Nachfrage sowie Produktion und Beschäftigung von ihnen in besonderem Maße bestimmt werden, kann eine so definierte Geldmenge im weiteren als analytisches Konzept zur Erklärung gesamtwirtschaftlicher Zusammenhänge herangezogen werden.

Abbildung 7.3: *Wachstum der Geldmenge M3*

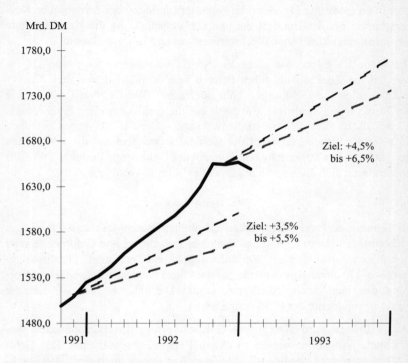

Quelle: DBuBank (1993). Statistisches Beiheft zum Monatsbericht 3/93, S. 6.

Die **Geldbasis** bezieht sich im Gegensatz zu den Geldmengenkonzepten M1 bis M3 auf das in einer gesamten Volkswirtschaft, und nicht nur bei Nichtbanken, verfügbare Geld. Sie umfaßt die unverzinslichen Verbindlichkeiten der Bundesbank. Dies sind die Bargeldbestände der Nichtbanken, die Kassenbestände der Geschäftsbanken und deren Zentralbankguthaben. Mit dem Geldmengen- und Geldbasiskonzept wird also eine Trennung zwischen dem die Geldangebotsseite repräsentierenden Finanzsektor (Notenbank und Geschäftsbanken) und dem die Geldverwendung repräsentierenden Nichtbankensektor vorgenommen.

Das Bargeld und die Guthaben oder Reserven der Banken bei der Bundesbank bestimmen also die Passivseite der Zentralbank-Bilanz in der BR Deutschland. Auf der Aktivseite stehen die Forderungen an andere Wirtschaftseinheiten. Diese sind die eigentlichen Komponenten der **Geldver-sorgung**. Davon gibt es drei: die gehaltenen Fremdwährungsreserven in Form von Gold und Devisen, die Nettoverschuldung der öffentlichen Körperschaften bei der Bundesbank und die Verschuldung der Kreditinstitute bei der Bundesbank (über Wechselrediskont und Lombardkredite).

Die monetäre Expansion einer Volkswirtschaft hängt also davon ab, inwieweit die Zentralbank durch Erwerb oder Verkauf dieser drei Aktivakomponenten die Geldbasis erhöht oder senkt. Die Geldbasis bildet, wie der Name schon ausdrückt, die Basis für die Geldversorgung einer Volkswirtschaft. Es stellt sich natürlich die Frage, welche Beziehungen zwischen dem Geldversorgungskonzept der Geldbasis und dem auf die Aktivitäten der Nichtbanken ausgerichteten Konzept der Geldmenge bestehen. Wie wir wissen, setzt sich letztere in abkürzender Schreibweise gemäß

$$(1) \qquad\qquad M = Bar + Dep$$

als Summe der von Nichtbanken gehaltenen Bargeldbestände (*Bar*) und Sichteinlagen (*Dep*) bei Geschäftsbanken zusammen. Die Geldmenge setzt sich also aus "staatlichem" Zentralbankgeld und "privatem" Giralgeld zusammen. Die erste Komponente entsteht direkt aus staatlicher Geldversorgung; die zweite auch, jedoch nur indirekt. Die Frage ist also, wie sich die girale Komponente der Geldmenge bildet.

Dieser Prozeß wird als (girale) **Geldschöpfung** des Bankensektors bezeichnet. Wir wollen diesen an einem Beispiel verdeutlichen. Der Geldschöpfungsprozeß wird dabei unter den Annahmen analysiert, daß Bankkunden ihre Zahlungen untereinander ausschließlich in giralem Geld abwickeln und daß die Kreditinstitute verpflichtet sind, einen Teil ihrer Verbindlichkeiten als sogenannte **Mindestreserve** bei der Zentralbank zu hinterlegen.

Bei weitem die wichtigste Form, die girale Geldmenge zu vergrößern, ist die Krediteinräumung einer Bank an Haushalte und Unternehmungen. Um das Kreditgeldschöpfungsvermögen eines ganzen Bankensystems zu ermitteln, ist es sinnvoll, sich vorzustellen, in einem Land existierten einige Privatbanken, die wir mit A, B und C bezeichnen wollen.

Nehmen wir an, es sei gesetzlich vorgeschrieben, daß die Banken 10 v.H. der Sichtguthaben in liquider Form als Mindestreserve halten müssen.

Gesetzt den Fall, die Bank A sei aufgrund einer wechselseitigen Schuldverpflichtung im Besitz einer Forderung von 1000,- DM auf die Zentral-

bank. Die Bank A kann nun 90 % von 1000,- DM also 900,- DM als Kredit
etwa an Herrn X ausleihen. Herr X ist früher bei Frau Y ,die ein Konto bei
der Bank B unterhält, eine Schuld eingegangen. Herr X beauftragt Bank A,
diesen Betrag zu überweisen. Auf diese Weise erlangt die Bank B einen
Betrag von 900,- DM an Zentralbankgeld. Diese Bank B kann nun 90 v.H.
von 900,- DM, also 810,- DM, an einen Kunden Z ausleihen, der über die
810,- DM in giraler Form verfügt. Dieser Betrag von 810,- DM gelangt so
zu einer dritten Bank C.

Die gesamte girale Geldmenge, die die Banken insgesamt über Kredite
schöpfen, ist nun gleich der Summe der folgenden unendlichen geometrischen Reihe:

$$(2) \qquad \Delta M_g = 900 + 0{,}9{\cdot}900 + 0{,}9{\cdot}0{,}9{\cdot}900$$

$$+ 0{,}9{\cdot}0{,}9{\cdot}0{,}9{\cdot}900 + ...$$

Dabei drückt ΔM_g die Vergrößerung der Giralgeldmenge durch Kreditge-
währung aus. Aus der Summenformel für eine unendliche Reihe

$$(3) \qquad \sum_{i=0}^{\infty} aq^i = \frac{a}{1-q}, \qquad\qquad q \neq 1$$

folgt somit:

$$(4) \qquad \Delta M_g = \frac{1}{1-0{,}9}900 = 9000.$$

Wir sehen also, daß durch das Bankensystem als Ganzes auf der Grundlage
der Forderung von 1000,- DM, die die Bank A an die Zentralbank hat, ein
Betrag von 9000,- DM an Giralgeld geschaffen werden kann. In unserem
einfachen Beispiel beträgt der Mindestreservesatz ρ = 10 v.H. Der girale
Geldschöpfungsmultiplikator μ, den man auch als **Kreditmultiplikator**
des Bankensystems bezeichnet, erhält dann den Wert:

$$(5) \qquad \mu = \frac{1}{\rho} = \frac{1}{1-0{,}9} = 10.$$

Weiter ist zu beachten, daß der Ausgangspunkt der Geldschöpfungsaktivi-
täten nicht die **Barreserve** von 1000,- DM, sondern der nach Abzug der
Mindestreserve frei verfügbare Bestand an Zentralbankgeld, die sogenannte **Überschußreserve** in Höhe von 900,- DM war. Wenn man jetzt zu-

sätzlich die Möglichkeit einführt, daß die Kunden der Banken einen Teil ihrer Sichtguthaben als Bargeld abheben, so verkleinert sich der Multiplikator. Wenn das Bankenpublikum 40 % der Sichtguthaben als Bargeld hält, ergibt sich die Geldschöpfung aus

(6) $$\Delta M_g = 900 + (1 - 0,1)(1 - 0,4)\,900$$

$$+ (1 - 0,1)^2\,(1 - 0,4)^2\,900 + ...$$

Als Summe der unendlichen geometrischen Reihe folgt:

(7) $$\mu = \frac{1}{\rho} = \frac{1}{1 - (1 - 0,1)(1 - 0,4)}\,900.$$

Damit ist

(8) $$\Delta M_g = 2,2 \cdot 900 = 1980,\text{- DM}$$

die Geldschöpfung, und der Geldschöpfungsmultiplikator besitzt den Wert 2,2.

Nennt man den Reservesatz ρ, die Zahlungssitten des Publikums κ (Kassenhaltungsneigung) und die Veränderung der ursprünglich freien Kassenmittel (Überschußreserven) $\Delta\ddot{U}$, dann lautet die Formel für den giralen Geldschöpfungsmultiplikator wie folgt:

(9) $$\Delta M_g = \Delta\ddot{U} + (1 - \rho)\,(1 - \kappa)\Delta\ddot{U} + (1 - \rho)^2(1 - \kappa)^2\Delta\ddot{U} + ...$$

oder

(10) $$\Delta M_g = \frac{1}{1 - (1 - \rho)(1 - \kappa)}\,\Delta\ddot{U}.$$

Abbildung 7.4: *Mindestreservesätze*

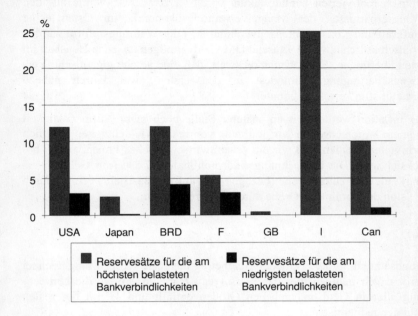

Quelle: DBuBank (1990). Monatsberichte 3/90. S. 25.

Wenn man die Funktion der Geldschöpfung betrachtet, kann man sich vorstellen, daß bereits geringe Änderungen der Mindestreservesätze einen großen Einfluß auf die schöpfbare Geldmenge haben.

Im Zusammenhang mit der Entwicklung der Geldmenge muß ein zentrales Problem der Geldwirtschaft angesprochen werden, nämlich das der Geldentwertung oder **Inflation**. In Deutschland gab es zu Beginn der zwanziger Jahre eine sogenannte "Hyperinflation", die mit der Währungsreform vom 10. November 1923 beendet wurde, bei welcher jeweils eine Billion Mark in eine Rentenmark umgewandelt wurde. Das Ergebnis war der Wirtschaftsaufschwung der "Goldenen 20er Jahre". Eine zweite Währungsreform vom 21. Juni 1948 steht für das Ende der Nachkriegsinflation. Die wertlos gewordene Reichsmark wurde im Westen Deutschlands durch die D-Mark und im Osten durch die Mark ersetzt. Eine dritte Währungsreform in Deutschland liegt noch nicht lange zurück. Am 1. Juli 1990 konnte die wertlose Mark im Osten Deutschlands durch die D- Mark ersetzt werden.

Durch den für die privaten Haushalte überaus großzügigen, verteilungs-
politisch motivierten Umtauschkurs von 1 : 1 bzw. 2 : 1 wurde aus den
Zwangserparnissen der Mangelverwaltungsökonomie im Osten echte
Kaufkraft und Konsumentensouveränität. Mit der Währungsreform wurden
durchschnittlich etwa 30 Tausend DM Geldvermögen an jeden Haushalt im
Osten übertragen. Es ist bemerkenswert, daß eine solche gigantische Ver-
mögensübertragung zumindest in den ersten zwei Jahren nahezu
"inflationsfrei" erfolgen konnte.

Der Inflation werden wir an späterer Stelle noch mehr Aufmerksamkeit
widmen. Vorerst wollen wir nominale von realen Geldeinheiten lediglich
darin unterscheiden, daß wir ein gesamtwirtschaftliches Preisniveau P berücksichtigen. Die Umrechnung einer nominalen Größe (mit Geldentwertung) zu einer realen Größe (bezogen z.B. auf ein Basisjahr) erfolgt durch
Division der nominalen Größe durch das Preisniveau.

(10) $$M^r = \frac{M}{P}.$$

Grundsätzlich müßte also jeder Geldbetrag auf reale Größen umgerechnet
werden. Wir nehmen hier das Preisniveau $P = 1$ an, so daß die Umrechnung aller in Geld angegebenen Größen entfällt und M mit der realen
Geldmenge identisch ist. .

---

*Resümee: In dem **Mischgeldsystem** in Deutschland müssen wir zwischen
Zentralbankgeld (als Forderungen an die Zentralbank) und **Giralgeld**
(als Forderung an die Geschäftsbanken) unterscheiden. Geldschöpfung
ist in beiden Zahlungsmittelarten möglich. Bei den Geschäftsbanken
entsteht Giralgeld auf dem Wege eines Kreditschöpfungsprozesses. Die
Höhe der daraus entstehenden Giralgeldmenge hängt vom Mindestreservesatz ab.*

---

4. Ein Geldmarktmodell und das Geldangebot

Die gesamte, den privaten Nichtbanken zur Verfügung stehende Geldmenge M wird also als staatliches Bargeld und von den Banken geschöpf-
tes Kreditgeld angeboten. Im weiteren wollen wir diese Geldmenge M als
das aus den Geldmarktaktivitäten von Zentralbank und Bankensystem resultierende **Geldangebot** bezeichnen. Dabei soll es unerheblich sein, nach
welchem der oben aufgeführten Konzepte die Geldmenge definiert ist.

Wir wollen nun in einem kleinen Geldmarktmodell aufzeigen, in welcher Weise das Geldangebot mit den Quellen der Geldversorgung verbunden ist. Zugleich wollen wir prüfen, ob und wie die Zentralbank das Geldangebot steuern kann (**Geldpolitik**) und damit private Nichtbanken durch Geldverknappung oder Geldvermehrung zu ökonomisch zielgerichteten Handlungsweisen motivieren kann. Eine sinnvolle Geldpolitik der Zentralbank setzt voraus, daß die Wirkung der ihr zur Verfügung stehenden Instrumente auf das Geldangebot bekannt ist. Dies gerade leistet ein Geldmarktmodell. Wir beginnen bei der Bilanzgleichung der Zentralbank

$$(12) \qquad WR + Kr^{st} + Kr^{pr} = Bar + \ddot{U} + R.$$

Diese Identität beschreibt auf der linken Seite die Komponenten der Entstehung und auf der rechten Seite die Komponenten der Verwendung der Geldbasis.

Die linke Seite verdeutlicht, wie Geld in den Umlauf gekommen ist. Durch Währungsreserven *WR* in Form von Gold und Devisen, durch Kreditvergabe an öffentliche Gebietskörperschaften *Kr^{st}*, oder anders ausgedrückt, durch die Nettoverschuldung öffentlicher Gebietskörperschaften. Ein dritter Kanal ist die Kreditvergabe an Geschäftsbanken *Kr^{pr}*.

Über die Änderung jeder dieser drei Komponenten kann also die Geldbasis geändert werden. Diese Änderungen können von der Zentralbank bewußt und zielgerichtet vorgenommen werden, wenn man einmal davon absieht, daß das Kreditverhalten der Geschäftsbanken nicht direkt durch sie beeinflußt werden kann. Also ist das Angebot an Zentralbankgeld, die Grundlage für die Geldversorgung einer Volkswirtschaft, eine durch die Zentralbank **steuerbare** Größe.

Inwieweit gilt dies auch für die die wirtschaftlichen Aktivitäten der Haushalte und Unternehmungen beeinflussende Geldmenge? Dazu betrachten wir die Verwendungsseite obiger Notenbankbilanzgleichung.

Die Geldbasis von der Verwendungsseite besteht aus Forderungen gegen die Zentralbank. Diese setzen sich zusammen aus dem von privaten Nichtbanken gehaltenen Bargeld *Bar*, den als Überschußreserven *Ü* bezeichneten Kassenbeständen der Geschäftsbanken und den Mindestreserven *R* der Geschäftsbanken bei der Zentralbank. Wenn wir *Z* für die Geldbasis schreiben, so gilt also

$$(13.1) \qquad Z = Bar + \ddot{U} + R.$$

Für die Verwendung der Sichteinlagen *Dep* der privaten Nichtbanken bei den Geschäftsbanken können wir mit

(13.2) $$Dep = M_g + \ddot{U} + R$$

eine analoge Verwendungsgleichung aufstellen. Diese Gleichung verdeutlicht, daß die Depositen neben der Kassenhaltung $\ddot{U}$ und den Mindestreserven R zur Kreditvergabe benutzt werden. Kreditvergabe aber steht für Giralgeld der Geschäftsbanken. Daher benutzen wir das schon an anderer Stelle eingeführte Symbol M_g. Berücksichtigen wir mit

(13.3) $$M = Bar + Dep$$

die Definitionsgleichung (1) der Geldmenge M, die nun für das Geldangebot an die Nichtbanken steht, so stellen wir fest, daß das Geldangebot aus zwei Quellen gespeist wird. Denn aus (1) und (13.1) bis (13.3) folgt unmittelbar

(14) $$M = Z + M_g.$$

Das bedeutet, daß das gesamte Geldangebot gerade um das von den Banken geschaffene Giralgeld M_g das als Geldbasis gemessene Zentralbankgeld Z übersteigt.

Damit ist das für die Gesamtwirtschaft wichtige Geldaggregat M von der Zentralbank nicht mehr direkt steuerbar. Es hängt auch vom Geldschöpfungsverhalten der Banken ab. Diese Beziehung wollen wir genauer betrachten. Gehen wir davon aus, daß

(13.4) $$R = \rho \, Dep, \qquad 0 < \rho < 1$$

die Mindestreserven bestimmt, wenn ρ der **Mindestreservesatz** ist. Ferner sei die Neigung der privaten Nichtbanken, Bargeld zu halten, mit

(13.5) $$Bar = \kappa \, M, \qquad 0 < \kappa < 1$$

ein durch κ fixierter Anteil der gesamten Geldmenge. Dann kann man durch Zusammenfassen der fünf Gleichungen (13) mit

(15) $$M = \frac{1}{1 - (1 - \rho)(1 - \kappa)}(Z - \ddot{U})$$

das Geldangebot mit der Zentralbankgeldmenge Z verbinden.

Bei fester Geldbasis Z ist das Geldangebot M ein Mehrfaches derjenigen Zentralbankgeldmenge, die nicht als Kasse $\ddot{U}$ bei den Banken gehalten wird. Der Koeffizient von $(Z\text{-}\ddot{U})$ entspricht gerade dem Giralgeldschöpfungsmultiplikator von Gleichung (9). Denn eine Auflösung der Kassenhaltung der Banken in Höhe von $\Delta\ddot{U} < 0$ führt gerade zu dem schon erläuterten Prozeß der Giralgeldschöpfung der Banken. Wir sehen, daß letztlich das Geldangebot M eine endogene Größe der Geldwirtschaft ist und nicht unter direkter Kontrolle der Zentralbank steht. Denn die Zentralbank kann zwar den Mindestreservesatz ρ und die Geldbasis Z direkt steuern, nicht aber die Kassenhaltung $\ddot{U}$ der Banken. Letztere hängt ab von der Rendite der Kreditvergabe der Banken. Je höher der Zinssatz für Kredite ist, desto niedriger wird c.p. die Kassenhaltung der Banken sein. Bezeichnen wir den Kreditzinssatz als Preis des Geldes mit r, so können wir in allgemeiner Form die **Geldangebotsfunktion** schreiben als

$$(16) \qquad M = M(\rho, \kappa, r, Z)$$

$$M_\rho < 0, M_\kappa < 0, M_r > 0, M_z > 0.$$

---

*Resümee: Für die gesamtwirtschaftlichen Aktivitäten der Haushalte und Unternehmungen ist das **Geldangebot** eine zentrale Größe. Es setzt sich zusammen aus staatlichem Zentralbankgeld und privatem Giralgeld. In der geldpolitischen Praxis ist das Geldangebot nicht direkt steuerbar über Zentralbankaktivitäten. In der **Geldangebotsfunktion** sind die Bestimmungsfaktoren des Geldangebots zusammengefaßt.*

---

5. Die Geldnachfrage

Der Geldsektor einer Volkswirtschaft ist ähnlich wie der Gütersektor über einen Markt organisiert. Nachdem wir uns mit den Bestimmungsgründen des Geldangebots beschäftigt haben, wenden wir uns nun den Ursachen der Geldnachfrage durch Haushalte und Unternehmungen zu. Nach KEYNES gibt es drei Motive der Geldhaltung für Haushalte und Unternehmungen:

1. Das Transaktionsmotiv

2. Das Vorsichtsmotiv

3. Das Spekulationsmotiv.

Im folgenden wird im Zusammenhang mit den drei Geldhaltungsmotiven auch von drei Kassen gesprochen werden. Es ist leicht einsichtig, daß man

gehaltenes Geld nicht exakt danach trennen kann, zu welcher Kasse es gehört. Die Trennung ist also ein Gedankenexperiment, um die Nachfrage
nach Geld im einzelnen zu untersuchen.

Die Transaktionsnachfrage entsteht durch die Finanzplanung eines Haushalts, der im Laufe einer Haushaltsperiode bestimmte Zahlungen mit Sicherheit regelmäßig tätigen und dafür Geld halten muß. Diese **Transaktionskasse** wird durch Bargeld und Sichtguthaben (M1) gebildet. Solche
Anlageformen für Geld haben den Nachteil, daß sie in der Regel keine Zinsen einbringen. Die **Opportunitätskosten** dieser Form von Geldhaltung
steigen also mit dem Zinssatz r, dem Preis des Geldes. Dies bedeutet, daß
man vernünftigerweise nur soviel Geld in der Transaktionskasse belassen
sollte wie zum Abwickeln der Transaktionen nötig ist.

Wie hoch ist nun der durchschnittliche Kassenbestand in einem Haushalt?
Nehmen wir an, ein Haushalt empfängt zu Beginn der Haushaltsperiode
sein Einkommen in Höhe von Y und verwendet täglich einen kleinen Teil
davon, um seine Güterkäufe zu tätigen, bis er am Ende der Haushaltsperiode sein ganzes Einkommen verausgabt hat.

Abbildung 7.5: *Nachfrage nach Transaktionskasse*

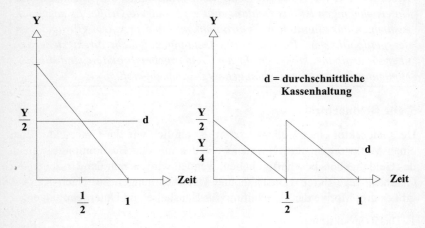

In der Abbildung 7.5 ist die Kassenhaltung dieses Haushalts beschrieben,
wobei jedoch die täglichen Auszahlungen (durch eine Treppenfunktion
charakterisiert) mit Hilfe einer Geraden approximiert wurden. Die durch-

schnittliche Transaktionskasse erhält man durch Division des Flächeninhalts des eingezeichneten Dreiecks durch die Länge der Haushaltsperiode. Wie in Abbildung 7.5 zu sehen ist, variiert der mittlere Bestand in der Transaktionskasse (_d_) bei gegebenem Periodeneinkommen (_Y_) mit der Zahl der Abhebungen, die wiederum durch den Zins r bestimmt werden, und mit der Höhe des Einkommens. Der Zins und das Einkommen sind i.d.R. die variierenden Größen, so daß man sagen kann, die Größe der durchschnittlichen Transaktionskasse hängt von der Höhe der Zinsen und des Einkommens ab. Je höher die Zinsen sind, desto lohnender ist eine zinsbringende Anlage und desto kleiner wird der Haushalt seine Transaktionskasse halten. Andererseits steigt aber die Geldhaltung c.p. mit dem Einkommen. Somit können wir durch

$$(17.1) \qquad L^T = L^T (r, Y), \qquad\qquad L^T_r < 0, L^T_Y > 0$$

die Kassenhaltung oder damit äquivalent die **reale** Geldnachfrage als Funktion des Zinses und des Einkommens beschreiben.

Da in einem Haushalt nicht nur sichere Ausgaben entstehen, müssen zusätzliche Geldbeträge für unerwartete Vorfälle bereitgehalten werden. Jedoch ergibt sich auch bei der **Vorsichtskasse** das Entscheidungsproblem ihrer optimalen Größe. Zu hohe Bestände verhindern auch hier die bessere, zinsbringende Anlage. Die Frage der Höhe überraschender Ausgaben läßt sich durch Erfahrungen in der Vergangenheit und durch die Anwendung stochastischer Methoden klären. Ziel ist es, die Kosten der Illiquidität klein zu halten, ohne übermäßige Bestände in der Vorsichtskasse zu halten. Dieses Motiv erklärt also Geldhaltung durch die Höhe des Kreditzinses r. Wir können damit schreiben

$$(17.2) \qquad L^V = L^V(r), \qquad\qquad L^V_r < 0.$$

Als drittes Motiv für eine Kassenhaltung sah KEYNES die Möglichkeit, mit einem Geldbestand auf Wertpapiermärkten zu spekulieren. Wertpapiere werden durch ihren Kurs und ihren Zins bestimmt. Der effektive Zins verändert sich mit Kurssteigerungen oder -senkungen. Bei einem Zinssatz, der von den Wirtschaftssubjekten als "normal" empfunden wird, wird eine bestimmte Menge Geld in Form einer **Spekulationskasse** gehalten. Zusätzlich ist ein Betrag in Wertpapieren angelegt. Fällt der Kurs der Wertpapiere mit der Folge, daß der effektive Zinssatz steigt, so reduziert sich der Bestand in der Spekulationskasse und das Wertpapierdepot vergrößert sich. Denn bei einem höheren Zins ist es lohnender, in die Wertpapiere zu investieren, als das Geld in der Kasse zu halten. Wenn der Zins hoch ist, ist die Wahrscheinlichkeit, daß er weiter steigt, geringer, so daß sich spekulatives Abwarten weniger lohnt. Bei steigenden Kursen und damit fallenden Zinsen wird umgekehrt verfahren, und die Bestände der Spekulationskasse werden größer. Also können wir die spekulative Geldhaltung beschreiben durch

$$(17.3) \qquad\qquad L^S = L^S(r), \qquad\qquad L_r^S < 0.$$

In der Geldtheorie versucht man mit portfoliotheoretischen Überlegungen die für einen Haushalt optimale Mischung seines Portefeuilles aus alternativen Anlageformen zu erklären. Die Ergebnisse sind im wesentlichen gleich.

Wir können nun die partiellen Effekte der Kassenhaltung in der allgemeinen **Geldnachfragefunktion**

$$(18) \qquad\qquad L = L(Y,r) \qquad\qquad L_Y > 0, L_r < 0$$

zusammenfassen.

KEYNES nahm an, daß es einen bestimmten Zinssatz r gibt, der so niedrig ist, daß jede freie Menge Geld ausschließlich in die Spekulationskasse fließt. Er nannte diesen Zustand, der dadurch charakterisiert ist, daß die Zinselastizität der Geldnachfrage unendlich groß ist, die **Liquiditätsfalle**.

Abbildung 7.6: *Geldnachfrage und Liquiditätsfalle*

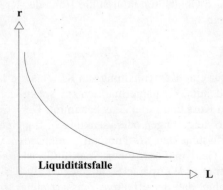

Resümee: *Nach* KEYNES *gibt es drei Motive der Kassenhaltung: das Transaktionsmotiv, das Vorsichtsmotiv und das Spekulationsmotiv. Die Geldnachfrage ist durch die Summe dieser Motive bestimmt.*

---

6. Das Geldmarktgleichgewicht

Wir haben bis jetzt die Elemente von Geldangebot M und Geldnachfrage L analysiert. Beides zusammen ergibt den **Geldmarkt**, auf dem über den Preis des Geldes, den Zins, ein Ausgleich zwischen Angebot und Nachfrage erreicht wird. Wir wollen nun das Gleichgewicht auf dem Geldmarkt als von Zinssatz und Einkommen abhängig charakterisieren. Dazu treffen wir folgende Annahme: Wir befinden uns in einer geschlossenen Volkswirtschaft. Alle Geldgrößen sind real definiert, was bedeutet, daß inflationäre Effekte ausgenommen sind. Auf dem Geldmarkt wird lediglich ein einziger Zinssatz als Marktzinssatz betrachtet. Die Geldbasis Z, der Mindestreservesatz ρ, die Kassenhaltungsneigung des Publikums κ und somit der Giralgeldmultiplikator μ werden als exogene Größen angenommen, so daß das gemäß (16) bestimmte Geldangebot M insgesamt eine fixe Größe ist. Letzteres gilt natürlich nur unter der vereinfachenden Annahme, daß die Kassenhaltung der Banken auf Veränderungen des Zinses nicht reagiert. Auch diese Annahme der Zinsunabhängigkeit des Geldangebotes möge im folgenden gelten.

Für die Geldnachfrage L gilt, daß sie abhängig vom Einkommen und von dem Marktzins ist. Steigendes Einkommen erhöht die Geldnachfrage, und steigende Zinsen senken die Geldnachfrage. Für ein gegebenes Einkommen Y ist also die Geldnachfrage eine fallende Funktion des Zinses. Ein Geldmarktgleichgewicht können wir also durch die Bedingung

$$(19) \qquad\qquad M = L(Y,r)$$

charakterisieren.

In Abbildung 7.7 wird beispielhaft für zwei Einkommen das Geldmarktgleichgewicht als Schnittpunkt zweier Kurven dargestellt. Die senkrechte Kurve stellt das exogene Geldangebot dar, die fallende Kurve L die Geldnachfrage bei zwei verschiedenen Einkommen Y_0 und Y_1, wobei $Y_0 < Y_1$.

Abbildung 7.7: *Das Geldmarktgleichgewicht*

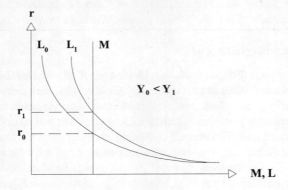

Im vorherigen Kapitel wurde das Gleichgewicht auf dem Gütermarkt durch eine IS-Kurve dargestellt, die als Linie aller Zins-Einkommen-Kombinationen zu verstehen war, bei denen der Gütermarkt im Gleichgewicht ist. Wie wir sehen, kann man auf dem Geldmarkt analog verfahren. Die Gleichgewichtskombinationen von Zins und Einkommen lassen sich, wie in Abbildung 7.8 vorgeführt, in ein r-Y-Diagramm übertragen. Daraus ergibt sich eine steigende Funktion, die im folgenden als **LM-Kurve** bezeichnet wird. Die LM-Kurve kann in drei Bereiche eingeteilt werden.

Abbildung 7.8: *Herleitung der LM-Kurve*

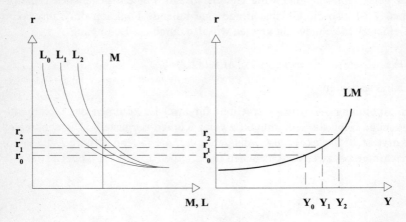

Der fast waagerechte Teil entsteht durch die bereits erklärte Liquiditätsfalle. Hier ist der Zinssatz so niedrig, daß hohe Bestände in der Spekulationskasse gehalten werden. Die Geldnachfrage weist hier eine sehr hohe Zinselastizität auf. Diesen Bereich bezeichnet man auch als **Keynesschen Bereich**. Im mittleren Abschnitt wird von einem normalen Verlauf der LM-Kurve gesprochen. Dieser Teil wird in den meisten Untersuchungen als relevanter Teil der LM-Kurve angenommen. Im dritten Bereich verläuft die LM-Kurve sehr steil. Der Zinssatz ist hier so hoch, daß die Geldnachfrager so wenig Geld wie möglich in ihrer Kasse halten, da eine zinsbringende Anlage hochgradig lohnend ist. Dieser Bereich wird auch **klassischer Bereich** genannt, da er die klassische Hypothese der Unabhängigkeit des Geldmarktgleichgewichtes vom Zins charakterisiert.

Bei unserer Charakterisierung des Geldmarktgleichgewichts sind wir von der vereinfachenden Annahme eines mit $P = 1$ festen Preisniveaus ausgegangen. Da wir in den weiteren Kapiteln aber auch Preisniveauvariationen und Inflation zulassen wollen, sollten wir uns die Wirkungen eines variablen Preisniveaus in unserem einfachen Geldmarktmodell noch einmal vor Augen führen. Ist M das nominale Geldangebot, so stellt sich die Geldmarktgleichgewichtsbedingung (19) in der modifizierten Form

$$(20) \qquad M / P = L(Y,r)$$

dar, da die Geldnachfrage als Nachfrage nach realer Kasse abgeleitet wurde. Wie wirkt ein steigendes Preisniveau unter sonst gleichen Umständen c.p. auf die Gleichgewichtskurve des Geldmarktes? Es führt zu einer Verringerung des realen Geldangebotes M/P, da M annahmegemäß unverändert bleibt.

Die Effekte der Verringerung des realen Geldangebotes können wir aber an der Abbildung 7.8 leicht ablesen. Denn dies ist gleichbedeutend mit einer Verschiebung der vertikalen M-Kurve nach links. Und das impliziert eine Linksverschiebung der LM-Kurve, da bei gegebenem Einkommen ein Geldmarktgleichgewicht c.p. nur bei höherem Zins möglich ist. Dies wird in Abbildung 7.9 verdeutlicht.

Abbildung 7.9: *LM-Kurve und Preisniveauanstieg*

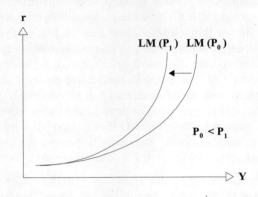

> **Resümee:** *Das Geldmarktgleichgewicht wird durch Angebot und Nachfrage bestimmt. Die **LM-Kurve** ist die Darstellung aller Zins-Einkommen-Kombinationen, bei denen der Geldmarkt ausgeglichen ist. Die LM-Kurve hat einen steigenden Verlauf. Sie verschiebt sich mit steigendem Preisniveau nach links.*

7. Geldpolitische Instrumente

Mit der LM-Kurve haben wir jetzt einen weiteren wichtigen Teil der makroökonomischen Analyse kennengelernt. Wichtig ist nun, sich mit den Größen zu befassen, die wir als konstant angenommen haben. Welche Veränderungen werden durch das Variieren dieser Konstanten ausgelöst? In diesem Zusammenhang ist das geldpolitische Instrumentarium der Zentralbank von Bedeutung. Hier existieren mehrere Möglichkeiten, in den Geldmarkt angebotsseitig einzugreifen. Ziel ist es, ein vorher definiertes Geldmengenziel mit den geldpolitischen Instrumenten zu erreichen. In Abbildung 7.3 ist der schraffierte Bereich der Korridor, in dem sich die Geldmenge entwickeln soll.

Mindestreservepolitik heißt die Steuerung der von den Geschäftsbanken bei der Zentralbank zu haltenden Sichteinlagen. Wie wir bereits wissen muß jede Geschäftsbank eine Mindestreserve halten. Der diese bestimmende Mindestreservesatz hat Einfluß auf die Giralgeldmenge, die die Geschäftsbanken schöpfen können, denn durch Veränderungen der Mindestreserve wird der Kreditmultiplikator verkleinert oder vergrößert. Eine Erhöhung der Mindestreservesätze verkleinert den Multiplikator, das Geldangebot der Geschäftsbanken geht zurück und die Geldangebotskurve verschiebt sich nach links. Aus Abbildung 7.8 ist ersichtlich, daß die LM-Kurve entsprechend nach links verschoben werden muß. Eine Senkung des Mindestreservesatzes hat genau die umgekehrte Wirkung, so daß die LM-Kurve nach rechts rückt. Diese Verschiebung ist in Abbildung 7.10 dargestellt.

Abbildung 7.10: *Wirkungen einer Mindestreservesatzsenkung*

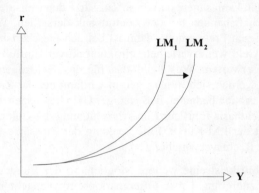

Durch das BuBankG wird der Deutschen Bundesbank in § 16 das Recht eingeräumt, den Mindestreservesatz bis zur Höchstmarke von 30% zu verändern.

Die **Diskont- und Lombardpolitik** ist eine weitere Möglichkeit der Geldmengensteuerung. Geschäftsbanken haben in einem bestimmten Rahmen die Möglichkeit, ihren Zentralbankgeldbedarf durch bundesbankfähige Wechsel zu decken. Diese Wechsel können an die Zentralbank verkauft werden. Der Zinssatz, der für die Hereinnahme eines Wechsels in Rechnung gestellt wird, nennt sich **Diskontsatz**. Der maximale Betrag, zu dem eine Geschäftsbank Wechsel diskontieren kann, ist ein **Rediskontkontingent**. Der **Lombardsatz** ist der Zinssatz für Darlehen, die die Bundesbank gegen Hinterlegung von Wertpapieren an die Geschäftsbanken vergibt. Solche Darlehen können längstens drei Monate in Anspruch genommen werden, und als Wertpapiere können nur solche verwendet werden, die im Lombardverzeichnis aufgeführt sind. Lombardkredite können kontokorrentmäßig in Anspruch genommen werden. Der Lombardsatz liegt regelmäßig über dem Diskontsatz; der Lombardkredit soll nur ausnahmsweise bei Liquiditätsproblemen der Geschäftsbank in Anspruch genommen werden. Wenn die Liquidität der Banken sehr angespannt und der Lombardkredit fast ausgeschöpft ist, müssen die Banken auf den sogenannten Tagesgeldmarkt ausweichen, auf dem die Zinsen dann deutlich über den Lombardsatz steigen können. Die Diskont- und Lombardpolitik werden häufig als Kern der Geldpolitik der Bundesbank bezeichnet. Von der Veränderung dieser beiden Leitzinssätze geht deswegen eine starke Signalwirkung auf die gesamte Wirtschaft aus.

Was bewirkt eine Veränderung von Diskont- und Lombardsatz in unserem Geldmarkt? Man kann sagen, daß diese Zinssätze den Preis der Refinanzierung der Geschäftsbanken bei der Zentralbank darstellen. Wenn nun die Zentralbank diesen Preis erhöht, dann ist bei den Geschäftsbanken, die ja ihrerseits das Geld weiterverleihen, ein kontraktiver Einfluß auf das Kreditangebot zu erwarten. Was heißt das für das Geldangebot? Die Geschäftsbanken werden sich in geringerem Umfang bei der Zentralbank refinanzieren, was auch bedeutet, daß weniger Geld herausgegeben wird. Die verkleinerte Geldbasis führt zur Linksverschiebung der Geldangebotsfunktion und damit der LM-Kurve. Eine Senkung der Zinssätze führt entsprechend zu einer Rechtsverschiebung.

Offenmarktpolitik ist eine weitere Möglichkeit der Bundesbank, in den Geldmarkt einzugreifen. Unter Offenmarktpolitik versteht man den Anoder Verkauf von festverzinslichen Wertpapieren durch die Zentralbank. So wird beim Ankauf von Wertpapieren Zentralbankgeld ausgegeben und damit die Geldbasis erweitert. Wie bei den anderen Politiken folgt hieraus dann eine Rechtsverschiebung der LM-Kurve. Der Verkauf von Wertpapieren führt analog zu einer Linksverschiebung.

Die Bedeutung nationaler geldpolitischer Instrumente innerhalb der Mitgliedsstaaten der EG wird in dem Maße an Bedeutung einbüßen, wie die Erfordernisse der Einrichtung einer einheitlichen Europäischen Währung und Zentralbank eine Konvergenz nationalstaatlicher Geldpolitik notwendig machen.

Resümee: Die Bundesbank hat die Möglichkeit, über die Mindestreserve, die Diskont- und Lombardsätze und über die Offenmarktpolitik das Geldangebot zu verändern. Die Veränderung des Geldangebots führt zu einer Verschiebung der LM-Kurve.

---

8. Schlußbemerkung

In diesem Kapitel sind die wichtigsten Determinanten von Geldangebot und Geldnachfrage vorgestellt worden. Wie bei anderen Gütern kann man sich Geld über einen Markt organisiert vorstellen. Dabei ist das Geldangebot eine endogene Größe, in die simultan die Kreditaktivitäten der Geschäftsbanken und die Geldbereitstellung der Zentralbank eingehen. Die Zentralbank hat Möglichkeiten, auch die girale Komponente des Geldangebots durch geldpolitische Maßnahmen zu steuern. Dies bezieht sich auf das nominale Geldangebot. Das reale Geldangebot variiert mit dem gesamtwirtschaftlichen Preisniveau. In den folgenden Kapiteln wird die Bedeutung des gesamtwirtschaftlichen Preisniveaus näher spezifiziert.

Fragen und Aufgaben zum 7. Kapitel

1.) Verdeutlichen Sie den Verlauf der Geldströme in dem Kreislaufmodell, das Sie im vorhergehenden Kapitel kennengelernt haben.

2.) Wofür braucht eine arbeitsteilige Ökonomie Geld?

3.) In einer Ökonomie existieren 200 Güter. Ermitteln Sie die Zahl der möglichen Austauschverhältnisse, wenn Geld nicht existiert und wenn eines der Güter als Geld verwendet wird.

4.) Ein Tourist macht regelmäßig auf einer Insel Urlaub; er bezahlt alles mit Reiseschecks. Die Bonität wird so hoch eingeschätzt, daß die Inselbewohner die Schecks zum Bezahlen von Gütern und Dienstleistungen weiterverwenden, ohne sie jemals einzulösen. Wer hat nun den Urlaub des Touristen bezahlt?

5.) Die Zentralbank eines Landes gebe 10 Mio. Einheiten als Geldbasis aus. Die Banken haben eine Mindestreservepflicht von 20%. Die Individuen halten bei jeder Transaktion 10% als Bargeld zurück. Berechnen Sie den Multiplikator.

6.) Herr A läßt 5000 DM von seinem Girokonto auf ein Konto als einjährige Termineinlage umbuchen. Was bedeutet dies im Geldmengenkonzept?

7.) Frau B betreibt rationale Kassenhaltung.

a) Sie sieht, daß die Zinsen auf dem Wertpapiermarkt steigen,

b) und befürchtet, daß demnächst ihr altes Auto kaputtgeht.

Was ist die jeweils richtige Reaktion im Sinne des Kassenhaltungsansatzes?

8.) Banken machen seit einiger Zeit über Geldautomaten Bargeld für die Haushalte rund um die Uhr verfügbar. Wenn die Nutzung dieser Automaten nichts kostet, wie verändert sich die Kassenhaltung? Hat das Folgen für die LM-Kurve?

9.) Nennen Sie die geldpolitischen Instrumente der Bundesbank, und versuchen Sie diese als Grob- oder Feinsteuerungsinstrumente einzuschätzen.

10.) Nennen Sie typische Eigenschaften der LM-Kurve.

11.) Es kracht im Bankensystem, d.h. es geht der Verdacht um, daß einige Großbanken vor der Illiquidität stehen. Unter den Haushalten und Unternehmen breitet sich große Angst aus. Welche Reaktionen erwarten Sie für die LM-Kurve?

Literatur zum 7. Kapitel

Deutsche Bundesbank (DBuBank).

–   Die Deutsche Bundesbank, Geldpolitische Aufgaben und Instrumente. Stuttgart 1985.

–   Monatsberichte, monatlich erscheinend.

Dornbusch, Rudiger; Fischer, Stanley. Makroökonomik. Fünfte, völlig neu bearbeitete und erweiterte Auflage. München, Wien 1992.

Kath, Dietmar. Geld und Kredit. In: D. Bender u.a.A. Vahlens Kompendium der Wirtschaftspolitik. Band 1. Zweite Auflage. München 1984.

Keynes, John M. A Treatise on Money. Band 1: The Pure Theory of Money. Band 2: The Applied Theory of Money. London 1930. (Deutsche Übersetzung: Vom Gelde. Berlin, Neukölln 1955.)

Friedman, Milton. Die optimale Geldmenge. München 1976.

Niehans, Jürg. Theorie des Geldes. Bern, Stuttgart 1980.

Richter, Rudolf. Geldtheorie. Zweite Auflage. Berlin u.a.O. 1990.

Schmitt-Rink, Gerhard; Bender, Dieter. Makroökonomie geschlossener und offener Volkswirtschaften. Zweite, vollständig überarbeitete und erweiterte Auflage. Berlin, u.a.O. 1992.

Kapitel 8 Gleichgewicht auf dem Güter- und Geldmarkt: Das IS-LM-Modell

1. Die Interdependenz von Güter- und Geldmarkt

In dem vorangegangenen Kapitel haben wir die finanz- und güterwirtschaftlichen Aktivitäten der Haushalte und Unternehmungen im Wirtschaftskreislauf partialanalytisch voneinander getrennt. Dies erlaubte uns, die monetären Aspekte in der Analyse des Nachfragemodells als exogen anzusehen. Dennoch sahen wir, daß die entscheidende Größe des Geldmarktes, der Marktzins r, das Gütermarktgleichgewicht nicht unbeeinflußt läßt. Denn der Zins ist die entscheidende Determinante der Investitionsnachfrage. Damit beeinflußt er auch die effektive Nachfrage und somit das gleichgewichtige Volkseinkommen im Nachfragemodell. Eine etwas modifizierte Interpretation der Gleichgewichtsbedingung

$$(1) \qquad\qquad I(r) = S(Y), \qquad\qquad I_r < 0, S_Y > 0$$

macht dies besonders deutlich. Betrachten wir S, die Ersparnisse der Haushalte, als Angebot an Finanzkapital auf einem Finanzkapitalmarkt und I, die Investitionen der Unternehmen, als Nachfrage auf diesem Kapitalmarkt, so ist die IS-Kurve der geometrische Ort aller Kombinationen von Zins und Volkseinkommen, bei denen das angebotene und das nachgefragte Finanzkapital übereinstimmen.

Abbildung 8.1: *Zinserhöhung und Gütermarktgleichgewicht*

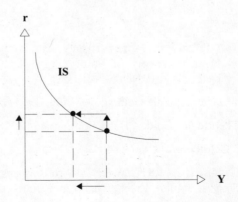

Eine Zinserhöhung vermindert die Kapitalnachfrage. Also muß sich das Kapitalangebot anpassen. In der keynesianischen Sparfunktion, die spiegelbildlich zur keynesianischen Konsumfunktion nur vom Einkommen Y abhängt, ist dies aufgrund von Einkommensrückgängen denkbar. Also sinkt das gleichgewichtige Volkseinkommen im Nachfragemodell, wenn der Zins auf dem Geldmarkt steigt. Diese Beziehung zwischen Zins und Volkseinkommen bewirkt die negative Steigung der IS-Kurve.

Umgekehrt wissen wir aber auch, daß die entscheidende Determinante des Gütermarktes, das Volkseinkommen Y, direkt auf den Geldmarkt wirkt. Dies verdeutlicht die Geldmarktgleichgewichtsbedingung.

(2) $\qquad\qquad\qquad L(Y,r) = M/P, \qquad\qquad\qquad L_Y > 0, L_r < 0.$

Bei gegebenem nominalen Geldangebot M und festem gesamtwirtschaftlichen Preisniveau P ist die reale Geldnachfrage L nicht nur vom Marktzins r, sondern über das Transaktionskassenmotiv ebenso vom Volkseinkommen abhängig. Eine Einkommensverringerung führt zu einer geringeren Geldnachfrage, da das Transaktionsvolumen, das Sozialprodukt, abnimmt. Wird weniger Geld nachgefragt, sinkt r, der Preis des Geldes. Dadurch steigt aber die spekulative Kassenhaltung. Und dies läuft so lange, bis die Geldnachfrage wieder auf dem ursprünglichen Niveau für ein Geldmarktgleichgewicht sorgt. Also sinkt der Geldmarktzins als Antwort auf kontraktive Prozesse auf dem Gütermarkt.

Abbildung 8.2.: *Einkommensrückgang und Geldmarktgleichgewicht*

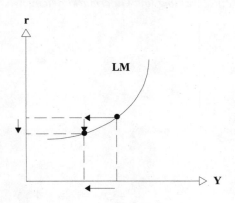

Diese Beziehung zwischen Zins und Volkseinkommen beschreibt die positive Steigung der LM-Kurve.

> **Resümee:** *Die Partialanalysen des Geld- und Gütermarktes vernachlässigen nicht die Wechselwirkungen zwischen beiden Märkten.*

2. Simultanes Gleichgewicht auf dem Güter- und Geldmarkt.

Wenn wir die Gütermarkt- und Geldmarktaktivitäten simultan betrachten, sprechen wir von dem IS-LM-Modell. Fragen wir nun nach der Kompatibilität der güter- und geldwirtschaftlichen Pläne aller Marktteilnehmer, so wissen wir, daß sie den Bedingungen der IS- und der LM-Kurve genügen müssen. Mit anderen Worten: Das simultane Gleichgewicht wird durch den Schnittpunkt von IS- und LM-Kurve bestimmt. Damit schrumpft das Kontinuum gleichgewichtiger Kombinationen von Y und r beider Märkte auf einen Punkt, den gleichgewichtigen Wert Y^* und den gleichgewichtigen Wert r^*.

Abbildung 8.3.: *IS-LM-Gleichgewicht*

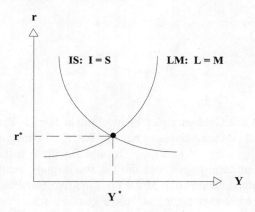

In analytischer Interpretation ist das IS-LM-Gleichgewicht nichts anderes als die Lösung der beiden Gleichungen (1) und (2) in den Variablen Y und r unter der Annahme, daß M und P fest vorgegeben sind. Dies läßt sich auch so ausdrücken, daß mit

(3.1) $$Y^* = Y^*(M,P)$$

(3.2) $r^* = r^*(M,P)$

das gleichgewichtige Einkommen und der gleichgewichtige Zins Funktionen der exogenen Variablen M und P sind.

Wir können nun überlegen, ob solche Gleichgewichtslösungen unabhängig von der Ausgestaltung und Intensität der Angebots- und Nachfrageentscheidungen immer existieren.

Die Abbildung 8.4 verdeutlicht, daß es denkbare Grenzfälle gibt, für welche ökonomisch sinnvolle Lösungen gar nicht existieren.

Abbildung 8.4.: *Kein Gleichgewicht im IS-LM-Modell*

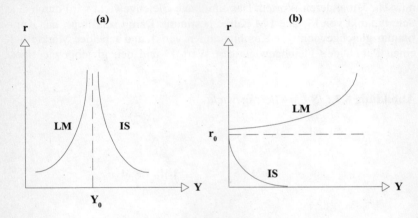

Im Fall (a) sind alle Geldmarktgleichgewichte nur für $Y < Y_0$ möglich, alle Gütermarktgleichgewichte dagegen nur für $Y > Y_0$. Somit gibt es kein simultanes Gleichgewicht. Was ist die Ursache für diese pathologische Situation? Sie kann darin liegen, daß die Geldversorgung nicht funktioniert und die angebotene Geldmenge M für die effektive Nachfrage zu niedrig ist. Allein das reicht aber nicht aus. Hinzu kommen muß in unserem Spezialfall (a), daß z.B. die Investitionen und die Geldnachfrage bei hohen Zinsen **zinsunelastisch** sind und damit der im letzten Abschnitt beschriebene Interdependenzmechanismus über Zins und Einkommen in einer Umgebung von Y_0 nicht mehr funktioniert.

Im Fall (b) kann die Ursache darin liegen, daß bei niedrigem Einkommen und niedrigem Zins die Geldnachfrage zu **zinselastisch** ist und bei Marktzinsen, die gegen r_0 gehen, alle Geldhaltung aus Spekulationsmotiven erfolgt. Kommt dann hinzu, daß die effektive Nachfrage zu schwach ist und insbesondere bei hohen Zinsen nahe r_0 die Investitionen sehr zinselastisch sind, wäre eine durch (b) beschriebene Situation denkbar.

Wie kann man diese Informationen aus den angegebenen Kurvenverläufen herauslesen? Indem man die bekannten analytischen Hilfsmittel benutzt, die uns Aufschluß geben über die **Steigungen** von IS- und LM-Kurve und indem man sich vor Augen führt, welche ökonomischen Größen die **Lage** beider Gleichgewichtskurven beeinflussen.

Beginnen wir mit letzterem, so wissen wir, daß zusätzliche effektive Nachfrage die IS-Kurve nach rechts verschiebt und dies für die LM-Kurve analog gilt, wenn das reale Geldangebot steigt. Die Steigungen dagegen ermitteln wir, indem wir (1) und (2) total differenzieren und

(4) $$S_Y \, dY - I_r \, dr = 0$$

(5) $$L_Y \, dY + L_r \, dr = 0$$

auflösen zu

(6) $$\left. \frac{dr}{dY} \right|_{IS} = S_Y / I_r < 0$$

und

(7) $$\left. \frac{dr}{dY} \right|_{LM} = - L_Y / L_r > 0.$$

Durch die Indizierung mit IS bzw. LM soll angedeutet werden, auf welche Kurve sich die Steigungsbedingung bezieht. S_y ist dabei die marginale Sparquote (auch als $S'(Y)$ oder abkürzend als s geschrieben), von der wir wissen, daß sie sich mit der Konsumquote zu eins ergänzt. In den Nennern der beiden Brüche stehen die Zinsreaktionen von Investitions- und Geldnachfrage. Jetzt verfügen wir über alle nötigen Informationen zur Diskussion der obigen Kurvenverläufe.

Wenn wir also im folgenden in der graphischen Darstellung des IS-LM-Modells von Schnittpunkten beider Kurven ausgehen, unterstellen wir damit, daß derartige pathologische Sonderfälle nicht auftreten.

> **Resümee:** *Ein simultanes Gleichgewicht auf dem Güter- und Geldmarkt entspricht in der graphischen Darstellung dem Schnittpunkt von IS- und LM-Kurve.*

3. Der Nachfragemultiplikator im IS-LM-Modell

Zusätzliche Nachfrage erhöht im elementaren Nachfragemodell das Gleichgewichtseinkommen um mehr als die Nachfrageerhöhung. Diesen Effekt nannten wir Multiplikatoreffekt. Gibt es diesen Effekt auch im IS-LM-Modell? Diese Frage beantwortet die Abbildung 8.5.

Abbildung 8.5: *Wirkung einer Ausgabenerhöhung*

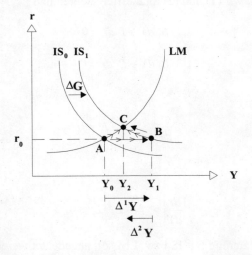

Ohne Einschränkung der Allgemeinheit gehen wir von zusätzlichen Staatsausgaben mit $\Delta G > 0$ aus. Im Ausgangspunkt A sei der Zins r_0 und das Volkseinkommen Y_0. A liegt sowohl auf der IS- als auch auf der LM-Kurve; also ist A ein Gleichgewicht im IS-LM-Modell.

Eine durch $dG > 0$ stimulierte Nachfrage verschiebt die Gütermarktgleichgewichtskurve IS_0 nach rechts zu IS_1. Der elementare Multiplikatoreffekt im Nachfragemodell führt bei konstantem Zins r_0 zu Punkt B und erhöht das gleichgewichtige Volkseinkommen um $\Delta^1 Y = Y_1 - Y_0$.

Im IS-LM-Modell ist B zwar ein Gütermarktgleichgewicht, aber kein Geldmarktgleichgewicht mehr, denn B befindet sich nicht auf der LM-

Kurve. Dies liegt daran, daß bei konstantem Zins das Einkommen gestiegen ist und damit über das Transaktionskassenmotiv die reale Geldnachfrage steigt. Das reale Geldangebot ist aber konstant geblieben, denn weder M noch P haben sich annahmegemäß verändert. Folglich herrscht eine **Überschußnachfrage** nach Geld in der Situation B. Diese Überschußnachfrage erhöht den Preis für Geld. Der Zins steigt. Zinssteigerungen aber verringern die spekulative Kassenhaltung, und die Geldnachfrage sinkt. Zinserhöhungen wirken aber auch auf den Gütermarkt zurück. Denn steigende Zinsen führen zu niedrigeren Investitionen und somit zu geringerer effektiver Nachfrage. Damit wird der expansive Effekt der anfänglichen Staatsausgabenerhöhung abgeschwächt. Beide Prozesse laufen solange parallel ($B \rightarrow C$), bis unter der Bedingung des Gütermarktgleichgewichts auch der Geldmarkt im Gleichgewicht ist. Dies ist in C, dem Schnittpunkt der IS- und der LM-Kurve, der Fall. Haben IS- und LM- Kurve die hier unterstellte negative bzw. positive Steigung, ist das Ergebnis eindeutig: Im IS-LM-Modell gibt es einen expansiven Multiplikatoreffekt zusätzlicher Nachfrage. Dieser besteht in der Erhöhung des gleichgewichtigen Volkseinkommens um $\Delta^1 Y - \Delta^2 Y = Y_2 - Y_0$.

Gleichzeitig können wir aber auch feststellen, daß der Nachfragemultiplikator im IS-LM-Modell kleiner ist als der elementare Gütermarktmultiplikator. Dies folgt unmittelbar daraus, daß bei gleicher Nachfrageänderung die Einkommenserhöhung im IS-LM-Modell kleiner ausfällt.

Diese Abschwächung des expansiven Gütermarktmultiplikators bezeichnen wir als **Crowding-out-Effekt** des Geldmarktes.

Das **qualitative** Resultat ist schon in der graphischen Analyse eindeutig. Der **quantitative** Effekt läßt sich nur analytisch bestimmen, worauf wir hier verzichten wollen.

Andererseits kann man aus der graphischen Analyse aber auch ersehen, wovon die Stärke des quantitativen Effektes abhängt. Betrachten wir dazu die beiden Extremsituationen in Abbildung 8.6.

Im Fall (a) schneidet die IS-Kurve die LM-Kurve im sogenannten **keynesianischen** Bereich, der durch eine hohe Zinselastizität der Geldnachfrage gekennzeichnet ist: die Steigung der LM-Kurve ist nahe null. In diesem Fall entspricht der Multiplikator in etwa dem elementaren Nachfragemultiplikator, da schon sehr kleine Zinserhöhungen auf dem Geldmarkt ausreichen, um die durch das erhöhte Einkommen angestiegene Geldnachfrage wieder auf den Gleichgewichtswert abzubauen.

Abbildung 8.6: *Stärke des Multiplikatoreffektes*

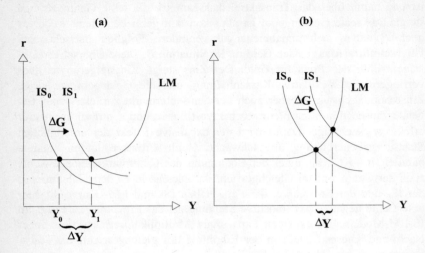

Im zweiten Fall (b) schneidet die IS-Kurve die LM-Kurve in einem weniger zinselastischen Bereich der Geldnachfrage. Im Extremfall dort, wo die LM-Kurve sich einer Vertikalen annähert. Hier ist der Multiplikatoreffekt geringer. Er ist im Extremfall nahe null, wenn die Geldnachfrage sehr schwach auf Zinsänderungen reagiert. In diesem Fall erfordern einkommensinduzierte Nachfrageüberschüsse auf dem Geldmarkt einen starken Zinsanstieg. Je stärker jedoch die Zinsen steigen, desto mehr wird via Investitionsrückgang der expansive Gütermarkteffekt abgeschwächt.

Resümee: *Der Nachfragemultiplikator im IS-LM-Modell geht in die gleiche Richtung wie der elementare Nachfragemultiplikator. Eine Nachfragestimulierung erhöht zwar das Volkseinkommen, jedoch unter Umständen um weniger, als die Nachfrage anfänglich stimuliert wird. Dies gilt umso eher, je zinsunelastischer die Geldnachfrage reagiert.*

---

4. Die makroökonomische Güternachfragekurve

Das Gleichgewicht im IS-LM-Modell beschreibt uns das Volkseinkommen und den Zins, bei welchem die Güter- und Geldmarktpläne der Haushalte und Unternehmungen untereinander kompatibel sind. Wenn wir von Kompatibilität der Pläne sprechen, sollten wir uns aber vor Augen führen, daß die Gleichgewichte auf dem Güter- und Geldmarkt nicht völlig symmetrisch begründet wurden. Auf dem Geldmarkt haben wir die Bestimmungsgründe von Angebot und Nachfrage diskutiert und das Übereinstimmen beider als Gleichgewicht bezeichnet. Auf dem Gütermarkt dagegen haben wir zwar die Bestimmungsgründe der Güternachfrage, nicht aber die des Güterangebots diskutiert. Mit anderen Worten, das Rationalverhalten gewinnmaximierender Unternehmungen blieb bislang in unseren Überlegungen ausgespart. Wir haben das mit der Vorstellung gerechtfertigt, daß die effektive Nachfrage die für Produktionsentscheidungen bestimmende Größe darstellt. Unternehmungen passen sich also an die Marktnachfrage an. Diese setzt sich gegenüber anderen Angebotswünschen also durch. Damit war eine Theorie des Güterangebots im Nachfragemodell überflüssig. Insofern erscheint es gerechtfertigt, das über die IS-Kurve dargestellte Gleichgewicht auch weiterhin als **Nachfragegleichgewicht** zu bezeichnen. Bevor wir uns im folgenden Teil des Buches auch den Bestimmungsgründen des Güterangebots näher widmen werden, wollen wir untersuchen, welche Beziehungen zwischen der gleichgewichtigen gesamtwirtschaftlichen Nachfrage und dem gesamtwirtschaftlichen Preisniveau P bestehen.

Auf dem Gütermarkt selbst bestehen solche Beziehungen nicht. Denn alle Variablen waren in **realen** Einheiten definiert. Das Preisniveau hat damit keinen Einfluß auf das Nachfragegleichgewicht. Diese Aussage ist aber nicht mehr richtig, wenn wir vom vollständigen IS-LM-Modell ausgehen und zusätzlich die Forderung des Geldmarktgleichgewichts berücksichtigen. In der ursprünglichen Formulierung

$$(8) \qquad\qquad L(Y,r) = M / P$$

ist die Übereinstimmung von realer Geldnachfrage L und realem Geldangebot M/P offensichtlich genau dann nicht unabhängig vom Preisniveau P, wenn wir die nominale Geldmenge M als Ergebnis der Geldversorgung und damit als Geldangebot interpretieren. Und das dürfte auch der Realität entsprechen. Denn Münzen und Banknoten und damit das Zentralbankgeld als eine Komponente der Geldmenge sind in nominalen Einheiten definiert. Nicht anders ist es bei dem Giralgeld, der anderen Geldmengenkomponente. Denn Banken vergeben in nominalen Geldeinheiten definierte Kredite. Wenn wir also von einem konstanten Geldangebot sprechen, so sollten wir uns auf die nominale Geldmenge M beziehen.

Bleibt diese konstant, so hat eine Veränderung des Preisniveaus eine Wirkung auf die Lage der LM-Kurve. Dies hatten wir schon in Abbildung 7.9 verdeutlicht: Die LM-Kurve verschiebt sich nach links, wenn unter sonst gleichen Umständen das gesamtwirtschaftliche Preisniveau steigt. Somit verändert sich auch der Schnittpunkt von IS- und LM-Kurve und damit - und das ist das entscheidende - auch das Nachfragegleichgewicht im IS-LM-Modell. Es gilt: **Via Geldmarkt haben Preisniveauänderungen Auswirkungen auf das Nachfragegleichgewicht.**

In der Abbildung 8.7 läßt sich damit für alternative Preisniveaus eine **Güternachfragekurve** Y^d ableiten.

Abbildung 8.7: *Güternachfragekurve*

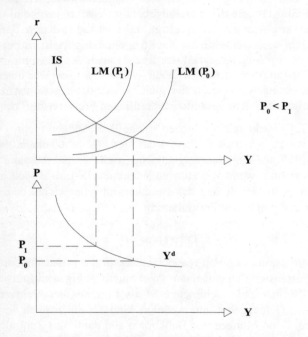

Die makroökonomische Güternachfragekurve Y^d sollte nicht mit einer Nachfragefunktion verwechselt werden, obwohl sie eine typische Eigenschaft aufweist, denn die Güternachfrage sinkt mit steigendem Preis. Sie ist also wie die IS- und die LM-Kurve der geometrische Ort von Gleichgewichten. Sie zeigt uns, wie das simultane Gleichgewicht von Güter- und Geldmarkt mit dem gesamtwirtschaftlichen Preisniveau variiert.

> **Resümee:** *Das gesamtwirtschaftliche Preisniveau beeinflußt das Nachfragegleichgewicht im IS-LM-Modell. Die Beziehung zwischen beiden Größen bezeichnen wir als Güternachfragekurve Y^d.*

5. Schlußbemerkung

Das IS-LM-Modell beschreibt die Interdependenzen von Geld- und Gütermarktaktivitäten der Unternehmungen, der Haushalte und des Staates. In der auf die zwei Gleichgewichtskurven (IS und LM) komprimierten Form dient es als gedanklicher Rahmen, um die qualitative Struktur des gesamtwirtschaftlichen Gleichgewichts offenzulegen. Schon in der graphischen Analyse können auf dieser einfachen Modellbasis die Wirkungen wirtschaftspolitischer Maßnahmen auf ein **nachfragebestimmtes** gesamtwirtschaftliches Gleichgewicht verdeutlicht werden. Eine tiefergehende Wirkungsanalyse staatlicher Wirtschaftspolitik heben wir uns aber auf für den Teil III, in welchem auch unternehmerische Angebotsentscheidungen explizit berücksichtigt werden, so daß die makroökonomische Modellbasis größere Realitätsnähe gewinnt.

In der hier vorgestellten Form geht das IS-LM-Modell auf SIR JOHN R. HICKS (1937) zurück, der schon ein Jahr nach Erscheinen der "General Theory" von JOHN M. KEYNES eine Interpretation der keynesianischen Theorie gab, die bis heute zum Standardrepertoire makroökonomischer Lehrbücher zählt. Es gibt aber auch Kritik an diesem Ansatz, die dabei ansetzt, daß ein **Stromgleichgewicht** und ein **Bestandsgleichgewicht** kein konsistentes Totalgleichgewicht beschreiben können.

Ströme sind ökonomische Variablen, die pro Zeiteinheit definiert sind. Dies sind die Variablen des Gütermarktes. Denn Einkommen und Ausgaben brauchen eine Referenzperiode wie z.B. eine Woche oder ein Jahr.

Bestände dagegen sind von einer Referenzperiode unabhängig. Sie beschreiben einen Zustand zu einem Zeitpunkt. Dies gilt für die Geldnachfrage und das Geldangebot und damit für das Geldmarktgleichgewicht. Die Kritik setzt daran an, daß sich Bestände ändern müssen, solange Ströme "fließen". Also können die Gleichgewichtskurven über einen längeren Zeitraum nicht **stabil** sein; sie verschieben sich.

Die Kritik richtet sich also gegen die Verwendung des IS-LM-Modells zur Erklärung **langfristiger** ökonomischer Gleichgewichte. Hier ist sie auch berechtigt. Dies besagt aber nicht, daß das IS-LM-Modell zur Erklärung kurz- und mittelfristiger Phänomene untauglich ist. Eine adäquate Interpretation der **Keynesschen Theorie** wird immer auf kurz- und mittelfristige Erscheinungen abzielen.

Fragen und Aufgaben zum 8. Kapitel

1.) Welche vereinfachenden Annahmen liegen zugrunde, wenn man das IS-LM-Modell als gedanklichen Rahmen zur Beschreibung eines gesamtwirtschaftlichen Gleichgewichts verwendet?

2.) Warum ist es ökonomisch plausibel, für die IS-Kurve eine negative und für die LM-Kurve eine positive Steigung zu unterstellen?

3.) Warum verschiebt sich die IS-Kurve nach rechts, wenn z.B. durch staatliche Ausgabenprogramme zusätzliche Nachfrage geschaffen wird?

4.) Welchen Effekt hat eine Erhöhung der nominalen Geldmenge, die z.B. dadurch zustande kommt, daß die Rediskontsatzpolitik der Zentralbank gelockert wird?

5.) Was versteht man unter dem keynesianischen und was unter dem klassischen Bereich im IS-LM-Modell?

6.) Warum ist der elementare Gütermarktmultiplikator größer als der Nachfragemultiplikator im IS-LM-Modell?

7.) Untersuchen Sie graphisch, welchen Einfluß eine Veränderung der marginalen Konsumquote auf das gleichgewichtige Volkseinkommen im IS-LM-Modell hat.

8.) Was sagt die makroökonomische Güternachfragekurve aus?

9.) Welchen Verlauf hat die Güternachfragekurve, wenn die Investitionsnachfrage völlig zinsunelastisch ist?

10.) Gehen Sie von dem folgenden Makromodell in linearer Form aus, und leiten Sie das gesamtwirtschaftliche Gleichgewicht ab:

$$C = cY + C_0, \qquad\qquad 0 < c < 1$$

$$I = I_r\, r + I_0, \qquad\qquad I_r < 0, I_0 > 0$$

$$L = L_Y\, Y + L_r\, r, \qquad\qquad L_Y > 0, L_r < 0$$

$$M = \overline{M} \qquad\qquad \overline{M} > 0$$

$$P = \overline{P} \qquad\qquad \overline{P} > 0.$$

11.) Führen Sie Staatsausgaben $G > 0$ in das obige Modell ein, und berechnen Sie den Effekt auf das gleichgewichtige Volkseinkommen.

12.) Vergleichen Sie das Ergebnis von Aufgabe 11 mit dem elementaren Gütermarktmultiplikator.

Literatur zum 8. Kapitel

Dornbusch, Rudiger; Fischer, Stanley. Makroökonomik. Fünfte, völlig neu bearbeitete und erweiterte Auflage. München, Wien 1992.

Felderer, Bernhard; Homburg, Stefan. Makroökonomik und neue Makroökonomik. Fünfte, verbesserte Auflage. Berlin u.a.O. 1991.

Hicks, John R. Mr. Keynes and the "Classics": A Suggested Interpretation. In: Econometrica Band 5. S. 147 - 159. 1937.

Schmitt-Rink, Gerhard; Bender, Dieter. Makroökonomie geschlossener und offener Volkswirtschaften. Zweite, vollständig überarbeitete und erweiterte Auflage. Berlin, u.a.O. 1992.

Westphal, Uwe. Makroökonomik: Theorie, Empirie und Politikanalyse. Berlin u.a.O. 1988.

Teil III Einkommen, Produktion, Preise und Beschäftigung

Kapitel 9 Der Arbeitsmarkt

1. Der Arbeitsmarkt in Deutschland

Den Markt einer Volkswirtschaft, auf dem sich Nachfrage nach und Angebot an Arbeit begegnen, nennen wir **Arbeitsmarkt**. Auf dem Arbeitsmarkt wird die Höhe des Lohnes ausgehandelt. Der Arbeitsmarkt ist sehr heterogen. Es werden sehr unterschiedliche Arbeitsqualitäten nachgefragt und angeboten. Es handelt sich deshalb um eine Vereinfachung, wenn wir von der Arbeit und dem Lohn sprechen. In der Realität existiert ein ganzer Komplex verschiedener Lohnsätze: die **Lohnstruktur**.

In Deutschland kann man beim besten Willen nicht von vollkommener Konkurrenz auf dem Arbeitsmarkt sprechen. Auf der Angebotsseite ist ein größerer Prozentsatz der Arbeitnehmer organisiert, d.h. Mitglied einzelner Gewerkschaften, die ihre Interessen vertreten. Beispiele für diese Einzelgewerkschaften sind etwa die Industriegewerkschaft Metall, die Industriegewerkschaft Bau, Steine, Erden, usw. Alle Einzelgewerkschaften sind vereinigt im Dachverband **Deutscher Gewerkschaftsbund** (DGB). Auf der Nachfrageseite ist ebenfalls ein großer Teil der Arbeitgeber organisiert in Arbeitgebervereinigungen gemäß den entsprechenden Wirtschaftszweigen. Sämtliche Arbeitgeberverbände sind im Dachverband **Bundesverband der Deutschen Arbeitgeberverbände** (BDA) vereinigt.

Die unvollkommene Konkurrenz auf dem Arbeitsmarkt führt dazu, daß das Lohnniveau nicht mit Hilfe von Nachfrage- und Angebotsfunktionen allein erklärt werden kann. Auf beiden Seiten des Marktes gibt es Mengenbeschränkungen, da die betreffenden Organisationen als Sachwalter der Interessen ihrer Mitglieder auftreten. Es liegt also sowohl auf der Nachfrage- als auch auf der Angebotsseite des Marktes eine **Monopolisierung** vor. Auf diese Weise sind Lohnniveau und Lohnstruktur zum Verhandlungsgegenstand zwischen Arbeitgeber- und Arbeitnehmerorganisationen geworden. Die Machtposition der an den Verhandlungen teilnehmenden Partner wird in hohem Maße durch die Situation auf dem Arbeitsmarkt beeinflußt. Wenn die Arbeitsmarktlage im Falle einer Hochkonjunktur gespannt ist, können die Gewerkschaften höhere Forderungen stellen als in rezessiven Phasen. Neben günstigen sekundären Arbeitsbedingungen wie Urlaubsregelungen und sozialen Absicherungen versuchen die Gewerkschaften einen möglichst hohen **Reallohn** für die Mitglieder auszuhandeln. Ihre Lohnpolitik orientiert sich nicht am Nominallohn, sondern daran, wieviele Güter mit diesem Nominallohn gekauft werden können.

In Deutschland herrschte nach dem zweiten Weltkrieg in der Regel Arbeitsfrieden, weil die betreffenden Parteien die Bedeutung des Lohnniveaus für die innen- und außenwirtschaftliche Stellung der heimischen Volkswirtschaft beachteten. Denn eine starke Anhebung der Löhne stimuliert zwar die inländische Nachfrage, schwächt aber die Konkurrenzpositionen auf den ausländischen Märkten. Ein relativ niedriges Lohnniveau dagegen führt zu sozialen Spannungen, weil übermäßige Gewinne entstehen, doch wären andererseits die in Deutschland produzierten Waren auf den internationalen Märkten entsprechend preisgünstiger, so daß die Gesamtnachfrage über die ausländische Nachfrage einen zusätzlichen Impuls bekäme.

Eine der heikelsten Fragen bleibt, welches Kriterium für Lohnerhöhungen gewählt werden sollte. Im Prinzip wird dem **Preisindex für Lebenshaltung** eine gewisse Bedeutung in dieser Frage zugemessen, doch ebenso der Entwicklung der Durchschnittsproduktivität, der **Produktivität** in den betreffenden Wirtschaftsbereichen und der **Lohnquote**, d.h. dem prozentualen Anteil der Löhne und Gehälter am gesamten Volkseinkommen. Die zusätzliche Orientierung der Lohnpolitik an diesen Kriterien hat in konkreten konjunkturellen Situationen jedoch mehr oder weniger große Nachteile. Insbesondere bei einer überspannten Arbeitsmarktsituation büßen diese Kriterien schnell an Bedeutung ein. Die Erfahrung hat gelehrt, daß die Arbeitgeber in dieser Situation höhere Löhne bezahlen als in Tarifverträgen vereinbart wurde. Man spricht in diesem Fall von Lohndrift. Eine **Lohndrift** bringt also zum Ausdruck, daß die Arbeitsmarktlage überspannt ist; die Nachfrage nach Arbeitskräften übersteigt das Angebot.

Eine lange Jahre für Deutschland typische Arbeitsmarktlage ist dadurch gekennzeichnet, daß einerseits ein Nachfrageüberschuß an Arbeit und somit ein Mangel an Arbeitskräften und auf der anderen Seite zugleich aber auch einen Angebotsüberschuß und somit einen Mangel an Arbeitsplätzen besteht, den wir als **Arbeitslosigkeit** bezeichnen. Wir haben also häufig die paradoxe Situation des Nebeneinanders von offenen Stellen und Arbeitslosigkeit. Das bedeutet, die Zusammenführung von Angebot und Nachfrage über den Marktmechanismus funktioniert nur unvollkommen.

Nach der deutschen Einheit gab es in West und Ost eine sehr unterschiedliche Entwicklung der Arbeitsmarktsituation. Im Westen stieg die Erwerbstätigkeit, im Osten nahm sie ab. Allein im Jahr 1990 ist in den "alten" deutschen Bundesländern die Zahl der Erwerbstätigen um etwa 0,8 Mio. gestiegen. Eine solche Steigerung gab es zuvor nur im Wiederaufbau-Jahr 1955. Gleichzeitig gab es rund 0,9 Mio. offene Stellen. Auf der anderen Seite herrschte gleichzeitig aber auch eine beträchtliche Arbeitslosigkeit, die im Jahresschnitt trotz eines Rückgangs von ca. 0,2 Mio. noch bei etwa 1,9 Mio. lag. In den "neuen" Bundesländern nahm dagegen die Zahl der Arbeitsplätze bei gleichzeitiger Zunahme der Arbeitslosigkeit stark ab. Ab 1992 war auch im Westen eine Verschlechterung auf dem Arbeitsmarkt feststellbar. Bis Mitte 1993 stieg in den alten Bundesländern die Arbeitslosenquote auf 7,0 Prozent wohingegen sie in den neuen Bundesländern leicht zurückging auf etwa 15 Prozent.

Ursachen für diese Situation sind neben den weltwirtschaftlichen Rahmenbedingungen sicherlich die starke Monopolisierung beider Seiten des Arbeitsmarktes und die immer stärker abnehmende Differenzierung des Faktors Arbeit. Denn Arbeit ist nicht gleich Arbeit, aber dennoch fordern Tarifverträge für weite Bereiche einheitliche Entlohnungen, die überdies auch noch brancheneinheitlich sein sollen. Die Erfahrungen mit den gewerkschaftlich stark forcierten Lohnanpassungen in Ostdeutschland zeigen, daß der Preis der Einheitlichkeit von Lohntarifen im Verlust von Arbeitsplätzen besteht.

Die adäquate Analyse der makroökonomischen Beschäftigungsmarktsituation verlangt also eine **mikroökonomische Fundierung**, die sowohl die Monopolisierung des Marktes wie auch dessen Segmentierung nach regionalen, branchenspezifischen und arbeitsqualitativen Besonderheiten berücksichtigt. Dennoch erscheint es sinnvoll, in einem ersten Schritt den Zustand eines unreglementierten Marktes bei vollkommener Konkurrenz und homogenem Faktor Arbeit als Analyserahmen zu benutzen, um für Störungen der makroökonomischen Vollbeschäftigung einen theoretischen Referenzpunkt zu gewinnen.

Resümee: Der Arbeitsmarkt in Deutschland weist häufig gleichzeitig Merkmale von Unter- wie Überbeschäftigung auf. Dabei herrscht Arbeitslosigkeit bei einer Vielzahl von offenen Stellen. Eine gesamtwirtschaftliche Arbeitsmarktanalyse als Vorstufe einer Arbeitsmarktpolitik erfordert daher die Verwendung mikroökonomischer Theorien auf disaggregierten Märkten.

2. Produktion und Beschäftigung bei vollkommener Konkurrenz

Wir haben in den Kapiteln 2 und 3 die Arbeitsnachfrage der Unternehmungen und das Arbeitsangebot der Haushalte auf mikroökonomischem Weg hergeleitet.

Für eine gewinnmaximierende Unternehmung ergab sich die Nachfrage nach Arbeit aus der Optimalbedingung: **Faktorpreis gleich Wertgrenzprodukt.** Wenn wir nun von der Annahme ausgehen, es gäbe eine makroökonomische Produktionsfunktion

(1) $$Y = H(N,K)$$

mit N als Beschäftigung, K als Kapitalstock und Y als realem Nettosozialprodukt, so steckt hierin die Vorstellung, daß sowohl die Beschäftigung N wie auch der Kapitalbestand K entsprechend homogene und meßbare Aggregatgrößen sind. Daß diese Annahme für den Arbeitsmarkt nicht unproblematisch ist, haben wir im letzten Abschnitt deutlich gemacht. Dennoch wollen wir an dieser Stelle weiter von hochaggregierten Variablen ausgehen, da es uns darauf ankommt, die Methode der Gleichgewichtsdarstellung einer Volkswirtschaft zu verdeutlichen, und weniger darauf, ein für ökonometrische Analysen voll taugliches Modell zu entwickeln. Der Verlust an Realitätsnähe wird durch den Gewinn an Strukturklarheit kompensiert. Die uns interessierenden Probleme sind in einem aufwendiger ausgestatteten Makromodell vom Prinzip her die gleichen. Daher ist diese Vorgehensweise aus didaktischen Gründen legitim.

Überdies arbeiten die Deutsche Bundesbank und wie sie eine Vielzahl von Forschungsinstituten mit vergleichbar simplifizierten Produktionsfunktionen für Deutschland. Die damit erstellten Ex-post- und Ex-ante-Prognosen sind bei bestimmten Fragestellungen sogar überraschend gut.

Für unsere Zwecke können wir die Produktionsfunktion (1) sogar noch stärker vereinfachen, indem wir den produktiven Kapitalbestand K als kurzfristig konstant betrachten und uns auf die abgeleitete Produktionsfunktion

(2) $$Y = F(N), \qquad\qquad F' > 0, F'' < 0$$

beschränken, die sich bei konstantem Kapitalbestand aus

$$F(N) \equiv H(N,K), \qquad\qquad K = \overline{K}$$

ergibt. Somit kann in kurzer Frist die Produktion nur über den Beschäftigungseinsatz N variiert werden.

Verwenden wir in der Gewinnmaximierungshypothese der Unternehmungen das Outputaggregat F, so läßt sich analog zur mikroökonomischen Analyse von Teil I die gesamtwirtschaftliche Arbeitsnachfragefunktion aus der Lösung des Gewinnmaximierungsproblems

$$(3) \qquad \pi = PF(N) - wN$$

ableiten. Die notwendige und wegen $F'' < 0$ auch hinreichende Optimalbedingung lautet

$$(4) \qquad w/P = F'.$$

Im Gewinnmaximum entspricht also das physische Grenzprodukt dem Reallohnsatz oder alternativ: **Der Nominallohnsatz ist gleich dem Wertgrenzprodukt.**

Die Abbildung 9.1 verdeutlicht, wie aus dieser Optimalbedingung die Beschäftigungsnachfragefunktion abgeleitet werden kann.

Weil die Produktionsfunktion F eine abnehmende Steigung hat, ist die Kurve der Grenzproduktivität F' monoton fallend mit zunehmendem Beschäftigungseinsatz. Das entspricht auch der ökonomischen Intuition für den gesamtwirtschaftlich relevanten Bereich der Produktionsfunktion; die marginale Produktivität des Faktors nimmt ab, je mehr Arbeit im Produktionsprozeß eingesetzt ist.

Ist mithin der Reallohn w/P groß, wird im Optimum wenig Arbeit N nachgefragt und vice versa. Dies zeigt (b), wenn wir w/P variieren. Diese Beziehung können wir als vom Reallohn abhängige und monoton fallende **Arbeitsnachfragefunktion** $N^d(w/P)$ mit $N^{d\prime} < 0$ abbilden.

Auf der anderen Seite kann eine mit dem Reallohn monoton steigende **Arbeitsangebotsfunktion** $N^s(w/P)$ mit $N^{s\prime} > 0$ völlig analog zur Vorgehensweise im mikroökonomischen Teil begründet werden, so daß sich das Arbeitsmarktgleichgewicht als Schnittpunkt beider Kurven ergibt. Dies zeigt Abbildung 9.2.

Abbildung 9.1: *Optimaler Arbeitseinsatz*

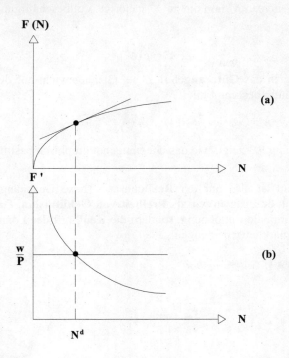

Abbildung 9.2: *Arbeitsmarktgleichgewicht*

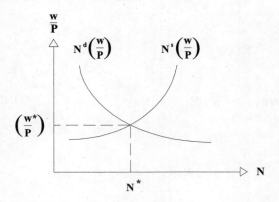

Ist das Arbeitsmarktgleichgewicht bekannt, so sind es auch das Vollbeschäftigungsniveau N^* und die zu N^* gehörige Vollbeschäftigungsprodukti-
on

$$Y^* = F(N^*).$$

Damit ist auch das **Güterangebot** Y^s bei Gleichgewicht auf dem Arbeitsmarkt eindeutig bestimmt mit

(5) $Y^s = F(N^*).$

Die Abbildung 9.3 zeigt, wie das Güterangebot graphisch bestimmt werden
kann.

Entscheidend ist also nur der Reallohnsatz. Diese Unabhängigkeit vom
Nominallohn bezeichnen wir als **Freiheit von Geldillusion**. Das bedeutet,
nicht die nominale Entlohnung, sondern die Kaufkraft des Lohns bestimmt
die Arbeitsmarktentscheidungen.

Abbildung 9.3: *Güterangebot*

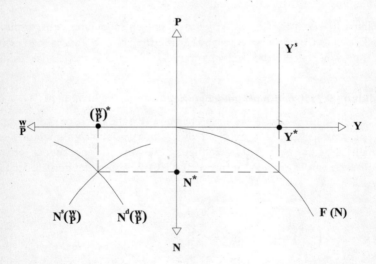

> **Resümee:** *Über eine makroökonomische Produktionsfunktion kann mittels der Gewinnmaximierung eine makroökonomische Arbeitsnachfragefunktion begründet werden. Mit der Annahme einer mit dem Reallohn steigenden Arbeitsangebotsfunktion lassen sich das Arbeitsmarktgleichgewicht und damit die Vollbeschäftigungssituation beschreiben. Die Produktion bei Vollbeschäftigung ist gleichzeitig das Güterangebot. Die Güterangebotsfunktion ist in der P-Y-Darstellung eine Vertikale. Denn bei Freiheit von Geldillusion ist nicht der Güterpreis P, sondern der Reallohn w/P die entscheidende Arbeitsmarktvariable.*

3. Asymmetrische Informationen auf dem Arbeitsmarkt

Sind die Reallöhne genügend flexibel, gibt es, wie wir gesehen haben, ein Arbeitsmarktgleichgewicht und ein Güterangebot bei Vollbeschäftigung.

Wir können diese Annahme auch so interpretieren, daß Haushalten und Unternehmungen die Nominallöhne w und das Güterpreisniveau P bei ihrer Entscheidungsfindung vollständig, kostenlos und ohne Zeitverzögerung bekannt sind. Für das Modell der vollkommenen Konkurrenz ist die Annahme der **vollständigen Information** ein zentraler Aspekt.

Ein Haushalt kennt bei seiner Arbeitsangebotsentscheidung den Nominallohn. Dieser ist z.B. aufgrund von Tarifverträgen fest vorgegeben, kann nicht unterschritten werden und ist zumindest für eine kürzere Frist für alle Arbeitsanbieter ein Datum.

Kann ein Haushalt aber das richtige Güterpreisniveau antizipieren?

Dies ist selbst für eine kürzere Frist eher unwahrscheinlich, so daß es sinnvoll erscheint anzunehmen, daß in die Arbeitsangebotsentscheidung ein sich nicht unbedingt mit dem tatsächlichen Preisniveau P deckendes, erwartetes Preisniveau P^e eingeht. Somit wird das Arbeitsangebot gemäß der Hypothese

$$(6) \qquad N^s = N^s\,(w/P^e), \qquad\qquad N^{s\prime} > 0$$

gebildet.

Für die Unternehmungen stellt sich dieses Informationsproblem so nicht. Sie kennen das Güterpreisniveau, weil sie es selbst beeinflussen können, und den Nominallohn, weil sie einer der beiden Tarifpartner bei Lohnverhandlungen sind. Die Annahme der vollständigen Information auf Seiten der Unternehmungen ist bewußt ein wenig überspitzt formuliert. Worauf es uns ankommt, ist zu zeigen, inwiefern **asymmetrische Informationen** die Arbeitsmarktanalyse beeinflussen. Und in einem solchen Szenario sind Haushalte sicherlich die weniger gut informierten Wirtschaftssubjekte. Ergo ergibt sich das Arbeitsmarktgleichgewicht gemäß der Gleichgewichtsbedingung

$$(7) \qquad N^d(w/P) = N^s(w/P^e).$$

Antizipieren die Haushalte mit $P^e = P$ das tatsächliche gesamtwirtschaftliche Preisniveau, haben wir die in Abschnitt 2 beschriebene Vollbeschäftigungskonstellation. Ist ihre Prognose nicht richtig, weil die Güterpreise schneller als angenommen steigen, ist der für die Arbeitsnachfrageentscheidung der Unternehmungen relevante, tatsächliche Reallohnsatz

$$w/P < w/P^e$$

kleiner als der von den Haushalten antizipierte. War w/P^e der in der Ausgangssituation gleichgewichtige Reallohnsatz bei einem Vollbeschäftigungsniveau N^*, werden gewinnmaximierende Unternehmungen nun mehr Beschäftigung einsetzen als vorher. Mit anderen Worten: **Das Güterangebot steigt mit steigendem Preisniveau P.**

Nun werden Haushalte ihren Irrtum mit einer zeitlichen Verzögerung korrigieren. Solange sie dies aber nur auf der Basis der Ex-post-Informationen machen, gibt es solange einen Erwartungsirrtum, wie das Güterpreisniveau sich ändert.

Es ist einsichtig, daß dieser Prozeß und damit die Anpassungen des gesamtwirtschaftlichen Beschäftigungsniveaus und des Güterangebots nur dann verläßlich beschrieben werden können, wenn Hypothesen über die Erwartungsbildung zugrundegelegt werden.

In der modernen Arbeitsmarkttheorie ist dies ein wichtiges Thema. An dieser Stelle wollen wir nur zwei besonders zentrale Hypothesen nennen: die der **rationalen Erwartungen** und die der **adaptiven Erwartungen**.

Die Hypothese der rationalen Erwartungsbildung geht davon aus, daß alle am Wirtschaftsprozeß beteiligten Wirtschaftssubjekte das "richtige" ökonomische Modell kennen und sich nicht systematisch irren können. Ergo gilt $P^e = P$, und damit gibt es keine Abweichungen vom Vollbeschäftigungsgüterangebot $Y^s = F(N^*)$.

Unterstellt man dagegen adaptive Erwartungen auf Seiten der Haushalte, so werden diese zwar ihren Irrtum korrigieren. Die Korrektur erfolgt aber derart, daß in der Prognose des zukünftigen Preisniveaus zu einem bestimmten Prozentsatz der Erwartungsirrtum der Vorperiode berücksichtigt wird. So-lange dieser Prozentsatz fest bleibt, gibt es einen systematischen Prognose-fehler. Da man diesen nicht schlüssig in Einklang bringen kann mit dem Rationalverhalten der Haushalte, hat die Hypothese der adaptiven Erwar-tungen in den letzten Jahren an Attraktivität verloren. Dennoch ist sie aber durchaus brauchbar als Grundlage kurz- bis mittelfristiger Prognosebildun-gen. Sie ist selbst für längerfristige Prognosehypothesen nützlich, wenn es gelingt, den Prozentsatz des in der Prognose berücksichtigten Erwartungs-irrtums zu endogenisieren oder ökonomisch plausibel sektoral zu differen-zieren.

Resümee: Schwächt man einzelne Annahmen des Modells der vollkom-menen Konkurrenz ab, so kann man die Ergebnisse der Arbeitsmarkt-analyse mit empirischen Tatbeständen in Einklang bringen. Dennoch ist als Referenzrahmen die Theoriebildung der "kompetitiven Makroökono-mie" unerläßlich.

---

4. Schlußbemerkung

Für eine wirkungsvolle wirtschaftspolitische **Therapie** gesamtwirtschaftli-cher Fehlentwicklungen ist eine grundlegende theoretische **Diagnose** un-umgänglich. Hier kommt in der makroökonomischen Analyse der **mi-kroökonomischen Fundierung** des Arbeitsmarktes ein besonderer Stel-lenwert zu.

Wir haben in diesem Kapitel zunächst als Referenzszenario die Bedingun-gen für ein Arbeitsmarktgleichgewicht in einer kompetitiven Ökonomie aufgezeigt. Kennen wir ein solches, so können wir die Güterangebotsent-scheidungen der Unternehmungen gesamtwirtschaftlich begründen. Damit haben wir den noch fehlenden Baustein zur Ergänzung des makroökonomi-schen Nachfragemodells des vorangegangenen Teils II gefunden.

Da wir wissen, daß gerade der Arbeitsmarkt auf vielfältige Weise die Be-dingungen der vollkommenen Konkurrenz nicht erfüllt, haben wir am Bei-spiel der asymmetrischen Information aufgezeigt, wie man solche Markt-unvollkommenheiten in den theoretischen Rahmen eines kompetitiven Ma-kromodells integrieren kann.

Auf die gleiche Weise könnte man mit einer Fülle anderer Arbeitsmarktri-giditäten wie gewerkschaftlichen Mindestlöhnen oder konstanten und temporär nicht markträumenden Preisen verfahren. Dies würde aber den Rahmen dieses Buches sprengen.

Fragen und Aufgaben zum 9. Kapitel

1.) Diskutieren Sie die gegenwärtige Arbeitsmarktsituation in Deutschland.

2.) Wie kann man das gleichzeitige Auftreten von Über- und Unterbeschäftigung erklären?

3.) Welche Annahmen liegen einer gesamtwirtschaftlichen Produktionsfunktion zugrunde?

4.) Wie läßt sich rechtfertigen, daß in der Produktionsfunktion der Kapitalstock als konstant angenommen wird?

5.) Wie lassen sich makroökonomische Arbeitsangebots- und Arbeitsnachfragefunktionen begründen?

6.) Wie läßt sich eine makroökonomische Güterangebotsfunktion ableiten?

7.) Was bedeutet Freiheit von Geldillusion?

8.) Wie läßt sich die Annahme asymmetrischer Informationen für den Arbeitsmarkt begründen?

10.) Welche Auswirkungen auf das Güterangebot impliziert die systematische Unterschätzung des Güterpreisniveaus auf Seiten der Haushalte?

11.) Erläutern Sie die Hypothesen der rationalen und der adaptiven Erwartungen.

Literatur zum 9. Kapitel

Barro, Robert J. Makroökonomie. Dritte Auflage. München u.a.O. 1992.

Begg, Daird K.H. The Rational Expectations Revolution in Macroeconomics, Theories and Evidence. Philip Alan. Oxford 1984.

Dornbusch, Rudiger; Fischer, Stanley. Makroökonomik. Fünfte, völlig neu bearbeitete und erweiterte Auflage. München, Wien 1992.

Westphal, Uwe. Makroökonomik: Theorie, Empirie und Politikanalyse. Berlin u.a.O. 1988.

Kapitel 10 Das allgemeine keynesianische Modell

1. Das Vollbeschäftigungsgleichgewicht

In diesem Kapitel wollen wir das in keynesianischer Tradition entwickelte Makro-Modell von Teil II mit dem im letzten Kapitel analysierten Beschäftigungsaspekt verknüpfen. Damit bekommt neben der im keynesianischen Nachfragemodell im Vordergrund stehenden **Güternachfrage** auch das aus unternehmerischen Produktionsentscheidungen resultierende **Güterangebot** einen eigenen Stellenwert. Das ist der Grund, warum diese Totalanalyse von Nachfrage- und Angebotssektor in der Literatur auch als **neoklassische Synthese** bezeichnet wird. Denn beide ökonomischen Denktraditionen, die auf die effektive Nachfrage setzende **keynesianische** Sicht und die ausschließlich auf die Bestimmungsgründe des Güterangebots abstellende, ältere, klassisch-neoklassische Denkweise à la ADAM SMITH stehen nun nicht mehr gegeneinander, sondern erhalten durch ihre Synthese einen neuen, eigenständigen Erklärungswert.

Wir wollen im folgenden auf alle mathematischen Verfeinerungen verzichten und die graphische Exposition in den Vordergrund stellen.

Wenn wir uns erinnern, daß aus dem IS-LM-Modell das Nachfragegleichgewicht Y^d abzuleiten war, und aus dem Arbeitsmarkt und der Produktionsfunktion das Angebot Y^s resultierte, so liegt es nahe, die beiden graphischen Darstellungen miteinander zu kombinieren: das "neoklassische Fadenkreuz" und das IS-LM-Diagramm.

Die Abbildung 10.1 verdeutlicht das Gleichgewicht bei Vollbeschäftigung des in "Bildern geronnenen" allgemeinen keynesianischen Modells. Sie beinhaltet im Quadranten V das Gleichgewicht im Nachfragemodell (Güter- und Geldmarktgleichgewicht) und die daraus ableitbare Nachfragekurve Y^d im Quadranten IV. Als zweites Herzstück enthält sie im Quadranten II die Darstellung des Arbeitsmarktgleichgewichtes bei Vollbeschäftigung N^*.

Über die Produktionsfunktion im Quadrant III resultiert das Güterangebot Y^s bei Vollbeschäftigung. Beim Preisniveau P^* stimmen Güterangebot und Güternachfrage überein. P^* können wir also als gleichgewichtiges Güterpreisniveau bezeichnen.

Da uns das Arbeitsmarktgleichgewicht im Quadrant II den gleichgewichtigen Reallohn $(w/P)^*$ anzeigt, ist somit auch ein gleichgewichtiger Nominallohn w^* eindeutig bestimmt. Aufgrund der Identität

$$w = (w/P)P$$

liegt w^* auf dem Hyperbelast einer Hyperbel in den Variablen (w/P) und P. Sind beide Variablenniveaus bekannt, ist die Hyperbel eindeutig bestimmt.

Abbildung 10.1.: *Vollbeschäftigung im allgemeinen keynesianischen Modell*

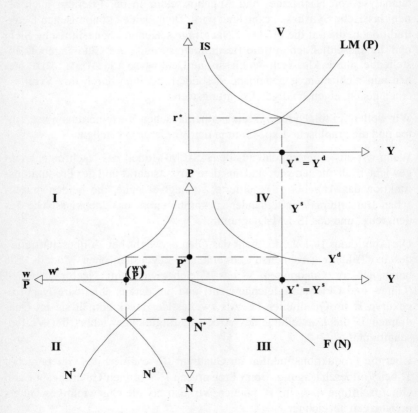

In unserem makroökonomischen Totalmodell gibt es also ein gesamtwirtschaftliches Gleichgewicht, in welchem alle Planungen der Angebots- und Nachfrageseite übereinstimmen. Das Güterangebot bei Vollbeschäftigung wird auch nachgefragt, oder anders, die effektive Nachfrage ist gleich dem gewinnmaximalen Güterangebot. Bei den hier angenommenen "normalen" Kurvenverläufen existiert ein solches Vollbeschäftigungsgleichgewicht immer und ist sogar eindeutig. Wir wissen aber, daß die ökonomische Realität durch alles andere als Vollbeschäftigung gekennzeichnet ist. Daher ist die eigentlich interessante Frage die, ob und wie dies in unserem Totalmodell abbildbar ist.

Bevor im nächsten Abschnitt dieser Frage nachgegangen wird, wollen wir uns überlegen, welcher ökonomische Mechanismus dieses Gleichgewicht bei Vollbeschäftigung zustande bringt. Verstehen wir diesen, so erleichtert uns dies die Erklärung und das Verständnis der eigentlich relevanten Ungleichgewichtssituation bei Arbeitslosigkeit.

Abbildung 10.2: _Anpassung der effektiven Nachfrage_

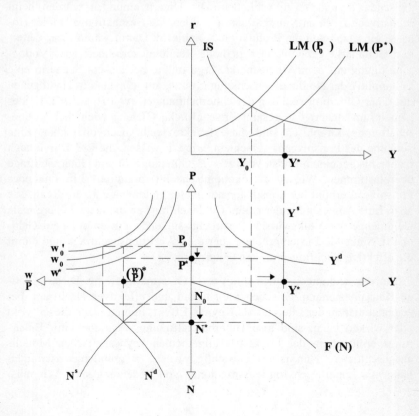

Eine zentrale Rolle in dem **Transmissionsmechanismus** zwischen Angebot und Nachfrage spielt das gesamtwirtschaftliche Preisniveau P. Gehen wir in Abbildung 10.2 einmal davon aus, daß die effektive Nachfrage in der mit "0" indizierten Ausgangssituation als **kürzere Marktseite** mit $Y^d < Y^s$ das Güterangebot dominiert.

Nehmen wir ferner an, der Reallohn auf dem Arbeitsmarkt entspräche dem gleichgewichtigen Reallohn $(w/P)^*$. Setzt sich nun die kürzere Marktseite durch, und passen sich die Unternehmen durch Beschäftigungs- und Produktionseinschränkung der geringeren effektiven Nachfrage an? Nein, sie senken das Güterpreisniveau P_0, stimulieren dadurch die mangelnde Nachfrage und führen die Ökonomie ins Vollbeschäftigungsgleichgewicht. Nehmen wir nun an, daß bei einem Ausgangspreisniveau P_0 auch der Reallohn größer als mit dem Arbeitsmarktgleichgewicht vereinbar ist. In diesem Fall würde ein Preisniveaurückgang allein nicht ausreichen, die Lücke zwischen Y^d und Y^s zu schließen. Die Unternehmungen würden beim Preisniveau P_0 einen Nominallohn w_0 zahlen, die Beschäftigung in der Höhe N_0 einsetzen und die Produktion Y_0 anbieten. Damit wären zwar Güter- und Geldmarkt geräumt. Der zu hohe Reallohn verhindert aber Vollbeschäftigung auf dem Arbeitsmarkt. Ergo müßte bei diesem Szenario eine Lohnpolitik der Nominallohnsenkung (von w_0 auf w^*) Hand in Hand gehen mit einer Güterpreissenkung der Unternehmungen (von P_0 auf P^*). Beides gemeinsam sichert das gesamtwirtschaftliche Gleichgewicht bei Vollbeschäftigung. Graphisch sind diese Effekte leicht nachvollziehbar. Eine Senkung des Preisniveaus verschiebt, wie wir wissen, die LM-Kurve nach rechts, bis bei einem Preisniveau $P^* < P_0$ Güterangebot und Güternachfrage übereinstimmen. Wie ist die ökonomische Interpretation? Ein sinkendes Preisniveau erhöht bei konstanter nominaler Geldmenge M die Realkasse M/P. Eine Angleichung der realen Geldnachfrage an die neue, höhere reale Geldmenge der Volkswirtschaft verlangt sinkende Zinsen auf dem Geldmarkt. Sinkende Zinsen erhöhen aber die Investitionsnachfrage und damit die effektive Nachfrage auf dem Gütermarkt.

Preisniveausenkungen haben somit reale Gütermarkteffekte. Diese wichtige Kausalbeziehung zwischen Preisniveau und effektiver Nachfrage bezeichnet man in der Literatur als **Keynes-Effekt**. Immer, wenn dieser wirkt oder wirken kann, sind also Unterbeschäftigungssituationen mit Beharrungsvermögen in der Logik des allgemeinen keynesianischen Modells ausgeschlossen. Nun ist es einsichtig, welche Begründungszusammenhänge für Unterbeschäftigungssituationen von Bedeutung sind. Wir müssen an den Ursachen der Unwirksamkeit des Keynes-Effektes ansetzen. Das ist Thema des nächsten Abschnittes.

> **Resümee:** *Im allgemeinen keynesianischen Modell werden die ökonomischen Bedingungen für ein Gleichgewicht bei Vollbeschäftigung präzisiert. Funktioniert der als Keynes-Effekt bezeichnete Transmissionsmechanismus zwischen Preisniveau und effektiver Nachfrage, herrscht Vollbeschäftigung.*

2. Das Unterbeschäftigungsgleichgewicht

Wir wollen drei typische Szenarien für Arbeitslosigkeit im allgemeinen keynesianischen Modell diskutieren, nämlich die sogenannte **Investitionsfalle**, die durch Gütermarktrigiditäten entsteht, die sogenannte **Liquiditätsfalle**, die auf Geldmarktrigiditäten beruht und die **Inflexibilität von Preisen**.

Die beiden ersten Situationen verstehen wir, wenn wir uns an einem Bild klarmachen, wie die IS- und die LM-Kurve beschaffen sein müssen, damit der Keynes-Effekt nicht wirksam werden kann.

Abbildung 10.3: *Investitions- und Liquiditätsfalle*

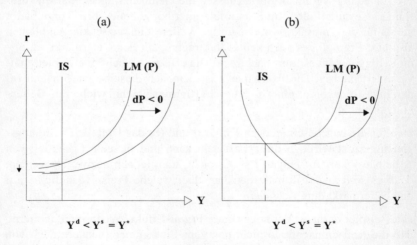

Im Fall (a) sprechen wir von der Investitionsfalle, da die Gütermarktkurve eine Vertikale ist. Das bedeutet, die Investitionsnachfrage ist zinsunelastisch. Damit ist die Übertragung der Preisniveausenkung vom Geld- auf den Gütermarkt verhindert. Der keynessche Transmissionsmechanismus funktioniert nicht. Die effektive Nachfrage Y^d bleibt auch bei deflatorischen Entwicklungen unverändert niedrig. Die gesamtwirtschaftliche Nachfragekurve ist eine Vertikale im P-Y-Orthanten des Fadenkreuzdiagrammes. Folglich nehmen die Unternehmungen ihre Produktion soweit zurück, bis das Güterangebot der effektiven Nachfrage entspricht - wenn wir von denkbaren Lagerhaltungsaufstockungen absehen.

Das Ergebnis ist Arbeitslosigkeit, wie wir uns aus der Übertragung von Abbildung 10.3 in Abbildung 10.2 leicht klarmachen können. Die Ursache liegt in der mangelnden effektiven Nachfrage, die selbst durch eine Preissenkung nicht hinreichend stimuliert werden kann. Wenn wir hier von "hinreichend" sprechen, so soll damit ausgedrückt werden, daß das obige Szenario eine Extremsituation kennzeichnet. Arbeitslosigkeit auf mittlere Frist wäre auch dann das Ergebnis, wenn Investitionen zwar zinselastisch reagierten, die Zinselastizität jedoch sehr gering ausfiele.

Im Fall (b) folgt das gleiche Resultat, die Ursachen liegen jedoch woanders. Die Investitionen sind zinselastisch, und die IS-Kurve hat einen "normalen" Verlauf. Im Schnittpunkt von IS- und LM-Kurve ist der Zinssatz niedrig. Er ist so niedrig, daß die Geldnachfrager, Zinserhöhungen erwarten. Eine Ausdehnung der realen Geldmenge M/P durch Senkung des Preisniveaus P veranlaßt infolgedessen die Geldnachfrager, ihre **Spekulationskasse** aufzufüllen. Im Extremfall einer horizontalen LM-Kurve bleibt nichts für die Transaktionskasse übrig. Weitere Zinssatzsenkungen bleiben also aus. Ergo gibt es auch keine Übertragung auf den Gütermarkt via Stimulierung der Investitionsnachfrage. Die effektive Nachfrage Y^d bleibt unverändert niedrig. Die Konsequenz ist demnach dieselbe wie im Fall (a) der Investitionsfalle: ein **Unterbeschäftigungsgleichgewicht** mit **Beharrungsvermögen**.

Daß für die hier beschriebenen Fälle (a) und (b) das Unterbeschäftigungsgleichgewicht wirklich **dauerhaft** sein kann und für eine Erklärung von Arbeitslosigkeit auf lange Frist ausreicht, muß jedoch bezweifelt werden, denn es sind andere Kanäle denkbar, über welche Preisniveaueffekte auf den Gütermarkt durchschlagen.

Ein Beispiel dafür ist der sogenannte **Pigou-Effekt**. Wenn man annimmt, daß die Konsumnachfrage nicht nur vom Einkommen, sondern auch von der Vermögenslage abhängt und c.p. auch mit steigendem Realvermögen wächst, so haben Preisniveauänderungen direkte Gütermarkteffekte. Betrachten wir die Kassenhaltung der Haushalte und damit die Geldmenge M

als Finanzvermögen des privaten Sektors, so ist es plausibel und auch durch ökonometrische Untersuchungen gestützt, daß die Erhöhung der realen Kasse M/P und damit des Finanzvermögens c.p. zu einer Mehrnachfrage im Konsum führt. Das bedeutet, in den beiden oben geschilderten Fällen **verschiebt** sich die IS- Kurve mit sinkendem Preisniveau P nach rechts, da die effektive Nachfrage steigt. Somit bewegt sich Y^d in Richtung Y^*, und das Unterbeschäftigungsgleichgewicht ist nicht stabil.

Aber auch hier muß man sich wieder den Erklärungsanspruch der Keynesschen Theorie vor Augen führen. Keynesianische Erklärungsmuster sind kurz- bis mittelfristiger Natur und überhaupt nicht auf langfristige Konstellationen anwendbar. Ist der nachfragestimulierende Vermögenseffekt à la PIGOU relativ schwach, und dafür sprechen viele ökonometrische Ergebnisse, sind sowohl die Investitions- wie die Liquiditätsfalle zwar aus didaktischen Gründen überzeichnet, gleichwohl sind sie aber empirisch relevante Erklärungsmuster für gesamtwirtschaftliche Unterbeschäftigungssituationen.

Wenn wir nun feststellen, welche wichtige Funktion dem gesamtwirtschaftlichen Preisniveau im Keynesschen Transmissionsmechanismus zukommt, ist es keine Überraschung, daß die Annahme rigider Preise gleichfalls eine Erklärung für Arbeitslosigkeit sein kann. Denn wenn Preise für ein Vollbeschäftigungsgleichgewicht zu hoch sind, kann der Keynes-Effekt nicht wirken, weil die Transmission gar nicht in Gang gesetzt wird.

Wir wollen uns einen solchen Fall graphisch verdeutlichen mit der Annahme, daß zwar das Preisniveau P, nicht aber der Nominallohn w variabel ist. Ist das Lohnniveau w_0 höher als das mit der Vollbeschäftigung kompatible Lohnniveau w^*, kann auch durch eine Senkung des gesamtwirtschaftlichen Preisniveaus die Vollbeschäftigung nicht erreicht werden, wenn z.B. aufgrund von Tarifverhandlungen eine Nominallohnsenkung ausgeschlossen ist.

Dieser Fall ist schon in der Erläuterung der Abbildung 10.2 zur Begründung des Vollbeschäftigungsgleichgewichtes kurz gestreift worden, soll aber in der Abbildung 10.4 noch einmal aufgenommen werden, da wir zeigen können, daß Nominallohnrigidität als Erklärung für eine positiv geneigte **Güterangebotsfunktion** $Y^s(P)$ mit $Y^{s\prime} > 0$ herangezogen werden kann. Ist $w^* < w_0$ und müssen sich Unternehmungen an dieses Nominallohnniveau anpassen, so werden sie sich gemäß ihrer Gewinnmaximierungsstrategie an der Arbeitsnachfragekurve orientieren.

Abbildung 10.4.: *Nominallohnrigidität und Unterbeschäftigung*

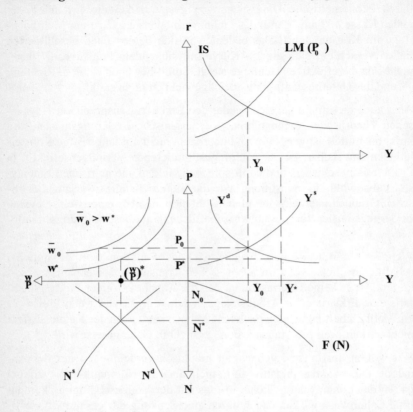

Mit steigendem Preisniveau steigt das Güterangebot und vice versa, da bei konstantem Nominallohnsatz w_0 ein steigendes Preisniveau den für die Produktionsentscheidungen maßgebenden Reallohnsatz vermindert. Folglich erhalten wir eine mit dem Preisniveau P steigende **Güterangebotsfunktion** $Y^s(P)$.

Dies können wir uns auch leicht auf analytischem Wege klarmachen. Weil die reallohnabhängige Arbeitsnachfragekurve das Güterangebot determiniert, gilt also

(1) $Y^s = Y^s(N^d) \equiv F(N^d(w_0/P))$,

und damit

(2) $$\frac{dY^s}{dP} = F' \frac{dN^d}{d(w_0/P)} \frac{d(w_0/P)}{dP} > 0.$$

Ein Unterbeschäftigungsgleichgewicht liegt dort, wo Y^s die Güternachfragekurve Y^d schneidet. Dies sei bei gegebenem w_0 beim Preisniveau P_0 der Fall. Sinkt P_0, wird zwar die Nachfrage stimuliert, nicht aber das Angebot. Es fällt, und damit würde sich eine Schere zwischen Nachfrage und Angebot öffnen. Folglich kann der Preismechanismus Güterangebot und -nachfrage nicht in Übereinstimmung bringen.

Bei einem rigiden Nominallohn w_0 würde sich ein Unterbeschäftigungsgleichgewicht mit einer Beschäftigung $N_0 < N^*$ einstellen.

> **Resümee:** *Im allgemeinen keynesianischen Modell lassen sich Unterbe-schäftigungssituationen begründen. Die Arbeitslosigkeit kann ein Beharrungsvermögen besitzen. Wir sprechen dann von einem* **Unterbeschäftigungsgleichgewicht.** *Auslöser dafür ist die Unwirksamkeit des* **Keynes-schen Transmissionsmechanismus** *bei bestimmten ökonomischen Konstellationen. Sind rigide, nichtmarkträumende Nominallöhne die Ursache für Arbeitslosigkeit, passen sich die Unternehmungen über eine preisniveauagible* **makroökonomische Güterangebotsfunktion** *den Marktbedingungen an.*

3. Staatliche Intervention im Unterbeschäftigungsgleichgewicht: Fiskal- und Geldpolitik

Im letzten Abschnitt haben wir drei mögliche **Beschäftigungsfallen** diskutiert. Im Beispiel der Investitionsfalle war eine unzureichende effektive Nachfrage Y^d die Ursache für Arbeitslosigkeit. Der Grund für die Dauerhaftigkeit dieses gesamtwirtschaftlichen Ungleichgewichtes war aber, daß zinsunelastische Investitionen den über sinkende Preise induzierten Zinsrückgang nicht in zusätzliche effektive Nachfrage auf dem Gütermarkt umzusetzen vermochten.

Man kann nun fragen, was passiert, wenn der Staat mit zusätzlichen Staatsausgaben die Nachfragelücke schließt.

Wir wissen aus Kapitel 6.6, daß Staatsausgaben G für Güter und Dienstleistungen die effektive Nachfrage erhöhen, so daß

(3) $$Y^d = C + I + G$$

die Nachfrage inklusive Staatsausgaben beschreibt und

(4) $$Y = C + I + G$$

die neue Gütermarktgleichgewichtsbedingung darstellt.

Wenn wir beachten, daß der Staat auch Steuern T erhebt und damit das den Haushalten für Konsum- und Sparzwecke verfügbare Volkseinkommen um die Steuerzahlungen verringert, können wir von der modifizierten Verwendungsgleichung

(5) $$Y - T = C + S$$

ausgehen. Fassen wir (4) und (5) zusammen, so erhalten wir mit

(6) $$S = I + D$$

eine um die staatliche Aktivität erweiterte Gütermarktgleichgewichtsbedingung, wenn

(7) $$D = G - T$$

das **Budgetdefizit** des Staates bezeichnet.

Da die Ersparnisse gemäß der Keynesschen Sparhypothese, dem Spiegelbild der Keynesschen Konsumhypothese, von dem für die Haushalte verfügbaren Einkommen abhängen und die Investitionen im allgemeinen zinsreagibel sind, beschreibt

(8) $$S(Y - T) = I(r) + (G - T)$$

implizit die IS-Kurve des Gütermarktgleichgewichtes. Gilt zusätzlich

$$G = T = 0 \text{ und } I = I_0,$$

so beschreibt dies den Spezialfall des Gütermarktgleichgewichtes bei zinsunelastischen Investitionen **ohne** staatliche Aktivität. Durch totale Differentiation von (8) erhalten wir dann mit

(9) $$S'dY = 0$$

die Bedingung einer vertikalen IS-Kurve. Denn $S' > 0$ ist die positive Sparquote, und somit ist $dY = 0$. Das aber heißt, die IS-Kurve des Gütermarktgleichgewichtes hat einen vertikalen Verlauf. Wollen wir wissen, wie zusätzliche Staatsausgaben ($dG > 0$) unter diesen Umständen die IS-Kurve verändern, so erhalten wir durch Differentiation von (8)

$$(10) \qquad\qquad S'\,(dY - dT) = dG - dT.$$

Nehmen wir mit $dG = dT$ an, daß die zusätzlichen Ausgaben durch Erhebung von Steuern gleicher Höhe finanziert werden, so können wir (10) umschreiben zu

$$(11) \qquad\qquad \left.\frac{dY}{dG}\right|_{\substack{IS \\ GT}} = 1,$$

dem **Staatsausgabenmultiplikator** bei Steuerfinanzierung im Gütermarktgleichgewicht.

Das hier auf analytischem Wege abgeleitete Ergebnis kennen wir bereits aus Kapitel 6.6 unter dem Namen **Haavelmo-Theorem**: Steuerfinanzierte Staatsausgaben wirken **expansiv**. Sie erhöhen die effektive Nachfrage im Gütermarktgleichgewicht um die Staatsausgaben G. Dies zeigt die Abbildung 10.5.

Abbildung 10.5: *Investitionsfalle und Staatsausgaben*

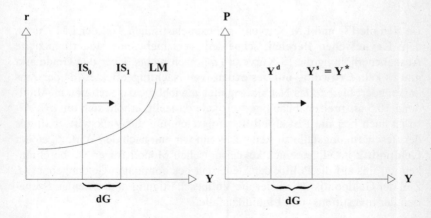

Im Fall zinsunelastischer Investitionen verschiebt sich die IS-Kurve in (a) um die Ausgabenerhöhung nach rechts. Wie wir aus dem letzten Abschnitt wissen, kann das in (b) als Verschiebung der vertikalen Güternachfragekurve Y^d interpretiert werden. Entspricht die staatliche Ausgabenerhöhung dG in der Höhe gerade der ursprünglichen Nachfragelücke $Y^* - Y^d$, so ist die staatliche **Fiskalpolitik** steuerfinanzierter Ausgabenerhöhungen voll wirksam: Der Staat führt die Volkswirtschaft aus der Investitionsfalle und sichert die Vollbeschäftigung.

Bei Vorliegen einer Liquiditätsfalle geht die Argumentation analog.

Abbildung 10.6: *Liquiditätsfalle und Staatsausgaben*

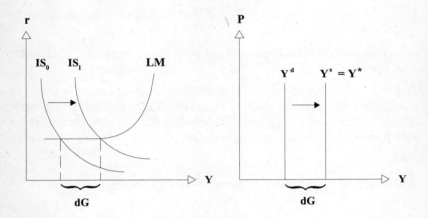

Da sich die IS- und LM-Kurven im zinsunelastischen Teil der LM-Kurve, dem **Keynesschen Bereich**, schneiden, verschiebt eine steuerfinanzierte Ausgabenerhöhung die IS-Kurve um dG nach rechts. Über den Geldmarkt gibt es kein **Crowding-out** des expansiven Nachfrageeffektes, da der Zins unverändert bleibt. Das Nachfragegleichgewicht Y^d, das sich wie in Abbildung 10.5 als preisunabhängige Vertikale darstellt, erhöht sich um dG. Also ist auch hier die **Fiskalpolitik** erfolgreich, um die Volkswirtschaft aus der Beschäftigungsfalle zu steuern. Wenn wir nun nach den Wirkungen der **Geldpolitik** im allgemeinen keynesianischen Modell fragen, so beschränken wir uns auf die Politik der Steuerung des nominalen Geldangebots M. Ziel der Geldpolitik ist wieder die Vollbeschäftigung in den beiden Szenarien der Investitions- und Liquiditätsfalle.

Die Güternachfragekurve stellt sich daher in beiden Fällen wieder wie in Abbildung 10.5 und 10.6 als Vertikale dar. Daher beschränken wir uns in der Darstellung auf die IS- und LM-Kurven.

Eine Ausdehnung der Geldmenge M führt c.p. zu einer Erhöhung der Realkasse M/P und damit zu einer Rechtsverschiebung der LM-Kurve. Sowohl im Fall (a) wie im Fall (b) ergibt sich jedoch keine Wirkung auf die effektive Nachfrage. In (a) deswegen nicht, weil sinkende Zinsen wegen zinsunelastischer Investitionen nachfrageunwirksam sind; in (b) nicht, weil trotz steigender nominaler Geldmenge die Zinsen aufgrund hoher Spekulationsbereitschaft nicht weiter sinken und somit trotz zinselastischer Investitionen keine Übertragung auf den Gütermarkt erfolgt. Wir können konstatieren:

Die Geldpolitik ist also in beiden Fällen unwirksam zur Beseitigung der Beschäftigungsfalle.

Abbildung 10.7: *Unwirksamkeit der Geldpolitik*

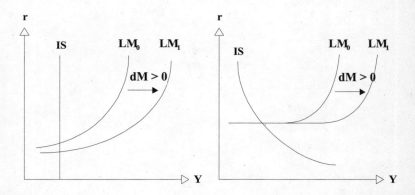

Da wir in Kapitel 7 analysiert haben, daß und wie andere geldpolitische Instrumente auf die Verschiebung der LM-Kurve wirken, ist alles hier Gesagte unmittelbar auf die Analyse der Wirksamkeit anderer Instrumente übertragbar.

Offen bleibt noch die Frage der Wirksamkeit von Geld- und Fiskalpolitik bei Vorliegen **starrer Nominallöhne**. Diese Situation ist schwerer zu analysieren, da die graphische Darstellung wegen des Auftretens gegenläufiger Effekte durch eine mathematische Analyse ergänzt werden muß. Diese, im Prinzip noch recht einfache Fragestellung der ökonomischen Wirkungsanalyse ist ein gutes Beispiel dafür, wie wichtig die Verwendung mathematischer Methoden schon zur Beantwortung simpler und damit erst recht komplexerer Phänomene der komparativen Statik ist.

Wenn wir auf die Standardgraphik des Fadenkreuzdiagrammes rekurrieren und uns auf die Wirkungsanalyse der **Fiskalpolitik** steuerfinanzierter Staatsausgaben beschränken, so wissen wir, daß bei "normal" verlaufenden IS- und LM-Kurven die IS-Kurve im **Haavelmo-Fall** von IS_0 nach rechts auf IS_1 verschoben wird, wenn mit $dG > 0$ die Staatsausgaben steigen. Also verschiebt sich auch Y_0^d nach rechts auf Y_1^d. Dies stellt den **expansiven** Nachfrageeffekt dar.

Abbildung 10.8: *Fiskalpolitik bei rigiden Nominallöhnen*

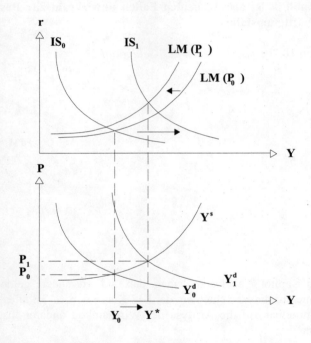

Die Güterangebotsfunktion Y^s hat bei festem Nominallohn w_0 (mit $w_0 > w^*$) einen steigenden Verlauf, wie wir aus Abbildung 10.4 wissen. Also impliziert ein Ausgleich von Güterangebot und -nachfrage eine Preisniveauerhöhung von P_0 auf P_1.

Ein steigendes Preisniveau vermindert aber die reale Geldmenge der Volkswirtschaft. Dies hat einen **kontraktiven** Effekt über den Geldmarkt zur Folge. Die LM-Kurve verschiebt sich nach links von $LM(P_0)$ auf

$LM(P_1)$. Welcher Effekt überwiegt, kann nur über eine mathematische Analyse abgeleitet werden. Erst aus dieser können wir ersehen, daß der **expansive** Nachfrageeffekt überwiegt und somit auch bei rigiden Nominallöhnen die Fiskalpolitik steuerfinanzierter Staatsausgaben die Volkswirtschaft aus der Beschäftigungsfalle führen kann.

Analoge Überlegungen für die **Geldpolitik** führen zu dem Ergebnis, daß in diesem Szenario auch die Geldpolitik beschäftigungswirksam sein kann.

Wir haben bisher die Auswirkungen der Fiskal- und Geldpolitik separat analysiert. Nun wollen wir in einem letzten Szenario auch den als **Policy Mix** bezeichneten kombinierten Einsatz beider Instrumentarien diskutieren.

Abbildung 10.9: *Policy Mix*

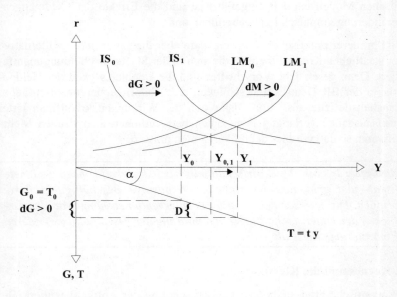

Beachten wir zudem die Forderung des **ausgeglichenen staatlichen Budgets**, so können wir in Abbildung 10.9 eine proportionale Einkommensteuer $T = tY$ mit dem Steuersatz t ($0 < t < 1$) als Gerade durch den Ursprung mit der Steigung $tan \, \alpha = t$ einführen. Eine Erhöhung der Staatsausgaben um $dG > 0$ verschiebt die IS-Kurve auf IS_1. Im neuen Nachfragegleichgewicht $Y_{0,1}$ reichen die durch die Einkommensteuer erzielten Steuermehreinnahmen jedoch nicht aus, um die Ausgabenerhöhung dG zu finanzieren. Es entsteht ein **Defizit** in Höhe von D. Also finanziert der Staat den Rest durch staatliche Geldschöpfung. Die Ausweitung der Geldmenge verschiebt die LM-Kurve nach rechts auf LM_1, bis in Y_1 das Defizit gleich null ist.

Die Bedeutung der Art der Finanzierung des staatlichen Budgetdefizits für die Wirksamkeit der Fiskalpolitik ist in den vergangenen fünfzehn Jahren in der Literatur intensiv diskutiert worden. Ausgangspunkt war ein Beitrag von BLINDER und SOLOW (1973), der unter dem Titel "Does Fiscal Policy Matter?" insbesondere die Alternative Kredit- versus Geldfinanzierung zum Thema hatte.

In unserem Beispiel haben wir die Alternative der Finanzierung über **Geldschöpfung** betrachtet. Dies deswegen, weil Geld in unserem makroökonomischen Modell explizit eingeführt ist und die Effekte der Geldmengenveränderung graphisch leicht abbildbar sind.

Von größerer praktischer Relevanz wäre aber die Finanzierungsalternative der staatlichen Kreditaufnahme, die sich in der Staatsverschuldung manifestiert. Denn gesetzliche Vorschriften und die Unabhängigkeit der Geldpolitik in der BR Deutschland schließen eine Geldfinanzierung öffentlicher Haushaltsdefizite aus. Eine Diskussion der Wirkungen kreditfinanzierter Staatsausgaben verlangt jedoch einen beträchtlichen analytischen Mehraufwand, so daß wir hier darauf verzichten müssen.

> **Resümee:** *In einer Volkswirtschaft mit Arbeitslosigkeit können geeignete fiskal- und geldpolitische Maßnahmen positive Beschäftigungseffekte bringen. Die Wirksamkeit staatlicher Interventionen hängt von den Ursachen der Unterbeschäftigung und im Falle der Fiskalpolitik von deren Finanzierungsweise ab.*

4. Keynes und die Klassiker

Ökonomische Fragestellungen wurden schon in der Antike diskutiert. Die ersten eigenständigen ökonomischen Denkschulen gab es jedoch erst später. Obwohl KEYNES alle seine Vorläufer als Klassiker bezeichnet, lohnt es sich, ein wenig mehr zu differenzieren. In der ökonomischen Dogmengeschichte hat es sich eingebürgert, den Beginn der Denkschule der **Klassiker** auf das Jahr 1776 zu legen, in welchem ADAM SMITH sein Werk "An Inquiry into the Nature and Causes of the Wealth of Nations" veröffentlichte. Diese vor KEYNES' "General Theory" wohl berühmteste Abhandlung legte den Grundstein für eine Vielzahl von Publikationen, die in den Jahren zwischen 1776 und 1830 insbesondere in England publiziert wurden, weswegen man vielfach auch von der **englischen Klassik** spricht.

Kennzeichen der klassischen Denkschule ist das Vertrauen auf das **Harmonieprinzip**, das am besten wohl in dem von ADAM SMITH geprägten Begriff der **Invisible hand** zum Ausdruck kommt. Diese unsichtbare Hand des **Preismechanismus** sorgt für einen Ausgleich von Angebot und Nachfrage auf allen Märkten, weil der Preismechanismus für eine **Koordination** aller Wirtschaftspläne sorgt. In diesem Denkgebäude kommt naturgemäß dem Staat keine Aufgabe zu. Im Gegenteil, durch staatliche Aktivitäten wird die Invisible hand an ihrer Koordinationsaufgabe gehindert. Somit sind der Staat und seine Wirtschaftspolitik, eine Ursache für Marktstörungen. Abweichungen von der Vollbeschäftigung sind also nicht durch staatliche Wirtschaftspolitik sondern durch wirtschaftspolitische Enthaltsamkeit des Staates zu bekämpfen. Hält der Staat sich an die ihm zugewiesene Rolle, für die Funktionsfähigkeit eines Rechtssystems und die Garantie des Privateigentums zu sorgen, können Abweichungen von der Vollbeschäftigung ausschließlich temporärer Natur sein.

Die Denkschule der **Neoklassik** spinnt diesen Faden fort, indem durch methodische Verfeinerungen ökonomische Verhaltensweisen explizit aus individuellen Optimierungskalkülen abgeleitet werden. Dem **marginalistischen Prinzip** das sich in Begriffen wie Grenzproduktivität und Grenznutzen widerspiegelt, fällt dabei eine besondere Rolle zu. Den Beginn der neoklassischen Periode sieht man in den Publikationen von LÉON WALRAS (1834-1910) und ALFRED MARSHALL (1842-1924). In zeitgeschichtlicher Abgrenzung endet die Neoklassik Mitte der 30er Jahre im 20. Jahrhundert mit der Publikation der zweiten zentralen Abhandlung der ökonomischen Dogmengeschichte, der "General Theory" von JOHN MAYNARD KEYNES (1883-1946) im Jahre 1936. In der Zeit der großen Depression der Weltwirtschaftskrise wurde offenkundig, daß ein Vertrauen auf die Selbstheilungskräfte des Marktes allein nicht ausreicht, die Massenarbeitslosigkeit der 30er Jahre in den Griff zu bekommen.

Erst mit einem neuen theoretischen Ansatz waren dauerhafte Unterbeschäftigungssituationen der Faktoren überhaupt zu erklären. Hierin liegt die große Bedeutung der Keynesschen Theorie. Durch die Entwicklung einer eigenständigen **makroökonomischen** Theorie konnte KEYNES nachweisen, daß das Vertrauen auf die Wirksamkeit des Preismechanismus im allgemeinen nicht gerechtfertigt ist. Er zeigte, daß bei jedem Beschäftigungsniveau ein Einkommens- und Nachfragegleichgewicht denkbar ist und der Preismechanismus erst dann wieder eine Rolle spielt, wenn alle Faktoren vollbeschäftigt sind. Der Keynesschen Theorie zufolge hängt das Volkseinkommen Y von der **effektiven Nachfrage** ab. Wenn die effektive Nachfrage zu gering ist, resultieren Arbeitslosigkeit und ein niedriges Volkseinkommen. Ist andererseits die effektive Nachfrage zu groß, droht Überbeschäftigung, die sich in Preissteigerungen entlädt.

Für die mikroökonomische Sicht der Klassiker war dies undenkbar. Die Klassiker waren der Ansicht, daß die Höhe des Volkseinkommens durch die Produktionskapazität bestimmt ist. Die verfügbaren Mengen an Produktionsfaktoren bestimmen, wieviel produziert werden kann. Die Menge, die produziert werden kann, wird auch produziert. Gesetzt den Fall, einige Arbeiter seien arbeitslos. Dies bedeutet, daß das Angebot an Arbeit größer ist als die Nachfrage. Nach Ansicht der Klassiker werden in diesem Fall die Löhne sinken, so daß bei niedrigerem Lohnniveau die ganzen verfügbaren Arbeitskräfte wieder eingestellt werden, weil der Lohnrückgang als Gewinnsteigerung interpretiert werden kann. Dies bedeutet, daß den Klassikern zufolge immer Vollbeschäftigung herrscht, weil eventuelle Störungen des Gleichgewichts auf Grund der Wirksamkeit des Preismechanismus ausgeglichen werden. Es resultiert also ein Sozialprodukt, das sich aus der zur Verfügung stehenden Arbeitsbevölkerung bestimmt. Auf diesem Wege ist auch das Volkseinkommen bestimmt.

Man kann sich natürlich fragen, ob die erzeugte Produktion auch zu verkaufen sei. Die Klassiker vertrauten in dieser Hinsicht auf das **Saysche Gesetz**. Diesem Gesetz zufolge schafft jedes Angebot seine eigene Nachfrage. Das Angebot an Gütern führt automatisch zu einer neuen Nachfrage nach Gütern; das bei der Produktion verdiente Geld wird unverzüglich wieder ausgegeben. Der wirtschaftliche Kreislauf pendelt sich stets auf demselben Niveau ein. Nach Ansicht der Klassiker ist dies immer das Vollbeschäftigungsniveau, weil der Preismechanismus nachgefragte und angebotene Arbeit zum Ausgleich bringt.

Die Kritik von KEYNES am System der Klassiker richtet sich sowohl gegen das Saysche Gesetz als auch gegen die angenommene, vollkommene Wirksamkeit der Preismechanismen. Das Saysche Gesetz trägt der abgeleiteten Funktion des Geldes, nämlich der Wertaufbewahrungsfunktion, nicht Rechnung. Es ist keineswegs sicher, daß jemand, der aus dem Verkauf von Gütern Geld erlöst hat, dieses Geld auch wieder vollständig ausgibt. Ein Teil des Geldes kann zur Vergrößerung des Betrages in der Spekulations-

oder Vorsichtskasse verwendet werden. Ein bestimmtes Gesamtangebot an Gütern garantiert nicht, daß die effektive Nachfrage auch entsprechend dem Angebot nachzieht. Die effektive Nachfrage kann zurückgehen; die Folge ist Arbeitslosigkeit.

Was den Lohn anbelangt, weist KEYNES darauf hin, daß die Klassiker allzusehr dem Kostenaspekt und zu wenig dem Einkommensaspekt Beachtung geschenkt haben. Der Lohn besitzt für den Unternehmer Kostencharakter und ist zugleich Einkommen für die Arbeitnehmer. Die Klassiker haben in der Hauptsache die Produktionsseite und weniger die Nachfrageseite untersucht. Ein Sinken der Löhne bedeutet weniger Kaufkraft in den Händen der Konsumenten, was außerdem die effektive Nachfrage ungünstig beeinflußt. Warum sollten die Unternehmer bei niedrigerem Lohn mehr Arbeiter beschäftigen, wenn gleichzeitig die Absatzmöglichkeiten eingeschränkt sind? Die Nachfrage nach Arbeitskräften ist in der Realität nicht lohnempfindlich. Viel wichtiger sind die Gewinnerwartungen der Unternehmer. Wenn diese entsprechend ausgeprägt sind, ist den Unternehmern das Lohnniveau völlig gleichgültig.

Eine ähnliche Ansicht äußerte KEYNES über den Zinsmechanismus. Der Unternehmer wird nicht mehr investieren, wenn der Zins niedriger ist. Auch die Investitionstätigkeit ist abhängig von **Erwartungen**. Die erwarteten Erlöse werden von den Unternehmern auf den Zeitpunkt der Investition abdiskontiert. Die interne Ertragsrate einer Investition wird mit dem Marktzins verglichen. Unternehmer investieren dann, wenn die interne Ertragsrate den Marktzins übersteigt. Wenn dies nicht der Fall ist, wird von der Investition abgesehen. Der Zins spielt also erst in zweiter Linie eine Rolle, nämlich nach der Diskontierung der erwarteten Erträge. Von primärer Bedeutung sind die Erwartungen in bezug auf die wirtschaftliche Entwicklung.

Auch was die Spartätigkeit anbelangt, glaubt KEYNES nicht so sehr an eine Beziehung zum Zins. Das Sparen ist mehr vom Volkseinkommen Y abhängig. Der Konsumfunktion zufolge besteht eine Funktionalbeziehung zwischen dem Konsum C und dem Volkseinkommen Y. Da das Sparen S das Komplement zum Konsum C ist, ist auch S eine Funktion von Y. Diese Beziehung wird als **Sparfunktion** bezeichnet. Während die marginale Konsumquote c das Verhältnis des zusätzlichen Konsums und des zusätzlichen Einkommens angibt, ist die marginale Sparquote s mit $c + s = 1$ das Komplement zur marginalen Konsumquote.

Hiermit verwarf KEYNES die Zinstheorie der Klassiker, und es ist daher begreiflich, daß er eine neue **Zinstheorie** entwickelte. In der Liquiditätspräferenztheorie gleicht der Zins i nicht die Investition I und das Sparen S aus, sondern Geldnachfrage und Geldangebot.

KEYNES steht dem Sparen anders gegenüber als die Klassiker. Bei den Klassikern ist S eine Alternative zum Konsum C. Den Klassikern zufolge wird investiert werden, wenn genügend gespart wurde. Der Sparprozeß induziert automatisch Investitionen. I und S gleichen sich über den Zinsmechanismus aneinander an. Wenn das Sparen S größer als die Investitionen I zu werden droht, fällt der Zins, so daß sich wieder $I = S$ einstellt. Einen ähnlichen Prozeß haben die Klassiker vor Augen, wenn I die Ersparnisse übersteigen sollte. Stets vertrauen sie auf die gleichgewichtserzeugende Wirkung des Preismechanismus.

Die Klassiker sehen das Sparen als außerordentlich wertvoll an, denn es fördert über die Investitionen die Produktivität und damit das wirtschaftliche Wachstum. Der Konsument wird im Rahmen ihrer Theorie als notwendiges Übel angesehen.

Bei KEYNES bedeutet Sparen Konsumverzicht. Warum sollten die Unternehmer den Betrag S leihen, um damit längere Produktionsumwege einzuschlagen? Das Sparen ist geradezu ein Hinweis darauf, daß die Konsumenten nicht geneigt sind, viel zu konsumieren. Die Gewinnerwartungen der Unternehmer sind schlecht, und sie werden aus diesem Grunde nicht investieren.

Wenn dies aber zu einem Unterbeschäftigungsgleichgewicht führt, weil die effektive Nachfrage zu gering ist, kann der Staat durch zusätzliche Ausgaben die effektive Nachfrage anregen. Über den Multiplikatoreffekt der Keynesschen Theorie vervielfältigt sich die Anregung der effektiven Nachfrage, so daß die zusätzlichen Staatsausgaben durchaus um vieles geringer sein können, als die ursprüngliche Nachfragelücke anzeigt.

Obwohl die Keynessche Theorie vor allem auf depressive Situationen anwendbar ist, scheint die Konstruktion des Begriffsapparates auch in einer Situation der Überbeschäftigung anwendbar zu sein. Die in jener Konjunkturphase auftretenden Phänomene können indes besser mit Hilfe der klassischen Theorie approximiert werden. Ein Nachfragestoß bei Ausgabengleichgewicht kann nur zu Preissteigerungen führen. In dieser Situation beginnt die Preispolitik interessant zu werden. Es kommt zu einer Art Wettstreit zwischen den Preisen der Investitions- und der Konsumgüterindustrie. Von einem realen Zuwachs des Volkseinkommens kann keine Rede sein. In dieser Situation kommt der klassische Gedanke in bezug auf die Rolle des Zinses im Ausgleichsprozeß von I und S zum Tragen. Sparen wird die Alternative zum Konsum.

Die Wirtschaft kommt dann bei einem höheren Preis- und Lohnniveau wieder zur Ruhe. In diesem Fall sorgt in der Tat der Preismechanismus für die Herstellung eines Gleichgewichtes. Die Anpassung über Preise und Löhne bringt aber eine Geldentwertung mit sich.

Bei einer Unterbeschäftigung, oder genauer: bei einer bestehenden Nachfragelücke, kommt die Keynessche Theorie zur Anwendung, derzufolge das Gleichgewicht vom Einkommen abhängt. Die Zinshöhe bestimmt sich aus dem Geldangebot und dem Ausmaß, in dem man auf die Liquidität verzichten will. Wenn die Nachfrage das Nachfragegleichgewicht überschritten hat, wird sich bei anhaltender effektiver Nachfrage ein Gleichgewicht durch Preisanpassung einstellen. In diesem Fall wird ein Großteil des verfügbaren Geldes in die aktive Sphäre der Ökonomie gepumpt. Das Zinsniveau reguliert dann das Ausmaß, in dem dieses Geld zu Investitionszwecken verwendet wird. Ein Gleichgewicht ist erreicht, wenn sich durch Variation des Zinses die Investitionen und die Ersparnisse einander angepaßt haben. Löhne und Preise steigen, bis Nachfrage und Angebot überall im Gleichgewicht sind.

Die vollkommen entgegengesetzte Ansicht der Klassiker über die Rolle des Zinses und den Zusammenhang von Geldangebot und -nachfrage spiegelt sich in der berühmten, nach PIGOU und MARSHALL bezeichneten **Cambridge-Gleichung**

(12) $$M = kPY$$

wider. Das Geldangebot M entspricht der Geldnachfrage. Diese hängt aber nicht vom Zinssatz ab. Es gibt keine spekulative Kassenhaltung und auch keine aus Vorsichtsmotiven. Geldhaltung wird ausschließlich durch das Transaktionsmotiv begründet. Sie ist also ein Vielfaches des realen Transaktionsvolumens Y, des Preisniveaus P und der durchschnittlichen **Kassenhaltungsdauer** k. Verwendet man die reziproke Schreibweise für k mit $v = 1/k$, so stellt

(13) $$Mv = PY$$

die **Quantitätsgleichung** der Klassiker dar. Dabei steht die Größe v für die **Umlaufgeschwindigkeit** des Geldes. Diese Vorstellung von Geld und Geldhaltung hat natürlich auch Implikationen für die Interpretation der Rolle des Geldes in der Volkswirtschaft. Bleiben die Kassenhaltungsneigung k oder die Umlaufgeschwindigkeit v konstant, so schlagen sich Änderungen der nominalen Geldmenge M nach Ansicht der Klassiker ausschließlich in einer entsprechenden Anpassung des Preisniveaus nieder. Das reale Sozialprodukt bleibt davon unberührt, oder anders: Geld bewirkt keine realen Effekte in der Ökonomie. Dies bezeichnet man auch als **Dichotomie** zwischen dem realen und dem monetären Sektor einer Ökonomie. Durch Geldpolitik steigen ausschließlich die Preise.

Es ist bemerkenswert, daß die Cambridge-Gleichung als klassische Interpretation des Geldmarktes aber als Spezialfall in der Keynesschen Liquiditätspräferenztheorie enthalten ist. Dort, wo die LM-Kurve in eine Vertikale übergeht, wird die Geldnachfrage zinsunelastisch. Deshalb sprechen wir auch vom **klassischen Bereich** der LM-Kurve.

Der als keynesianisch bezeichnete Bereich der "horizontalen" LM-Kurve ist durch eine hohe Zinselastizität der Geldnachfrage gekennzeichnet. Die Begründung dieses Bereiches durch die spekulative Kassenhaltung macht den eigentlichen Unterschied zwischen der klassischen Geldmarkttheorie und der keynesianischen Liquiditätspräferenztheorie aus.

> **Resümee:** _Die Keynessche Theorie hat der Makroökonomik zu ihrer heutigen Bedeutung verholfen. Der besondere Verdienst dieser Theorie ist es, zusätzlich zur allokationstheoretischen Ausrichtung der Klassik und Neoklassik dem Beschäftigungsproblem ein eigenständiges Erklärungsziel zuzuweisen._

5. Schlußbemerkung

Das allgemeine **keynesianische Modell** stellt eine Synthese zwischen zwei konkurrierenden ökonomischen Theorien dar. Auf der einen Seite steht der mikroökonomische Ansatz der Klassiker und Neoklassiker. Hier sind ökonomische Verhaltensweisen das Ergebnis von individuellen Optimierungskalkülen. Dauerhafte Ungleichgewichte haben in diesem Erklärungsansatz keinen Platz, da der Preismechanismus immer eine markträumende Koordinationsfunktion übernimmt. Im modernen Sprachgebrauch würde man es so ausdrücken, daß die Fragestellung der **Allokation** die zentrale Rolle spielt.

Auf der anderen Seite steht der makroökonomische Ansatz, der die Rolle makroökonomischer Aggregate und weniger das Wirken mikroökonomischer Optimierungskalküle betont. Insbesondere die für das Problem der **Beschäftigung** relevante Funktion der **effektiven Nachfrage** spielt bei **Keynes** die entscheidende Rolle. Die Möglichkeit, eine dauerhafte Unterauslastung der Produktionskapazitäten und damit **Arbeitslosigkeit** aus einer ökonomischen Theorie abzuleiten, war erstmals mit Hilfe der "General Theory" gegeben. Einen Zwang für die Erklärung solcher Phänomene übte die erlebte Realität der Weltwirtschaftskrise aus.

Wenn als Ursache für Arbeitslosigkeit die mangelnde effektive Nachfrage erkannt war, so gab neben dieser Diagnose des ökonomischen Problems die keynesianische Theorie zugleich einen Therapievorschlag. Durch zusätzliche Nachfrage des Staates ist diese Nachfragelücke auszufüllen und damit die Vollbeschäftigung zu sichern. Diese simple und für jedermann nachvollziehbare Kausalkette ökonomischer Phänomene machte sicher einen Teil des Erfolgsgeheimnisses der weltweiten Verbreitung und Anwendung des keynesianischen Gedankengutes aus. Daß es darüber hinaus möglich war, in der sogenannten **neoklassischen Synthese** ein gemeinsames Modell aus dem angebotsorientierten Ansatz und der nachfrageorientierten keynesianischen Theorie zu gießen, hat den Siegeszug dieses gemeinsamen Erklärungsansatzes durch die ökonomischen Lehrbücher beflügelt. Heute ist man nicht mehr so zuversichtlich wie noch in den 70er Jahren, daß durch **Deficit spending** und **kontrazyklische Fiskalpolitik** die kontraktiven und expansiven Bewegungen einer Volkswirtschaft "ausgesteuert" und **Konjunkturen** geglättet werden können, wenn nur der Staat es geschickt genug anfängt.

Heute stehen neben der keynesianischen Theorie der neoklassischen Synthese mindestens zwei andere konkurrierende Ansätze, der der **Monetaristischen Theorie** und der der **Rationalen Erwartungen**.

Während die Monetaristische Theorie dem **Sayschen Gesetz** wieder eine zentrale Funktion zuweist und in neoklassischer, marginalistischer Vorgehensweise das reale Problem der **Inflation** als Erklärungsziel nimmt, sind beim Ansatz der Schule der Rationalen Erwartungen sowohl die Beschäftigung wie auch die Inflation Erklärungsziele. In der Theorie der Rationalen Erwartungen ist für den Staat überhaupt kein Platz mehr. Nach der Hypothese rationaler Erwartungen von JOHN F. MUTH (1961) bilden alle ökonomischen Entscheidungsträger Erwartungen über die zukünftigen Preise. Die Erwartungen sind dann **rational**, wenn sie im Durchschnitt nicht enttäuscht werden. Denn letzteres setzt voraus, daß es systematische Irrtümer gäbe. Woher aber sollten diese kommen, wenn die subjektiven Erwartungen einzelner alle verfügbaren und relevanten Informationen nutzen? Vom Informationsstand abhängige Erwartungen bezeichnet man als **bedingte** Erwartungen. Wenn aber die Informationen allen kostenfrei zur Verfügung stehen und die Erwartungsbildung der Wirtschaftsobjekte in diesem Sinn rational erfolgt, ist staatliche Aktivität überflüssig, ja sogar schädlich. Denn der Staat hat ja annahmegemäß keine besseren Informationen als der Rest der Volkswirtschaft. Staatliche Eingriffe wären somit gleichbedeutend mit ökonomischen Störungen und würden, wenn sie nicht sogar zu volkswirtschaftlichen Verlusten führten, bestenfalls durch die ökonomische Realität konterkariert.

Eine solche Sicht der Dinge ist sicher sehr extrem und schwer in Einklang zu bringen mit den Erfahrungen der ökonomischen Realität. Dennoch haben auch derart überspitzte Erklärungsansätze ihren eigenen Wert. Ein solcher mag z.B. darin liegen, daß man von einer zu mechanistischen Sicht der Ökonomie abgeht, die man manchmal als **keynesianischen Hydraulismus** bezeichnet, und auch in keynesianisch orientierten Erklärungsmustern der Rolle der subjektiven Erwartungsbildung ein größeres Gewicht zumißt. Aber auch für solche weiterentwickelten Ansätze ist immer noch das Gedankengebäude der neoklassischen Synthese ein sehr brauchbarer Referenzrahmen. Ganz abgesehen davon, daß der didaktische Zugang zu dieser Theorie überaus eingängig ist.

Fragen und Aufgaben zum 10. Kapitel

1.) Was versteht man unter "neoklassischer Synthese"?

2.) Was versteht man unter "Keynes-Effekt"?

3.) Welche Rolle spielt das Güterpreisniveau im Transmissionsmechanismus zwischen Angebot und Nachfrage?

4.) Was ist ein Vollbeschäftigungsgleichgewicht?

5.) Welche Ursachen für Arbeitslosigkeit gibt es im allgemeinen keynesianischen Modell?

6.) Wie ist der ökonomische Hintergrund der sogenannten "Investitionsfalle"?

7.) Welche Rolle spielt der Pigou-Effekt hinsichtlich der Stabilität eines Unterbeschäftigungsgleichgewichtes?

8.) Diskutieren Sie im neoklassischen "Fadenkreuzdiagramm" das aus rigiden Preisen resultierende Unterbeschäftigungsgleichgewicht.

9.) Zeigen Sie graphisch, daß ein fester Nominallohn, der höher als im Vollbeschäftigungsgleichgewicht ist, eine Güterangebotskurve ableitbar macht.

10.) Welche Eigenschaften hat die in Aufgabe 9 ableitbare Angebotsfunktion?

11.) Welche Möglichkeiten gibt es für den Staat, eine Volkswirtschaft aus einer Beschäftigungsfalle herauszuführen?

12.) Was ist das verfügbare Einkommen, und welche Rolle spielt es im Gütermarktgleichgewicht?

13.) Welche Aussage macht das Haavelmo-Theorem?

14.) Was versteht man unter dem Crowding-out-Effekt zusätzlicher Staatsausgaben?

15.) Wie unterscheiden sich Geld- und Fiskalpolitik in bezug auf die Bekämpfung von Arbeitslosigkeit?

16.) Erläutern Sie graphisch den Effekt eines Policy mix auf den Staatsausgabenmultiplikator.

17.) Wie unterscheidet sich die Keynessche Theorie von dem klassischen und neoklassischen Paradigma?

Literatur zum 10. Kapitel

Blinder, Alan S.; Solow, Robert M. Does Fiscal Policy Matter? In: Journal of Public Economics 2. S. 319-337. 1973.

Felderer, Bernhard; Homburg, Stefan. Makroökonomik und neue Makroökonomik. Fünfte, verbesserte Auflage. Berlin u.a.O. 1991.

Friedman, Milton. The Role of Monetary Policy. In: American Economic Review 58. S. 1-17. 1968.

Keynes, John M. The General Theory of Employment, Interest and Money. 1936.

Marshall, Alfred (1890). Principles of Economics. Nachdruck der achten Auflage. London 1952.

Muth, John. F. Rational Expectations and the Theory of Price Movements. In: Econometrica 29. S. 315-335. 1961.

Ott, Alfred E.; Winkel, Harald. Geschichte der theoretischen Volkswirtschaftslehre. Göttingen 1985.

Ricardo, David (1817). Principles of Political Economy and Taxation. Nachdruck der dritten Auflage. London 1924.

Samuelson, Paul A. Foundations of Economic Analysis. New York 1947.

Smith, Adam (1776). An Inquiry into the Nature and Causes of the Wealth of Nations. Nachdruck. Oxford 1976. (Deutsche Übersetzung: Der Wohlstand der Nationen. München. 1974. Neu aus dem Englischen übertragen und mit einer Würdigung von Horst Claus Recktenwald.)

Walras, Léon (1874). Eléments d'économie politique pure; ou théorie de la richesse sociale. Nachdruck New York 1970.

Wenzel, Heinz-Dieter. Defizitfinanzierung als Instrument einer zielorientierten Finanzpolitik. Eine dynamische Analyse. Baden-Baden 1983.

Kapitel 11 Wachstum und Verteilung

1. Produktion, Wachstum und technischer Fortschritt

Bislang haben wir uns stets darauf beschränkt, das Volkseinkommen in einer bestimmten Periode zu betrachten. Nach Ansicht der Klassiker ist es durch die vorhandene Produktionskapazität determiniert, KEYNES zufolge durch die effektive Nachfrage. Die Synthese beider Gesichtspunkte, die wir im vorigen Kapitel verdeutlichten, kann weiter herausgearbeitet werden, indem wir uns die Determinanten des Volkseinkommens im Zeitablauf etwas näher ansehen.

Die Abbildung 11.1 zeigt, daß die gesamtwirtschaftliche Produktion in den zurückliegenden Jahren in Deutschland kontinuierlich und schnell gestiegen ist. Betrachten wir das **nominale** Sozialprodukt, so ist in diesem Wachstum natürlich auch der Anstieg der Preise enthalten. Doch wie wir sehen, hat auch die in konstanten Preisen gemessene **reale** Produktion beträchtlich zugenommen. Als Maßzahl für die gesamtwirtschaftliche Produktion ist in Abbildung 11.1 nicht das Volkseinkommen, sondern das **Bruttosozialprodukt** gewählt worden. Dies ist ein international üblicher Indikator für die gesamte Wertschöpfung einer Volkswirtschaft. In ihm sind die Abschreibungen enthalten, die als Verschleiß des Kapitalstocks natürlich nicht als Faktoreinkommen ausgezahlt werden können. Somit ist das bisher betrachtete Volkseinkommen, die Summe der Löhne und Gehälter, eine Nettogröße und als solche naturgemäß geringer als die Bruttowertschöpfung. Im Bruttosozialprodukt sind überdies die Güter mit ihren über den Markt gezahlten Preisen (Marktpreisen) enthalten. Diese sind aber durch staatliche Aktivitäten "verzerrt". So beinhalten die von den Konsumenten gezahlten **Konsumentenpreise** auch die indirekten Steuern. In Deutschland sind dies insbesondere die Mehrwertsteuern. Andererseits sind die von den Produzenten verlangten **Produzentenpreise** um die vom Staat gezahlten Subventionen zu niedrig. Somit kann man sagen: Das Bruttosozialprodukt ist die um die Abschreibungen und den Saldo von indirekten Steuern und Subventionszahlungen erhöhte **Nettowertschöpfung**, von welcher wir wissen, daß sie dem Volkseinkommen entspricht.

In der Statistik der VGR gibt es alternativ zum Konzept des Bruttosozialproduktes noch das des **Bruttoinlandsproduktes**. Da Deutschland eine **offene** Volkswirtschaft mit vielfältigen Güter- und Einkommensverflechtungen mit dem Ausland darstellt, macht es Sinn, zwischen der Wertschöpfung des Inlandes und der Wertschöpfung der Inländer zu unterscheiden.

Beide Größen unterscheiden sich durch den Saldo der Erwerbs- und Vermögenseinkommen zwischen Inländern und dem Rest der Welt. In Deutschland ist dieser Saldo in der Regel positiv, so daß das Bruttosozialprodukt im Schnitt in den letzten Jahren um etwa ein bis zwei Promille größer als das Bruttoinlandsprodukt ist.

Abbildung 11.1: *Bruttosozialprodukt*

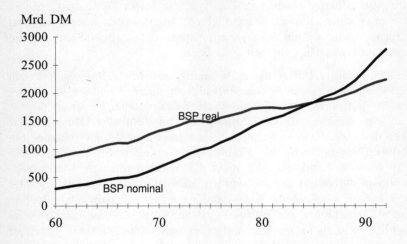

Quelle: StatBuAmt (1992), Statistisches Jahrbuch 1992, DBuBank (1993), Monatsbericht 2/93.

Betrachten wir die Entwicklung des Bruttosozialprodukts in der Zeit, so ist es nicht mehr sinnvoll, die Produktionskapazität als gegeben zu betrachten. Die Bevölkerung - und somit die Arbeitsbevölkerung - wächst, der Kapitalstock vergrößert sich, und die technische Entwicklung nimmt ihren Lauf. Diese Angebotsfaktoren bestimmen gewissermaßen die Produktionsgegebenheiten, wohingegen es von den Nachfragefaktoren abhängt, inwieweit die Produktionsmöglichkeiten ausgeschöpft werden. Betrachtet man die Faktoren, die die Höhe des Volkseinkommens in der Zeit bestimmen, dann können wir auf diesem Wege Angebots- und Nachfragefaktoren unterscheiden. Die Angebotsfaktoren beherrschen die Entwicklung der Produktionskapazität; die Nachfragefaktoren bestimmen den Grad, bis zu dem die Kapazität ausgelastet werden kann. Man sagt deshalb auch, die Nachfragefaktoren seien konjastureller und die Angebotsfaktoren struktureller Natur. Die Angebotsfaktoren untersucht man insbesondere in der **Wachs-**

tumstheorie, wohingegen die Nachfragefaktoren seit jeher in der **Konjunkturtheorie** behandelt werden. Die Wachstumstheorie konzentriert sich also vorwiegend auf die Faktoren, die das Angebot, d.h. die Produktionskapazität, bestimmen. Das Produktionspotential eines Landes hängt im allgemeinen von den Mengen und Qualitäten der Produktionsfaktoren, dem Ausmaß der Arbeitsteilung und dem Stand des technischen Wissens ab.

Die Menge Arbeit, die verfügbar ist, hängt vom Bevölkerungswachstum ab. Das Bevölkerungswachstum ist insofern ein Angebotsfaktor, als die Produktionskapazität vergrößert wird; es ist Nachfragefaktor insoweit, als mit einem Bevölkerungswachstum immer eine erhöhte Güternachfrage einhergeht. Aufgrund des Ertragsgesetzes kamen verschiedene Klassiker zu pessimistischen Ansichten in bezug auf Bevölkerungswachstum und Ernährungssituation. Aufgrund überschüssiger Arbeitskräfte sollten niedrige Arbeitslöhne resultieren und damit verbunden Armut und Elend. Insbesondere Thomas R. Malthus (1766-1834) war der Meinung, daß das Bevölkerungswachstum wesentlich stärker sei als das gleichzeitige Wachstum der Subsistenzmittel. Ein großer Teil der Bevölkerung müßte deshalb Hungers sterben. Malthus nahm ein derart starkes Bevölkerungswachstum an, daß er der technischen Entwicklung kaum Beachtung schenkte. In den Ländern der westlichen Welt nahm aber die Bevölkerung nicht so stark zu wie Malthus unterstellte. Aus diesem Grunde kommt dem **technischen Fortschritt** eine wichtige Rolle zu, nämlich zur Lösung der Spannung zwischen Bevölkerungswachstum und Wachstum der Subsistenzmittel beizutragen.

Indessen ist für den Wachstumsprozeß nicht nur die verfügbare Menge des Faktors Arbeit von Bedeutung, sondern vor allem dessen Qualität. Die Förderung von Unterricht und Bildung kann aus der Sicht der Wachstumstheorie als wachstumsfördernde Investition in menschliches "Kapital" angesehen werden. Eine derartige, auf **Humankapital** setzende Wachstumssprich Bildungspolitik ist eine der wichtigsten Maßnahmen, um das Wachstum des Sozialprodukts auf längere Sicht zu garantieren.

Auch im Hinblick auf den Produktionsfaktor Realkapital kann man Menge und Qualität unterscheiden. Wenn man mehr Kapital einsetzt, kann man mehr produzieren. Bei den Investitionen unterscheidet man in solche, die zu Capital-widening und solche, die zu Capital-deepening führen. Von **Capital-widening** spricht man, wenn z.b. einem Komplex von fünf Maschinen und zehn Arbeitnehmern eine sechste Maschine desselben Typs zugefügt wird, so daß auch zwei weitere Arbeitnehmer zu beschäftigen sind. Hingegen werden beim **Capital-deepening** Maschinen in Dienst gestellt, die die menschliche Arbeitskraft ersetzen. Es bedarf keiner Betonung, daß die **Arbeitsproduktivität**, d.h. die Produktion pro Arbeiterstunde, vor allem durch Capital-deepening stimuliert wird.

Die Produktion weiterer Kapitalgüter impliziert temporären Konsumverzicht; es ist nötig, entsprechend zu sparen. Sparen ermöglicht, weitere Produktionsumwege einzuschlagen.

Abbildung 11.2: *Gesamtwirtschaftliches Produktionspotential*

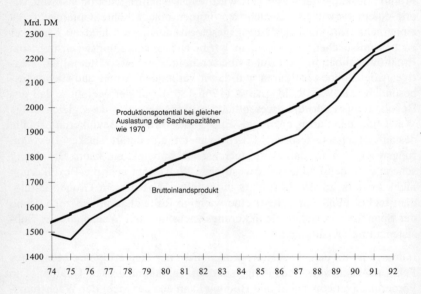

Quelle: SVR (1992), Jahresgutachten 1992/93, StatBuAmt (1992), Statistisches Jahrbuch 1992 und eigene Berechnungen.

Die Qualität der Kapitalgüter, die in den Produktionsprozeß eingebracht werden, wird vor allem durch die Entwicklung der Technik bestimmt. Die Fortschritte der Technik verkörpern die kreativen Fähigkeiten des Menschen.

Schließlich ist darauf hinzuweisen, daß die stets weitergehende Arbeitsteilung das **gesamtwirtschaftliche Produktionspotential** erhöht. Als solches verwendet der SVR in seinem Jahresgutachten die Summe der potentiellen

Wertschöpfungen der volkswirtschaftlichen Sektoren, wobei in die Potentialschätzungen die potentiellen Kapitalproduktivitäten eines jeweiligen Sektors eingehen. Diese wiederum werden in einem komplizierten Rechenmodus in Abhängigkeit vom konjunkturellen Trend berechnet.

Man sieht, daß das Wachstum des Bruttoinlandsproduktes durchaus nicht stetig steigend erfolgt. Es gibt zwei große Brüche in den Jahren 1975 und 1982. Verdeutlicht man diese Entwicklung mit den Daten aus Abbildung 11.1, so kann man die **Konjunktur** als Zeitreihe der Wachstumsraten des realen Bruttosozialproduktes beschreiben. Nimmt man als **Deflator** den Index der Lebenshaltungspreise, so spiegelt sich die Unterauslastung des Produktionspotentials in temporär niedrigen Wachstumsraten wider - mit sogar negativen Wachstumsraten für die Jahre 1975 und 1982.

Abbildung 11.3: *Wachstumsraten des realen BSP*

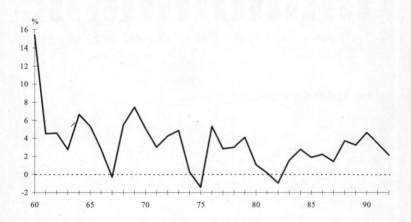

Quelle: StatBuAmt (1992), Statistisches Jahrbuch 1992, DBuBank (1993), Monatsbericht 2/93.

Einen alternativen Zugang zur Beschreibung dieser konjunkturellen Phänomene bekommt man durch die vom Sachverständigenrat jährlich berechnete Gegenüberstellung von **Auslastungsgrad** des Produktionspotentials und der **Kapitalproduktivität**. Dabei gibt der Auslastungsgrad in Prozenten die tatsächliche Relation zwischen realem Anlagevermögen und berechnetem Produktionspotential an und die Kapitalproduktivität als Kehrwert des Kapitalkoeffizienten den Produktionszuwachs pro Mehreinsatz des Kapitals an.

Abbildung 11.4a: *Auslastungsgrad*

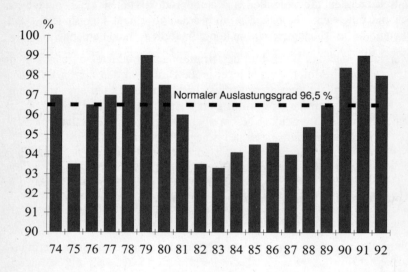

Abbildung 11.4b: *Kapitalproduktivität*

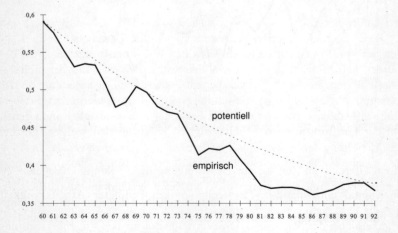

Quelle: SVR (1992), Jahresgutachten 1992/93.

Von den erwähnten Wachstumsfaktoren ist die technische Entwicklung der wohl spektakulärste. Zugleich ist sie aber der am wenigsten greifbare Faktor, obwohl wir alle täglich die Resultate des technischen Wandels vor Augen haben. Meist definiert man die technische Entwicklung im engeren Sinne. Sie schließt dann Veränderungen ein, die sich speziell beim Einsatz der Produktionsfaktoren Arbeit und Kapitel ereignen und durch die pro Arbeiterstunde eine größere Produktion zu erreichen ist. Hierzu ist zu bemerken, daß die technische Entwicklung fast immer neben quantitativen Aspekten auch qualitative umfaßt. So ist es etwa offensichtlich, daß im Verlauf des technischen Wandels eine Vielzahl neuer Produkte entwickelt wird. Aus diesem Grunde kann man versuchen, die technische Entwicklung in einer weiteren Definition zu fassen. Im weiteren Sinne spricht man von **technischem Wandel**, wenn alle Aspekte berücksichtigt werden, die eine Änderung der Bedingungen, unter denen die Produktion stattfindet, mit sich bringen. In diesem Sinne ist z.B. eine weitergehende Arbeitsteilung ein Aspekt des technischen Wandels.

Ob man nun technischen Wandel im engen oder im weiten Sinne definiert, hat keinen Einfluß darauf, daß die Fortschritte in der Technik einen fundamentalen Einfluß sowohl auf fast alle wirtschaftlichen Tatbestände besitzen, als auch auf eine sehr große Zahl nicht in das Feld der Volkswirtschaftslehre zu rechnender Phänomene. Fortschritte im technischen Wissen lassen selbst theologische Überlegungen nicht unberührt.

Es ist notwendig, der Beziehung zwischen dem technischen Wandel und der Beschäftigungssituation besondere Beachtung zu schenken. Im Rahmen der von MARX entworfenen Sicht des Wirtschaftsprozesses wird behauptet, daß Fortschritte der Technik unweigerlich zu **Massenarbeitslosigkeit** führen. In diesem Zusammenhang denkt man insbesondere an die Substitution menschlicher Arbeit durch Kapital, was wiederum zur Freisetzung von Arbeitskräften führt. Diese Form der Arbeitslosigkeit muß genau von der **konjunkturellen** Arbeitslosigkeit unterschieden werden, die bei der Darstellung der keynesianischen Theorie angesprochen wurde. Dort lag die Ursache in der unzureichenden effektiven Nachfrage, und als Ergebnis blieben sowohl der Produktionsfaktor Arbeit als auch der Produktionsfaktor Kapital unbeschäftigt. Bei technologisch bedingter Arbeitslosigkeit liegt die Ursache der Freisetzung in der technischen Entwicklung und nicht in unzureichender Nachfrage. Die Verhältnisse auf der Angebotsseite des Wirtschaftsprozesses haben sich geändert. Diese technologisch bedingte Arbeitslosigkeit ist ein Spezialfall der **strukturellen** Arbeitslosigkeit, die im allgemeinen durch Störungen auf der Angebotsseite der Wirtschaft entsteht.

Die Marxsche Prognose, nach der der Kapitalismus unter dem Einfluß des Fortschritts der Technik zu Massenarbeitslosigkeit führen sollte, ist nicht eingetroffen. Einerseits gab es neben arbeitssparendem technischen Fortschritt auch eine kapitalsparende technische Entwicklung. Andererseits ist durch die Kapitalakkumulation auch eine Nachfrage nach Arbeitskräften entstanden. Andauernde Massenarbeitslosigkeit ist bis heute deshalb nicht zu verzeichnen gewesen.

Wohl ist erkennbar, daß sich durch den Fortschritt in der Technik eine Freisetzung von Arbeitskräften in verhältnismäßig bescheidenem Rahmen ereignet. Diese können jedoch nach meist nur kurzer Zeit an anderer Stelle des Produktionsprozesses wieder Arbeit finden. Die Probleme der Umschulung und des Arbeitsplatzwechsels dürfen dabei aber nicht unterschätzt werden. Hartnäckige Arbeitslosigkeit struktureller Art gehört seit Jahren in einigen strukturschwachen Regionen unseres Landes zur Tagesordnung. Die Kapitalbildung, z.B. in Form der Industrialisierung, reicht nicht aus, um sämtliche Arbeitskräfte zu beschäftigen. Dieser strukturelle Kapitalmangel muß genau von unzureichender Nachfrage unterschieden werden, durch die konjunkturelle Arbeitslosigkeit entsteht. Auch aus wirtschaftspolitischer Sicht ist diese Begriffstrennung von außerordentlicher Bedeutung, denn abhängig vom Typus der Arbeitslosigkeit müssen unterschiedliche Maßnahmen ergriffen werden.

Allgemein kann festgehalten werden, daß die Arbeitsmarktpolitik als Folge der technischen Weiterentwicklung eine stark mikroökonomische und langfristige Orientierung erfordert, wobei der strukturellen Entwicklung des Wirtschaftsprozesses große Bedeutung zukommt. Dennoch aber haben wir in Deutschland eine anhaltend hohe Unterauslastung des Faktors Arbeit. Probleme dieser Art wollen wir im nächsten Abschnitt daher gesondert beachten. Man kann also sagen, die Angebotsfaktoren determinieren in Verbindung mit den Wirkungen des technischen Wandels die zur Erzeugung des Volkseinkommens verfügbare Produktionskapazität. Das Produktionspotential seinerseits wird von den Konsumenten, den Produzenten, dem Staat und dem Ausland in Anspruch genommen. Die von Konsumenten und Produzenten entwickelte effektive Nachfrage wurde bereits ausführlich behandelt. In den noch folgenden Kapiteln werden die staatliche Aktivität und die außenwirtschaftlichen Beziehungen noch zur Sprache kommen müssen. Aus dieser Tatsache ist also die Bedeutung der Nachfragefaktoren im allgemeinen bereits zu ersehen.

Was den Umfang der effektiven Nachfrage anbelangt, gibt es drei Möglichkeiten: Die Nachfrage kann so gering sein, daß nicht die ganze Produktionskapazität ausgelastet werden kann, die Nachfrage hat genau die der Produktionskapazität angemessene Höhe und schließlich kann die Nachfrage noch größer sein als die Produktion, die maximal erzeugt werden könnte. Im ersten Fall ist die faktische Größe des Volkseinkommens in der Tat durch die Nachfrage determiniert. Tatsächlich wäre die Volkswirtschaft in der Lage, mehr zu produzieren; das Arbeitspotential ist nicht voll ausgenutzt. Es herrscht Arbeitslosigkeit. Das Wachstum des Volkseinkommens stagniert nicht aufgrund unzureichender Angebotsfaktoren, sondern durch Ursachen, die auf der Nachfrageseite liegen. Man spricht in diesem Fall auch von einem **Nachfragedefizit**.

Im zweiten Fall wird stets produziert werden, was maximal überhaupt erzeugt werden kann. Die Nachfrage bewegt sich gleichsam im Gleichschritt mit dem Angebot. Der Arbeitsmarkt ist im Gleichgewicht; an keiner Stelle sind Engpässe zu erkennen.

Dem dritten Fall, der Situation der Überbeschäftigung, kommt in der letzten Zeit in Deutschland eine geringere Aktualität zu. Wie man aus den Abbildungen 11.2 und 11.4 erkennen kann, ist diese Konstellation in den letzten zwanzig Jahren eigentlich nur 1973, 1979 und 1991 gegeben gewesen. In diesen Jahren war das Produktionspotential nahezu voll ausgelastet. Dies bedeutete, daß das reale Volkseinkommen im Wachstum durch die Produktionskapazität begrenzt und die Höhe des nominalen Volkseinkommens durch die Nachfrage bestimmt war. Wann immer aber die Nachfrage größer als die an sich auch wachsende Produktionskapazität ist, müssen die Preise steigen. Im Wirtschaftsleben spricht man in diesem Fall von einer Hochkonjunktur oder Boomphase. Der Arbeitsmarkt ist überbeansprucht, d.h. es werden mehr Arbeitskräfte nachgefragt als vorhanden sind. Die anhaltende Nachfrage schafft ein günstiges Investitionsklima. Anfangs werden auch leicht und ohne Schwierigkeiten Kredite eingeräumt. Auf die Dauer schlagen die Engpaßerscheinungen aber auch auf den Kapitalmarkt durch. Es bildet sich ein Mangel an Finanzierungsmitteln heraus, die Banken werden etwas zurückhaltender, der Zins steigt. Einige Unternehmungen geraten in Liquiditätsschwierigkeiten. In verschiedenen Fällen wird offenbar, daß man allzu enthusiastisch auf die Nachfrage reagiert hat, so daß Überkapazitäten entstanden sind. Wenn diese Erscheinungen in größerem Umfang auftreten, spricht man von einer Wirtschaftskrise. Die Hochkonjunktur kann dann in eine **Rezession** umschlagen. Die Nachfrage ist rückläufig; Produktionsfaktoren werden freigesetzt. Die unter dem Einfluß der

Nachfragefaktoren stehenden Auf- und Abbewegungen der Wirtschaft nennt man **Konjunktur**. Gegenwärtig sind die konjunkturellen Bewegungen weit weniger ausgeprägt als in früheren Zeiten.

Die deutsche Volkswirtschaft befand sich Ende der 80er und Anfang der 90er Jahre in einer länger als üblich anhaltenden Aufschwungphase. Während in den meisten OECD-Ländern und insbesondere in den USA und Großbritannien erste Anzeichen einer beginnenden Rezession schon nach Mitte der 80er Jahre erkennbar waren, boomte die deutsche Volkswirtschaft (auf dem Gebiet der alten BR Deutschland) im Jahre 1990 mit einer realen Wachstumsrate des BSP von mehr als 4,6 Prozent, einem Wert, der letztmals im Jahre 1976 erreicht wurde. Das hohe Wachstum zu Beginn der 90er Jahre ist umso bemerkenswerter , da es innerhalb einer schon lange andauernden Aufschwungphase, und nicht wie 1976, im ersten Aufschwungjahr nach einer tiefen Rezession, auftritt.

Man schätzt, daß etwa zwei Prozentpunkte der Wachstumsrate des BSP dem Prozeß der deutschen Einigung zuzuschreiben sind.

Der Übergang von der "real existierenden" sozialistischen Planwirtschaft in die Wettbewerbswirtschaft der **Sozialen Marktwirtschaft** hat damit schon im ersten Jahr Erfolge gezeigt, die von vielen Ökonomen noch bei der Unterzeichnung des Staatsvertrages über die deutsch-deutsche Wirtschafts-, Währungs- und Sozialunion vom 1. Juli 1990 für undenkbar gehalten wurden. Die eine Ursache dafür ist sicher, daß marktorganisierte und sozial abgefederte "Eigennutzsysteme" den zentral geplanten Kollektivwohlgemeinschaften um Längen an ökonomischer Effizienz und wohl auch an Verteilungsgerechtigkeit überlegen sind. Somit war die Einführung der Sozialen Marktwirtschaft die beste Investition, die denkbar war.

Eine andere Ursache war aber sicher auch die Stimulierung der effektiven Nachfrage der Bevölkerung der neuen Bundesländer und damit keynesianischer Natur.

Der keynesianische Wachstumsimpuls hat nach 1990 beträchtlich abgenommen. 1991 betrug die westdeutsche Wachstumsrate zwar noch 3,7 Prozent; in 1992 waren es aber nur noch knapp 1 Prozent und 1993 wird ein leicht negatives Wachstum erwartet. Dies zeigt, daß keynesianische Nachfragepolitik kein Heilmittel für Strukturprobleme einer Volkswirtschaft darstellt, sondern nur temporär erfolgreich stimuliert.

Andererseits aber sollte man sich immer wieder vor Augen führen, daß ein hohes Wachstum der volkswirtschaftlichen Produktion nicht per Saldo mit einer Zunahme der gesamtwirtschaftlichen **Wohlfahrt** verbunden sein muß.

Wohlfahrt knüpft mit ihrem Begriffsinhalt am realisierten Niveau der Bedürfnisbefriedigung an. Denkbar aber ist z.b., daß wir unsere Produktion vergrößern können, indem wir am Samstag arbeiten. Dann sprechen wir von Wachstum im Sinne einer Zunahme der Produktion. Wenn die zusätzliche Produktion weniger hoch gewertet wird als die verlorene Freizeit, dann wird auf diese Weise unsere Wohlfahrt abnehmen. Obwohl als Wachstumskriterium meist die volkswirtschaftliche Produktion pro Kopf der Wohnbevölkerung gewählt wird, sollte man diesem Maß keine absolute Bedeutung zumessen.

Außerdem muß noch einmal auf die Nachteile des Wachstums der Produktion unter ökologischen Gesichtspunkten hingewiesen werden. Negative externe Effekte des Produktionswachstums, wie das Einleiten von Kühlwasser in Flüsse, die Verunreinigung der Luft, die Lärmentwicklung und die Vernichtung der natürlichen Umwelt, müssen im Rahmen der Wohlfahrtsökonomik explizit berücksichtigt werden. Aus diesem Anlaß ist eine Relativierung des Wachstumsindikators **Pro-Kopf-Produktion** geboten. Die heute angewandte Sozialproduktberechnung beinhaltet derlei Aspekte überhaupt nicht. Notwendig ist also eine Reform des Berechnungsmodus. Überlegungen und Vorschläge dazu gibt es bereits. Es ist zu erwarten, daß in den nächsten Jahren in Deutschland den ökologischen Aspekten des Wirtschaftswachstums durch regelmäßige Ergänzungsrechnungen zur traditionellen VGR in Form sogenannter **Satellitenkonten** Rechnung getragen wird.

Resümee: Das Wachstum des Produktionspotentials wird von verschiedenen Faktoren, wie etwa von Menge und Qualität von Arbeit und Kapital sowie Fortschritten im technischen Wissen, determiniert. Hohe Wachstumsraten der Produktion sind aber nicht notwendigerweise Indizien für eine gesamtwirtschaftliche Wohlfahrtssteigerung. Insbesondere den ökologischen Gesichtspunkten muß in der gesamtwirtschaftlichen Erfolgsrechnung künftiger Jahre ein stärkeres Gewicht gegeben werden.

---

2. Beschäftigung und Arbeitslosigkeit

Die Entwicklung von Wachstum und Beschäftigung war zu Beginn der 80er Jahre ein vieldiskutiertes Thema. Unter dem Stichwort **Eurosklerose** verstanden viele Ökonomen das Zurückbleiben des alten Kontinents gegenüber den dynamisch expandierenden Volkswirtschaften der USA und des asiatischen Raumes. Diese Einschätzung war vielleicht für die erste Hälfte der 80er Jahre richtig. Die Tabelle 11.1 macht jedoch deutlich, daß sie für die zweite Hälfte der 80er und die beginnenden 90er Jahre wohl revidiert werden muß.

Tabelle 11.1: *Wachstum und Beschäftigung, durchschnittliche jährliche Veränderung in v.H.*

	Sozialprodukt		Beschäftigung	
	1985-1988	1989-1992	1985-1988	1989-1992
USA	3,1	1,0	2,6	0,7
Japan	4,5	4,0	1,0	1,6
EG (12)	3,1	2,2	1,0	0,7

Quelle: Kommission der EG, Generaldirektion Wirtschaft und Finanzen, Europäische Wirtschaft Beiheft A, Januar/Februar 1993.

Der Abstand der europäischen OECD-Länder zu Japan hat sich zwar im Sozialprodukts- wie im Beschäftigungswachstum leicht vergrößert; im Vergleich zu den USA sind die Länder des alten Kontinents jedoch im Sozialproduktswachstum in eine Vorreiterrolle gewechselt. Das Bild der konjunkturellen Lokomotivfunktion der USA stimmt nicht mehr. Einer der dafür maßgebenden Gründe ist sicher die Binnenmarktdynamik der EG.

Die Beschäftigung stieg seit Mitte der achtziger Jahre kontinuierlich. Man schätzt, daß von 1984 bis 1990 in der EG (12) über 8 Mio. neue Arbeitsplätze geschaffen wurden. Trotzdem bleibt in allen westlichen Volkswirtschaften ein hoher Sockel an Arbeitslosigkeit. Dies verdeutlichen die Tabellen 11.2 und 11.3.

Die Ursachen für diese Unterauslastung des Arbeitskräftepotentials sind länderspezifisch unterschiedlich. Sie sind aber sicher nicht vorwiegend konjunktureller Art, sondern eher struktureller Natur. Ein Blick in die Arbeitsmarktstatistik der BR Deutschland zeigt, daß die Erwerbstätigkeit im Verlauf der sechziger, siebziger und achtziger Jahre trendmäßig nahezu konstant bleibt und erst in der zweiten Hälfte der achtziger und zu Beginn der neunziger Jahre eine trendmäßige Zunahme aufweist. Konjunkturelle Einbrüche gab es in den Rezessionsjahren. Der Beschäftigungstiefpunkt von 1976 mit 26 Mio. Erwerbstätigen war schon 1980 voll überwunden.

Tabelle 11.2: *Erwerbstätige im internationalen Vergleich, Veränderung gegenüber dem Vorjahr in Prozent*

	1964-1989	1990	1991	1992
Belgien	0,2	1,1	-0,3	-0,7
Dänemark	**0,8**	**-0,5**	**-0,9**	**-0,7**
Deutschland 1)	*0,2*	*3,0*	*2,6*	*0,8*
Frankreich	**0,3**	**1,0**	**0,4**	**-0,2**
Griechenland	0,4	0,2	-2,0	-0,5
Großbritannien	**0,4**	**0,7**	**-3,1**	**-2,3**
Irland	0,1	3,3	-0,1	0,1
Italien	**0,4**	**1,1**	**0,8**	**0,1**
Luxemburg	1,1	4,3	3,6	1,5
Niederlande	**0,5**	**2,3**	**1,3**	**0,4**
Portugal	0,0	0,9	0,9	-0,2
Spanien	**0,1**	**2,8**	**0,2**	**-1,6**
Europa	0,3	1,6	0,1	-0,5
USA	**1,9**	**1,2**	**-1,6**	**0,7**
Japan	1,0	2,1	1,9	0,5

1) alte Bundesländer.

Quelle: Kommission der EG, Generaldirektion Wirtschaft und Finanzen, Europäische Wirtschaft Beiheft A, Januar/Februar 1993.

Mit einer Beschäftigung von ca. 27,8 Mio. wurde damit der 73er Höchststand der sechziger und siebziger Jahre wieder erreicht. Auch nach der Rezession zu Beginn der achtziger Jahre, die zwischen 1980 und 1983 zu einer Schrumpfung der Erwerbstätigenzahl von 0,7 Mio. führte, erholte sich die Beschäftigung kontinuierlich. Bereits 1987 wurde der Beschäftigungshöchststand von 1980 wieder erreicht. Bis Ende 1990 stieg die Beschäftigung auf den seit Bestehen der BR Deutschland nie vorher realisierten Höchststand von 28,4 Mio. Sie lag damit um 2,1 Mio. über dem Stand von 1983. Bis Ende 1992 stieg sie bis über 29,5 Mio.; im Jahre 1993 ist die Beschäftigungsentwicklung dagegen leicht rückläufig auf ca. 29 Mio. am Jahresende. Der Beschäftigungsboom zu Beginn der neunziger Jahre ist ein Spiegelbild des kräftigen Wachstums des Bruttosozialprodukts, das z.B. 1990 um real 4,9 Prozent (in den alten Bundesländern in Preisen von 1985) so stark gewachsen ist wie seit 1976 nicht mehr.

Tabelle 11.3: *Arbeitslosenquote im internationalen Vergleich*

	1964-1989	1990	1991	1992
Belgien	6,4	7,6	7,5	8,2
Dänemark	**4,6**	**8,1**	**7,9**	**9,5**
Deutschland 2)	*3,4*	*4,8*	*4,2*	*4,5*
Frankreich	**5,6**	**9,0**	**9,5**	**10,1**
Griechenland	4,8	7,2	7,7	7,7
Großbritannien	**5,7**	**7,0**	**9,4**	**10,8**
Irland	10,3	14,5	16,2	17,8
Italien	**7,3**	**9,9**	**10,2**	**10,2**
Luxemburg	1,2	1,7	1,6	1,9
Niederlande	**5,9**	**7,5**	**7,0**	**6,7**
Portugal	5,4	4,6	4,1	4,8
Spanien	**9,7**	**16,1**	**16,3**	**18,0**
Europa	5,9	8,3	8,8	9,5
USA	**6,4**	**5,5**	**6,7**	**7,3**
Japan	2,0	2,1	2,1	2,1

1) in Prozent der zivilen (Japan und USA in Prozent der gesamten) Erwerbspersonen.

2) alte Bundesländer.

Quelle: Kommission der EG, Generaldirektion Wirtschaft und Finanzen, Europäische Wirtschaft Beiheft A, Januar/Februar 1993.

Dem gesamten Beschäftigungszuwachs von etwa 0,8 Mio. im Jahre 1990, 0,7 Mio im Jahre 1991 und 0,3 Mio im Jahre 1992 im Westen steht jedoch in den neuen Bundesländern eine etwa gleich hohe Zunahme der Arbeitslosigkeit gegenüber, ganz zu schweigen von der großen Zahl der Kurzarbeiter, die jedoch vom Höchststand 1,8 Mio. in 1990 auf weniger als 0,5 Mio. in 1993 abnahm. Insgesamt daraus jedoch den Schluß zu ziehen, daß sich per Saldo die Arbeitsmarktsituation nach der Wende im Osten nicht verbessert, sondern vielleicht sogar verschlechtert habe, wäre völlig verfehlt. Denn die vormalige "Vollbeschäftigung" durch das Recht auf Arbeit im Sozialismus war eine Fiktion und nichts anderes als ein Euphemismus für Arbeitslosigkeit am Arbeitsplatz. Schätzungen für die untere Grenze der **verdeckten Arbeitslosigkeit** liegen im Bereich von etwa 20 Prozent der damalig Beschäftigten. Das wären mindestens 1,8 Mio. sogenannte Arbeitnehmer, die ihre Arbeitslosenunterstützung in der Form von Löhnen und Gehältern empfangen haben. Dies ins Kalkül einbezogen, hat sich per Saldo die Beschäftigungssituation im gesamtdeutschen Wirtschaftsraum eindeutig kräftig verbessert.

Dennoch aber ist die Anzahl der Arbeitslosen auch in den alten Bundesländern weiterhin unverändert hoch. Dies verdeutlicht die Abbildung 11.5.

Zwar entspricht die Anzahl der Arbeitslosen 1990 mit 1,9 Mio. wieder dem Niveau des Jahres 1982, dem Beginn des Beschäftigungseinbruchs, dennoch aber ist sie immer noch weit höher als in allen Jahren des Zeitraumes 1960-1981. Bis Mitte 1992 sinkt in den alten Bundesländern zwar die Zahl der Arbeitslosen auf ca. 1,7 Mio.; seitdem nimmt sie jedoch wieder zu und liegt 1993 bei etwa 2,2 Mio.

Abbildung 11.5: *Erwerbstätigkeit und Arbeitslosigkeit in den alten Bundesländern*

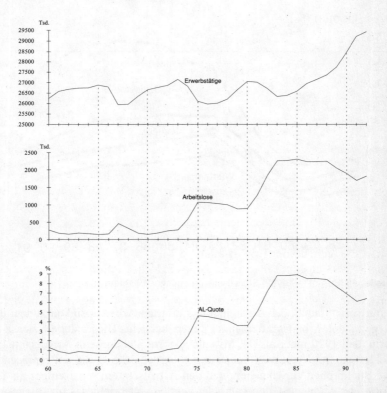

Quelle: SVR (1992), Jahresgutachten 1992/93, Tab. 20*, DBuBank (1993), Monatsbericht 3/93.

Auch für die **Arbeitslosenquote** ist eine ähnliche Entwicklung festzustellen. In 1990 liegt sie mit 6,9 Prozent Arbeitslosen, gemessen an den abhängigen Erwerbspersonen (beschäftigte Arbeitnehmer und Arbeitslose), immer noch weit höher liegt als in den 60er und 70er Jahren - die Rezessionsjahre eingeschlossen.

Dies spricht dafür, daß der hohe Sockel an Arbeitslosigkeit in Niveau- oder Prozentgrößen gemessen eher struktureller Art ist und eine keynesianische Beschäftigungspolitik der Stimulierung der effektiven Nachfrage hier wenig helfen würde.

Abbildung 11.6: *Arbeitslosigkeit im Bundesgebiet*

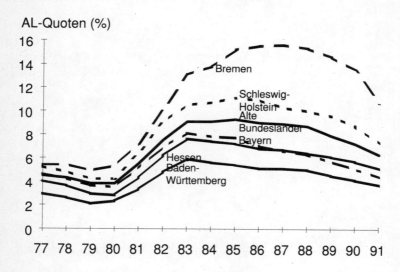

Quelle: StatBuAmt (1988/92) Statistische Jahrbücher 1988 und 1992.

Dafür spricht auch, daß der hohen registrierten Arbeitslosigkeit zudem ein ausgeprägter Arbeitskräftemangel gegenübersteht. Dieser äußert sich z.B. darin, daß 1990 mehr als 0,3 Mio. unbesetzte Stellen beim Arbeitsamt gemeldet waren. Wenn man Schätzungen berücksichtigt, die auf repräsentative Stichproben zurückgehen, daß den Arbeitsämtern nur weniger als ein Drittel der offenen Stellen gemeldet werden, entspricht das im Bundesgebiet (West) einer Zahl von etwa 1 Mio. vakanter Stellen im Jahresschnitt 1990. Das wären in einer Bestandsanalyse etwa 2 Arbeitslose pro vakanter Stelle. Nach Berechnungen des Instituts der Deutschen Wirtschaft beträgt die durchschnittliche Dauer der Arbeitslosigkeit im Bundesgebiet in den achtziger Jahren etwa ein halbes Jahr, und circa 30 bis 50 Tage dauert es, bis eine gemeldete offene Stelle besetzt ist. Dies alles sind Kennzeichen für eine beträchtliche **Sucharbeitslosigkeit,** sowohl auf Seiten der Arbeitsanbieter wie auch der -nachfrager.

Einen anderen Zugang zur Struktur der Arbeitslosigkeit erhält man, wenn man regionale Arbeitsmarktstatistiken auswertet.

Die Abbildung 11.6 zeigt für den Zeitraum 1977-1991, daß im Bundesgebiet signifikante Unterschiede in den nach Bundesländern differenzierten Arbeitslosenquoten bestehen. Während in den Bundesländern Bremen und Schleswig-Holstein die Arbeitslosigkeit auf Dauer, und für Bremen sogar mit zunehmendem Trend, über dem Bundesdurchschnitt liegt, ist es für Bayern, Hessen und Baden-Württemberg genau umgekehrt. Das verdeutlicht, daß eine Beschäftigungspolitik regionalspezifische Charakteristika berücksichtigen muß.

Abbildung 11.7: *Komponenten der Arbeitslosenquote*

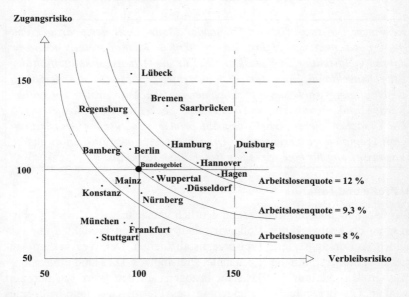

Quelle: BfA (1987) und eigene Berechnungen.

Diese Darstellungsform ermöglicht eine ursachenspezifische Zuordnung von Arbeitslosigkeit. So hat Bamberg z.B. ein überdurchschnittliches Zugangsrisiko, aber ein unterdurchschnittliches Verbleibrisiko und insgesamt damit eine etwa auf dem Bundesdurchschnitt liegende Arbeitslosenquote. Lübeck dagegen als Vertreter vieler hier nicht explizit wiedergegebener Städte Norddeutschlands weist ein sehr hohes Zugangsrisiko auf. Das bedeutet, die Betroffenheit von Arbeitslosigkeit liegt mehr als 50 Prozent über dem Bundesdurchschnitt, wohingegen die Dauer der Arbeitslosigkeit sogar leicht unterdurchschnittlich ist. Die hohe Arbeitslosenquote von mehr als 12 Prozent hat, so könnte man daraus schließen, seine Ursache weniger in fehlenden Arbeitsplätzen als vielmehr in einer zur Arbeitskräftefreisetzung führenden Umstrukturierung der Arbeitsnachfrageseite. Solche Interpretationen können natürlich nur dann zu wirksamen arbeitspolitischen Maßnahmen führen, wenn weitere Indikatorenanalysen die Struktur der Arbeitslosigkeit sowohl nachfrage- wie angebotsseitig weiter ausleuchten.

Eine regionale Arbeitsmarkttypisierung nach Dauer der Arbeitslosigkeit und Laufzeit der offenen Stellen, wie sie von der Bundesanstalt für Arbeit ergänzend vorgenommen wird, geht dabei in die richtige Richtung.

Resümee: Die europäischen Arbeitsmarktdaten Ende der achtziger und Anfang der neunziger Jahre weisen nicht in Richtung einer noch vor Jahren vieldiskutierten Eurosklerose. Für die Arbeitsmarktsituation der BR Deutschland kann für die achtziger Jahre ein trendmäßiges Beschäftigungswachstum mit zunehmenden Wachstumsraten konstatiert werden, andererseits aber auch ein hoher Sockel an Arbeitslosigkeit. Da die Ursachen dieser Arbeitslosigkeit primär struktureller Art sind, ist eine regional differenzierte Ursachenforschung eine notwendige Voraussetzung für eine wirksame Beschäftigungspolitik.

3. Preise und Inflation

Wir haben an anderer Stelle schon deutlich gemacht, wie schwierig es ist, in einer hochentwickelten Volkswirtschaft mit vielen Produkten aus einzelnen Preisen aggregierte Preisniveaus abzuleiten. Der Weg verläuft immer über die Bestimmung sogenannter Preisindizes. Dies sind dimensionslose Größen, die, auf ein Basisjahr bezogen, auf den Wert 100 normiert werden. Die prozentuale Veränderung des Preisniveaus innerhalb eines Jahres bemißt sich dann als relative Änderung des Preisindex. Wächst ein Index von 100 auf 105,5, so beträgt die prozentuale Veränderung 5,5 Prozent. Ein Preisniveauwachstum bezeichnen wir auch als **Inflation**, so daß obiges Beispiel für eine Inflationsrate von 5,5% steht.

In den Statistiken der Deutschen Bundesbank und in den VGR finden wir eine Fülle solcher Preisindizes. Der für den Verbraucher wichtigste Index ist der **Preisindex für die Lebenshaltung**. Diesem liegt ein **Warenkorb** zugrunde, der die Verbrauchsgewohnheiten repräsentiert und sich deren Veränderungen anpaßt.

Abbildung 11.8: *Monatliche Ausgaben des Vier-Personen-Arbeitnehmer-Haushalts mit mittlerem Einkommen des Haushaltsvorstandes.*

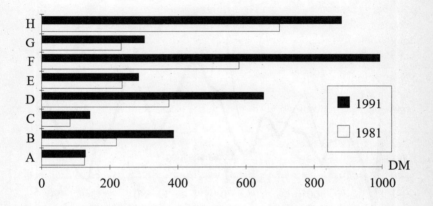

A: Persönliche Ausstattung und sonstige Artikel, Reisen

B: Bildung, Unterhaltung, Freizeit

C: Gesundheits- und Körperpflege

D: Verkehr und Nachrichtenübermittlung

E: Möbel, Haushaltsgeräte u. ä.

F: Wohnungsmieten, Energie

G: Bekleidung, Schuhe

H: Nahrungsmittel, Getränke, Tabakwaren

Quelle: StatBuAmt (1986/92), Statistische Jahrbücher 1986 und 1992.

Die Abbildung 11.8 macht deutlich, daß es in den achtziger Jahren eine Verschiebung der Gewichtung insbesondere in Richtung Wohnungsmiete und Energie gegeben hat. Für jede der aufgeführten Kategorien wird ein eigener Preisindex berechnet. Mit den Gewichten multipliziert ergibt sich der Gesamtindex für Lebenshaltung. In Abbildung 11.9 haben wir dessen prozentuale Veränderungen als Inflationsraten der Kosten der Lebenshaltung den Inflationsraten der Preisentwicklung des Bruttosozialproduktes gegenübergestellt.

Abbildung 11.9: *Inflationsraten des BSP und der Lebenshaltung aller privaten Haushalte von 1953 - 1992*

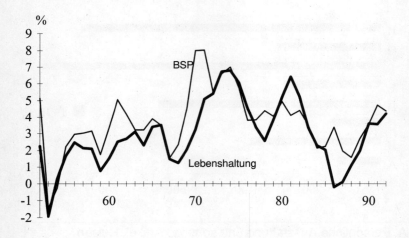

Quelle: StatBuAmt(1992), Statistisches Jahrbuch 1992, DBuBank (1993), Monatsbericht 2/93.

Daraus ist ersichtlich, daß beide Preisentwicklungen nicht synchron verlaufen müssen. So ist z.B. im Jahr 1986 der Preisindex für Lebenshaltung gefallen, obwohl der Preisindex des BSP um 3,1 Prozent gestiegen ist.

Gemäß den quantitätstheoretischen Vorstellungen der Klassiker ist die Entwicklung des Preisniveaus P nur das Residuum der Entwicklung der Geldmenge M und des realen Bruttosozialprodukts Y. Denn aus der sogenannten **Cambridge-Gleichung**

$$(1) \qquad\qquad M = kPY$$

läßt sich eine äquivalente Wachstumsratengleichung ableiten als

(2) $w(M) = w(k) + w(P) + w(Y)$.

Ist mit $w(k) = 0$ die Wachstumsrate des Kassenhaltungskoeffizienten k gleich Null, wäre die Inflationsrate $w(P)$ direkt aus der Differenz der Wachstumsraten $w(M)$ und $w(Y)$ ablesbar.

Nehmen wir die Wachstumsrate des realen BSP aus Abbildung 11.3 und die Inflationsrate des BSP aus Abbildung 11.9 und vergleichen deren Summe mit den Wachstumsraten der Geldmenge M3, so sehen wir in Abbildung 11.10, daß hier doch beträchtliche Differenzen bestehen, die natürlich mit einer Veränderung der Kassenhaltungsneigung begründet werden könnten. Dennoch aber kann als Faustformel für die prozentuale Entwicklung von M, P und BSP die Wachstumsratengleichung (2) durchaus von Nutzen sein.

Abbildung 11.10: *Wachstumsratenformel nach der Cambridge-Gleichung*

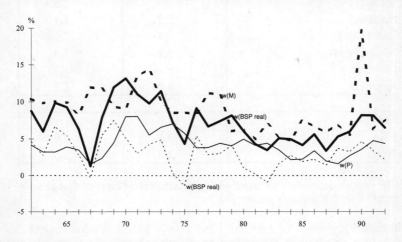

Quelle: StatBuAmt (1992), Statistisches Jahrbuch 1992, DBuBank (1993), Monatsbericht 2/93, eigene Berechnungen.

Betrachtet man die Preisentwicklung der letzten inländischen Verwendung von Gütern für den "Privaten Verbrauch" im Vergleich mit anderen wichtigen Industrieländern, so macht die Tabelle 11.4 deutlich, daß Deutschland in der Preisniveaustabilität den Spitzenplatz der Vorjahre unter den westlichen Volkswirtschaften verloren hat und 1992 sogar höhere Verbraucherpreiszuwächse zu verzeichnen hat als der europäische Durchschnitt.

Tabelle 11.4:   *Verbraucherpreise und BIP 1992 (Veränderung gegenüber dem Vorjahr in %)*

	Verbraucher-preise	BIP
Belgien	2,4	1,0
Dänemark	**2,1**	**1,0**
Deutschland	*4,8*	*1,7*
Frankreich	**2,6**	**1,2**
Griechenland	16,0	1,5
Großbritannien	**5,1**	**-0,9**
Irland	2,9	2,9
Italien	**5,3**	**1,1**
Luxemburg	3,4	2,2
Niederlande	**3,1**	**1,3**
Portugal	9,1	1,7
Spanien	**6,0**	**1,2**
Europa	4,6	1,1
USA	**3,1**	**2,0**
Japan	2,4	1,5

Quelle: Kommission der EG, Generaldirektion Wirtschaft und Finanzen, Europäische Wirtschaft Beiheft A, Januar/Februar 1993.

Daß dieses Ergebnis zugleich mit einer relativ hohen Wachstumsrate des realen BSP erzielt werden konnte, zeigt, daß Wachstum und Inflation nicht notwendigerweise gegensätzlich verlaufen müssen. Umgekehrt hat die Erfahrung der Vorjahre in Deutschland aber auch gelehrt, daß hohes Wachstum nicht notwendigerweise mit Inflation verbunden sein muß.

Was im einzelnen die Ursachen für Inflation oder für Inflationsunterschiede gleichartig wachsender Volkswirtschaften sind oder sein können, ist in der Ökonomie unter dem Stichwort **Inflationstheorie** ein vieldiskutiertes Thema. Die hierzu gehörenden **keynesianischen Inflationstheorien** sind güterwirtschaftlich orientiert. Sind die Kosten auf der Produktionsseite das auslösende Moment für inflationäre Tendenzen, so spricht man von **Cost-**

push-Inflation, sind es Nachfrageeffekte, so spricht man von **Demand-pull-Inflation**. In beiden Ansätzen ist die Rolle des Geldes von sekundärer Natur. Das unterscheidet diese Ansätze von den **monetären Inflationstheorien**. Der Ursprung dieser Theorien liegt in den schon oben verdeutlichten quantitätstheoretischen Grundlagen.

Die Theorie der **Phillips-Kurve** nimmt den Faden der traditionellen keynesianischen Inflationstheorien wieder auf und verknüpft ihn mit den Ansätzen der Erwartungsbildungshypothesen. Ihre Kernaussage ist, daß es einen **Zielkonflikt** zwischen "weniger an Inflation" und "weniger an Arbeitslosigkeit" gibt. Diese Diskussion begann 1958 mit einer empirischen Analyse von ARTHUR R. PHILLIPS und hat zu einer Fülle von empirischen Anschlußuntersuchungen geführt. Eine Zeitlang war die Vorstellung von der Notwendigkeit eines solchen **Trade-offs** zwischen zwei wünschenswerten Zuständen als geradezu naturgesetzliche Konstante ein weitverbreitetes ökonomisches Dogma. Die Vorstellung, daß Wirtschaftspolitik daher einer Passage zwischen Skylla und Charybdis gleiche, kommt am besten in einem dem ehemaligen Bundeskanzler HELMUT SCHMIDT zugesprochenen markigen Spruch der siebziger Jahre zum Ausdruck, daß ihm "zwei Prozent mehr an Inflation lieber seien als zwei Prozent mehr Arbeitslosigkeit".

Der heutige Stand der Diskussion ist, daß zwischen einer kurz- und einer langfristigen Phillipskurve unterschieden wird. Wenn überhaupt, gibt es einen solchen Trade-off nur kurzfristig. Langfristig ist die Phillipskurve eine Vertikale, d.h., langfristig kann eine Unterbeschäftigungssituation durch inflationäre Geldpolitik nicht bekämpft werden.

---

*Resümee: Der Prozeß steigender Preise wird als **Inflation** bezeichnet. Inflationsursachen können sowohl güterwirtschaftlich als auch monetär begründet werden. Aufgrund einer konsequent auf **Preisniveaustabilität** ausgerichteten Bundesbankpolitik war lange Jahre trotz hoher Wachstumsraten der Produktion die deutsche Inflationsrate eine der niedrigsten der Welt.*

---

4. Einkommen und Einkommensverteilung

Ein wichtiger Indikator für die Verteilung der Nettowertschöpfung einer Volkswirtschaft, die wir als Volkseinkommen bezeichnen, ist der Anteil der Bruttoeinkommen aus unselbständiger Arbeit am Volkseinkommen. Diese Größe bezeichnet man als **Lohnquote**.

Seit 1870 ist die Lohnquote bis zum Jahr 1981 nahezu kontinuierlich gewachsen. Seitdem sinkt die Lohnquote. Im Jahre 1990 hat sie mit 67 Prozent den Stand von 1970 um einen Prozentpunkt unterschritten.

Abbildung 11.11: *Lohnquote und Arbeitseinkommensquote*

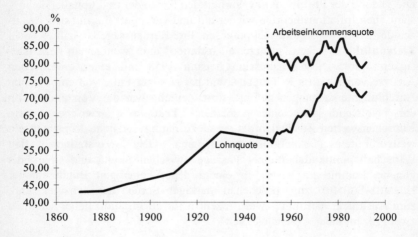

Quelle: Vor 1950: J. Siebke, Verteilung, in: Vahlens Kompendium der Wirtschaftstheorie und Wirtschaftspolitik, Band I, 2. Auflage 1984. Ab 1950: SVR(1992), Jahresgutachten 1992/93, Tab. 20*, 28* eigene Berechnungen. Früheres Bundesgebiet, vor 1960 ohne Saarland und Berlin. Für 1992: DBuBank Monatsbericht 3/93

Das Residuum zur Lohnquote ist die **Gewinnquote** als Anteil der Einkommen aus Unternehmertätigkeit und Vermögen am Volkseinkommen. Die verteilungspolitische Aussagekraft beider Größen muß sehr vorsichtig interpretiert werden. Denn will man die Einkommensposition der unselbständig Beschäftigten mit der Position der selbständig Beschäftigten und deren zeitlicher Entwicklung vergleichen, muß man berücksichtigen, daß aus dem Vermögenseinkommen, das in der Gewinnquote ausgewiesen wird, ein nicht unbeträchtlicher Teil an die unselbständig Beschäftigten fließt. Will man andererseits nur die Einkommen aus Arbeit den Nichtarbeitseinkommen gegenüberstellen, so muß man die kalkulatorischen Arbeitseinkommen der selbständig Erwerbstätigen einschließlich der mithelfenden Familienmitglieder, den sogenannten Unternehmerlohn, den in der Lohnquote ausgewiesenen Arbeitseinkommen hinzufügen und vom "Gewinneinkommen" abziehen.

Nach diesem Konzept definiert der Sachverständigenrat die sogenannte **Arbeitseinkommensquote**, die wie Abbildung 11.11 zeigt, trendmäßig der Lohnquotenentwicklung folgt, jedoch jeweils beträchtlich größer ist. Will man andererseits die relative Verteilungsposition der unselbständig Beschäftigten ermitteln, so muß man berücksichtigen, daß auch der Anteil der Unselbständigen an der Erwerbsbevölkerung im Trend gestiegen ist. Eine diesen Effekt berücksichtigende **bereinigte Lohnquote** wäre dann tendenziell niedriger als die Lohnquote.

Andererseits kann man wiederum sagen, daß die Lohnquote systematisch zu niedrig ausgewiesen ist. Die Ursache liegt darin, daß zur Berechnung das Inländer- und nicht das Inlandskonzept herangezogen wird. Bei der Quote nach dem Inlandskonzept wären die Bruttoeinkommen aus unselbständiger Arbeit höher, weil die Pendlereinkommen mitgerechnet werden. Gerade in Zeiten hoher Pendlerströme dürfte das einen meßbaren Effekt auf das Verteilungsergebnis bewirken. Nach Schätzungen des Instituts der deutschen Wirtschaft gab es 1991 etwa 200.000 mehr "Einpendler" als "Auspendler". Somit wird zwar die Zahl der Erwerbstätigen im Inland, nicht aber die Zahl inländischer Erwerbspersonen erhöht, und damit auch nicht die Lohnquote.

Wenn man die Verteilung der Gesamteinkommen gemäß den Kriterien Arbeits- und Nichtarbeitseinkommen vornimmt, spricht man auch von **funktioneller** Einkommensverteilung, um damit anzudeuten, daß die Wertschöpfung einer Volkswirtschaft gemäß der Funktionen der Faktoren im Produktionsprozeß aufgeteilt wird. Wiewohl die Lohnquote ein wichtiges Argument in Tarifverhandlungen darstellt, ist, wie wir oben gesehen haben, die Aussagefähigkeit dieses Indikators mit Vorsicht zu genießen.

Dies trifft nicht zu bei einer anderen Art der Verteilungsmessung, die man als **personelle** Einkommensverteilung bezeichnet. Hier ist das Brutto- oder Nettoeinkommen eines privaten Haushalts der Indikator für die Verteilungsmessung. Wenn man sich ein Bild machen will, wie gleich oder ungleich die monatlichen Haushaltseinkommen auf die Haushalte verteilt sind, kann das Konzept der **Lorenz-Kurve** verwendet werden. Diese Kurve, die auf MAX O. LORENZ (1905) zurückgeht, vermittelt ein sehr plastisches Bild von der tatsächlichen Ungleichheit und Konzentration einer gegebenen Verteilung. Sie beruht darauf, daß **kumulierte** Prozentwerte auf den Achsen eines Koordinatensystems abgetragen werden.

Auf der Abszisse steht die kumulierte Zahl der Haushalte in Prozent aller Haushalte, auf der Ordinate das kumulierte Einkommen in Prozent aller

Einkommen. Eine Abszissen-Ordinaten-Kombination von 40 und 30 besagt dann, daß 40% der nach Einkommensgröße geordneten Haushalte über 30% des gesamten Einkommens verfügen.

Die Diagonale steht somit für eine vollkommene Gleichverteilung der Einkommen über die Haushalte. Je stärker die Lorenz-Kurve von der Diagonalen abweicht, desto ungleicher ist die Verteilung. Als Maß der Einkommenskonzentration auf nur wenige Haushalte dient das Verhältnis der **Konzentrationsfläche** zwischen Diagonale und Lorenz-Kurve sowie der Gleichverteilungsfläche unterhalb der Diagonalen. Dieses Maß heißt nach CORRADO GINI (1912) auch **Gini-Koeffizient**.

In der Abbildung 11.12 ist die Lorenz-Kurve der Einkommensverteilung der Haushaltseinkommen für die BR Deutschland beispielhaft für das Jahr 1988 wiedergegeben.

Abbildung 11.12: *Lorenz-Kurve*

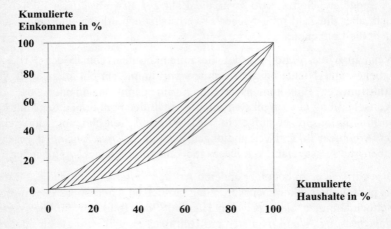

Will man mit Hilfe der Lorenz-Kurve und des Gini-Koeffizienten Einkommensverteilungsänderungen über die Zeit deutlich machen, so hat das auch seine Tücken. Denn, wie man sich geometrisch leicht an einem Extrembeispiel klarmachen kann, ist der Gini-Koeffizient der gleiche, wenn 50 Prozent aller Einkommensbezieher (fast) das gesamte Einkommen beziehen und wenn (fast) 100 Prozent der Einkommensbezieher über nur 50 Prozent des Gesamteinkommens verfügen. Somit ist also auch für andere Konstellationen die Konstanz des Gini-Koeffizienten nicht unbedingt ein Anzeichen für eine unveränderte Einkommensverteilung.

Die **Theorie der personellen Einkommensverteilung** hat als Hauptanliegen die Erklärung der "Schiefe" der Einkommensverteilung, die in der von der Diagonalen abweichenden Lorenz-Kurve zum Ausdruck kommt.

Es lassen sich weitere Verteilungskategorien ergänzen. Neben dem Einkommen wäre die Verteilung der Güter ein wichtiger Aspekt. Die Einkommensverteilung braucht nicht mit der **Güterverteilung** identisch zu sein; die Nutzung der vom Staat kostenlos bereitgestellten Güter wie Verkehrsinfrastruktur, Schul- und Gesundheitswesen kann nach einkommensunabhängigen Kriterien erfolgen. Aber auch in der Verteilung der Einkommen kann man sinnvoll weiter differenzieren: Nach der **intertemporalen** Verteilung über den **Lebenszyklus** eines Menschen, nach **sozioökonomischen** Kriterien, die von der Stellung in Beruf und Gesellschaft ausgehen (Arbeiter, Angestellter, Beamter, Studierender, Rentner etc.), nach **regionalen** Kriterien auf geographisch-politische Gebiete und nach **sektoralen** Kriterien gemäß der Wertschöpfungsbereiche der VGR.

Resümee: *Die Einkommensverteilung kann unter funktionellen und unter personellen Kriterien studiert werden. Diese Trennung geht auf JOHN BATES CLARK (1899) zurück. Eine funktionelle Einkommensverteilung beruht auf der Idee der Entlohnung der Produktionsfaktoren. Konsistente Abgrenzungen sind gesamtwirtschaftlich jedoch schwierig. Keine Probleme (außer der Frage der Verfügbarkeit der Daten) gibt es bei der personellen Verteilung, die auf der Gegenüberstellung der monatlichen Haushaltseinkommen und der Zahl der betreffenden Haushalte beruht. Ist der Staat durch Steuern und Transfers am Verteilungsergebnis beteiligt, unterscheidet man zwischen Primärverteilung einerseits, die sich aus dem Marktprozeß ergibt, und andererseits der Sekundärverteilung, die sich nach Umverteilung durch die Finanz- und Sozialpolitik ergibt.*

---

5. Schlußbemerkung

Die ökonomische Theorie hat den Anspruch, die ökonomische Realität, oder zumindest gewisse stilisierte Fakten daraus, mit Hilfe ihrer Erklärungsmuster begründen zu können. Nun haben wir einen kleinen Ausflug durch die wichtigsten realen Phänomene ökonomischer Aktivitäten unternommen. Wir haben die Produktion, das Wachstum, den technischen Fortschritt, die Beschäftigung und Arbeitslosigkeit, die Inflation und die Einkommensverteilung angesprochen. Natürlich reicht das in Kapitel 10 vorgestellte allgemeine keynesianische Modell nicht aus, um all die hier aufgeführten Aspekte zufriedenstellend analysieren zu können. Das kann und soll es auch gar nicht. Es kann es nicht, weil in der hier dargestellten Form nur die Grundidee des Zusammenwirkens ökonomischer Aggregate vermittelt werden sollte. Um spezielle Fragestellungen, wie z.b. das Beschäftigungsproblem der dauerhaft hohen Arbeitslosigkeit und dessen Ursache analysieren zu können, gibt es neben dem Gedankenrahmen unseres Basismakromodells eine Fülle weiterer, ergänzender, aber auch konkurrierender Ansätze.

Andererseits soll ein ökonomisches Modell auch gar nicht den Anspruch erheben, auf alle Fragen eine Antwort geben zu können. Denn ein solcher Anspruch setzte ein ökonomisches Total- oder Weltmodell voraus. Derartige Modelle sind aber genauso nützlich wie Landkarten im Maßstab eins zu eins.

Fragen und Aufgaben zum 11. Kapitel

1.) Auf welche Ursachen ist die Vergrößerung der Produktionskapazität eines Landes zurückzuführen?

2.) In welchem Fall ist das nominale Wachstum des Volkseinkommens gleich seinem realen Zuwachs?

3.) Welche Nebenerscheinungen beobachten wir in einer Hochkonjunktur?

4.) Nennen Sie Beispiele, die technischen Fortschritt verdeutlichen.

5.) Welchen Einfluß hatte die Einführung des Computers auf die Nachfrage nach Buchhaltern und auf die Nachfrage nach Programmierern?

6.) Kann durch Fusion verschiedener Unternehmungen Arbeitslosigkeit entstehen?

7.) Inwieweit hängt die Verschmutzung unserer Flüsse mit der industriellen Produktion zusammen?

8.) Nennen Sie einige Produkte, die ihre Existenz ausschließlich dem technischen Fortschritt verdanken.

9.) Diskutieren Sie einige Aspekte der technischen Entwicklung, die in den Haushalten eine Rolle spielen.

10.) Was versteht man unter "Eurosklerose"?

11.) In welche Komponenten läßt sich die Arbeitslosenquote zerlegen, und welche Bedeutung hat eine solche Differenzierung für eine wirksame Arbeitsmarktpolitik.

12.) Welche gesamtwirtschaftlichen Preisindizes kennen Sie?

13.) Was ist die Bedeutung des "Warenkorbes" für die Preisindexbestimmung?

14.) In welcher Beziehung steht die Cambridge-Gleichung zur keynesianischen Liquiditätspräferenztheorie?

15.) Welche Inflationstheorien kennen Sie?

16.) Gibt es einen "Zielkonflikt" zwischen Beschäftigung und Preisniveaustabilität?

17.) Welche gesetzlichen Grundlagen verpflichten die Exekutive, "den Erfordernissen eines gesamtwirtschaftlichen Gleichgewichts Rechnung zu tragen"?

18.) Wie und wo ist das "gesamtwirtschaftliche Gleichgewicht" für die Exekutive verbindlich legislativ fixiert?

19.) Beschreiben Sie das Konzept der Phillips-Kurve.

20.) Wie unterscheiden sich Lohnquote, bereinigte Lohnquote und Arbeitseinkommensquote?

21.) Was versteht man unter Unternehmerlohn?

22.) Welchen Einfluß haben Pendlerströme auf die Lohnquote?

23.) Wie lassen sich funktionelle und personelle Einkommensverteilung charakterisieren?

24.) Beschreiben Sie das Konzept der Lorenz-Kurve und des Gini-Maßes.

Literatur zum 11. Kapitel

Bundesministerium für Wirtschaft (BMWI). Wirtschaft in Zahlen 92. Bonn 1992.

Bundesanstalt für Arbeit (BfA). Institut für Arbeitsmarkt- und Berufsforschung Nürnberg. Mat. AB 2/ 1987.

Clark, John Bates. The Distribution of Wealth: A Theory of Wages, Interest and Profits. New York 1899.

Deutsche Bundesbank (DBuBank). Monatsberichte, monatlich erscheinend.

Gibrat, Robert P. L. Les inégalités économiques. Paris 1931.

Gini, Corrado. Variabilità e mutabilità. Bologna 1912.

Heertje, Arnold. Economics and Technical Change. London 1977.

Kaldor, Nicholas. Alternative Theories of Distribution. In: Review of Economic Studies, Band 23. S. 94-100. 1955.

Lorenz, Max O. Methods for Measuring Concentration of Wealth. In: Journal of the American Statistical Association, Band 9. 1905.

Malthus, Thomas R. An Essay on the Principle of Population. 1798.

Marx, Karl. (1867). Das Kapital, Kritik der politischen Ökonomie. Verlag von Otto Meissner. Hamburg. Nachdruck im Dietz Verlag Berlin (Ost) 1974.

Phillips, Arthur R. The Relation between Unemployment and the Rate of Change of Money Wage Rates in the United Kingdom, 1861-1957. In: Economica. Band 25. S. 283-299. 1958.

Ricardo, David. On the Principles of Political Economy and Taxation. London 1817.

Statistisches Bundesamt. Statistisches Jahrbuch. Alle Jahrgänge.

Sachverständigenrat (SVR). Jahresgutachten 1992/93 des Sachverständigenrates zur Begutachtung der gesamtwirtschaftlichen Entwicklung. Stuttgart 1992 und vorherige Jahre.

Teil IV Der Staat

Kapitel 12 Die Funktion des Staates in der Volkswirtschaft

1. Staat und Wirtschaftsordnung

Zwei grundsätzliche Organisationsformen des Wirtschaftslebens können unterschieden werden, die Zentralplan- oder Zentralverwaltungswirtschaft und die freie Marktwirtschaft. Bei der einen Wirtschaftsform liegt der Akzent auf der zentralen Lenkung, bei der anderen auf der unbehinderten Funktion des Markt- und Preismechanismus. In der Realität kommen ausschließlich Mischformen vor. So orientieren sich die westlichen Volkswirtschaften am Ideal der freien Marktwirtschaft, doch besitzt auch der Staat gegenwärtig einen großen Einfluß auf den Gang des wirtschaftlichen Lebens. Die Volkswirtschaften der mittel- und osteuropäischen Länder basierten in den letzten Jahrzehnten überwiegend auf der Grundform der zentralen Leitung des Wirtschaftsprozesses. In der zweiten Hälfte der achtziger Jahre begann auch in diesen Volkswirtschaften eine in den einzelnen Ländern mehr oder weniger starke Umorientierung in Richtung Marktwirtschaft.

In einer vollständig **zentral gelenkten Volkswirtschaft** wird der Wirtschaftsablauf von oben bis in alle Einzelheiten geregelt. Es gibt keinen Raum für eigenständige Entscheidungen der Konsumenten und Produzenten, weil auch der Markt als Treffpunkt von Angebot und Nachfrage ausgeschaltet ist. Die Zentralpläne haben keinen Prognosecharakter, wie er zum Beispiel in der deutschen **Finanzplanung** zum Ausdruck kommt, sondern stellen Vorschriften dar, an die sich alle untergeordneten Instanzen zu halten haben. Eine Variante der vollständig zentral gelenkten Wirtschaft entsteht, wenn niedrigere Instanzen das Recht auf eigenständige Entscheidungen über Art und Umfang der Produktion erhalten, so daß in gewissem Umfang Dezentralisierung vorliegt. In diesem Fall stößt man alsbald auf die Frage, wie die Abstimmung der Produktion auf die Präferenzen der Bevölkerung bewerkstelligt werden soll; ein Problem, das auch auf der zentralen Ebene vorhanden ist, dort aber ohne weiteres auf diktatorische Weise gelöst wird.

In der **freien Marktwirtschaft** steht der Marktmechanismus an zentraler Stelle. Die Wünsche der Konsumenten werden in Form von Kaufkraft zum Ausdruck gebracht. Die Produzenten reagieren auf die Wünsche der Konsumenten und verlegen sich auf die Produktion der Güter, deren die Konsumenten offensichtlich bedürfen. Über den Markt beschließen die Konsumenten dann über Art und Umfang der Produktion, so daß in diesem Sinn eine dezentralisierte Entscheidungsfindung vorliegt. Der Gedanke einer freien Marktwirtschaft ist immer eng mit der Marktform der **vollkommenen Konkurrenz** verknüpft, wobei namentlich unter dem Einfluß des freien Marktzuganges keiner der Anbieter eine Machtposition auf dem Markt einnimmt.

An der reinen Ausprägung der freien Marktwirtschaft schließt der klassische **Liberalismus** an. Dieser wirtschaftspolitischen Richtung zufolge müssen die Eingriffe des Staates in das Wirtschaftsleben auf ein Minimum beschränkt bleiben, weil der Preismechanismus automatisch alle Störungen aus dem Weg räumen wird. Für die Finanzen des Staates gilt dann: Der kleinste Etat ist der beste Etat. Diese extreme Form des Liberalismus existiert freilich kaum mehr. Der moderne Neoliberalismus erkennt an, daß der Preismechanismus unvollständig arbeiten kann, so daß Korrekturen notwendig sind. Auch in bezug auf die konjunkturelle und strukturelle Entwicklung der Wirtschaft wird eine Steuerung durch den Staat nicht von vornherein ausgeschlossen. Wie tiefgreifend korrigierende Maßnahmen sein müssen, ist mehr eine Frage, die aufgrund der konkreten Situation beantwortet werden muß, als mit Hilfe explizit vorformulierter politischer Richtlinien und Normen. Die Neoliberalen haben den Umstand akzeptiert, daß der öffentliche Sektor in unserer Gesellschaft neben der Privatwirtschaft eine sehr wichtige, oftmals sogar vorherrschende Rolle spielt. Trotz alledem wird der unternehmerischen Produktion weiterhin ein entscheidendes Gewicht beigemessen. Sieht man in einer freien Unternehmerwirtschaft das essentielle Kennzeichen des **Kapitalismus**, dann befürworten die bislang beschriebenen wirtschaftspolitischen Strömungen die Aufrechterhaltung der kapitalistischen Ordnung, die jedoch abhängig von gesellschaftlichen Werturteilen und Präferenzen durch staatliche Eingriffe gesteuert werden muß.

Die wirtschaftspolitischen Vorstellungen, die eine zentral geplante Ordnung vorsehen, sprechen sich für eine Ausschaltung der für den Markt produzierenden Unternehmungen aus. Die Kommunisten, die in KARL MARX (1818-1883) ihren geistigen Vater sehen, wollen alle Produktionsmittel vergesellschaften. Der Marktmechanismus ist vollständig ausgeschaltet, so daß den einzelnen Präferenzen der Konsumenten und Produzenten keine eigenständige Rolle mehr bei der Entscheidung über Art und Umfang der Produktion zukommt. Ob MARX, der im Jahr 1848 zusammen mit FRIEDRICH ENGELS das Kommunistische

Manifest schrieb, die in den letzten Jahrzehnten real existierende Interpretation als vereinbar mit seinen Vorstellungen erachten würde, kann bezweifelt werden. Die Garantie der Grundrechte wie freie Meinungsäußerung und Pressefreiheit läßt sich in der Praxis schwer mit einer kommunistischen, zentral gelenkten Produktionsweise vereinbaren.

Der **Sozialismus** der Nachkriegszeit ging im allgemeinen nicht so weit zu fordern, daß alle Produktionsmittel vergesellschaftet werden. Allerdings war man der Meinung, daß einige wichtige Industriezweige, die Banken und die Versicherungsgesellschaften verstaatlicht werden sollten. Daneben wurde allerdings auch ein privater Sektor für sinnvoll gehalten. Obwohl auf den ersten Blick diese Ausprägung des Sozialismus nicht so fern vom Neoliberalismus steht, werden in der praktischen Politik oft mehr oder weniger wichtige Unterschiede deutlich. Sozialistische Politik greift schneller zum Mittel der Vergesellschaftung von Unternehmungen. Sie setzt typischerweise eher auf staatliche Verbote und Sanktionen, statt auf positive Anreize, die **Incentives** schaffen sollen, so daß durch eigenverantwortliches Handeln gesellschaftlich wünschenswerte Ergebnisse zustande kommen. Zur Lösung von Umweltproblemen wären z.B. **Umweltzertifikate**, die ein erkauftes Recht an wohldefinierter Umweltnutzung verbürgen, kein denkbares Instrument sozialistischer Wirtschaftslenkung.

In den meisten Ländern ist die faktische Wirtschaftsordnung eine **Mixed economy** aus Zentralplanung und freier Marktwirtschaft. Diese Feststellung gilt im Prinzip auch für Deutschland. Neben Privatinvestitionen kennen wir öffentliche Investitionen, neben privatem Konsum gibt es öffentlichen Konsum und neben Privatunternehmungen existieren Staatsbetriebe. Auch die Freiheit von Konsum, Produktion und Eigentum wird durch den Staat in einer Anzahl von Punkten durch ein System gesetzlicher Regelungen eingeschränkt. Die wohl wichtigste gesetzliche Beschränkung wird in Artikel 14 GG formuliert. Hier heißt es zwar in Absatz 1 "Das Eigentum und das Erbrecht werden gewährleistet.", aber auch in Absatz 2 "Eigentum verpflichtet. Sein Gebrauch soll zugleich dem Wohle der Allgemeinheit dienen." Im deutschen Grundgesetz, das den Nährboden für die sich in der Nachkriegszeit entwickelte Mischform der **Sozialen Marktwirtschaft** darstellte, finden sich klar definierte Rechte und Pflichten der Gebietskörperschaften Bund, Länder und Gemeinden. Das allgemeine Prinzip der Grundgesetzartikel 104a bis 115, die man auch als **Finanzverfassung** bezeichnet, ist die Orientierung an der **Subsidiarität**. Danach sind gemeinwirtschaftliche Aufgaben grundsätzlich von der "kleinstmöglichen Einheit" - im Extremfall vom einzelnen Individuum - wahrzunehmen. Dieses in der Sozialen Marktwirtschaft verwirklichte Grundprinzip ist der entscheidende Unterschied zur Idee staatlicher Zentralplanung sozialistischer Wirtschaftssysteme.

> *Resümee: In der Wirtschaftsordnung eines Landes verkörpern sich Idealvorstellungen über die Grundlagen menschlichen Lebens. Während sozialistische Zentralplanungen auf staatliche Regulierung, gesamtwirtschaftliche Lenkung und damit auf Zentralismus bei eingeschränkter individueller Freiheit setzen, sind in sozial verpflichteten Marktwirtschaften individuelle Freiheit und staatliches Handeln gemäß dem Subsidiaritätsprinzip oberstes Gebot.*

2. Die Rechtfertigung staatlicher Aktivität in kompetitiven Volkswirtschaften

Ebenso wie eine Unternehmung, die Schuhe produziert, ist der Staat ein Produktionsbetrieb. Im Bereich der Staatswirtschaft werden Dienstleistungen verrichtet und Leistungen erbracht, die zur Wohlfahrt beitragen. Im Gegensatz zu den Produktionswirtschaften des privaten Sektors werden die Zielsetzungen des Staates überwiegend durch gemeinschaftliche Belange bestimmt. Die wirtschaftliche Bedeutung der staatlichen Aktivität kommt durch die Inanspruchnahme knapper, alternativ verwendbarer Güter zum Ausdruck. Auch im Bereich der Staatswirtschaft besteht andauernd der Zwang zur Wahl alternativer Entscheidungen. Während im privaten Sektor der Marktmechanismus bei den Entscheidungen über die Allokation der Produktionsfaktoren eine bedeutende Rolle spielt, wird die Diskussion über die Verwendung begrenzt verfügbarer Güter im öffentlichen Bereich in hohem Maße durch die Entscheidungsfindung über Größe und Gliederung des Staatshaushaltes beherrscht. Man spricht in dieser Beziehung auch vom Gegensatz zwischen **Marktdemokratie** und **Budgetdemokratie**.

Die Abwägung der verschiedenen Interessen hat in unserer parlamentarischen Demokratie im Prinzip ihren Sitz im Parlament, das bei diesem Vorhaben nicht selten unter starkem Druck der in der Gesellschaft bestehenden Interessengruppen steht. Das Ausmaß aber, in dem der einzelne Bürger Einfluß auf die Verwendung von Staatsausgaben hat, ist im allgemeinen sehr bescheiden.

Zum **staatlichen Sektor** rechnet man in der Bundesrepublik nicht nur die Organe des Bundes, der Länder und Gemeinden. In weiter gefaßter Definition versteht man darunter auch die Einrichtungen der sozialen Sicherheit sowie selbständig auftretende Institutionen aus Forschung und Lehre. Von welcher quantitativen Bedeutung der staatliche Sektor in modernen marktwirtschaftlichen Ökonomien kapitalistischer Ausprägung ist, kann man daran erkennen, daß in Deutschland der **Staatsverbrauch** in den 80er Jahren etwa 20 Prozent des BSP ausmachte, und daß gleichzeitig mehr als 40 Prozent des BSP als Zwangseinnahmen des öffentlichen Sektors in Form von **Steuern** und **Sozialversicherungsabgaben** anfielen. Hieran erkennen wir, daß es nicht unberechtigt ist, von einer **Mixed economy** zu sprechen, wie es im angelsächsischen Sprachgebrauch heißt.

Es gibt eine Reihe von Gründen, die selbst in einer marktwirtschaftlichen Wirtschaftsordnung die Rolle des Staates rechtfertigen. Viele beruhen darauf, daß Annahmen nicht erfüllt sind, die dem Idealbild der vollkommenen Konkurrenz auf **kompetitiven Märkten** zugrunde liegen. Wir sprechen dann von **Marktversagen**. Denn in solchen Fällen ist das Marktergebnis durch Einflußnahme des Staates verbesserbar. Wenn man von besser und schlechter spricht, muß man einen Maßstab besitzen, an dem man die **Allokationen**, d.h. die Verteilung von Faktoren und Gütern des Marktes, mißt. Als solches wird das **Pareto-Prinzip** verwandt. Nach diesem ist eine Allokation A schlechter - wir sprechen dann von **paretoinferior** - gegenüber einer Allokation B, wenn in B mindestens ein Individuum besser gestellt und keines schlechter gestellt ist. Wir sagen dann auch: B ist A gegenüber **paretosuperior**. Eine Allokation wird dann **paretooptimal** genannt, wenn kein Individuum besser gestellt werden kann, ohne daß ein anderes schlechter gestellt wird.

Der sogenannte **Erste Hauptsatz der Wohlfahrtstheorie** zeigt, daß Konkurrenzgleichgewichte immer paretooptimal sind. Dies ist ein sehr wichtiges Argument für die Überlegenheit marktwirtschaftlicher Systeme. Sagt es doch, daß bei funktionierenden Märkten die sich einstellenden Marktergebnisse nach dem Pareto-Prinzip nicht mehr verbesserbar sind.

Welche Ursachen führen zu Marktversagen in dem Sinne, daß auf sich gestellte Märkte keine paretooptimalen Allokationen herbeiführen?

Die Ursachen können in den Gutseigenschaften selber liegen. Betrachtet man als Normalfall das **Individualgut** - synonym dazu spricht man auch von **privaten** Gütern (private goods) - so gibt es die sogenannte **Rivalität im Konsum**. Ein Apfel stiftet nur demjenigen Nutzen, der ihn verzehrt.

Als **Kollektivgüter** oder **öffentliche** Güter (public goods) bezeichnet man diejenigen Güter, für die diese Charakteristik nicht zutrifft und für die somit **Nichtrivalität im Konsum** vorliegt. Das bedeutet, daß an einem kollektiven Gut einer bestimmten Menge zusätzliche Individuen partizipieren können, ohne daß der Konsum der ursprünglichen Nutzer beeinträchtigt wird. Formal ausgedrückt bedeutet dies, daß die **Grenzkosten der Inanspruchnahme** durch ein zusätzliches Individuum gleich null sind. Dies hat jedoch in keiner Weise etwas mit den **Grenzkosten der Produktion** dieses Gutes zu tun. Ein Beispiel ist die Produktion von Rundfunksendungen. Ein zusätzlicher Rundfunkhörer oder stört keinen anderen. Es liegt also Nichtrivalität im Konsum vor. Mit den Produktionskosten von Hörfunksendungen hat das aber offensichtlich nichts zu tun. Diese bestehen unabhängig von der Inanspruchnahme.

Es ist einleuchtend, daß Nichtrivalität im Konsum zu Marktversagen führt. Denn Konsumenten haben einen Anreiz, "auf dem Markt" ihre wahren Präferenzen zu verschleiern und weniger vom kollektiven Gut nachzufragen in der Erwartung, vom Konsum der anderen als **Free-rider** profitieren zu können. Da ein solches Free-rider-Verhalten aber auch für alle anderen rational ist, führt die Nichtrivalität im Konsum zu einer **Unterversorgung** mit kollektiven Gütern und damit zu einem ineffizienten Marktergebnis.

Das gilt insbesondere dann, wenn bei kollektiven Gütern noch eine andere Eigenschaft hinzukommt, nämlich die der **Nichtanwendbarkeit des Ausschlußprinzips**. Das bedeutet, daß nichtzahlende Konsumenten vom Konsum nicht ausgeschlossen werden können. Die Ursache kann darin liegen, daß ein Ausschluß prinzipiell nicht möglich ist, oder aber darin, daß ein Konsumausschluß mit Kosten verbunden ist. Es ist einleuchtend, daß dies eine weitere Ursache für Marktversagen ist. Im folgenden Kapitel werden wir zeigen, was der Staat in solchen Fällen tun kann. An dieser Stelle können wir aber schon festhalten, daß es Notwendigkeiten gibt, daß der Staat kollektive Güter unter Umgehung des Marktes kostenlos zur Verfügung stellt - diese aber nicht unbedingt selbst produzieren muß. Es kann aber ebenso notwendig sein, daß selbst Individualgüter auf die gleiche Weise "nichtmarktmäßig" durch den Staat bereitgestellt werden.

Haben Marktaktivitäten eines Individuums (wie Konsum oder Produktion) Auswirkungen auf andere und werden diese Auswirkungen nicht mengen- und preismäßig auf Märkten "verarbeitet", so spricht man von **externen Effekten**. Es gibt negative und positive externe Effekte, je nachdem, ob die Auswirkungen wohlfahrtssenkend oder -steigernd sind. Auch in diesen Fällen versagt der Markt darin, die Ressourcen effizient zu allokieren, da die individuellen Optimierungsregeln nicht mit den gesamtwirtschaftlichen identisch sind. Oder anders ausgedrückt: Das Marktergebnis ist nicht paretooptimal. Solche externen Effekte gibt es im Konsum und in der Produktion. Eine negative Produktionsexternalität läge z.b. dann vor, wenn ein schadstoffemittierender Produzent die Umweltbelastung in seinem Optimierungskalkül außer acht läßt, weil er für Umweltnutzung nichts zahlen muß. Dann wären die individuellen Grenzkosten der Produktion geringer als die gesamtwirtschaftlichen. Die Produktion wäre zu hoch. Der Staat kann auf externe Effekte auf vielfältige Weise reagieren. Er kann Emissionsstandards für Automobile vergeben, Auflagen in der Produktion vorschreiben oder Umweltzertifikate verkaufen, und er kann den Verursacher externer Effekte besteuern wie auch subventionieren, um ihn zur Produktionseinschränkung zu bewegen.

Fehlende Eigentumsrechte sind eine weitere Ursache für Marktversagen. In Fällen der gemeinsamen Nutzung von **Gemeineigentum** wie der mittelalterlichen **Allmende** führte dies zur Überbeanspruchung, d.h. Überweidung der Ressource Weideland. Individuelle Optimierung ist also in solchen Fällen gesamtwirtschaftlich ineffizient.

Ein anderes Beispiel ist die Umwelt. Auch hier gibt es keine Eigentumsrechte für Luft, Boden und Wasser. Die Konsequenz ist die Überbeanspruchung durch Umweltverschmutzung. Man beachte jedoch, daß auch existierende Eigentumsrechte die Umweltbelastung nicht unterbinden würden, sie könnten aber eine gesamtwirtschaftlich **optimale** Nutzung (gleich Verschmutzung) ermöglichen.

Bislang unterstellten wir auf Märkten vollständige Information in dem Sinn, daß alle notwendigen Informationen über das Angebot sowie die Nachfrage und die Qualität von Gütern und Faktoren kostenlos verfügbar seien. In der Realität ist Informationsbeschaffung mit Kosten verbunden. Dies kann zu **unvollständigen Informationen** der Marktteilnehmer und damit zu Marktineffizienz führen. Der Staat kann solcherlei Informationsdefizite bekämpfen, indem er z.B. Verbraucheraufklärung institutionalisiert oder unterstützt.

Marktversagen gibt es auch bei **asymmetrischen Informationen** zwischen Anbietern und Nachfragern. Das bekannte **Lemon-Market-Beispiel** von GEORGE AKERLOF zeigt, daß auf dem Gebrauchtwagenmarkt typischerweise Informationsdefizite hinsichtlich der Qualität des Produktes bei den Nachfragern bestehen. Dies kann dazu führen, daß bei einheitlichem Preis für gute und schlechte Qualität insbesondere die "lemons", d.h. die Kfz schlechterer Qualität, auf den Markt drängen, daß somit im Trend der durchschnittliche Preis fällt und der Markt zusammenbricht.

Dieses Ergebnis der **adversen Selektion**, der Selektierung schlechter Risiken, ist für all die Situationen typisch, bei denen das **Prinzip des einheitlichen Marktpreises** unter den Voraussetzungen asymmetrischer Information zur Anwendung kommt.

Ein anderes Beispiel ist der Versicherungsmarkt. Ein einheitlicher Preis in Form einer einheitlichen Prämie führt dazu, daß schlechte Risiken sich selektieren und gute Risiken vom Versicherungsmarkt ausscheiden. Der Erwartungsschaden steigt, darauf die Prämie. Die schlechten Risiken selektieren sich weiter, und der Staat kann die Marktauflösung durch adverse Selektion schließlich nur durch eine gesetzliche Zwangsversicherung verhindern. Nicht verhindern kann er den **Moral-hazard-Effekt**, der darin liegt, daß im Versicherungsfall die Vorsorgebereitschaft abnimmt, da Schäden ja nicht individuell reguliert werden. Diesen Effekt kann der Staat jedoch durch staatlichen Vorsorgezwang oder auch durch Besteuerung von "Schadensgütern" wie Zigaretten etc. bekämpfen.

Eine so begründete Rechtfertigung der Aktivität des Staates darf nicht verwechselt werden mit dem Konzept der **meritorischen** oder **demeritorischen** Güter. Diese sollen der Gesellschaft durch den Staat selbst dann bereitgestellt werden, wenn sie nicht nachgefragt sind, oder umgekehrt, vorenthalten oder wie im Zigarettenbeispiel bekämpft werden, wenn sie gewünscht sind. Häufig wird die Subventionierung von Kulturgütern wie Opern, Museen und Konzertaufführungen damit gerechtfertigt. Dieses Konzept ist jedoch höchst problematisch, da es dem Staat eine **Meta-Nutzenfunktion** zuerkennt. Diese paternalistische Rechtfertigung staatlicher Aktivität wird jedoch zunehmend aufgegeben und durch das Externalitätenargument ersetzt.

Bisher haben wir Marktversagensursachen und die Notwendigkeit staatlichen Handelns aus allokativen Ineffizienzen abgeleitet.

Nach RICHARD A. MUSGRAVE, einem der fruchtbarsten Vordenker der **Finanzwissenschaft**, der ökonomischen Teildisziplin, die sich mit der staatlichen Aktivität in allen ökonomischen Bereichen befaßt, kann die Notwendigkeit der Staatstätigkeit in drei Bereichen abgeleitet werden, der **Allokation**, der **Distribution** und der **Stabilisierung**, wie in "The Theory of Public Finance" schon 1959 formuliert wird.

Den ersten Bereich haben wir behandelt. In der Distribution geht es darum, daß Markteffizienz selbst bei funktionierenden Märkten nicht unbedingt zu einer Einkommens- und Güterverteilung führt, die gesellschaftlich als gerecht oder wünschenswert erachtet wird. Bildlich betrachtet ist Allokationseffizienz notwendig für den größtmöglichen Kuchen und Distributionsgerechtigkeit für die Größe und Verteilung der aufzuschneidenden Kuchenstücke.

Im Terminus **Soziale Marktwirtschaft** kommen beide Zielsetzungen in hervorragender Weise zum Ausdruck. Eine Wirtschaftsordnung hat sozial ausgewogen zu sein, indem durch das **Distributionsziel** gesellschaftlich wünschenswerte Verteilungskorrekturen durch den Staat vorgenommen werden, und sie hat auch durch die Realisierung des **Allokationszieles** dafür zu sorgen, daß freie und funktionierende Märkte die effiziente Allokation der Ressourcen ermöglichen können. Diese Prozesse müssen störungsfrei und stetig erfolgen, und dies macht eine am **Stabilisierungsziel** ausgerichtete staatliche Wirtschaftspolitik erforderlich.

Die Rolle des Staates in marktwirtschaftlichen Wettbewerbsökonomien kann insgesamt also nicht durch die Forderung "sowenig Staat wie möglich", sondern nur durch die Devise "**Soviel Markt wie möglich und soviel Staat wie nötig**" in angemessener Weise beschrieben werden.

Diese Devise bleibt selbst dann gültig, wenn man das in der neueren Literatur vielzitierte Stichwort des **Staatsversagens** aufnimmt. Natürlich ist es eine Fiktion zu glauben, die "öffentliche Hand" habe einen umfassenden und vollständigen Überblick über alle Konsequenzen ihrer Einnahmen- und Ausgabenaktivitäten. Genauso richtig ist es, daß eine staatliche Bürokratie eine Eigeninteressen verfolgende **Eigendynamik** entfaltet. In der **Bürokratietheorie** werden solcherlei Prozesse sehr plastisch diskutiert. Das **Popitzsche Gesetz** der Anziehungskraft des größten Budgets gibt hier ein gutes Beispiel. Unberührt davon ist aber, daß staatliches Handeln notwendig bleibt. Man sollte sich aber vor einem allzu blauäugigen Vertrauen auf die Zieladäquanz staatlicher Maßnahmen hüten.

Resümee: Die Rechtfertigung staatlicher Aktivität auch in kompetitiven Marktwirtschaften erwächst aus Allokations-, Distributions- und Stabilisierungszielsetzungen.

---

3. Abgrenzung und Erfassung der Staatstätigkeit

Zur genaueren Erfassung der Aktivitäten des Staates bedarf es einer genaueren Definition der statistischen Praxis. In der BR Deutschland gibt es als für die statistische Praxis wichtiges Konzept der Datenerfassung zum einen die **Volkswirtschaftlichen Gesamtrechnungen** (VGR). Hier werden vom Statistischen Bundesamt die gesamtwirtschaftlichen Daten gemäß der im **System of National Accounts** (SNA) der Vereinten Nationen (UN) gegebenen Kriterien erfaßt. In den VGR ist der Staat ein Sektor unter anderen, und die **intersektoralen** Transaktionen stehen im Vordergrund der Datenaufbereitung. Anders in der **Finanzstatistik** des Bundes, die speziell auf staatliche Aktivitäten ausgerichtet ist und somit den Schwerpunkt auf **intrasektorale** Aktivitäten legt.

Die VGR grenzen die inländischen Sektoren **Staat** (St), **Unternehmen** (U) und **private Haushalte** und **private Organisationen ohne Erwerbszwecke** (H) wie folgt ab:

"Zum Sektor "St" rechnen alle Institutionen, deren Aufgabe überwiegend darin besteht, Dienstleistungen eigener Art für die Allgemeinheit zu erbringen, und die sich hauptsächlich aus Zwangsabgaben finanzieren. Zum Staat gehören die Gebietskörperschaften und die Sozialversicherungen. Nicht zum Sektor Staat rechnen im Eigentum der Gebietskörperschaften befindliche Unternehmen, unabhängig von ihrer Rechtsform."

"Zum Sektor "U" rechnen alle Institutionen, die vorwiegend Waren und Dienstleistungen produzieren bzw. erbringen und diese gegen spezielles Entgelt verkaufen, das in der Regel Überschüsse abwirft, zumindest jedoch annähernd die Kosten deckt."

"Der Sektor "H" umfaßt mit den privaten Haushalten alle Institutionen, die auf dem Markt in erster Linie als Anbieter von Arbeitskraft, als letzte Käufer von Ver- und Gebrauchsgütern und als Anleger von Ersparnissen auftreten. Ihre Einnahmen stammen hauptsächlich aus Einkommen aus Erwerbstätigkeit und Vermögen und aus Einkommensübertragungen ... Zu den privaten Organisationen ohne Erwerbscharakter rechnen alle Organisationen, Verbände, Vereine, Institute usw. - einschließlich ihrer Anstalten und Einrichtungen -, deren Leistungen vorwiegend privaten Haushalten dienen und die sich zu einem wesentlichen Teil aus freiwilligen Zahlungen (Beiträgen, Spenden usw.) von privaten Haushalten und aus Vermögenserträgen und nur zu einem geringen Teil aus öffentlichen Zuwendungen finanzieren."

In der Praxis zählen also zum Staat eine Menge sehr heterogener Institutionen wie z.b. Gebietskörperschaften, Sozialversicherung, Krankenhäuser und Feuerwehr. Nicht zum Sektor Staat zählen hiernach öffentliche Unternehmen wie Bundesbahn, Bundespost und Versorgungs- wie Energieunternehmen. Die Abgrenzungsprobleme, die daraus in der statistischen Praxis erwachsen, sind offenkundig.

Die **Finanzstatistik** dagegen beschränkt sich auf "die statistische Erfassung der Finanzen des Bundes, der Länder, der Gemeinden und anderer dem öffentlichen Bereich zuzuordnenden Institutionen, die in § 2 des Gesetzes über die Finanzstatistik vom 8. Juni 1960 sowie in Art. 1 des Gesetzes zur Änderung des Gesetzes über die Finanzstatistik vom 12. Juli 1973 genannt werden" (BMF (1980)). Grundsätzlich bauen die Begriffe der Finanzstatistik auf den VGR auf. Die Abweichungen gegenüber den VGR sind sektoraler, sachlicher und zeitlicher Art.

Die **sektoralen** Abweichungen beruhen insbesondere darauf, daß in den VGR Unternehmen, die sich im Eigentum der Gebietskörperschaften befinden, nicht zum Sektor Staat zählen. Demgegenüber enthält der öffentliche Bereich in der Finanzstatistik die sogenannten **Bruttounternehmen**, die mit ihren gesamten Einnahmen und Ausgaben in die öffentliche Haushaltsrechnung eingehen. In der Finanzstatistik nicht berücksichtigt sind die **Nettounternehmen**, die nur mit Überschüssen oder Defiziten in der öffentlichen Haushaltsrechnung erscheinen. Auch der **Wohnungsbau** des Staates zählt - im Gegensatz zu den VGR - zum öffentlichen Sektor der Finanzstatistik.

Sachliche Abweichungen gibt es z.b. auf dem Gebiet der Sachinvestitionen. In der Finanzstatistik werden die Ausgaben im Straßenbau für Um- und Ausbau sowie Instandhaltung (UAI-Verkehrsbauten) als Sachinvestitionen, und in den VGR als Staatsverbrauch verbucht.

Zeitliche Abweichungen beruhen auf unterschiedlichen Verbuchungsprinzipien. Die Finanzstatistik geht z.b. im Bereich der Sachinvestitionen vom **Kassenprinzip** aus und weist mit der erfolgten Zahlung aus; die VGR dagegen basieren auf dem **Produktionsprinzip** (nach BMF (1980)).

Wenn wir im weiteren die sektorale Einbindung des Staates in den gesamtwirtschaftlichen Kreislauf vornehmen, gehen wir von den Prinzipien der VGR aus, da intersektorale und nicht intrasektorale Verflechtungen im Vordergrund stehen.

In Kapitel 6 wurde in der Abbildung 6.2 für eine geschlossene Volkswirtschaft ohne Staatssektor der gesamtwirtschaftliche Kreislauf in monetären Strömen und Vermögensänderungsgrößen dargestellt. Die Abbildung 12.1 bezieht nun die wichtigsten staatlichen Aktivitäten mit ein.

Abbildung 12.1: _Staat im monetären Kreislauf_

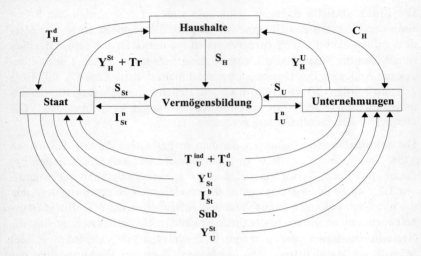

Dabei sind die nichtstaatlichen Verflechtungen wie in Kapitel 6 definiert. Es ist lediglich die Größe Y_H durch Y_H^U ersetzt worden, da zwischen den Faktoreinkommen der Haushalte von den Unternehmen (Y_H^U) und vom Staat (Y_H^{St}) unterschieden werden muß. Die neuen Symbole sind wie folgt definiert:

Y_H^{St} : Faktorentlohnung des Staates an Haushalte

Tr : staatliche Transferzahlungen an Haushalte

T_U^d : direkte Steuern und Sozialabgaben von den Unternehmungen

T_U^{ind} : indirekte Steuern von den Unternehmungen

Y_{St}^U : Faktoreinkommen des Staates aus Beteiligungen und Vermögen

Y_U^{St} : Vorleistungskäufe des Staates von Unternehmungen

Sub   :   Subventionen (= Transferzahlungen an
Unternehmungen)

T_H^d :   direkte Steuern von den Haushalten.

In dieser Darstellung sind die Rolle des Staates als Produzent von Gütern
und Dienstleistungen wie auch seine Funktion als Umverteiler von Einkommen explizit enthalten.

Der Staat tätigt Bruttoinvestitionen (I_{St}^b) und für die eigene Produktion von
Gütern (oder deren kostenlose Bereitstellung) Vorleistungskäufe (Y_U^{St}) bei
den Unternehmungen, zahlt Faktoreinkommen (Y_H^{St}) an die bei ihm Beschäftigten und erhält Faktoreinkommen (Y_{St}^U) aus Beteiligungen an Unternehmungen (öffentlichen Unternehmen) und Vermögensbesitz.

Ferner zahlt der Staat (ohne ökonomische Gegenleistung) Transfers an
Haushalte (*Tr*) und Unternehmungen (*Sub*) und bekommt (ohne ökonomische Gegenleistung) Steuerzahlungen in Höhe von

(1) $$T = T_H^d + T_U^d + T_U^{ind}$$

von den Haushalten und Unternehmungen. Dabei stellen T_U^{ind} die **indirekten Steuern** dar, die als sogenannte **Kostensteuern** bei Produzenten erhoben werden und bei der Gewinnermittlung abzugsfähig sind. Im Gegensatz
dazu sind die **direkten Steuern** diejenigen Steuerzahlungen, die als Lohn-
und veranlagte Einkommensteuer (T_H^d) oder als Körperschaftsteuer (T_U^d)
das Einkommen der jeweiligen Wirtschaftseinheit direkt belasten.

Schlußendlich wird auch die Vermögensänderungsposition des Staates
durch die (Netto-)Ersparnisse S_{St} spezifiziert.

Gemäß dem **Kreislaufaxiom** gilt für jeden Pol im Schaubild mit "Summe
der eingehenden gleich Summe der ausgehenden Ströme" die Gleichgewichtsbedingung. Bezeichnet man mit

(2) $$FS = I^n - S$$

den **Finanzierungssaldo** der jeweiligen Sektoren, so läßt sich aus dem
Vermögensänderungspol unmittelbar ableiten

(3) $$S_H + S_U + S_{St} = I_U^n + I_{St}^n .$$

Setzt man S_{Pr} für die Summe der Ersparnisse der Haushalte (S_H) und die
Ersparnisse der Unternehmungen (S_U), die für die unverteilten Gewinne

stehen, so erhält man die Kreislaufidentität einer geschlossenen Volkswirtschaft mit Staat

$$(4) \qquad\qquad S_{\mathrm{Pr}} = I_U^n + (I_{St}^n - S_{St}),$$

was wir auch alternativ schreiben können als

$$(5) \qquad\qquad FS_{Pr} + FS_{St} = 0.$$

Diese Gleichung besagt, daß in der Summe die Einnahmen und Ausgaben beider Sektoren übereinstimmen, was aber nicht bedeuten muß, daß jeder Sektor seine Ausgaben durch eigene Einnahmen deckt. Wir wissen, daß der Staat in der Regel ein **Haushaltsdefizit** fährt. Dann gilt $FS_{St} > 0$, und die eigenen Ersparnisse reichen nicht aus, um die eigenen Nettoinvestitionen zu finanzieren. Gesamtwirtschaftlich gesehen, und das zeigt uns Gleichung (4), werden dann die privaten Ersparnisse S_{Pr} in die Pflicht genommen , d.h. sie finanzieren neben den eigenen Nettoinvestitionen I_U^n das Haushaltsdefizit des Staates.

Wenn wir die Größenordnungen der jeweiligen Finanzierungssalden der Jahre 1970 bis 1991 in Deutschland gegenüberstellen, so stimmt Gleichung (5) nicht mehr, da für Deutschland als offene Volkswirtschaft auch der Sektor **Ausland** in den Einkommenskreislauf mit einbezogen werden muß. Weil die erforderliche Änderung nur geringfügig ist, wollen wir Gleichung (5) für diesen Fall vervollständigen. Schreiben wir *Ex* für das Einkommen aus Exporten von Waren und Dienstleistungen und *Im* für die Ausgaben für Importe von Waren und Dienstleistungen, so stellt

$$(6) \qquad\qquad FS_{Au} = Ex - Im$$

den **Finanzierungssaldo des Auslandes** dar, so daß für eine offene Volkswirtschaft die Beziehung

$$(7) \qquad\qquad FS_{Pr} + FS_{St} + FS_{Au} = 0$$

gültig ist.

In dieser Form können wir mit Daten der VGR in Tabelle 12.1 die gesamtwirtschaftliche Kreislaufgleichung konsistent darstellen. Verdeutlichen wir uns diese Beziehungen graphisch, so zeigt uns Abbildung 12.2, daß die privaten Ersparnisse im Zeitablauf wesentlich stärker gestiegen sind als die privaten Investitionen, und daß der Finanzierungsüberschuß des privaten Sektors insbesondere gegen Ende der achtziger Jahre (vor der

deutschen Einheit) vorwiegend der Finanzierung des steigenden
Finanzierungssaldos im Außenhandel gedient hat.

Tabelle 12.1: _Gesamtwirtschaftliche Kreislaufgleichung (Mio DM)_

Jahr	Netto-investitionen d. Unternehmungen	private Ersparnis	Finanzierungssaldo des	
			Staates	Auslandes
1970	90.200	82.590	-11.390	3.780
1971	92.960	84.040	-11.680	2.760
1972	98.930	93.020	-9.090	3.180
1973	106.690	93.210	-25.460	11.980
1974	76.340	99.010	-3.920	26.590
1975	53.440	105.180	40.880	10.860
1976	85.290	113.070	17.670	10.110
1977	86.400	101.020	5.040	9.580
1978	93.570	120.980	9.310	18.100
1979	130.810	130.690	11.000	-11.120
1980	125.310	118.030	17.490	-24.770
1981	95.660	115.710	32.510	-12.460
1982	80.290	116.170	27.360	8.520
1983	100.770	129.580	17.470	11.340
1984	110.090	137.790	5.360	22.340
1985	98.790	139.780	-6.460	47.450
1986	104.870	190.090	-260	85.480
1987	99.000	195.200	13.870	82.330
1988	122.890	234.260	22.220	89.150
1989	155.740	235.220	-28.630	108.110
1990	178.060	286.580	20.840	87.680
1991	208.990	287.200	38.340	39.870

Quelle: StatBuAmt. Fachserie 18, Reihe 1.3. 1989, Reihe 1.1. 1990 und Statistische
Jahrbücher 1990 und 1992.

Der staatliche Finanzierungssaldo ist in der Regel auch positiv. Da aber die
Überschüsse der zum Sektor Staat zählenden Sozialversicherungen zum
Teil die Defizite der Gebietskörperschaften kompensierten, bleibt dieser
Finanzierungssaldo im Betrachtungszeitraum relativ klein. Das wird sich
in den neunziger Jahren auf Grund des hohen Finanzierungsbedarfs durch
die Deutsche Einigung ändern, was sich schon in der hohen Zunahme des
Finanzierungssaldos von 1989 bis 1991 dokumentiert. Wenn aber der

Finanzierungssaldo des Auslandes abgebaut werden kann - und diese Entwicklung ist schon bis 1991 deutlich erkennbar - bleibt bei gleichbleibend hoher privater Sparneigung ein beträchtlicher Finanzierungsspielraum. So ist der Rekordfinanzierungssaldo des Jahres 1989 in Höhe von ca. 108 Mrd. DM schon bis 1991 auf etwa 70 Mrd. DM gesunken. In fast gleicher Höhe dagegen ist der Finanzierungssaldo des Staates im gleichen Zeitraum gewachsen.

Abbildung 12.2: *Gesamtwirtschaftliche Finanzierungssalden (in Mio. DM)*

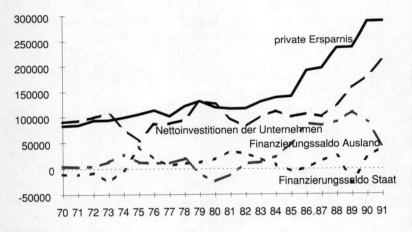

Quelle: Tabelle 12.1.

Bislang haben wir uns auf die Finanzierungssalden der einzelnen Sektoren konzentriert. Wenn wir uns fragen, welche Leistungen der Staat für die Gesamtheit erbringt, so ist die Rolle des Staates als Umverteiler von Geldströmen ohne direkte Gegenleistung im Kreislaufschema unmittelbar ablesbar, ebenso die Höhe der vom Staat empfangenen oder gezahlten marktmäßigen Einkommen sind. Wenn wir uns nun aber fragen, wie groß der Wert der vom Staat bereitgestellten Güter ist, und wir damit die Rolle des Staates als **Produzent** und **Anbieter** öffentlicher Güter untersuchen, so gibt es Schwierigkeiten, da öffentliche Güter unentgeltlich abgegeben werden. Man behilft sich damit, daß man den Wert der staatlich bereitgestellten Güter über die Summe der zur Erstellung notwendigen Aufwendungen mißt. Es hat sich eingebürgert - obwohl das dem tatsächlichen Sachverhalt nicht gerecht wird - von **öffentlichem Konsum** C_{st} oder Staatsverbrauch zu sprechen. Dieser entspräche dann mit

(8) $$C_{St} = Y_H^{St} + Y_U^{St} + (I_{St}^b - I_{St}^n)$$

der Summe aus den Faktoreinkommen der beim Staat Beschäftigten, den Vorleistungskäufen des Staates bei den Unternehmungen und den Abschreibungen auf den öffentlichen Kapitalstock.

Bei dieser Konstruktion entsteht die merkwürdige Situation, daß Lohnerhöhungen für die beim Staat Beschäftigten c.p. im gleichen Ausmaß den Wert der öffentlichen Güter steigern. Bei privatem Angebot würden sich dagegen Lohnerhöhungen c.p. nur als Gewinnänderungen und nicht als Produktionswerterhöhungen niederschlagen.

Aus der Gleichgewichtsbedingung für den staatlichen Sektor im Kreislaufdiagramm 12.1 können wir den Wert der öffentlichen Güter implizit erhalten. Denn es gilt

(9) $$Y_{St}^U + T = C_{St} + (Tr + Sub) + S_{St},$$

wenn wir die Definitionsgleichungen (1) und (8) verwenden. Wir sehen, daß (9) nichts anderes darstellt als die Verwendungsgleichung des dem Staat verfügbaren Einkommens. Dies wird deutlich, und damit auch die Analogie zu der Verwendungsgleichung des privaten Sektors, wenn wir (9) umformen zu

(10) $$Y_{St}^U + T - (Tr + Sub) = C_{St} + S_{St}.$$

Das dem Staat zugeflossene Faktoreinkommen aus Beteiligungen und Vermögen plus die steuerlichen "Zwangseinnahmen" abzüglich der freiwilligen Transfers an Haushalte und Unternehmungen kann für den Staatsverbrauch und öffentliche Ersparnisse verwandt werden. Die Tabelle 12.2 macht deutlich, daß in den Jahren 1980 bis 1990 der Staatsverbrauch wie der private Verbrauch in Anteilen am BSP gemessen insgesamt um ca. fünf Prozentpunkte zurückgegangen ist. Diesem Rückgang stand ein Anwachsen des Außenbeitrages um mehr als fünf Prozentpunkte entgegen, da die Bruttoinvestitionen anteilmäßig leicht abnahmen.

Dieses Ergebnis ist nicht nur zeitpunktbezogen, sondern kennzeichnet im Prinzip den Trend für die zweite Hälfte der achtziger Jahre.

Auch der Anteil des Staates an der gesamtwirtschaftlichen Bruttowertschöpfung nahm in den achtziger Jahren ab, wie aus Tabelle 12.3 ersichtlich ist.

Tabelle 12.2: _Verwendung des BSP (in lfd. Preisen) in Mrd. DM_

	1990	in %	...	1980 in %
Privater Verbrauch	1299	53,6	▼	56,7
+ Staatsverbrauch	443	18,3	▼	20,2
+ Bruttoinvestitionen	518	21,3	▼	23,3
+ Außenbeitrag (1)	166	6,8	▲	-0,1
= BSP	2425	100		100,1
(1) Saldo des Waren- und Dienstleistungsverkehrs mit der übrigen Welt einschließlich der Erwerbs- und Vermögenseinkommen.				

Quelle: StatBuAmt (1992), Statistisches Jahrbuch für die BRD, Tab. 24.6.

Tabelle 12.3: _Bruttowertschöpfung nach Wirtschaftsbereichen in %_

	1960	1970	1980	1988	1989	1990	1991
Staat	7,1	9,3	11,7	11,1	10,7	10,5	10,4
Handel und Verkehr	18,5	15,3	14,9	14,1	14,0	13,9	13,8
Dienstleistungsunternehmen	13,6	16,9	23,0	28,3	28,5	28,9	29,7
Verarbeitendes Gewerbe	40,3	38,4	32,4	31,1	31,1	30,8	30,0

Quelle: StatBuAmt (1992), Statistisches Jahrbuch für die BRD, Tab. 24.5.

Dies deutet darauf hin, daß die Funktion des Staates, öffentliche Güter zu
produzieren und bereitzustellen, in den achtziger Jahren eine abnehmende
Bedeutung besaß. Wir werden an späterer Stelle sehen, daß dieser Schluß
durchaus im Einklang ist mit den Entwicklungen auf der Einnahmen- und
Ausgabenseite des staatlichen Budgets.

In welcher Weise der Staat an der Entstehung und Verwendung des Sozi-
alproduktes beteiligt ist, kommt in Tabelle 12.4 zum Ausdruck. Hier wird
auch deutlich, in welcher Weise die nach den VGR definierten Größen wie
BSP und NSP zum verfügbaren Einkommen der privaten Haushalte führen,
das schlußendlich für Konsum und Sparen verwendet werden kann. Wir
sehen z.B., daß 1991 knapp 18 Prozent der produzierten Güter und
Dienstleistungen nicht von dem Empfänger direkt bezahlt, sondern über
das Budget finanziert wurden.

Tabelle 12.4: *Zusammensetzung und Verwendung des BSP für Deutschland in Mrd. DM (laufende Preise)*

	1980	1988	1989	1990	1991
Privater Verbrauch	837,02	1153,69	1209,57	1299,23	1379,10
+ Private Bruttoinvestitionen	290,61	371,29	419,58	461,11	518,16
+ Staatliche Bruttoinvestitionen	53,24	48,91	52,53	56,53	60,62
+ Außenbeitrag	-1,49	121,73	144,74	165,55	187,94
+ Staatsverbrauch	298,02	412,38	418,78	443,08	469,38
= Bruttosozialprodukt	**1477,40**	**2108,00**	**2245,20**	**2425,50**	**2615,20**
- Abschreibungen	175,00	263,09	279,41	299,69	327,22
= Nettosozialprodukt zu Marktpreisen	**1302,40**	**1844,91**	**1965,79**	**2125,81**	**2287,98**
- Indirekte Steuern	193,47	257,11	278,27	303,00	340,30
+ Subventionen	30,65	47,74	46,80	48,77	48,55
= Nettosozialprodukt zu Faktorkosten	**1139,58**	**1635,54**	**1734,32**	**1871,58**	**1996,23**
- Einkommen des Staates aus					
Unternehmertätigkeit und Vermögen	16,75	19,89	31,29	33,75	34,26
- Unverteilte Gewinne	49,89	99,55	103,51	108,88	126,46
+ Zinsen auf öffentliche Schulden	28,55	59,81	60,18	63,46	74,60
+ Zinsen auf Konsumentenschulden	13,19	18,17	19,46	22,06	25,68
= Erwerbs- und Vermögenseinkommen					
der Privaten Haushalte	**1114,68**	**1594,08**	**1679,16**	**1814,47**	**1935,79**
+ Leistungen der Sozialversicherung					
und öffentliche Pensionen	265,72	370,45	385,58	405,08	430,78
+ Sonstige empfangene laufende					
Übertragungen	38,43	62,86	67,52	70,06	75,04
= Gesamtes Einkommen					
der Privaten Haushalte	**1418,83**	**2027,39**	**2132,26**	**2289,61**	**2441,61**
- Zinsen auf Konsumentenschulden	13,19	18,17	19,46	22,06	25,68
- Direkte Steuern	160,21	214,67	236,38	228,29	270,43
- Sozialversicherungsbeiträge	278,65	408,10	426,15	453,73	489,25
- sonstige geleistete Übertragungen	44,84	67,23	71,49	75,72	80,58
= Verfügbares Einkommen der					
Privaten Haushalte nach Umverteilung	**921,94**	**1319,22**	**1378,78**	**1509,81**	**1575,67**
- Privater Verbrauch	837,02	1153,69	1209,57	1299,23	1379,10
= Private Ersparnis	**84,92**	**165,53**	**169,21**	**210,58**	**196,57**

Quelle: StatBuAmt (1992), Statistisches Jahrbuch für die Bundesrepublik Deutschland 1992.

Sowohl die **Bundespostabführungen** wie auch die abgeführten **Bundesbankgewinne** werden vom Einkommen des Staates aus Unternehmertätigkeit erfaßt.

Resümee: *Die Interdependenz des staatlichen Sektors mit den anderen Sektoren einer Volkswirtschaft läßt sich im Kreislaufdiagramm für monetäre Ströme verdeutlichen. Die nichtmarktmäßige Bereitstellung von Gütern durch den Staat kann im monetären Kreislaufdiagramm implizit ermittelt werden.*

4. Grundlagen der Wirtschaftspolitik

Bevor wir näher auf die Einnahmen- und Ausgabenpolitik des Staates eingehen, wenden wir unsere Aufmerksamkeit einigen allgemeinen Aspekten der Wirtschaftspolitik zu. Unter **Wirtschaftspolitik** verstehen wir die Gesamtheit der staatlichen Maßnahmen, die auf die Beeinflussung und Steuerung des wirtschaftlichen Lebens gerichtet sind. Die Wirtschaftspolitik geht von politisch formulierten Zielsetzungen aus, die durch einen geplanten Einsatz wirtschaftspolitischer Mittel und Instrumente erreicht werden sollen. In diesem Zusammenhang ist es von großer Bedeutung, sich im klaren zu sein, daß diese Ziele und Instrumente der Wirtschaftspolitik nicht aus der Wirtschaftswissenschaft selbst abzuleiten sind. Die Festlegung der Ziele und gegebenenfalls auch der Instrumente der Wirtschaftspolitik ist eine politische Aufgabe, die nicht mit theoretischen Überlegungen, sondern mit Werturteilen zu lösen ist. Die **Werturteile** enthalten Aussagen über die gewünschten Veränderungen der Wirtschaftsordnung und über die Art und Weise, wie diese erreicht werden können. Der Wirtschaftswissenschaft können diese Urteile, die auf Lebensanschauungen und politischen Überzeugungen beruhen, nicht entlehnt werden. Wohl aber kann die Wirtschaftswissenschaft hilfreich sein bei der Formulierung und vor allem der Quantifizierung der Ziele und Instrumente der Politik, da sie mit einem Vorsprung ausgestattet ist, um die Konsequenzen verschiedener und alternativer politischer Vorhaben ins rechte Licht zu setzen.

Es können dabei grundsätzlich zwei Vorgehensweisen voneinander unterschieden werden: Der **positive** und der **normative** Ansatz. Ein positiver Ansatz kann verkürzt gekennzeichnet werden als eine auf jedwede Bewertung verzichtende Beschreibung eines ökonomischen Sachverhaltes oder eines Handlungsablaufes. Zu letzterem gehört beispielsweise die **Wirkungsanalyse** staatlicher Aktivitäten. Dies kann die Analyse der Steuerwirkungen unterschiedlicher steuerlicher Maßnahmen sein, es kann die Wirkung staatlicher Ausgabenprogramme betreffen und vieles andere mehr. Aber schon hier beginnt der Begriff "positiver Ansatz" im Sinne wertfreier Wiedergabe ziemlich farbig zu schillern. Denn eine solche

Analyse setzt allemal eine Vorstellung von **relevanten** Wirkungszusammenhängen oder sogar ein vollständiges **ökonomisches Modell** voraus; und daß damit ein bestimmtes Weltbild Eingang findet in das an sich von Werten abstrahierende Resümieren, kann gerade in der ökonomischen Wissenschaft nicht genügend betont werden. Im strengen Sinne ist "positive Ökonomik" wohl nur als Idee existent. Umso mehr sind die graduellen Unterschiede des positiven Ansatzes einer näheren Betrachtung wert, bevor die Ergebnisse einer darauf fußenden Analyse gewürdigt werden.

Vielfach wird die **komparative Statik**, deren Methoden sich die wirtschaftspolitische Analyse in hohem Maße bedient, als Kern der **positiven Ökonomie** bezeichnet. Dies ist dann, aber auch nur dann richtig, wenn das zugrunde liegende Modell einen gesicherten und allseits akzeptierten ökonomischen Erkenntnisgehalt widerspiegelt.

Der normative Ansatz verzichtet von vornherein auf das Postulat der Wertfreiheit. Er beginnt sogar mit der Vorgabe von Werte, die dann als **wirtschaftspolitische Ziele** die Basis für zieladäquates wirtschaftspolitisches Handeln darstellen. Schon die Vorgabe der Sozialproduktsmaximierung als Richtschnur der Wirtschaftspolitik oder aber auch das **Pareto-Prinzip** als Grundlage wirtschaftspolitischer Entscheidungen stellen im Grunde implizite - wenn auch schwache - Werturteile dar.

Die **normative Ökonomie** schließt also die Erkenntnisse der positiven Wirkungsanalyse wirtschaftspolitischer Instrumente mit ein, geht aber insofern über sie hinaus, als zusätzlich zum als relevant erachteten ökonomischen Modell konkrete wirtschaftspolitische Zielvorstellungen das Ergebnis der Analyse determinieren.

Eine wichtige Unterscheidung in der Wirtschaftspolitik ist die in Konjunkturpolitik und in Strukturpolitik. Die **Konjunkturpolitik** setzt eher auf der Nachfrageseite des Wirtschaftsprozesses an. Es geht dabei um die Beeinflussung der Zusammensetzung und der Größe der öffentlichen und privaten Ausgaben. Die **Strukturpolitik** des Staates bezieht sich vor allem auf die Angebotsseite des Wirtschaftsprozesses. Das Schwergewicht liegt u.a. in der Beeinflussung des Umfanges und der Art der Kapitalbildung, der Qualität der Arbeitskräfte, des technischen Wandels und der Struktur der Wirtschaft. Ein Beispiel für Strukturpolitik ist die Förderung der Wirtschaftsentwicklung in Fördergebieten wie es das Zonenrandgebiet bisher war. In einer Reihe von Fällen können konjunktur- und strukturpolitische Überlegungen in Konflikt geraten. Die Kürzung öffentlicher Investitionen in einer überhitzten konjunkturellen Situation kann aus der Sicht der Verbesserung der Infrastruktur sehr nachteilig sein. Aus strukturpolitischen Überlegungen kann die Anhebung des Ausbildungsniveaus erwünscht sein, wogegen die konjunkturelle Situation zusätzliche Investitionen nicht ratsam erscheinen läßt. Hier offenbart sich im Bereich der Wirtschaftspolitik der Umstand, daß eine Investition sowohl einen Einkommens- als auch einen Kapazitätseffekt besitzt. In der Keynesschen Theorie steht der **Einkommenseffekt** an zentraler Stelle, wohingegen in der Wachstumstheorie die Betonung auf dem **Kapazitätseffekt** liegt.

Das Abwägen konjunktureller Überlegungen gegen strukturelle Vorhaben im Fall von Zielkonflikten beruht auf Werturteilen, die nicht dem Bereich der Wirtschaftswissenschaften entstammen.

In bezug auf die Wirtschaftspolitik unterscheidet man oft zwischen kurzfristiger und langfristiger Orientierung. Diese Differenzierung wird meist auf das Kalenderjahr bezogen und ist nicht ohne Willkür. So werden Einjahrespläne als **kurzfristig** bezeichnet, während solche über fünf und mehr Jahre als mittel- oder **langfristig** gelten. Diese Interpretation kurz- und langfristiger Politik ist nicht ganz befriedigend. Gelegentlich begegnet man auch dem Gedanken, daß Konjunkturpolitik identisch sei mit kurzfristiger Politik und Strukturpolitik mit langfristiger Politik. Diese Ansicht verkennt aber ebensosehr wie die erstgenannte Interpretation, daß es vor allem darum geht, im Rahmen der Wirtschaftspolitik von gegebenen Bedingungen auszugehen. In dem Maße, in dem man weitere ökonomische Größen als einer Beeinflussung durch die Wirtschaftspolitik zugänglich ansieht, kann man von langfristiger Betrachtung sprechen. Nehmen wir als Beispiel den Arbeitsmarkt. Betrachtet man das Angebot an Arbeitskräften als gegeben, so daß die Nachfrage nach Arbeit im Blickpunkt des Interesses steht, dann hat die Arbeitsmarktpolitik in stärkerem Maße kurzfristigen Charakter, als wenn die Zusammensetzung des Arbeitsangebotes als zu beeinflussender Faktor angesehen wird.

> **Resümee:** *Wirtschaftstheorie und Wirtschaftspolitik sind interdependent miteinander verbunden. Eine zieladäquate Wirtschaftspolitik setzt eine Theorie vom Wirtschaftsablauf voraus.*

5. Ziele und Instrumente der Wirtschaftspolitik

Es gibt wenige Gebiete der Volkswirtschaftslehre, die sich in den letzten vierzig Jahren so schnell wie die **Theorie der Wirtschaftspolitik** entwikkelten. Die Depression zwischen den zwei Weltkriegen, die Intensivierung der internationalen Wirtschaftsbeziehungen nach 1945 und die wirtschaftliche Integration im Rahmen der EG haben u.a. dazu geführt, daß Ziele und Instrumente der Wirtschaftspolitik sorgfältig formuliert und auf ihre praktische Verwendbarkeit getestet wurden. Wenn man unter Wirtschaftspolitik den Komplex von staatlichen Maßnahmen versteht, die auf die Beeinflussung des Wirtschaftslebens gerichtet sind, so hat die Volkswirtschaftslehre hierin lediglich die Aufgabe, bei den durch die wirtschaftspolitischen Instanzen vorgegebenen Zielen die Zieladäquanz alternativer wirtschaftspolitischer Maßnahmen herauszuarbeiten, wobei sie sich wirtschaftstheoretischer Ansätze bedient. Die politisch-normative Entscheidung in der Zielwahl bzw. Zielfixierung dagegen ist ausschließlich Aufgabe der wirtschaftspolitischen Instanzen.

In Deutschland werden die folgenden **Ziele** der Wirtschaftspolitik mehr oder weniger allgemein akzeptiert:

1. Hoher Beschäftigungsstand,

2. Stabiles Preisniveau,

3. Außenwirtschaftliches Gleichgewicht,

4. Gerechte Einkommensverteilung,

5. Stetiges und angemessenes Wirtschaftswachstum.

Im **Gesetz zur Förderung der Stabilität und des Wachstums der Wirtschaft** (StWG) vom 8. Juni 1967 werden diese Ziele bis auf die Forderung nach einer gerechten Einkommensverteilung in § 1 explizit genannt und als **gesamtwirtschaftliches Gleichgewicht** bezeichnet. Und im Grundgesetz wird im Artikel 109, Absatz 2 dem Bund und den Ländern sogar ausdrücklich die Verpflichtung auferlegt, "... bei ihrer Haushaltswirtschaft den Erfordernissen eines gesamtwirtschaftlichen Gleichgewichtes Rechnung zu tragen."

In der letzten Zeit mehren sich die Stimmen, die fordern, die Erhaltung der natürlichen Umwelt in den wirtschaftspolitischen Zielkatalog aufzunehmen. Wenn man den Wachstumsbegriff nicht allzu materialistisch faßt, kann man den Wunsch nach intakter Umwelt aber auch unter die Forderung nach angemessenem Wachstum subsumieren. Im allgemeinen gilt freilich, daß eine Konkretisierung dieser Zielsetzungen in starkem Maße von politischen Überlegungen und Wertungen abhängt. Dies wird insbesondere deutlich, wenn man beabsichtigt, die in Frage kommenden Ziele zu quantifizieren. Wie stabil muß das Preisniveau bleiben? Wie gerecht muß die Einkommensverteilung sein? Die Beantwortung dieser und ähnlicher Fragen ist namentlich dann schwierig, wenn die Realisierung von Zielen durch **Zielkonflikte** erschwert wird. So kann das Ziel der Vollbeschäftigung leicht dem Ziel der Preisstabilität zuwiderlaufen. Dieser Umstand weist darauf hin, daß es notwendig ist, die genannten wirtschaftspolitischen Ziele in ihrem wechselseitigen Zusammenhang zu sehen.

Es ist jedoch trotzdem sinnvoll, die verschiedenen Ziele einzeln unter die Lupe zu nehmen. Wir beginnen mit dem gleichgewichtigen Arbeitsmarkt.

Arbeitsmarktgleichgewicht bedeutet für die meisten politischen Strömungen nicht nur hohe Beschäftigung, sondern Vollbeschäftigung. Die paradoxe gegenwärtige Situation auf dem deutschen Arbeitsmarkt, daß nämlich sowohl Arbeitskräftemangel wie Arbeitslosigkeit herrschen, macht deutlich, daß es einen Konflikt gibt zwischen konjunktur- und strukturpolitischen Erfordernissen.

Es ist zu erwarten - und das hat sich auch schon in den letzten Jahren gezeigt -, daß die Arbeitsmarktpolitik in den kommenden Jahren mehr im Zeichen struktureller als konjunktureller Probleme stehen wird. Die strukturelle Arbeitslosigkeit in bestimmten Regionen und in bestimmten Sektoren erfordert die Anwendung feinerer Instrumente, als wenn als Ursache der Arbeitslosigkeit unzureichende effektive Nachfrage diagnostiziert wird.

Auch hinsichtlich des Zieles eines **stabilen Preisniveaus**, zu dessen Realisierung die Deutsche Bundesbank aufgrund des Bundesbankgesetzes (BuBankG) in besonderem Maße verpflichtet ist, gibt es durchaus unterschiedliche Vorstellungen. Dies betrifft insbesondere die europäischen Partnerländer innerhalb der EG. Die deutsche, auf Preisstabilität ausgerichtete Politik der Geldverknappung findet keineswegs überall Zustimmung. Denn auch hier gibt es Zielkonflikte, da hohe Zinsen als Folge einer straffen geldpolitischen Steuerung Investitionshemmnisse darstellen und infolgedessen Beschäftigungs- und Wachstumseinbußen nach sich ziehen können.

Die Orientierung am Ziel des **außenwirtschaftlichen Gleichgewichts** ist ebenfalls nicht unstrittig. Denn die in den achtziger Jahren hoch überschüssige deutsche Leistungsbilanz verfehlt zwar dieses Ziel, andererseits gibt es aber positive inländische Beschäftigungseffekte durch die hohe Exportgüterproduktion. Also besteht auch hier ein Zielkonflikt.

Die Zielsetzung einer **gerechten Einkommensverteilung** illustriert vielleicht noch deutlicher als andere den politischen Charakter der Wirtschaftspolitik. Jede gesellschaftliche Gruppierung hat in bezug auf die Gerechtigkeit der Einkommensverteilung eine andere Auffassung. Bei den vielen Diskussionen über die personelle Einkommensverteilung darf nicht übersehen werden, daß durch die Progression des Einkommensteuertarifs die Verteilung der verfügbaren Einkommen erheblich weniger schief ist als diejenige der Einkommen vor Abzug der Steuer. Im übrigen darf nicht vergessen werden, daß die Einkommensverteilung auf längere Sicht gesehen vermutlich mehr durch eine staatliche Bildungspolitik als durch nachträgliche steuertarifliche Korrekturen beeinflußt wird.

Man beabsichtigt mit der Forderung nach **angemessenem und stetigem Wachstum** in erster Linie die quantitative Zunahme und die qualitative Verbesserung der Produktionskapazität der Volkswirtschaft. Dabei wird gegenwärtig immer mehr den externen Nachteilen des wirtschaftlichen Wachstums im engeren Sinne (Pro-Kopf-Produktion) mit der Folge der Umweltschädigung Aufmerksamkeit geschenkt. Die Nachteile aus der Umweltbeeinträchtigung müssen gegen die Vorteile der neugeschaffenen Arbeitsplätze und des Wachstums der Produktion abgewogen werden. Es kommt der Einsicht in diese Wahlprobleme zugute, wenn man erkennt, daß der Schutz der Natur ebenso von Einfluß auf die Wohlfahrt ist wie die Vergrößerung der industriellen Produktionsmöglichkeiten. Nicht selten dürfte in einem dichtbesiedelten Land wie der BR Deutschland der Wohlfahrt durch einen Verzicht auf Produktion im engeren Sinne mehr gedient sein als durch eine weitere Steigerung. So betrachtet kann die isolierte Betrachtung einzelner Ziele der Wirtschaftspolitik dem Verständnis des nach Ort und Zeit wechselnden Inhalts der gesellschaftlichen und individuellen Wohlfahrt manchmal durchaus hinderlich sein.

Zur Realisierung der wirtschaftspolitischen Zielvorstellung steht dem Staat eine Reihe von **Instrumenten** zur Verfügung. Einige der wichtigsten Instrumente sind:

1. Finanzpolitik,

2. Geldpolitik,

3. Einkommens-, Lohn- und Preispolitik,

4. Außenwirtschaftspolitik,

5. Wachstumspolitik,

6. Wettbewerbspolitik.

Die **Finanzpolitik** werden wir später noch gesondert behandeln. Wir können uns somit hier auf die Bemerkung beschränken, daß im Rahmen der **Budgetpolitik** Art und Umfang der Staatseinnahmen und Staatsausgaben variiert werden, um auf diese Weise den Ablauf des Wirtschaftsgeschehens zu beeinflussen.

Die **Geldpolitik** versucht, die Zusammensetzung und die Menge der liquiden Mittel mit dem Ziel zu steuern, die Kaufkraft der DM so gut als möglich zu regulieren. Wegen des offenen Charakters unserer Volkswirtschaft ist der Spielraum für eine selbständige monetäre Politik der Zentralbank eingeschränkt, da die Deutsche Bundesbank zu jeder Zeit DM abgeben muß, wenn z.b. durch eine aktive laufende Rechnung der Zahlungsbilanz Devisen angeboten werden. Doch kann die Zentralbank durch kreditpolitische Mittel Einfluß auf die inländische Geldmenge ausüben. Zur Geldpolitik gehören übrigens auch die Diskont- und Offenmarktpolitik, die bereits behandelt wurden.

Das Instrumentarium auf dem Gebiet der **Einkommens-**, **Lohn-** und **Preispolitik** ist seit einer Reihe von Jahren Gegenstand lebhafter Diskussionen. So wurde gelegentlich unter dem Eindruck starker Preisniveausteigerungen ein Lohn- und Preisstopp gefordert, doch aus guten Gründen nicht in die Tat umgesetzt. In den siebziger Jahren versuchte man im Rahmen der sogenannten **konzertierten Aktion**, Lohnbewegungen und damit indirekt auch Preisbewegungen durch einen Konsens der Arbeitgeber- und Arbeitnehmerorganisationen den gesamtwirtschaftlichen Erfordernissen entsprechend auszugestalten.

Zur **Außenwirtschaftspolitik** kann die Außenhandelspolitik gerechnet werden, die sowohl die Einfuhr als auch die Ausfuhr umfaßt. Außerdem ist die Regulierung der Kapitalströme zwischen den einzelnen Ländern von großer Bedeutung. Die zunehmende wechselseitige Abhängigkeit der Weltwirtschaft führt in immer größerem Maße zu der Notwendigkeit, die Zahlungsbilanzpolitik mit den Wirtschaftspolitiken der europäischen Länder wie auch der übrigen Welt in Übereinstimmung zu bringen.

Die **Wachstumspolitik** umfaßt u.a. die Investitionspolitik, die Strukturpolitik und die Umweltpolitik. Beim Einsatz der wachstumspolitischen Instrumente liegt das Augenmerk u.a. auf der Raumordnung, d.h. der Verteilung der Industrien auf die einzelnen Regionen, auf der Belastungsfähigkeit der Umwelt und auf der Schaffung von Arbeitsplätzen. Ziel ist es, ein angemessenes und ausgewogenes Wachstum zu erreichen.

Schließlich verbleibt noch die **Wettbewerbspolitik**, die mit der Zunahme der Unternehmenskonzentration immer mehr Bedeutung erlangt. Mit der größeren Zahl der wirtschaftlichen Machtstellungen nimmt die Gefahr des Machtmißbrauchs zu, so daß dieses Instrument sowohl im Rahmen der Preispolitik als auch unter dem Aspekt eines gleichgewichtigen und ausgewogenen Wachstums Bedeutung erlangt.

Abschließend soll noch einmal darauf hingewiesen werden, daß in der Wirtschaftspolitik in der Regel verschiedene Instrumente zu gleicher Zeit eingesetzt werden. Die Politik läßt sich nach Art und Ausmaß des Instrumenteneinsatzes variieren. Für den Erfolg einer wirtschaftspolitischen Therapie ist allerdings eine gründliche quantitative und qualitative Diagnose des zugrundeliegenden wirtschaftlichen Geschehens von entscheidender Bedeutung.

> **Resümee:** *Die Theorie der Wirtschaftspolitik kann Antworten geben auf die Frage des adäquaten Einsatzes der wirtschaftspolitischen Instrumente. Voraussetzung ist jedoch eine Zielvorgabe durch parlamentarische oder exekutive Instanzen. Nicht zu verhindern sind in der Regel Zielkonflikte. Aufgabe der Theorie der Wirtschaftspolitik ist es, diese quantitativ und qualitativ den wirtschaftspolitischen Entscheidungsinstanzen deutlich zu machen.*

6. Schlußbemerkung

In einer auf marktwirtschaftlichen Prinzipien beruhenden Wirtschaftsordnung kommt dem Staat nicht nur eine "Nachtwächterrolle" zu, wie es Meinung der Klassiker war. Denn selbst auf funktionierenden Märkten, die sich durch **allokative Effizienz** auszeichnen, setzen sich die distributiven Ziele über gesamtwirtschaftliche Verteilungsgerechtigkeit nicht von selbst durch. Dazu bedarf es einer die Mehrheitsmeinung der Gesellschaft verkörpernden Institution, den Staat. Aber an der ökonomischen Tagesordnung sind auch **Marktstörungen**, die den Koordinationsprozeß über Preise behindern und eine effiziente Allokation verhindern. Beispiele sind **zunehmende Skalenerträge** in der Produktion oder damit gleichbedeutend **abnehmende Grenzkosten**. Diese Produktionseigenschaft führt zu **natürlichen Monopolen**, denn bei Mehrproduktion kann kostengünstiger produziert werden. Wenn zudem die Durchschnittskosten über den Grenzkosten liegen, wäre die effiziente "Grenzkosten = Preis" - Regel für Anbieter nur bei Inkaufnahme von Verlusten möglich. Das schließt ein privates

Angebot aus. Der Staat tritt in die Rolle des Produzenten und gleicht seine Produktionsverluste über den Haushalt aus.

Daß daneben noch ein Spektrum an anderen Marktversagensgründen existiert und damit staatliche Eingriffe rechtfertigt, haben wir an anderer Stelle bereits im einzelnen diskutiert.

Fragen und Aufgaben zum 12. Kapitel

1.) Was versteht man unter dem Begriff Wirtschaftsordnung?

2.) Welche zwei grundsätzlichen Organisationsformen des Wirtschaftslebens können unterschieden werden?

3.) Welche Ziele der Wirtschaftspolitik sind Ihnen bekannt? Beschreiben Sie jedes kurz.

4.) Nennen Sie die Instrumente der Wirtschaftspolitik und beschreiben Sie sie in wenigen Worten.

5.) Was sind kollektive Güter?

6.) Was versteht man unter dem Free-rider-Problem?

7.) Welche sozialen Einrichtungen sind Ihnen bekannt?

8.) Diskutieren Sie die Äußerung, der Staat brauche sich nicht mit Wirtschaftspolitik zu befassen, da ohne staatliche Eingriffe das Wirtschaftsleben gleichermaßen in geordneten Bahnen ablaufe.

9.) Was sind natürliche Monopole?

10.) Nennen Sie Marktversagensursachen, und begründen Sie jeweils die Notwendigkeit staatlichen Handelns.

11.) Wie lassen sich die gesamtwirtschaftlichen Zielbereiche Allokation, Distribution und Stabilisierung voneinander abgrenzen?

12.) Wie unterscheiden sich die Konzepte der VGR von denen der Finanzstatistik?

13.) Geben Sie eine genaue Definition des in den VGR verwandten Sektorbegriffes.

14.) Stellen Sie in einer Kreislaufdarstellung die Polgleichgewichte für die Haushalte und Unternehmungen dar.

15.) Wie erhält man im Kreislaufdiagramm die Finanzierungssalden der einzelnen Sektoren?

16.) Welcher Zusammenhang besteht zwischen Finanzierungssalden und ausgeglichenem Haushalt?

17.) Was versteht man unter Staatsverbrauch?

18.) Grenzen Sie normative und positive Vorgehensweisen der Ökonomik voneinander ab.

Literatur zum 12. Kapitel

Akerlof, George. The Market for Lemons: Quality Uncertainty and the Market Mechanism. In: Quarterly Journal of Economics. S. 488-500. 1970.

Brümmerhoff, Dieter. Finanzwissenschaft. Fünfte, überarbeitete und erweiterte Auflage. München, Wien 1990.

Bundesministerium der Finanzen (BMF). Gutachten zum Begriff der öffentlichen Investition - Abgrenzungen und Folgerungen im Hinblick auf Artikel 115 Grundgesetz. Erstattet vom Wissenschaftlichen Beirat beim BMF. In: Schriftenreihe des Bundesministeriums der Finanzen, Heft 29. Bonn 1980.

Deutsche Bundesbank (DBuBank). Monatsberichte, monatlich erscheinend.

Musgrave, Richard A. The Theory of Public Finance. New York 1959 (deutsch: Musgrave (1969)).

Musgrave, Richard A. Finanztheorie. Zweite, ergänzte und verbesserte Auflage. Tübingen 1969.

Musgrave, Richard A., Musgrave, Peggy B. Public Finance in Theory and Practice. Fourth edition. New York 1984. (deutsch: Musgrave, Musgrave, Kullmer (1987-88)).

Musgrave, Richard A., Musgrave, Peggy B., Kullmer, Lore. Die öffentlichen Finanzen in Theorie und Praxis. Band 1: Vierte., durchgesehene Auflage (1987). Band 2: Vierte, durchgesehene Auflage (1988). Band 3: Dritte, völlig überarbeitete Auflage (1987). Tübingen.

Rosen, Harvey S.; Windisch, Rupert. Finanzwissenschaft I. München, Wien 1992.

Sachverständigenrat (SVR). Jahresgutachten 1992/93 des Sachverständigenrates zur Begutachtung der gesamtwirtschaftlichen Entwicklung. Stuttgart 1992 und vorherige Jahre.

Statistisches Bundesamt (StatBuAmt). - VGR Fachserie 18, Reihe 1.3. 1990. - VGR Fachserie 18, Reihe 1.1. 1990. - Statistisches Bundesamt. Statistisches Jahrbuch 1990.

Stiglitz, Joseph E. Economics of the Public Sector. Second Edition. New York, London 1988 (deutsch: Stiglitz, Schönfelder (1989)).

Stiglitz, Joseph E., Schönfelder, Bruno. Finanzwissenschaft. München, Wien 1989.

Kapitel 13 Der Staatshaushalt

1. Die Finanzverfassung in der BR Deutschland

In zentralstaatlich organisierten Gemeinwesen besteht keinerlei Notwendigkeit für eine **Gewaltenteilung** und deren gesetzliche Festschreibung. Die politische und staatsrechtliche Ordnung der BR Deutschland nach dem Grundgesetz vom 23. Mai 1949 ist jedoch die eines demokratischen und sozialen **Bundesstaates** (Artikel 20 GG), in welchem dem **föderativen Prinzip** Geltung verschafft wird. Die Rechte und die Pflichten der Gebietskörperschaften, worunter Bund, Länder, Gemeinden und Gemeindeverbände verstanden werden, sind demzufolge auch grundgesetzlich klar definiert und voneinander abgegrenzt. Die sogenannte **Finanzverfassung** regelt in Abschnitt X des Grundgesetzes (Das Finanzwesen) in den Artikeln 104a bis 115 die Beziehungen zwischen Bund und nachgeordneten Körperschaften zum Teil sehr detailliert. Der Grundsatz der **Subsidiarität** ist hierbei der generell gültige. Das heißt, daß alle Aufgaben die nicht ausdrücklich dem jeweils höheren Träger der Selbstverwaltung zugesprochen werden, von den jeweils nachgeordneten Körperschaften, also letztlich von den Gemeinden oder sogar von den privaten Organisationen oder den privaten Haushalten selbst wahrgenommen werden sollen. Die Staatsgewalt obliegt nach Artikel 30 GG grundsätzlich den Ländern, soweit nicht das Grundgesetz eine andere Aufgabenverteilung explizit vorgibt. Im Abschnitt VIII des Grundgesetzes werden die Aufgaben des Bundes im einzelnen beschrieben, die **Gemeinschaftsaufgaben** in Abschnitt VIIIa. Danach beteiligt sich der Bund, soweit "Aufgaben für die Gesamtheit bedeutsam sind und die Mitwirkung des Bundes zur Verbesserung der Lebensverhältnisse erforderlich ist" (Artikel 91a GG)

- am Ausbau und Neubau von Hochschulen einschließlich der Hochschulkliniken,

- an der Verbesserung der regionalen Wirtschaftsstruktur und

- an der Verbesserung der Agrarstruktur und des Küstenschutzes.

Von den ersten beiden Punkten trägt der Bund die Hälfte der Ausgaben in jedem Land und vom dritten Punkt mindestens die Hälfte. Daneben ist grundgesetzlich auch ein Zusammenwirken von Bund und Ländern "bei der Bildungsplanung und bei der Förderung von Einrichtungen und Vorhaben der wissenschaftlichen Forschung von überregionaler Bedeutung" (Artikel 91b GG) vorgesehen. Damit wird gewährleistet, daß "die **Einheit-**

lichkeit der Lebensverhältnisse im Bundesgebiet gewahrt wird", wie es im Artikel 106 Absatz 3 Ziffer 2 gefordert wird.

Der föderative Aufbau zeigt sich neben der Verteilung der Aufgaben und anderer zusätzlich in Artikel 104a GG beschriebenen Ausgaben auch in Regelungen zur Erzielung und Verteilung von Einnahmen. In Artikel 105 GG wird die **Gesetzgebungskompetenz** über Einnahmengesetze festgelegt. Danach hat der Bund die **Finanzhoheit** über Zölle und Finanzmonopole und die "konkurrierende Gesetzgebung über die übrigen Steuern, wenn ihm das Aufkommen dieser Steuern ganz oder zum Teil zusteht" (Artikel 105, Abs. 2 GG) oder wenn nach Artikel 72, Absatz 2 "ein Bedürfnis nach bundesgesetzlicher Regelung besteht".

Die **Ertragshoheit** regelt die Verteilung des Steueraufkommens auf Bund, Länder und Gemeinden nach Artikel 106 GG. Dazu zählt auch der **Finanzausgleich**, der sicherzustellen hat, daß "die Finanzkraft der Länder angemessen ausgeglichen wird; hierbei sind die Finanzkraft und der Finanzbedarf der Gemeinden (Gemeindeverbände) zu berücksichtigen" (Artikel 107 GG). Wir können dabei zwischen einem horizontalen und einem vertikalen Finanzausgleich unterscheiden, wobei der **horizontale** Ausgleich den zwischen gleichrangigen Körperschaften und der **vertikale** Ausgleich den zwischen unterschiedlichen Körperschaften bezeichnet. Dabei ist zu beachten, daß die relevante Rahmenbestimmung für den Finanzausgleich der die Einheitlichkeit der Lebensbedingungen fordernde Artikel 106 GG darstellt.

Schließlich regelt Artikel 108 GG noch die **Verwaltungshoheit**, nach der die meisten Steuern, auch die mit Ertragshoheit beim Bund, von Länderfinanzbehörden verwaltet werden.

Einen für die aktuelle Wirtschaftspolitik von Bund und Ländern höchst bedeutsamen Artikel stellt Artikel 109 GG dar, nach welchem "Bund und Länder bei ihrer Haushaltswirtschaft den Erfordernissen des gesamtwirtschaftlichen Gleichgewichts Rechnung zu tragen haben" (Artikel 109, Abs. 2 GG). Bund und Ländern wird die Kompetenz aber auch die Verpflichtung für eine **am gesamtwirtschaftlichen Gleichgewicht** ausgerichtete Wirtschaftspolitik zugewiesen. Anders als in Artikel 115 GG, der die Kreditbeschaffung des Bundes definitiv durch eine an den Investitionsausgaben orientierte Obergrenze einschränkt, wird hier aber offengelassen, welche Maßnahme in welchem Ausmaß in einer konkreten ökonomischen Situation zur Zielrealisierung geeignet ist.

> **Resümee:** *Der als Finanzverfassung bezeichnete Abschnitt X des Grundgesetzes der BR Deutschland regelt in den Artikeln 104a bis 115 nach dem Grundprinzip der Subsidiarität die Gewaltenteilung in den wirtschaftlichen Aktivitäten der Gebietskörperschaften.*

2. Das Budget, der Finanzplan und der Budgetzyklus

Nach FRITZ NEUMARK ist das **Budget** oder der Haushaltsplan des Staates die "in regelmäßigen Abständen vorgenommene systematische Zusammenstellung der prinzipiell vollzugsverbindlichen Voranschläge der für einen bestimmten zukünftigen Zeitraum geplanten Ausgaben und der Schätzung der zur Deckung dieser Ausgaben vorgesehenen Einnahmen" (F. NEUMARK (1952), S. 558). Die gesetzliche Grundlage für den Bundeshaushalt stellt der Artikel 110 GG dar. Im Haushaltsgrundsätzegesetz (HGrG) und in der Bundeshaushaltsordnung (BHO) haben allgemeine Vorschriften über Aufstellung, Ausführung und Rechnungslegung eines Haushaltsplanes ihre gesetzliche Grundlage. Ein Budget erfüllt gleichzeitig mehrere Funktionen. In der Finanzwissenschaft unterscheidet man:

- eine finanzwirtschaftliche Ordnungsfunktion durch die Gegenüberstellung von Ausgaben und den zur Finanzierung erforderlichen Einnahmen,

- eine administrative Kontrollfunktion,

- eine politische Programmfunktion und

- eine volkswirtschaftliche Lenkungsfunktion.

Ein Budget wird jährlich durch ein **Haushaltsgesetz** festgestellt und damit vollzugsverbindlich. Der im Haushaltsgesetz verabschiedete Haushaltsplan umfaßt den Gesamtplan und alle Einzelpläne. Jede oberste Bundesbehörde verfügt über einen eigenen **Einzelplan**, in welchem alle Einnahmen und Ausgaben veranschlagt sind. In Tabelle 13.1 wird der Bundeshaushalt über die Ausgaben aller Einzelpläne als Ausgaben-Einzelplanübersicht dargestellt.

Der **Gesamtplan** faßt die in Einzelplänen dokumentierten Einnahmen und Ausgaben in drei Kategorien zusammen. Nach den Ergebnissen der Einzelpläne zusammengefaßte Einnahmen, Ausgaben und Verpflichtungsermächtigungen enthält die **Haushaltsübersicht**.

Tabelle 13.1: _Bundeshaushalt: Einzelplanübersicht der Ausgaben_

Epl.	Bezeichnung	Soll 1992 (1)	Entwurf 1993
		in Mio DM	
01	Bundespräsident und Bundespräsidialamt	29,5	29,6
02	Deutscher Bundestag	931,5	906,3
03	Bundsrat	28,7	30,3
04	Bundeskanzler und Bundeskanzleramt	612,8	625,1
05	Auswärtiges Amt	3.445,5	3.651,7
06	Bundesminister des Inneren	8.562,9	8.560,6
07	Bundesministerin der Justiz	713,0	740,1
08	Bundesminister der Finanzen	5.784,0	5.954,7
09	Bundesminister für Wirtschaft	15.681,0	14.924,9
10	Bundesminister für Ernährung, Landwirtschaft und Forsten	13.950,7	14.377,8
11	Bundesminister für Arbeit und Sozialordnung	90.766,8	98.775,6
12	Bundesminister für Verkehr	39.975,9	44.254,8
13	Bundesminister für Post und Telekommunikation	540,8	553,2
14	Bundesminister der Verteidigung	52.106,8	50.800,0
15	Bundesminister für Gesundheit	1.051,3	1.071,4
16	Bundesminister für Umwelt, Naturschutz und Reaktorsicherheit	1.339,3	1.291,9
17	Bundesministerin für Frauen und Jugend	2.767,1	2.825,4
18	Bundesministerin für Familie und Senioren	31.815,6	31.666,7
19	Bundesverfassungsgericht	23,2	22,7
20	Bundesrechnungshof	63,7	68,9
23	Bundesminister für wirtschaftliche Zusammenarbeit	8.317,2	8.520,0
25	Bundesministerin für Raumordnung, Bauwesen und Städtebau	8.190,6	8.162,7
30	Bundesminister für Forschung und Technologie	9.344,0	9.602,7
31	Bundesminister für Bildung und Wissenschaft	6.420,1	6.533,3
32	Bundesschuld	57.696,1	58.881,0
33	Versorgung	12.039,1	13.731,2
35	Verteidigungslasten im Zusammenhang mit dem Aufenthalt ausländischer Streitkräfte	1.430,9	1.284,9
36	Zivile Verteidigung	937,4	850,0
60	Allgemeine Finanzverwaltung	50.534,6	46.952,4
	Gesamtsumme:	**425.100,1**	**435.649,9**
(1)	Einschließlich Nachtragshaushalt		

Quelle: BMF (1992), Finanzbericht 1993, S. 65.

Die **Finanzierungsübersicht** zeigt, inwieweit eine Nettokreditaufnahme zur Finanzierung der Ausgaben vorgesehen ist, die Art und Weise der Finanzierung verdeutlicht der **Kreditfinanzierungsplan**.

Jeder Einzelplan wird in **Kapitel** untergliedert, wobei die Gliederungskriterien verwaltungsorganisatorischer Art sind. So steht z.B. die Kennziffer 0401 für Kapitel 01 (Personalausgaben) innerhalb des Einzelplans 04

(Bundeskanzleramt). Jedes Kapitel wird in Titel unterteilt. Die Titelnummern orientieren sich am Entstehungsgrund (Einnahmetitel) oder am Verwendungszweck (Ausgabetitel). Hierzu wird dann die Gliederung des **Gruppierungsplanes** herangezogen, welcher nach BHO § 13, Absatz 3 in insgesamt zehn Hauptgruppen nach volkswirtschaftlichen Einnahme- und Ausgabekategorien unterscheidet. So steht z.b. Hauptgruppe "0" für Einnahmen aus Steuern und steuerähnlichen Ausgaben.

Tabelle 13.2:   *Ausgaben, Einnahmen, Nettokreditaufnahme(NKA) im Haushaltsplan des Bundes*

Jahr	Gesamt ausgaben	Steigerung in %	Steuer- einnahmen	Sonst. Einnahmen	NKA
1977	172,0	5,8	144,0	5,8	21,7
1978	**189,5**	**10,2**	**154,1**	**9,1**	**25,9**
1979	203,4	7,3	166,1	11,4	25,6
1980	**215,7**	**6,0**	**176,2**	**11,9**	**27,1**
1981	233,0	8,0	180,5	14,5	37,4
1982	**244,6**	**5,0**	**183,1**	**23,9**	**37,2**
1983	246,7	0,9	190,3	24,5	31,5
1984	**251,8**	**2,1**	**197,2**	**25,9**	**28,3**
1985	257,1	2,1	206,3	28,0	22,4
1986	**261,5**	**1,7**	**208,9**	**29,3**	**22,9**
1987	269,1	2,9	217,0	24,1	27,5
1988	**275,4**	**2,3**	**220,3**	**19,1**	**35,4**
1989	289,8	5,2	247,1	22,6	19,2
1990	**380,2**	**31,2**	**258,8**	**73,3**	**46,7**
1991	401,8	5,7	317,9	30,7	52,0
1992	**425,1**	**5,8**	**350,2**	**33,5**	**40,5**

Für 1992 Soll-Daten, sonst Ist-Daten. 1990 eischließlich übergeleitetem DDR-Haushalt.

Quelle: BMF (1992), Finanzbericht 1993, S. 158ff, 206ff.

Der Bundeshaushaltsplan 1991 hat über 1.400 Einnahme-Titel und etwa 9.500 Ausgabe-Titel. Faßt man alle Ausgabe-Titel und alle Einnahme-Titel zusammen, so erhält man die in Tabelle 13.2 für die Jahre 1977 - 92 wiedergegebene Gesamtübersicht des Haushaltsplanes in hochaggregierter Form.

Da der Zeitraum eines Haushaltsplanes zu kurz ist, um die oben angesprochenen Funktionen eines Budgets und hier insbesondere die politische Programmfunktion zu verdeutlichen, ist ein Haushaltsplan immer in eine **mehrjährige Finanzplanung** von fünf Jahren eingebettet. Synonym dazu spricht man auch von mittelfristiger Finanzplanung (**Mifrifi**). Das StWG vom 8.6.1967 schreibt die Aufstellung und Fortschreibung eines fünfjährigen **Finanzplanes** sowohl für den Bund als auch für die Länder vor. Im Gegensatz zum Haushaltsplan sind Finanzpläne jedoch rechtlich nicht vollzugsverbindliche Schätzungen. Die Verbindung von Finanzplan und Haushaltsplan liegt darin, daß die Finanzplanung eines Jahres in die Planung eines Haushaltsplans eingeht. Das jeweilige Haushaltsjahr ist das zweite Jahr der Finanzplanung des betreffenden Jahres. Dies dokumentiert Tabelle 13.3 für den Finanzplan 1992 - 1996.

Tabelle 13.3: *Finanzplan 1992 bis 1996, in Mrd. DM*

	Soll 1992	Entwurf 1993	1994	1995	1996
I. Ausgaben	425,10	435,65	452,00	452,00	465,00
Steigerung gegenüber Vorjahr in %	+ 5,80	+ 2,50	+ 3,80	+ 0,00	+ 2,90
II. Einnahmen davon					
1. Steuereinnahmen	350,20	367,50	394,10	401,00	421,40
2. Sonstige Einnahmen darunter	34,37	30,15	28,60	25,00	21,60
- Bundesbankgewinn	7,00	7,00	7,00	7,00	7,00
- Postablieferung	9,08	6,69	5,70	3,00	1,50
- Münzeinnahmen	0,83	0,90	0,90	0,90	0,90
3. Nettokreditaufnahme	40,53	38,00	29,30	26,00	22,00

Quelle: BMF (1992), Finanzbericht 1993, S. 44.

Der Haushaltsplan ist deswegen schon das zweite Jahr des laufenden Finanzplanes, weil die Aufstellung des Haushaltsplanes bis zur Verabschiedung einen langen zeitlichen Verlauf erfordert. Im länger als ein Jahr dauernden Ablauf eines Haushaltsplanes - von seiner Aufstellung beim Bundesministerium der Finanzen bis zur gesetzlichen Verkündigung im Bundesgesetzblatt - können verschiedene Phasen unterschieden werden. Man spricht daher auch von **Budgetzyklus** oder Haushaltskreislauf.

Abbildung 13.1: *Der Budgetzyklus*

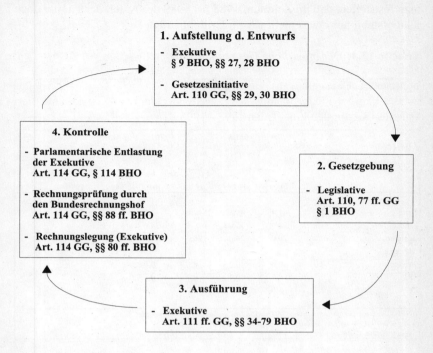

1. Aufstellung d. Entwurfs
- Exekutive
  § 9 BHO, §§ 27, 28 BHO
- Gesetzesinitiative
  Art. 110 GG, §§ 29, 30 BHO

4. Kontrolle
- Parlamentarische Entlastung
  der Exekutive
  Art. 114 GG, § 114 BHO
- Rechnungsprüfung durch
  den Bundesrechnungshof
  Art. 114 GG, §§ 88 ff. BHO
- Rechnungslegung (Exekutive)
  Art. 114 GG, §§ 80 ff. BHO

2. Gesetzgebung
- Legislative
  Art. 110, 77 ff. GG
  § 1 BHO

3. Ausführung
- Exekutive
  Art. 111 ff. GG, §§ 34-79 BHO

Quelle: BMF (1990). Der Bundeshaushalt. S. 25.

Resümee: Der Haushalts- und Finanzplan wird vom Bund und den Ländern erstellt. Während ein Haushaltsplan als rechtsverbindliches Gesetz verabschiedet wird, stellt der Finanzplan eine rechtsunverbindliche Planungsgrundlage dar. Die Finanzplanung eines Jahres geht jedoch in die Haushaltsplanung ein. Somit wird eine eigene Feststellung des Finanzplanes durch das Parlament überflüssig. Gesetzliche Grundlagen für die Haushalts- und Finanzplanung werden in den Artikeln 109-114 GG, im StWG, im HGrG und in der BHO gegeben.

3. Staatsausgaben

Nach Artikel 30 GG ist den Ländern die Erfüllung staatlicher Aufgaben übertragen, wenn nicht im Grundgesetz ausdrücklich andere Regelungen genannt oder zugelassen werden. Wenn wir jedoch in Tabelle 13.4 den

Anteil der einzelnen Ebenen an den Gesamtausgaben betrachten, so kann man feststellen, daß im Zeitraum 1985 bis 1989 der Anteil der Länder doch relativ stabil nur etwas mehr als ein Drittel beträgt.

Tabelle 13.4: *Der öffentliche Gesamthaushalt*

(a) Gesamtausgaben in Mrd DM (1)

	1985	1986	1987	1988	1989	1990	1991	1992
	604,4	628,6	651,3	671,5	701,2	815,5	974,0	1051,0

(b) Anteile an den Gesamtausgaben in % (2)

	1985	1986	1987	1988	1989	1990
Bund	42,3	41,4	41,1	40,8	41,1	43,7
Länder (3)	34,7	34,9	35,0	34,8	34,6	31,6
Gemeinden	19,6	20,0	20,0	20,0	20,1	18,7
Lastenaus- gleichsfonds	0,0	0,0	0,0	0,0	0,0	0,0
ERP	0,7	0,7	0,7	0,7	0,8	0,8
EG	2,7	3,0	3,2	3,7	3,4	2,7

1) Nach Abgrenzung der Finanzstatistik: Ohne Zuführung an Rücklagen und ohne Schuldentilgung.
2) Methodisch bereinigt um Zahlungen von Verwaltungen (Nettoausgaben).
3) Einschließlich Ausgaben der Stadtstaaten.

Quelle: Quelle: BMF, Der Bundeshaushalt, 1991, S. 11, Finanzbericht 1993, S. 89.

Analog stabil sind bis 1990 die Anteile der Gemeinden. Der Bundesanteil hat jedoch leicht abgenommen - in etwa in Höhe der wachsenden Abführungen an die EG. Erst durch die ab 1990 anfallenden "Finanzierungskosten der Deutschen Einheit", die überdurchschnittlich zu Lasten des Bundes gehen, steigt wieder der Bundesanteil. Die beiden Sondervermögen des Bundes LAF und ERP spielen dabei eine vernachlässigbare Rolle. Insgesamt ist dies ein Beweis dafür, daß die Budgetaufgaben wie soziale Sicherung, Verteidigung, Forschung und Bildung, Verkehrswesen (einschließlich Bundesbahn) und Wirtschaftsförderung bei weitem, und auch dies schon seit 1965 ohne größere Veränderung, die Länderaufgaben wie Kultur, Schulwesen, Rechtspflege, Sozialhilfe und Polizeiwesen übertreffen.

Die Staatsausgaben beschränken sich nicht ausschließlich auf kollektive Güter. Es ist bereits angeklungen, daß sich der Staat ebenfalls mit der Produktion solcher Güter beschäftigt, für die ein Preis bezahlt werden muß. Es dreht sich hierbei um die **öffentlichen Betriebe**. Wenn es den allgemeinen Erfordernissen dient, können die Preise der Güter, die diese öffentlichen Betriebe herstellen, niedriger sein als die Kostenpreise. Folglich entstehen für den Staat Ausgaben, die aus allgemeinen Einkünften des Staates gedeckt werden müssen.

Weil der Begriff "allgemeines Erfordernis" sehr vage ist, muß für jedes Produkt dieser Betriebe stets aufs neue und unabhängig geprüft werden, ob wichtige Gründe rechtfertigen, Preise zu verlangen, die unter den Selbstkosten liegen. Ein Beispiel für diesen Sachverhalt bilden die öffentlichen Verkehrsmittel. In vielen Städten arbeiten die öffentlichen Verkehrsbetriebe mit Verlusten, die zum großen Teil aus unterlassenen Tariferhöhungen herrühren. Es wird aber für nicht gerechtfertigt erachtet, von den Benutzern der öffentlichen Verkehrsmittel kostendeckende Preise zu verlangen. Dies führt zu der Notwendigkeit, aus allgemeinen Mitteln einen Teil der Kosten zu tragen.

Aus Tabelle 13.5 erkennen wir, daß im Bundeshaushalt 1990 der Sozialbereich den größten Ausgabenblock ausmacht. Diese Ausgabenpriorität besteht schon seit 1965. Unter den Ausgaben für soziale Sicherung sind die Zuschüsse an Rentenversicherungsträger die mit Abstand höchsten Aufwendungen. Sie kommen in den Größenbereich der Ausgaben für Verteidigung. Bemerkenswert ist auch, daß an dritter Position schon die Zinsausgaben stehen. Das ist eine Konsequenz des hohen Schuldenstandes des Bundes.

Von den Bundesausgaben sind ein beträchtlicher Teil Subventionen, die als Hilfe an Unternehmungen und private Haushalte fließen. Diese werden entweder in Form von **Finanzhilfen** gezahlt oder in Form von **Steuervergünstigungen** gewährt. Die Summe aus beiden Teilen betrug 1992 über fünfunddreißig Milliarden DM für den Bundeshaushalt, oder anders ausgedrückt etwa 1,2 Prozent des BSP.

Alle öffentlichen Haushalte zusammengenommen, betrug 1989 die Summe aus Produzenten- und Konsumentensubventionen über 90 Mrd. DM ohne den **Kohlepfennig**, die Finanzierungsbeiträge der EG und ohne Berlin- und Zonenrandförderung (SVR 1990/91,S. 192). Die massivsten Subventionen werden in Deutschland an die Landwirtschaft und den Steinkohlebergbau gezahlt. Für die Landwirtschaft allein waren es 1989 nach Schätzungen des SVR fast 19 Mrd. DM, für den Steinkohlebergbau etwa 10 Mrd. DM. Die Nettoleistungen des Bundes an die EG betrugen 1989 etwa 15 Mrd. DM, die Berlin- und Zonenrandförderung belief sich auf 13 Mrd. DM. Dies offenbart das Ausmaß subventionsbedingter Marktverzerrungen.

Tabelle 13.5: *Bundesausgaben nach Aufgabenbereichen*

Aufgabenbereiche	Soll 1992(1)	Entwurf 1993
Soziale Sicherung, soz. Kriegsfolgeaufgaben,		
Wiedergutmachung	142,2	148,2
davon		
- Rentenversicherung	48,3	51,9
- Kindergeld	22,1	22,0
- Arbeitsmarktpolitik und Arbeitsschutz	18,5	18,8
- Kriegsopferversorgung, -fürsorge	14,0	13,8
- Erziehungsgeld	8,1	8,0
Verteidigung	54,3	53,3
Schulden	45,2	48,0
Verkehrs- und Nachrichtenwesen	23,4	22,1
Forschung, Bildung und Wissenschaft	21,3	20,9
Regionalförderung	6,0	4,8
Wirtschaftliche Zusammenarbeit	8,3	8,4
Ernährung, Landwirtschaft und Forsten	7,3	7,0
Wohnungswesen, Städtebau, Raumordnung	4,9	3,8
Umweltschutz, Gesundheitswesen, Sport	2,2	1,7
(1) Einschließlich Nachtrag		

Quelle: BMF(1991), Der Bundeshaushalt, S. 11, Finanzbericht 1993, S. 89.

Bisher haben wir den öffentlichen Gesamthaushalt gemäß der Gliederung der Finanzstatistik ohne Ausgaben der Sozialversicherungen betrachtet. Letztere gehören nach der Systematik der VGR zum Sektor Staat. Setzt man die Gesamtausgaben aller öffentlichen Ebenen inklusive der Sozialversicherungen als Summe der **Staatsausgaben** in Bezug zur Höhe des BIP, so zeigt die Tabelle 13.6, daß die **Staatsquote** 1992 bei 50 Prozent liegt. Sie hatte 1982 den gleichen Wert, war dann aber sukzessive bis auf 45 Prozent abgebaut worden und infolge der deutschen Einheit wieder gestiegen. Im internationalen Vergleich ist dies ein durchschnittlicher Wert.

Tabelle 13.6: *Staatsausgaben in Prozent des BIP*

EG(12)	1975	1980	1982	1985	1989	1990	1991	1992
Belgien	51,5	59,0	64,2	62,5	55,7	50,5	49,1	49,5
Dänemark	48,2	56,2	61,2	59,3	59,4	58,4	58,4	58,0
Deutschland	*49,5*	*48,9*	*50,0*	*47,7*	*45,3*	*46,0*	*49,1*	*50,0*
Frankreich	43,4	46,1	50,4	52,2	49,4	49,9	50,2	50,3
Griechenland	26,7	30,5	37,0	43,7	46,4	54,1	51,4	48,3
GB und								
Nordirland	46,4	44,8	47,0	46,2	41,2	39,8	39,8	41,3
Irland	46,5	50,8	55,8	54,8	43,1	43,1	42,8	42,8
Italien	43,2	41,7	47,4	50,9	51,5	53,0	53,3	53,5
Luxemburg	48,5	54,8	55,8	51,7	50,3	50,9	48,5	48,5
Niederlande	52,8	57,5	61,6	59,7	55,9	56,4	54,5	54,6
Portugal	30,3	25,9	43,0	43,4	41,7	44,2	46,0	46,9
Spanien	24,7	32,9	37,5	42,2	41,8	42,7	43,7	44,0

EFTA	1975	1980	1982	1985	1989
Finnland	36,1	36,6	39,1	41,6	38,2
Norwegen	46,2	48,3	48,3	45,6	54,6
Österreich	46,1	48,9	50,9	51,7	50,0
Schweden	48,9	61,6	66,3	64,7	59,9
Schweiz	28,7	29,3	30,1	31,0	30,2

Nordamerika	1975	1980	1982	1985	1989
Kanada	40,1	40,5	46,6	47,1	44,6
USA	34,7	33,7	36,5	36,7	36,1

Japan	27,2	32,6	33,6	32,3	31,5

Quelle: BMF (1992), Finanzbericht 1993, S. 311.

Das **Wagnersche Gesetz** der zunehmenden Staatstätigkeit findet im Lichte der Entwicklung der Staatsquote in den letzten 15 Jahren keine empirische Bestätigung.

Wie hoch sind die Staatsausgaben, wenn zu den Ausgaben der Gebietskörperschaften die Ausgaben der Sozialversicherungsträger hinzukommen? In Deutschland sorgt eine umfangreiche Sozialgesetzgebung teils vorbildlicher Art für zumindest ausreichenden Schutz der auf Unterstützungszahlungen angewiesenen Bevölkerungsteile. Beispiele für derartige Sicherungen sind etwa die Rentenversicherung für Arbeiter, Angestellte und die Knappschaftliche Rentenversicherung sowie Arbeitslosenunterstützung, Lohnfortzahlung im Krankheitsfall, Krankenversicherung, Unfallversicherung und vieles mehr. In dem von der Bundesregierung jährlich erstellten **Sozialbudget**, das im **Sozialbericht** publiziert wird, finden sich alle Ausgaben der sozialen Sicherung nach Leistungsarten, Funktionen, Personen, Institutionen und Finanzierungsquellen geordnet. Für all diese Aufgaben sind sehr viele Mittel erforderlich. Ein Teil davon geht über das Budget, wie Tabelle 13.5 verdeutlichte. Der größere Teil aber wird über die Träger der Sozialversicherung abgewickelt. Die Größenordnung dieser Ausgaben entspricht dem Gesamtbudget des Bundes wie die Tabelle 13.7 zeigt.

Tabelle 13.7: *BSP und öffentliche Ausgaben 1977-1992*

Jahr	BSP	Ausgaben der GBK*	Staats- ausgaben	Ausgaben- quote (GBK)	Staats- quote
1977	1195,6	395,2	582,7	33,1	48,7
1978	1289,4	433,4	620,8	33,6	48,1
1979	1393,8	469,9	669,8	33,7	48,1
1980	1477,4	509,2	721,9	34,5	48,9
1981	1539,6	541,8	766,2	35,2	49,8
1982	1590,3	561,6	796,0	35,3	50,1
1983	1675,7	570,1	816,4	34,0	48,7
1984	1763,3	583,6	849,0	33,1	48,1
1985	1834,5	604,4	875,5	32,9	47,7
1986	1936,1	628,6	912,3	32,5	47,1
1987	2003,0	651,3	949,6	32,5	47,4
1988	2108,0	671,5	991,1	31,9	47,0
1989	2245,2	701,5	1017,4	31,2	45,3
1990	2425,5	816,6	1114,8	33,7	46,0
1991**	2808,3	974,0	1277,8	34,7	45,5
1992**	3017,0	1051,0	...	34,8	...

* Einschließlich Sondervermögen
** Einschließlich Beitrittsgebiet.

Quelle: BMF (1992), Finanzbericht 1993, S. 88; Staatsausgaben nach: IW (1992), Zahlen zur wirtschaftlichen Entwicklung der BRD 1992.

Resümee: Staatsausgaben umfassen die Ausgaben aller Gebietskörper- schaften, der Sondervermögen des Bundes und der Sozialversicherungs- träger. Die Ausgabenanteile der öffentlichen Ebenen an den Gesamt- ausgaben (ohne Sozialversicherung) sind im Zeitablauf relativ stabil.

4. Staatseinnahmen

Die Einnahmen aller öffentlichen Haushalte bezeichnet man als **Staatsein- nahmen**. Hierzu zählen nach den VGR die Gebietskörperschaften Bund, Länder, Gemeinden (einschließlich Gemeindeeinnahmen der Stadtstaaten) sowie EG, LAF, ERP und die Sozialversicherung. Die Summe dieser Ein- nahmen, die der Staat zur Finanzierung seiner Aufgaben zur Verfügung hat, rekrutieren sich nach volkswirtschaftlichen Arten aus **Einnahmen der laufenden Rechnung** und **Einnahmen aus Kapitalrechnung**. Zur ersten Kategorie zählen insbesondere Steuern und steuerähnliche Abgaben und Einnahmen aus wirtschaftlicher Tätigkeit des Staates. Zur zweiten Kategorie insbesondere Veräußerung von Sachvermögen und Beteiligungen sowie Kapitalrückflüsse. Die Differenz zwischen der Summe der Einnahmen und der Ausgaben stellt den **Finanzierungssaldo** dar. Der Saldo wird vorwiegend über Kreditaufnahme finanziert. Dieses Thema behandeln wir im folgenden Abschnitt separat.

Wiewohl die Einnahmen aus wirtschaftlicher Tätigkeit des Staates, wobei beim Bund die Abführungen der Bundesbank- und Bundespostgewinne zählen, nicht unbeträchtlich sind, stellen die an den Staat zu leistenden **Zwangsabgaben** aus Steuern und Sozialbeiträgen den Löwenanteil an den Staatseinnahmen dar. Dies verdeutlicht die Tabelle 13.8. Was genau sind Steuern? Im nüchternen Amtsdeutsch der Abgabenordnung (AO) werden in § 3, Abs. 1 **Steuern** definiert als "Geldleistungen, die nicht eine Gegenleistung für eine besondere Leistung darstellen und von einem öffentlich-rechtlichen Gemeinwesen zur Erzielung von Einnahmen allen auferlegt werden, bei denen der Tatbestand zutrifft, an den das Gesetz die Leistungspflicht knüpft; die Erzielung von Einnahmen kann Nebenzweck sein. Zölle und Abschöpfungen sind Steuern im Sinne dieses Gesetzes".

Da der Steuerzweck nicht ausschließlich fiskalisch begründet wird, können und sollen Steuern somit auch eine gesamtwirtschaftliche **Lenkungsfunktion** erfüllen. Dieser Aspekt ist von besonderer Bedeutung in der Diskussion über die Einführung sogenannter **Ökosteuern**, die als Zwecksteuern eine Schadstoffentlastung der Umwelt bewirken sollen.

Steuern unterscheiden sich somit deutlich von anderen öffentlichen Einnahmekategorien wie **Gebühren** und **Beiträgen**. Gebühren werden z.B. als Verwaltungs- und Benutzungsgebühren nur für tatsächlich in Anspruch genommene öffentliche Leistungen entrichtet. Beiträge dagegen - wie die Sozialbeiträge -, werden von einem potentiellen Nutzerkreis erhoben, unabhängig davon, ob dieser Benutzerkreis die in Aussicht gestellten Leistungen tatsächlich in Anspruch nimmt.

Tabelle 13.8: *BSP, Steuern und Abgaben*

Jahr	BSP	Sozialvers.-beiträge*	Steuern	Abgaben-quote	Steuer-quote
1977	1195,6	185,5	299,4	40,6	25,0
1978	**1289,4**	**196,9**	**319,1**	**40,0**	**24,7**
1979	1393,8	213,1	342,8	39,9	24,6
1980	**1477,4**	**230,2**	**365,0**	**40,3**	**24,7**
1981	1539,6	248,8	370,3	40,2	24,1
1982	**1590,3**	**264,0**	**378,7**	**40,4**	**23,8**
1983	1675,7	269,2	396,6	39,7	23,7
1984	**1763,3**	**282,8**	**414,7**	**39,6**	**23,5**
1985	1834,5	297,2	437,2	40,0	23,8
1986	**1936,1**	**313,4**	**452,4**	**39,6**	**23,4**
1987	2003,0	325,8	468,7	39,7	23,4
1988	**2108,0**	**341,2**	**488,1**	**39,3**	**23,2**
1989	2245,2	357,3	535,5	39,8	23,9
1990	**2425,5**	**371,1**	**567,0**	**38,7**	**23,4**
1991	2808,3	417,8	661,9	38,4	23,6
1992	**3017,0**	**...**	**728,5**	**...**	**24,1**

* Tatsächlich gezahlte Sozialbeiträge ohne unterstellte Beiträge für Beamte.

Quelle: BMF (1992), Finanzbericht 1993. S. 88, 213ff; Sozialversicherungsbeiträge nach: IW (1992), Zahlen zur wirtschaftlichen Entwicklung der BRD 1992, S. 83.

Im internationalen Vergleich liegt die Steuerbelastung des BSP, die man als **volkswirtschaftliche Steuerquote** bezeichnet, mit knapp unter 24 Prozent sehr niedrig, wie man aus Tabelle 13.9 ersieht.

Für die **Abgabenquote** - als Anteil der Steuern und Sozialbeiträge vom BSP - gilt dies im Prinzip auch, wiewohl im internationalen Vergleich die nationalen Besonderheiten des Systems der sozialen Sicherung beachtet werden müssen. In Ländern mit vorwiegend privater sozialer Vorsorge wie den USA z.B., liegt die Abgabenquote naturgemäß bedeutend niedriger.

Tabelle 13.9: *Volkswirtschaftliche Steuerquoten*

EG(12)	1980	1985	1988	1989	1990
Belgien	30,9	31,8	30,6	29,1	...
Dänemark	44,7	47,2	50,0	48,7	46,9
Deutschland(2)	*24,9*	*24,1*	*23,4*	*24,3*	*23,9*
Frankreich	23,9	25,2	24,9	24,6	24,4
Griechenland	19,1	22,6	24,0	22,8	...
Großbritannien	29,5	31,2	30,2	30,1	30,4
Irland	29,2	32,6	35,5	32,2	31,4
Italien	18,7	22,5	24,7	25,3	26,6
Luxemburg	29,0	32,8	31,2	31,3	...
Niederlande	28,4	25,0	27,8	27,2	28,4
Portugal	20,2	23,4	25,3	25,9	25,0
Spanien	12,2	16,9	21,1	22,5	...

EFTA	1980	1985	1988	1989	1990
Finnland	29,8	33,6	34,7	35,1	35,2
Norwegen	37,2	37,8	35,6	33,2	34,1
Österreich	28,4	29,4	28,3	27,3	27,6
Schweden	34,9	37,9	41,6	41,4	41,8
Schweiz	21,3	21,8	22,1	21,4	20,9

Nordamerika	1980	1985	1988	1989	1990
Kanada	28,3	28,6	29,8	30,7	32,2
U.S.A.	21,8	20,6	21,0	21,3	...

Japan	18,0	19,3	21,8	22,1	...

(1) Nach den Abgrenzungsmerkmalen der OECD
(2) Gebietsstand vor dem 3. Oktober 1990

Quelle: BMF (1992), Finanzbericht 1993, S. 312.

Die volkswirtschaftliche Steuerquote liefert zwar Informationen über das Niveau der Steuereinnahmen, sie gibt aber keine Hinweise auf die Struktur und Art und Weise der Belastung durch Steuern. Dazu ist es notwendig, nach Quellen zu differenzieren, aus denen die Mittel fließen. In den VGR unterscheidet man zwischen **indirekten Steuern** oder Kostensteuern, die dadurch gekennzeichnet sind, daß sie bei Produzenten erhoben werden und bei der Gewinnermittlung abzugsfähig sind und direkten Steuern, die im Gegensatz dazu alle Steuern auf das Einkommen, das Vermögen und den privaten Verbrauch umfassen, die das Einkommen der Steuerzahler belasten.

Tabelle 13.10: _Abgabenquote im internationalen Vergleich_

EG(12)	1980	1985	1988	1989	1990
Belgien	44,4	47,6	46,1	44,3	...
Dänemark	**45,5**	**49,0**	**51,1**	**49,9**	**48,1**
Deutschland(2)	_38,0_	_38,0_	_37,4_	_38,1_	_37,7_
Frankreich	**41,7**	**44,5**	**43,9**	**43,8**	**43,8**
Griechenland	28,4	35,1	34,8	33,2	...
Großbritannien	**35,3**	**37,9**	**37,0**	**36,5**	**36,8**
Irland	34,0	38,2	41,2	37,6	36,9
Italien	**30,2**	**34,4**	**37,0**	**37,8**	**39,5**
Luxemburg	41,0	44,0	42,2	42,4	...
Niederlande	**45,8**	**44,9**	**48,4**	**46,0**	**45,4**
Portugal	28,7	31,6	34,6	35,1	34,4
Spanien	**23,8**	**28,8**	**32,9**	**34,4**	...

EFTA	1980	1985	1988	1989	1990
Finnland	33,0	37,0	37,8	38,1	38,0
Norwegen	**47,1**	**47,6**	**47,6**	**45,5**	**46,2**
Österreich	41,2	43,1	42,0	41,0	41,1
Schweden	**49,1**	**50,4**	**55,5**	**56,1**	**57,7**
Schweiz	30,8	32,0	32,6	31,8	31,2

Nordamerika	1980	1985	1988	1989	1990
Kanada	31,6	33,1	34,6	35,3	37,4
U.S.A.	**29,5**	**29,2**	**29,8**	**30,1**	...

Japan	25,4	27,6	30,3	30,6	...

(1) Nach den Abgrenzungsmerkmalen der OECD.
(2) Gebietsstand vor dem 3. Oktober 1990.

Quelle: BMF (1992), Finanzbericht 1993, S. 312.

Zu den direkten Steuern zählen somit die Lohnsteuer, die veranlagte Einkommen- und die Körperschaftsteuer, die Vermögen- und Grundsteuer sowie die Erbschaft- und Grunderwerbsteuer. Zu den indirekten Steuern dagegen die Umsatz- und Verbrauchsteuern. Ohne die diversen Verbrauchsteuern erbringen die aufgeführten Steuerarten mehr als 75 Prozent des gesamten Steueraufkommens.

Tabelle 13.11: *Zusammensetzung der Steuereinnahmen*

	1970		1989		1990	
	Mrd DM	%	Mrd DM	%	Mrd DM	%
Lohnsteuer	35,1	22,8	181,8	33,9	181,1	31,9
Umsatzsteuer	26,8	17,4	68,0	12,7	84,6	14,9
Einfuhrumsatzsteuer	11,3	7,3	63,5	11,9	70,0	12,3
Körperschaftsteuer	8,7	5,6	34,2	6,4	30,1	5,3
Gewerbesteuer	12,1	7,9	36,7	6,9	38,8	6,8
Veranlagte Einkommensteuer	16,0	10,4	36,8	6,9	36,5	6,4
Mineralölsteuer	11,5	7,5	33,0	6,2	36,7	6,5
Tabaksteuer	6,5	4,2	15,5	2,9	18,3	3,2
Kraftfahrzeugsteuer	3,8	2,5	9,2	1,7	8,4	1,5
Nicht veranlagte Steuern vom Ertrag	2,0	1,3	12,7	2,4	10,8	1,9
Grundsteuer	2,7	1,8	8,5	1,6	8,7	1,5
Zölle	2,9	1,9	6,8	1,3	7,2	1,3
Vermögensteuer	2,9	1,9	5,8	1,1	6,3	1,1
Branntweinabgaben	2,2	1,4	3,9	0,7	4,5	0,8
Sonstige	9,5	6,2	19,1	3,6	25,0	4,4
Insgesamt	154,1	100,0	535,5	100,0	567,0	100,0

Quelle: BMF (1992), Finanzbericht 1993, S. 212ff.

In Tabelle 13.11 ist die Zusammensetzung der ertragsreichsten Steuern für die Jahre 1970 und 1990 aufgeführt. Es ist ersichtlich, daß die zehn ertragsreichsten Steuern schon etwa 90 Prozent des Steueraufkommens ausmachen, und daß die Bedeutung der Umsatzsteuer in den 70er und 80er Jahren ganz beträchtlich abgenommen hat. Auf den Umsatz der inländischen Produzenten entfiel 1989 mit 12,7 Prozent nur noch etwa zwei Drittel des 70er Anteils, während im gleichen Zeitraum der Anteil der Lohnsteuer von 22,8 auf 33,9 Prozent bis 50 Prozent anstieg. Diese Scherenentwicklung zwischen Umsatz- und Einkommensteuer oder indirekter und direkter Besteuerung war mit ein Grund für die **Steuerreform**, die dreistufig in den Jahren 86, 88 und 90 erfolgte und schwerpunktmässig auf eine Senkung der Belastung durch Einkommensteuern ausgerichtet war.

Wie im letzten Abschnitt deutlich wurde, trägt unter den Gebietskörperschaften der Bund die Hauptlast der Aufgaben und somit auch der Ausgabenfinanzierung. Dies wird deutlich in der Tabelle 13.12, die die Anteile der einzelnen Ebenen am Gesamtsteueraufkommen wiedergibt.

Tabelle 13.12: *Verteilung des Steueraufkommens in v.H.*

Jahr	Bund (2), (3)	Länder (2), (3), (4)	Gemeinden (2)	EG	Lastenaus- gleichsfonds
1960	53,1	29,8	14,1	...	3,0
1961	52,8	31,2	13,3	...	2,6
1962	52,5	32,1	13,0	...	2,4
1963	53,7	31,3	12,9	...	2,0
1964	54,2	31,1	12,6	...	2,0
1965	55,3	30,7	12,4	...	1,6
1966	55,2	31,0	12,5	...	1,4
1967	54,8	31,6	12,3	...	1,4
1968	54,2	32,3	12,1	...	1,3
1969	53,9	32,1	13,0	...	1,0
1970	54,2	32,7	12,0	...	1,0
1971	54,0	32,8	12,3	...	0,8
1972	51,6	34,0	12,9	0,8	0,7
1973	51,1	34,0	13,3	1,0	0,6
1974 (5)	49,5	35,1	13,7	1,2	0,5
1975	49,2	34,0	13,8	2,5	0,5
1976	48,8	34,1	14,1	2,4	0,5
1977	48,1	34,8	14,1	2,6	0,4
1978	48,3	35,0	13,7	2,8	0,3
1979	48,5	35,4	13,1	3,0	0,1
1980	48,3	34,8	14,0	2,9	0,0
1981	48,7	34,5	13,5	3,3	...
1982	48,4	34,8	13,5	3,3	...
1983	48,0	35,0	13,6	3,5	...
1984	47,6	35,1	13,8	3,6	...
1985	47,2	35,3	14,1	3,5	...
1986	46,2	35,8	14,1	4,0	...
1987	46,3	35,9	13,9	3,9	...
1988	45,1	35,9	14,1	4,9	...
1989	46,1	35,8	13,8	4,3	...
1990	47,1	35,3	13,7	3,9	...
1991	48,0	34,4	12,8	4,8	...
1992	48,2	34,3	12,8	4,7	...
1993	47,3	34,9	12,8	4,9	...

(1) rechnerische Aufteilung

(2) Bis 1990 nach dem Gebietsstand vor, ab 1991 nach dem Gebietsstand nach dem 3. Oktober 1990.

(3) Nach Ergänzungszuweisungen (ab 1974).

(4) Ohne Gemeindesteuern der Stadtstaaten.

(5) Investitionssteuer 3%.

Quelle: BMF (1992).

Für die Verteilung des Steueraufkommens ist insbesondere der Schlüssel
für die Aufteilung der **Gemeinschaftsteuern** maßgebend. Die Ertragskom-
petenz liegt bei den "großen" Steuern mit Ausnahme der Einkommensteuer
ausschließlich beim Bund und den Ländern wie Tabelle 13.13 deutlich
macht.

Tabelle 13.13:   *Aufteilung der Gemeinschaftsteuern - in v.H. - (Stand*
                1. August 1991)

	Vom Gesamtaufkommen erhalten		
Steuerart	**Bund**	**Länder**	**Gemeinden**
Umsatzsteuer einschl. Einfuhr-umsatzsteuer	65,0	35,0	
Ergänzungszuweisungen (gem. Art. 107 Abs. I GG)	-2,0	2,0	
Einkommensteuer einschl. Lohnsteuer	42,5	42,5	15,0
Nicht veranlagte Steuern vom Ertrag	50,0	50,0	
Körperschaftsteuer	50,0	50,0	
Gewerbekapital- und Gewerbeertragsteuer	ca. 7,5	ca. 7,5	ca. 85,0

Quelle: BMF (1991), Der Bundeshaushalt, S. 15.

Für die Verteilung der Steuern ist auch von Bedeutung, daß zur Finanzierung des EG-Haushaltes das System der Finanzbeiträge der Mitgliedsstaaten stufenweise durch "eigene Einnahmen" der EG ersetzt. Mittel, die früher dem Bund zustanden, werden unmittelbar an die EG abgeführt. Somit
werden sie auch nicht mehr - wie Tabelle 13.12 zeigt - dem Bundeshaushalt zugerechnet. Damit wird sich der verfügbare Bundesanteil von 1971
bis 1993 um sieben Prozentpunkte verringert haben, wovon auch der ge-
wachsene Länderanteil ca. 2 Prozentpunkte ausmacht.

Der EG stehen neben den in Deutschland erhobenen Zöllen auch die
Agrarabschöpfungen zu und ferner Mehrwertsteuer-Eigenmittel in Höhe
von 1,4 Prozent einer einheitlichen Bemessungsgrundlage. Seit 1988 ist
der gesamte der EG zufließende Eigenmittelanteil auf 1,2 Prozent des BSP
erhöht. Wie Tabelle 13.14 ausweist, sind 1991 bereits über 20 Mrd. DM als
deutsche Nettoleistungen an den Haushalt der EG geflossen.

Aus der Tabelle 13.11 kann man ersehen kann, daß die Einkommensteuer mit 40,2 % des gesamten Steueraufkommens 1990 den Löwenanteil des Steueraufkommens stellt und davon mit 31,9 Prozentpunkten die Lohnsteuer.

Tabelle 13.14: *Leistungen der BR Deutschland zum Haushalt der Europäischen Gemeinschaften, in Mio DM*

	1985	1986	1987	1988	1989	1990	1991	Soll (2) 1992	Entwurf(3) 1993
Bruttoleistungen	17795	18879	19390	24679	23806	22029	32479	38401	38450
Nettoleistungen (Bruttoleistungen - Rückflüsse)	8547	8247	8711	11708	14522	11942	20460	20916	22691

(1) EWG, EURATOM, EGKS, jedoch ohne Leistungen an Finanzierungsinstrumente des EG-Haushalts (z.B. Europ. Entwicklungsfonds, EIB)

(2) Einschließlich Nachtrag.

(3) Nach Abschluß der Beratungen im Haushaltsausschuß.

Quelle: BMF (1992), Stand 23.11.1992.

Mit der **Steuerreform** 1986, 1988 und 1990 sollte daher die Einkommensteuerbelastung gesenkt werden. Kernstück der Steuerreform war der ab 1.1.1990 gültige neue **Einkommensteuertarif,** der mit völlig neuem Profil das Ziel verfolgt, die Einkommensteuer insgesamt zu senken und den Anstieg des steuerlichen Zugriffs des Staates gleichmäßiger zu verteilen. Der deutsche Einkommensteuertarif ist **progressiv** ausgestaltet. Das bedeutet, daß der **Grenzsteuersatz** mit wachsendem Einkommen ansteigt. Der Grenzsteuersatz steht für die prozentuale steuerliche Belastung des Mehrverdienstes. Im alten Tarif lag der maximale Grenzsteuersatz bei 56 Prozent, und das bedeutet, daß von 100 DM Mehrverdienst dem Staat maximal 56 DM Einkommensteuer zustand. Im neuen Tarif ist der maximale Grenzsteuersatz auf 53 Prozent gesenkt worden. Damit knüpft die Steuerreform an die schon in den Jahren 1965 bis 1974 gültigen Rahmenbedingungen wieder an. Gleichzeitig wurde der Eingangsgrenzsteuersatz von 22 auf 19 Prozent gesenkt und die Zunahme der Grenzbelastung von 19 bis 53 Prozent gradlinig über den gesamten Progressionsbereich verteilt. Hinzu kam eine Erhöhung des **Grundfreibetrages,** unterhalb dessen keine Einkommensteuer anfällt, von 4752 DM auf 5616 DM.

Neun von zehn Unternehmen in Deutschland sind Personenunternehmen, deren Gewinne beim Inhaber der Einkommensteuer unterliegen. Somit sollte neben den Entlastungen im Lohnsteuerbereich der neue Progressionsverlauf auch den **Mittelstandsbauch** des Tarifs abspecken und damit die Eigenkapitalbildung und Investitionskraft gerade der mittelständischen Unternehmungen stärken.

In Abbildung 13.2 ist der ab 1990 gültige Einkommensteuertarif dem alten Tarif gegenübergestellt.

Abbildung 13.2: *Grenzsatztarif 1990 und vorher*

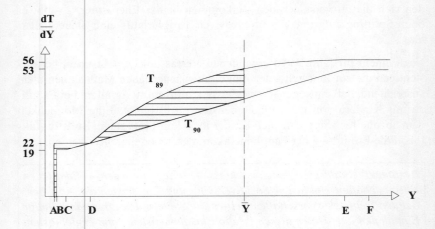

Die vier Entlastungsmerkmale: höherer Grundfreibetrag, niedrigerer Eingangssteuersatz, abgeflachter geradliniger Progressionsverlauf und niedrigerer Spitzensteuersatz führen in der Summe zu einer beträchtlichen Entlastung. Graphisch ist die Entlastung gerade die Fläche zwischen beiden Grenzsatztarifen. Für ein zu versteuerndes Einkommen $\overline{Y}$, das sich aus der Summe aller Einkünfte (Bruttoeinkommen) abzüglich der Werbungskosten, Sonderausgaben, außergewöhnlichen Belastungen und sonstigen Abzugsposten ergibt, stellt die Entlastung der Steuerreform somit die schraffierte Fläche zwischen den beiden Tarifen T_{89} und T_{90}. Man sieht, daß die Steuerreform keine maximale Entlastung vorsieht. Denn da der Spitzensteuersatz für zu versteuernde Einkommen ab 120.042 DM mit 53 Prozent immer niedriger als 56 Prozent im alten Tarif bleibt, stellt diese Differenz für alle hohen Einkommen die minimale marginale Entlastung dar.

Mit der Absenkung des Spitzensteuersatzes folgte man in Deutschland einem internationalen Trend zu niedrigeren Spitzensteuersätzen. So wurde zum Beispiel in den USA in den achtziger Jahren ein Steuerpaket geschnürt, welches den Einkommensteuerspitzensatz auf 28 Prozent und den Spitzensteuersatz der Körperschaftsteuer auf 34 Prozent verminderte. Das deutsche Einkommensteuerrecht unterscheidet sich aber auch weiterhin von anderen durch die Möglichkeit der Wahl zu einer **Splitting-Besteuerung**. Das heißt, daß nicht das individuelle Einkommen eines Steuerzahlers, sondern das Haushaltseinkommen zweier verheirateter Verdiener als Bemessungsgrundlage herangezogen werden kann. Auf das halbe Familieneinkommen ist die doppelte Einkommensteuer zu zahlen. Unterscheiden sich die zu versteuernden Einkommen beider Ehepartner, so gibt es beim Splitting aufgrund des progressiven Tarifverlaufs eine Steuerersparnis.

Nach einem im Jahre 1990 ergangenen Verfassungsgerichtsurteil berücksichtigen die zur Zeit geltenden einkommensteuerlichen Maßnahmen nicht ausreichend, daß ein sogenanntes **Existenzminimum** vor allem bei Familien mit Kindern von der Einkommensteuer frei bleibt. Eine Möglichkeit dem abzuhelfen wäre, daß auch Kinder in Zukunft mit einem **Splittingfaktor** in die Ermittlung der Familieneinkommensteuer eingehen werden.

Resümee: Staatseinnahmen umfassen alle die den öffentlichen Körperschaften (inklusive Sozialversicherung) zu leistenden Abgaben. Bei den Gebietskörperschaften stellten die Steuern den Löwenanteil aller Einnahmen dar. Unter diesen ist die Einkommensteuer am ergiebigsten. Die Steuerreform der Jahre 1986, 88 und 90 zielte insbesondere auf die einkommensteuerliche Entlastung ab. Im Grenzsatz der Einkommensteuer wurden die Spitzen- und Eingangssteuern gesenkt. Die Progression wurde auf einen linearen Verlauf abgeflacht.

5. Staatsverschuldung

Den **Finanzierungssaldo** (FS) stellt die Differenz zwischen Einnahmen und Ausgaben dar. Der kumulierte Finanzierungssaldo ergibt somit die Verschuldung oder den **Schuldenstand** eines öffentlichen Haushalts. Wir sprechen von **Staatsverschuldung**, wenn über die Schulden aller öffentlichen Haushalte summiert wird. In der einem Haushaltsplan eines öffentlichen Haushalts beigefügten **Finanzierungsübersicht** ist die sogenannte **Nettokreditaufnahme** (NKA) die eigentliche Maßzahl für die Finanzierungslücke eines Haushalts. Beim Bundeshaushalt sind beide Größen nicht identisch, da gemäß dem **Münzregal** dem Bundeshaushalt die Einnahmen aus der Münzprägung zufallen.

Tabelle 13.15: *Finanzierungssalden nach Körperschaften in Mrd. DM*

	1980	1986	1987	1988	1989	1990	1991
Bund							
Einnahmen	189,9	240,6	243,4	242,2	272,8	287,2	352,1
Ausgaben	217,6	263,9	271,3	278,2	292,9	311,1	405,3
Finanzierungssaldo	(+) 27,6	(+) 23,3	(+) 27,9	(+) 36,0	(+) 20,0	(+) 23,9	(+) 53,2
Länder							
Einnahmen	186,2	236,4	244,4	253,7	275,1	279,0	308,7
Ausgaben	208,7	254,1	263,9	270,1	282,7	298,6	327,8
Finanzierungssaldo	(+) 22,4	(+) 17,7	(+) 19,4	(+) 16,4	(+) 7,6	(+) 19,5	(+) 19,1
Gemeinden							
Einnahmen	139,9	170,8	176,7	185,1	196,0	204,7	222,0
Ausgaben	145,6	172,5	179,2	184,4	194,3	208,2	227,5
Finanzierungssaldo	(+) 5,7	(+) 1,7	(+) 2,4	(-) 0,6	(-) 2,0	(+) 3,5	(+) 5,5
Sozialversicherung							
Einnahmen	275,4	360,6	375,0	393,9	415,1	443,9	492,4
Ausgaben	269,6	354,3	371,3	395,4	400,9	427,1	482,4
Finanzierungssaldo	(-) 5,6	(-) 6,5	(-) 3,9	(+) 1,5	(-) 14,2	(-) 16,9	(-) 10,0
EG, LAG, ERP							
Einnahmen	15,8	25,0	25,6	30,6	29,1	27,9	43,1
Ausgaben	17,1	24,6	25,2	30,7	30,2	30,2	49,5
Finanzierungssaldo	(+) 1,4	(-) 0,4	(-) 0,5	(+) 0,1	(+) 1,1	(+) 2,2	(+) 6,0
Fonds "Deutsche Einheit"							
Einnahmen	...	...	...	...	...	2,0	6,2
Ausgaben	...	...	...	...	...	22,0	36,8
Finanzierungssaldo	...	...	...	...	...	(+) 20,0	(+) 30,6
Summe der Finanzierung-salden der Gebiets-körperschaften	(+) 55,7	(+) 42,7	(+) 49,7	(+) 51,8	(+) 25,6	(+) 46,9	(+) 77,8

Jeweils bereinigte Einnahmen und Ausgaben, bis 1989 rechnungsmäßig, danach kassenmäßig.
Länder und Gemeinden einschließlich Krankenhäuser.

Quelle: StatBuAmt, Statistische Jahrbücher für die Bundesrepublik Deutschland 1984-1992.

Die Geldschöpfung des Fiskus liegt pro Jahr etwa bei 0,5 bis 0,8 Mrd. DM. Nur in 1990, dem Jahr der deutschen Einheit, waren infolge der deutsch-

Geographisches Institut
der Universität Kiel

deutschen Wirtschafts-, Währungs- und Sozialunion vom 1. Juli die Münzeinnahmen des Bundes mit 1,56 Mrd. DM beträchtlich höher. Andere Möglichkeiten der Geldschöpfung gibt es für den Bund nicht; das **Notenmonopol** liegt bei der DBuBank.

In der Tabelle 13.15 sind die Finanzierungssalden aller öffentlichen Haushalte einschließlich der Sozialversicherung aufgeführt.

Auch die Abführungen von Anteilen am Bundesbank- und Bundespostgewinn an den Bundeshaushalt, die seit 1982 jährlich im Durchschnitt etwa 15 Mrd. DM ausmachen, können nicht zur Finanzierung des Finanzierungssaldos verwandt werden. Sie stecken schon in der Einnahmenseite unter der Rubrik **Einnahmen aus wirtschaftlicher Tätigkeit**.

Der Bundeshaushalt, und für alle anderen öffentlichen Haushalte gilt dies ebenso, kann also nicht über die Notenpresse finanziert werden, wie das in anderen europäischen Ländern wie z.b. in Italien in bestimmtem Umfang möglich ist.

Für die Belastung der Kapitalmärkte ist die Summe der Finanzierungssalden aller öffentlichen Körperschaften die entscheidende Maßzahl. Da die Sozialversicherung in der Regel Überschüsse aufweist, ist die Belastung der Kapitalmärkte durch Kreditaufnahme der öffentlichen Haushalte immer etwas geringer als die Summe der Finanzierungssalden aller Gebietskörperschaften anzeigt. Auch die Einnahmen dès Bundes aus dem Münzregal müssen abgezogen werden, wenn die Kapitalmarktbelastung ermittelt werden soll.

Der Schuldenstand von Bund, Ländern, Gemeinden und ERP-Sondervermögen - die Staatsverschuldung - erhöht sich Jahr für Jahr im Ausmaß der NKA der Gebietskörperschaften. Summiert man, beginnend mit der Währungsreform vom 21. Juni 1948, über alle Jahre die jährliche NKA, haben Bund, ERP sowie die Länder und Gemeinden Ende 1991 einen Schuldenberg von zusammen 1.174 Mrd. DM. Damit belief sich die **Verschuldungsquote**, die den Anteil der Staatsverschuldung am BSP mißt, Ende 1991 auf 41,8 Prozent. Von der Staatsschuld entfielen 587 Mrd. DM auf den Bund, 352 Mrd. DM auf die Länder und 141 Mrd. DM auf das Konto der Gemeinden. Zum Jahresende 1989 war die Verschuldung der Länder bereits auf 310 Mrd. DM und die des Bundes auf 490 Mrd. DM angewachsen. Ende 1990 hat die gesamte Staatsschuld die Billionengrenze erstmals überschritten. Im Dezember 1992 betrug sie schließlich 1.277 Mrd. DM.

Im internationalen Vergleich ist die über die Verschuldungsquote gemessene Staatsschuld in Deutschland relativ niedrig, wie man aus der Tabelle 13.16 erkennt. Kann der Staat sich unbegrenzt verschulden? In Deutschland kann er das nicht. Nach Artikel 115 GG ist die Neuverschuldung des Bundes in der jährlichen Höhe durch die Ausgaben für Investitionen begrenzt. Die meisten Länderverfassungen enthalten eine vergleichbare Regelung. Dieser **Schuldendeckel** verschließt den Schuldentopf aber nur formal, denn "Ausnahmen sind ... zulässig zur Abwehr einer Störung des gesamtwirtschaftlichen Gleichgewichts" (Artikel 115 GG Abs. 1, Satz 2).

Tabelle 13.16: *Staatsverschuldung in Prozent des BIP/BSP*

	1980	1985	1986	1989	1990	1991	1992
Belgien	79,9	122,7	127,1	131,2	130,0	131,9	132,9
Dänemark	**33,5**	**64,1**	**58,3**	**58,3**	**59,7**	**60,7**	**61,6**
Deutschland*	*32,5*	*41,1*	*40,9*	*41,2*	*43,3*	*41,5*	*42,0*
Finnland	**13,8**	**19,0**	**18,8**	**16,4**	**15,1**	**20,0**	**27,7**
Frankreich	37,3	45,4	45,7	46,4	46,4	47,4	48,5
Griechenland	**27,7**	**57,9**	**58,6**	**76,3**	**80,7**	**84,1**	**87,1**
Großbritannien	54,6	53,1	51,7	37,2	34,9	35,4	38,5
Irland	**78,0**	**121,3**	**133,8**	**123,9**	**117,0**	**113,3**	**108,8**
Italien	58,5	84,3	88,2	98,0	100,5	102,9	107,8
Japan	**52,0**	**68,5**	**72,1**	**70,1**	**66,0**	**63,0**	**60,9**
Kanada	44,7	65,0	68,9	69,6	72,5	76,6	79,1
Luxemburg	**13,8**	**14,0**	**13,5**	**8,5**	**7,3**	**6,9**	**6,4**
Niederlande	45,9	69,6	71,3	77,6	79,2	78,9	79,9
Norwegen	**55,9**	**40,7**	**51,1**	**42,6**	**41,2**	**42,5**	**45,8**
Österreich	37,2	49,6	53,8	57,2	55,2	53,9	52,6
Portugal	**37,1**	**70,9**	**69,5**	**72,0**	**68,2**	**64,7**	**62,7**
Spanien	18,5	46,7	47,5	43,2	44,1	45,8	48,0
USA	**37,9**	**48,6**	**51,6**	**53,7**	**56,4**	**58,4**	**60,5**

* 1990 einschl. übergeleitetem DDR-Haushalt. Ab 1991 Gebietsstand nach dem 3.10.1990.

Quelle: BMF (1992), Finanzbericht 1993, S. 313.

Daß gesamtwirtschaftliche Gleichgewichte aber nicht die ökonomische Tagesordnung bestimmen, dürfte unstrittig sein. Somit muß man sich der Frage stellen, wozu es diesen Artikel überhaupt gibt, wenn er doch nie greift.

In der Abbildung 13.3 sind für den Zeitraum 1970 - 1989 die "Ausgaben für Investitionen" den "Einnahmen aus Krediten" gegenübergestellt. Dabei würden die in der Finanzstatistik ausgewiesenen **investiven Ausgaben** und bei den Krediteinnahmen die NKA herangezogen. Es zeigt sich, daß bis auf wenige Jahre - es sind die Jahre 1975 - 76, 1981 - 83 und 1988 - die

Ausgaben für Investitionen die Einnahmen aus Krediten übersteigen. Es wird aber auch deutlich, daß dies anders aussähe, wenn die Gewinnabführung der Bundesbank an den Bundeshaushalt nicht zu den laufenden Einnahmen zählte, sondern den Finanzierungssaldo und damit die NKA vergrößerte.

Abbildung 13.3: *Verschuldungsgrenze nach Artikel 115 GG*

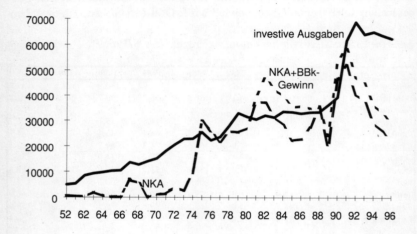

Quelle: BMF (1992), Finanzbericht 1993.

Ob Staatsverschuldung eine Last oder eine ökonomische Notwendigkeit darstellt, darüber herrscht keine einheitliche Meinung auch unter Fachleuten. Zur Rechtfertigung der **Kreditfinanzierung** öffentlicher Defizite wird ins Feld geführt, daß sie im Gegensatz zur alternativen **Steuerfinanzierung** ein **intertemporales Äquivalenzprinzip** durchzusetzen vermag. Am Beispiel der Finanzierung von Ausgaben in den neuen deutschen Bundesländern würde es darin bestehen, daß eine Kreditfinanzierung auch die Nutznießer heutiger Infrastrukturprogramme in den neuen Bundesländern später an den Kosten beteiligen kann. Dann nämlich, wenn in Zeiten der wirtschaftlichen Erholung durch Steuererhöhungen die temporär erhöhte Staatsverschuldung wieder zurückgefahren wird. Bei einer Steuerfinanzierung fallen die Kosten heute an und werden heute verteilt. Steuerzahler und Nutznießer der staatlichen Ausgaben sind nicht identisch. Denn heutige Steuerzahler sind nahezu ausschließlich die alten Bundesländer.

Gegen die Kreditfinanzierung wird ins Feld geführt, daß eine erhöhte Kapitalmarktnachfrage des Staates private Investitionen verdrängt und damit c.p. eine **intertemporale Last** darstellt, da der zukünftige Kapitalstock geringer ist. Dieses Argument setzt aber auf der anderen Seite voraus, daß eine Steuerfinanzierung vorwiegend Konsumnachfrage verdrängt. Die **Kosten der deutschen Einheit** belasten die öffentlichen Haushalte schon ab 1990, denn das letzte fiskalische Normaljahr war 1989. Im Haushaltsgesetz 1990 (einschließlich 1. - 3. Nachtrag) war allein für den Bundeshaushalt 1990 eine NKA von 67 Mrd. DM vorgesehen. Überraschenderweise ist die Neuverschuldung in 1990 jedoch um etwa 20 Mrd. DM geringer ausgefallen als im Entwurf geplant. Die Gründe liegen insbesondere in den administrativen Schwierigkeiten der neuen Bundesländer, die zu Minderausgaben etwa gleicher Größenordnung geführt haben.

Für 1992 ist im Entwurf eine NKA von 40,5 Mrd. DM bzw. für 1993 38,0 Mrd. DM vorgesehen. Damit liegen die Investitionsausgaben höher als die NKA.

> *Resümee: Die Staatsverschuldung ist ein zentrales Instrument staatlicher Wirtschaftspolitik. Ob es jedoch immer zielgerichtet eingesetzt wird, ist fraglich. Es gibt grundgesetzliche Verschuldungsgrenzen nach Artikel 115 GG. Gegenüber der Steuerfinanzierung hat die Staatsverschuldung in einem demokratischen Gemeinwesen den entscheidenden Vorteil, durch **freiwillige** Zahlungsbereitschaft der Bürger und nicht durch Zwangsabgaben die öffentlichen Defizite finanzieren zu können.*

6. Schlußbemerkung

In Deutschland versteht man unter dem Begriff **Staat** nicht nur den Bund, sondern auch die elf Bundesländer (seit 3. Oktober 1990 sechzehn) und die Gemeinden - und in der Abgrenzung der VGR sogar auch noch die Sozialversicherung. Für den volkswirtschaftlichen Güter- und Geldkreislauf sind die Haushalte von Bund und Ländern von besonderer Bedeutung.

Nach Artikel 109 GG Absatz 1 sind Bund und Länder in ihrer Haushaltswirtschaft selbständig und voneinander unabhängig. Sie sind also eigenverantwortlich für die Planung, Ausführung und Kontrolle ihrer Haushalte.

Bundes- wie Länderhaushalte bekommen Rechtsgültigkeit durch die Feststellung des Haushaltsplans im **Haushaltsgesetz**. In der Regel soll ein Haushaltsplan vor Beginn des Haushaltsjahres durch ein Haushaltsgesetz festgestellt werden. Kann bis zum Schluß eines **Haushaltsjahres** der

Haushaltsplan für das folgende Jahr nicht durch Gesetz festgestellt werden, so ist nach Artikel 111 GG "die Bundesregierung ermächtigt alle Ausgaben zu leisten, die nötig sind,

a) um gesetzlich bestehende Einrichtungen zu erhalten und gesetzlich beschlossene Maßnahmen durchzuführen,

b) um die rechtlich begründeten Verpflichtungen des Bundes zu erfüllen,

c) um Bauten, Beschaffungen und sonstige Leistungen festzusetzen oder Beihilfen für diese Zwecke weiter zu gewähren, sofern durch den Haushaltsplan eines Vorjahres bereits Beträge bewilligt sind."

Dazu darf, wie in Artikel 111 GG weiter ausgeführt wird "die Bundesregierung die zur Aufrechterhaltung der Wirtschaftsführung erforderlichen Mittel bis zur Höhe eines Viertels der Endsumme des abgelaufenen Haushaltsplanes im Wege des Kredits flüssig machen."

Treten während eines Haushaltsjahres Umstände ein, die Eingriffe in den planmäßigen Haushaltsvollzug nötig machen, so können nach § 37 BHO über- und **außerplanmäßige Ausgaben** getätigt werden. Diese bedürfen der Zustimmung des Finanzministers und müssen in Form eines **Nachtragshaushalts** nach § 33 BHO bis zum Ende des Haushaltsjahres eingebracht werden. Im Jahre 1990, dem ersten gesamtdeutschen Haushaltsjahr, sind insgesamt drei Nachtragshaushalte eingebracht worden.

Nach § 1 BHO kann der Haushaltsplan, nach Jahren getrennt, auch wahlweise für ein oder zwei Rechnungsjahre durch ein Haushaltsgesetz festgestellt werden. Sogenannte **Doppelhaushalte** gibt es bei einzelnen Bundesländern wie dem Freistaat Bayern. Die in der BHO festgelegten allgemeinen Vorschriften zum Haushaltsplan wie auch die Bestimmungen zur Aufstellung und zur Ausführung des Haushaltsplanes gelten in den Ländern sinngemäß und sind in den Haushaltsordnungen der Länder enthalten. Im Haushaltsgrundsätzegesetz (HGrG) sind die diesbezüglichen Grundsätze des Haushaltsrechts des Bundes und der Länder in sechzig Paragraphen fixiert.

Fragen und Aufgaben zum 13. Kapitel

1.) Was bedeutet der Grundsatz der Subsidiarität?

2.) Weshalb fließen die vom Staatsbürger für öffentliche Aufgaben aufgebrachten Mittel nicht in eine gemeinsame "Staatskasse"?

3.) Welche staatlichen Ebenen gibt es und welche Aufgaben fallen ihnen zu?

4.) Beschreiben Sie die neben den drei nationalen Ebenen immer mehr Bedeutung gewinnende vierte Ebene der EG.

5.) Diskutieren Sie Aufgaben dieser vierten Ebene und nehmen sie dabei bezug auf den Römischen Gründungsvertrag vom 25. März 1957 und die relevanten Nachfolgegesetze.

6.) Was sind Gemeinschaftsaufgaben und wie und wo sind sie gesetzlich festgelegt?

7.) Was sind die Funktionen eines Haushalts?

8.) Was ist ein Haushaltsplan und in welcher Form wird er gesetzlich verabschiedet?

9.) Wie unterscheidet sich ein Finanzplan vom Haushaltsplan?

10.) Beschreiben Sie den Budgetzyklus.

11.) Was sind die wichtigsten Einnahmequellen für den Bundeshaushalt?

12.) Woraus bestehen die wichtigsten Ausgabenblöcke im Bundeshaushalt.

13.) Was versteht man unter dem horizontalen und dem vertikalen Finanzausgleich?

14.) Nennen Sie die wichtigsten haushaltsrechtlichen Bestimmungen.

15.) Wie unterscheiden sich Finanzhoheit, Ertragshoheit und Gesetzgebungskompetenz?

16.) Bei welcher Ebene liegt die Staatsgewalt und welche Ausnahmeregelungen gibt es?

17.) Welche Bedeutung hat das StWG für den Staatshaushalt?

18.) Welche Sondervermögen des Bundes gibt es?

19.) Diskutieren Sie Inhalt und empirische Relevanz des Wagnerschen Gesetzes.

20.) Wie unterscheiden sich direkte und indirekte Steuern?

21.) Was war Inhalt der dreistufigen Steuerreform 1986/88, 90?

22.) Welche Bedeutung hat der Grenzsteuersatz im deutschen Einkommensteuertarif. Ziehen Sie Vergleiche zu anderen Einkommensteuertarifen, die Sie kennen.

23.) Was versteht man unter dem Münzregal?

24.) Wie werden die an den Bund abgeführten Bundesbankgewinne im Budget "verbucht"?

25.) Ist im Bundeshaushalt eine Defizitfinanzierung über Geldschöpfung möglich?

26.) Wie unterscheiden sich Finanzierungssaldo und Nettokreditaufnahme?

27.) Welche Bedeutung hat der Artikel 115 GG für den Bundeshaushalt?

28.) Welche gesamtwirtschaftlichen Gründe sprechen für Kredit- oder Steuerfinanzierung von Haushaltsdefiziten?

Literatur zum 13. Kapitel

Bundeshaushaltsordnung (BHO) vom 19. August 1969, BGBl I, S. 1284. Zuletzt geändert durch das Gesetz vom 18. Juli 1990 (BGBl I, S. 1447).

Bundeshaushaltsplan für das Haushaltsjahr 1993. Drei Bände. Bonn.

Bundesministerium der Finanzen (BMF).

• Der Bundeshaushalt. Unser Geld. Bonn 1990.

• Finanzbericht 1993. Bonn 1992.

• Der Bundeshaushalt 1992. Bonn 1992.

• Bericht der Bundesregierung über die Entwicklung der Finanzhilfen des Bundes und der Steuervergünstigungen für die Jahre 1987 bis 1990 (Zwölfter Subventionsbericht).Bonn 1989.

Deutsche Bundesbank (DBuBank). Monatsberichte, monatlich erscheinend.

Deutscher Bundestag. Sozialbericht 1990. Drucksache 11/7527. Bonn 1990.

Gesetz über die Grundsätze des Haushaltsrechts des Bundes und der Länder (Haushaltsgrundsätzegesetz - **HGrG**) vom 19. August 1969, BGBl I, S. 1273. Zuletzt geändert durch Anlage I Kapitel IV Sachgebiet B Abschnitt II Nr. 39 des Einigungsvertrages vom 31. August 1990 (BGBl II, S. 889).

Gesetz zur Förderung der Stabilität und des Wachstums der Wirtschaft (StWG) vom 8. Juni 1967, BGBl I, S. 582. Zuletzt geändert durch Art. 25 Zuständigkeitsanpassungsgesetz vom 18. März 1975 (BGBl I, S. 705).

Gesetz über den Bundesrechnungshof (Bundesrechnungshofgesetz - **BRHG)** vom 11. Juli 1985, BGBl I, S. 1445.

Grundgesetz für die BR Deutschland. BGBl I 1949, S. 1. In der Fassung des 20. und 21. Gesetzes zur Änderung des Grundgesetzes vom 12. Mai 1969 (BGBl I, S. 357 und 359).

Hansmeyer, Karl-H.; Rürup, Bert. Staatswirtschaftliche Planungsinstrumente. Dritte, neubearbeitete und erweiterte Auflage. Düsseldorf 1984.

Mennel, A. Steuern in Europa, USA, Kanada und Japan. Verlag Neue Wirtschaftsbriefe. Lose-Blatt-Sammlung. 2 Bände. Herne/Berlin.

Neumark, Fritz. Theorie und Praxis der Budgetgestaltung. In: Handbuch der Finanzwissenschaft. Band I. Zweite Auflage. S. 552 - 605. Tübingen 1952.

Statistisches Bundesamt (StatBuAmt).

• VGR Fachserie 18, Reihe 1.13. 1990.

• Fachserie 14, Reihe 2, diverse Jahrgänge.

• Statistisches Jahrbuch, jährlich erscheinend.

Sachverständigenrat (SVR). Jahresgutachten 1992/93 des Sachverständigenrates zur Begutachtung der gesamtwirtschaftlichen Entwicklung. Stuttgart 1992 und vorherige Jahre.

Wagner, Adolf. Finanzwissenschaft, zweiter Teil. Theorie der Besteuerung, Gebührenlehre und allgemeine Steuerlehre. Zweite Auflage. Leipzig 1890.

Wenzel, Heinz-Dieter. Die ökonomische Rationalität von Art. 115 GG. In: Wirtschaftsdienst 12. S. 610-616. 1990.

Kapitel 14 Staat, Effizienz und Wohlfahrt

1. Effizienz, Wohlfahrt und Wettbewerbsgleichgewicht

Die Rolle des Staates ist in der deutschen **Mixed economy**, wie wir gesehen haben sicherlich nicht die eines "Nachtwächters", wie es die Klassiker forderten. Eine Begründung dafür haben wir schon im ersten Kapitel dieses Teils gegeben. Insbesondere die aufgeführten Ursachen für **Marktversagen**, wie die typische Unterversorgung bei privatwirtschaftlichem Angebot von Kollektivgütern (Free-rider Problem), die Überausbeutung von Ressourcen bei fehlenden Eigentumsrechten (Allmendeproblem) oder die Nichtberücksichtigung gesamtwirtschaftlicher Kosten privatwirtschaftlichen Handelns (Externe Effekte) waren Grund dafür, daß staatliches Handeln sich als gesamtwirtschaftlich wünschenswert erwies.

An welcher Richtschnur staatliche Aktivitäten sich dabei aber zu orientieren haben, blieb bisher weitgehend im Dunkeln. Daß die am Pareto-Prinzip ausgerichtete ökonomische **Effizienz** hierebei den archimedischen Punkt für den Hebel staatswirtschaftlicher Eingriffe darstellt, wurde zwar jeweils herausgestellt, im Detail aber nicht weiter ausgeführt. Diese Lücke soll im folgenden für einige ausgewählte Beispiele geschlossen werden.

Dazu muß man sich zunächst die hinter dem Begriff "Marktversagen" stehende Vorstellung funktionierender Märkte in kompetitiven Ökonomien, anders ausgedrückt die Eigenschaften des **Allgemeinen Gleichgewichts** bei vollkommener Konkurrenz, vor Augen führen.

Wir betrachten dazu zunächst ein einfaches Beispiel einer Tauschwirtschaft mit zwei repräsentativen Individuen. Dieses extrem vereinfachende **Gedankenexperiment** verdeutlicht lediglich Grundprinzipien von rationalem Handeln, vorteilhaftem Tausch und Tauschgleichgewicht. Und mehr soll es auch nicht.

Wir nehmen an, Robinson (R) und Freitag (F) besitzen eine **Anfangsausstattung** an Äpfeln (A) und Birnen (B). Beide besitzen eine Präferenzordnung, mit welcher sie unterschiedliche Güterbündel (A, B) bewerten können. Bei gegebener Gesamtausstattung A und B stellt somit

(1) $$A = A^R + A^F$$

und

(2) $B = B^R + B^F$

die **Allokation** der Anfangsausstattung dar. Es stellt sich die Frage, ob dies diejenige Allokation ist, mit welcher beide zufrieden sind, oder ob es einen **Tausch** zwischen R und F gibt, der zu einer Allokation führt, die beide als die bessere ansehen. Diese Problemstellung läßt sich in der **Edgeworth-box** analysieren.

Abbildung 14.1: *Edgeworth-box für Tauschoptima*

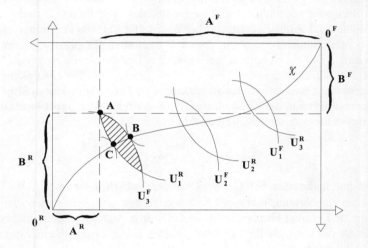

Diese besteht aus zwei gegeneinandergesetzten Koordinatenkreuzen. Links unten liegt der Koordinatenursprung für R, rechts oben der für F. Der Punkt A verdeutlicht die Anfangsausstattung an Gütern A, B für Robinson und für Freitag. Die **Indifferenzkurven** u_1, u_2 und u_3 sind Ausdruck der Präferenzordnung. Diese muß für beide nicht identisch sein. Wichtig ist nur, daß zunehmender Konsum c.p. bei beiden zu höherem Nutzen führt. Es gilt also für beide

(3) $u_1 < u_2 < u_3$

und das bedeutet, daß weiter vom Ursprung entfernte Indifferenzkurven einen höheren **Nutzenindex** verkörpern. Wir haben an anderer Stelle schon verdeutlicht, unter welchen "schwachen" Voraussetzungen solche konvex zum Ursprung verlaufenden Indifferenzkurven als Bild einer Präferenzordnung plausibel sind.

Es ist deutlich, daß A keine paretooptimale Allokation darstellt, denn alle Allokationen in der schraffiert gezeichneten Tauschlinse werden sowohl von R wie von F bevorzugt, da sie für beide zu höherem Nutzen führen.

Wo liegen die paretooptimalen Allokationen? Sie liegen nicht dort in der Linse, wo Indifferenzkurven sich schneiden, denn für solche Allokationen gilt das für A gesagte analog. Also liegen sie dort, wo Indifferenzkurven sich tangieren. Die Allokation B verdeutlicht diesen Fall. B ist die für Robinson beste Allokation, gegeben daß sich Freitag gegenüber A nicht verschlechtert; C ist umgekehrt die für Freitag beste Allokation, gegeben daß sich Robinson gegenüber A nicht verschlechtert. Die Punkte B und C verdeutlichen die Randallokationen, bei denen alle Tauschvorteile nur einem der beiden zufallen. Zwischen B und C liegt aber ein ganzes Kontinuum von möglichen Paretooptima, bei denen die Tauschvorteile aufgeteilt werden. Die Verbindungskurve zwischen B und C, die diese Allokationen kennzeichnet, nennen wir **Kontraktkurve** $\mathcal{K}$. Auf $\mathcal{K}$ tangieren sich die Indifferenzkurven in der Tauschlinse. Die Eigenschaft des **paretooptimalen Tausches** können wir beschreiben durch

(4) $$GRS^{R}_{A,B} = GRS^{R}_{A,B}$$

das Übereinstimmen der **Grenzraten der Substitution** im Tausch. Das bedeutet der **Nutzenpreis** eines Apfels in Birnen gemessen stimmt bei Robinson und Freitag überein, denn die GRS ist ja, wie wir wissen, nichts anderes als die individuelle Bewertung zweier Güter innerhalb einer gegebenen Allokation.

Nehmen wir einmal an, beide Bewertungen wären, wie es A anzeigt, mit

$$GRS^{R}_{A,B} = 2/3$$

und

$$GRS^{F}_{A,B} = 1/3$$

nicht gleich. Dann wären für Robinson drei Äpfel und zwei Birnen von gleichem Wert, für Freitag dagegen drei Äpfel und eine Birne. Freitag schätzt Äpfel relativ geringer als Robinson und könnte Robinson drei Äpfel zum Tausch anbieten. Er bekäme, ohne daß Robinson sich verschlechtert, im Tausch zwei Birnen und stellt sich somit um eine Birne besser als vorher. In der Logik der Abbildung 14.1 wäre dieser für Freitag vorteilhafte Tausch mit der Bewegung von A nach C vergleichbar. Robinson verliert nichts, aber Freitag realisiert alle Tauschgewinne. Wir können also zusammenfassen: Alle paretooptimalen Tauschallokationen liegen auf der Kontraktkurve $\mathcal{X}$, die wir uns für den Fall beliebig vorgegebener Anfangsausstattungen A als einen die Koordinatenursprünge verbindenden, durchgezogenen Graphen vorstellen können. Überall auf $\mathcal{X}$ gilt die Bedingung (4) für einen paretooptimalen Tausch.

Übertragen wir $\mathcal{X}$ in den **Nutzenraum**, so kann die zugehörigen paretooptimalen Nutzenwerte durch eine **Nutzenmöglichkeitskurve** (Utility possibility curve, upc) dargestellt werden.

Abbildung 14.2: _Utility possibility curve (upc)_

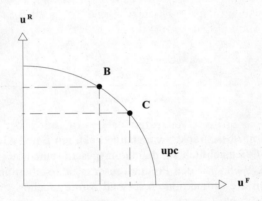

Die Punkte B und C entsprechen dabei den Allokationen B und C in Abbildung 14.1 und alle paretooptimalen Allokationen innerhalb der Tauschlinse den Punkten auf der upc zwischen B und C.

Erweitern wir unser Gedankenexperiment auf den allgemeinen Fall einer **Ökonomie mit Produktion**. Sowohl Robinson wie Freitag können ihre Anfangsausstattung an Gütern verändern, indem sie Äpfel und Güter selbst produzieren. Dazu setzen sie Arbeit L und Kapital K ein. Die ihnen maximal verfügbare Arbeitsmenge ist ihr täglicher Verzicht auf Muße. Als Kapital betrachten wir die Nutzung einer bestimmten ihnen zur Verfügung stehenden Menge an Grund und Boden.

Die Frage ist nun, wie sich für R und F der optimale Faktoreinsatz von Arbeit und Kapital bestimmt. Dies läßt sich wieder mit einer Edgeworth-box verdeutlichen. Wir betrachten dazu die Produktion von Robinson.

Abbildung 14.3: *Edgeworth-box für Produktionsoptima*

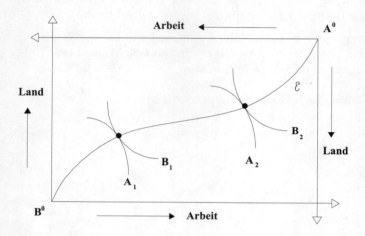

Wie sollen die nur beschränkt verfügbaren Faktoren L und K optimal allokiert werden? Offensichtlich so, daß sie insgesamt einen möglichst hohen Ertrag bringen. Wenn wir den Produktionsertrag darstellen über **Isoquanten**, können wir die Produktion von A und B mit zugehörigen Isoquanten analog zum Tauschfall durch zwei gegeneinander gesetzte Koordinatenkreuze verdeutlichen. A^0 bzw. B^0 stellen für die Produktion von Äpfeln bzw. von Birnen den Koordinatenursprung dar; A_1, A_2 bzw. B_1, B_2 stellen die Isoquanten konstanten Outputs bei variablem Faktoreinsatz dar. Wenn mit c.p. steigendem Faktoreinsatz mehr produziert werden kann, wächst die Produktion mit der Entfernung der Isoquanten vom Ursprung.

Analog zum Tauschfall liegen die effizienten und d.h. die paretooptimalen Faktoreinsatzkombinationen dort, wo sich die Isoquanten tangieren. Die Verbindung aller dieser Punkte im Faktorraum bezeichnen wir als Effizienzkurve ε. Auf ε gilt mit

(5) $$GRS_{L,K}^{A} = GRS_{L,K}^{B}$$

die Bedingung für einen **paretooptimalen Faktoreinsatz**. So stimmen die **technischen Grenzraten der Substitution** in der Produktion von Äpfeln und Birnen überein; oder anders ausgedrückt: Faktoren werden so allokiert, daß ihre relativen Produktivitäten in beiden Produktionsalternativen gleich groß sind.

Letzteres folgt daraus, daß die Steigung einer Isoquante dem Verhältnis der Grenzproduktivitäten beider Faktoren entspricht.

Machen wir uns das klar am Beispiel der Produktion von Äpfeln. Der Output an Äpfeln ergibt sich über die Produktionsfunktion F als

(6) $$A = F^A(L^A, K^A).$$

Auf einer Isoquante ist der Output konstant. Somit erhält man über das **totale Differential** von (6) die Bedingung

(7) $$GRS_{L,K}^A = -\frac{dK^A}{dL^A} = \frac{F_L^A}{F_K^A}.$$

Aus dieser Darstellungsweise wird deutlich, daß die technische Grenzrate der Substitution den Preis des Faktors Arbeit ausgedrückt in Kapitaleinheiten mißt. Im Tausch bezeichneten wir den analogen Sachverhalt mit **Nutzenpreis** oder Konsumentenzahlungsbereitschaft; analog dazu können wir in der Produktion vom **Produktionspreis** des Faktors oder der Produzentenzahlungsbereitschaft sprechen.

Daß dieser Preis in allen Produktionsbereichen (A und B) übereinstimmen muß, ist intuitiv einsichtig. Denn wäre die Zahlungsbereitschaft des Produzenten in einem Produktionsbereich höher als in dem anderen, so wäre ein Faktor dort produktiver und eine Umverteilung dieses Faktors in den ertragreicheren Produktionsbereich insgesamt "ergiebiger".

Wie lassen sich die Bedingungen für paretooptimalen Tausch und Faktoreinsatz zusammenbringen?

Dazu übertragen wir die Effizienzkurve $\mathcal{E}$ in den Güterraum, denn jedem Punkt von $\mathcal{E}$ entspricht ein bestimmtes Produktionsniveau von A und von B. Die resultierende Kurve der Produktionsmöglichkeiten bei effizientem Faktoreinsatz bezeichnen wir als **Transformationskurve** $\mathcal{T}$, einer Ökonomie.

Abbildung 14.4: *Transformationskurve*

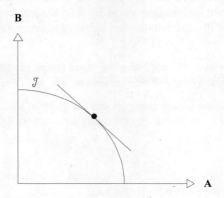

Die Steigung von $\mathcal{J}$ ist ein Maß für die Kosten der Produktion von A in Einheiten B. Somit gibt die **Grenzrate der Transformation**

$$(8) \qquad\qquad GRT_{A,B} = -\frac{dB}{dA}$$

an, zu welchem Preis Äpfel in Birnen "transformiert" werden können - bei jeweils effizientem Faktoreinsatz beider Faktoren. Damit ist es sinnvoll, die obige Grenzrate der Transformation als **Kostenpreis** oder Angebotspreis eines zusätzlichen Apfels - gemessen in der dazu notwendigen Verringerung der Produktion von Birnen - zu bezeichnen. Folglich läßt sich ein Bogen schlagen zu der anfangs abgeleiteten Effizienzbedingung im Tausch. Denn Produktion und Konsum sind genau dann optimal aufeinander abgestimmt, wenn der Kostenpreis eines Gutes dessen Nutzenpreis entspricht.

In einer Ökonomie mit Produktion müssen also insgesamt drei Typen von Effizienzbedingungen gleichzeitig gelten:

• **Effizienz im Tausch**

$$(9.1) \qquad\qquad GRS_{A,B}^{R} = GRS_{A,B}^{F}.$$

• **Effizienz in der Faktorallokation**

(9.2) $$GRS_{L,K}^{A} = GRS_{L,K}^{B}.$$

• **Effizienz in der Produktion**

(9.3) $$GRS_{A,B}^{R}(= GRS_{A,B}^{F}) = GRT_{A,B}.$$

In der Abbildung 14.5 werden diese Bedingungen simultan verdeutlicht.

Abbildung 14.5: *Effizienz in Tausch, Faktorallokation und Produktion*

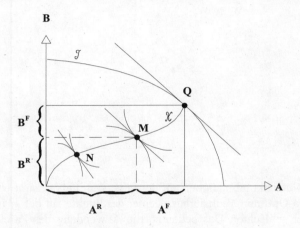

Die Bedingung der effizienten Faktorallokation legt den Verlauf der Transformationskurve 𝒥 fest. Wird die mit Q bezeichnete Güterkombination (A, B) produziert, so verlangt diese Produktionsentscheidung die durch M beschriebene Güteraufteilung auf Robinson und Freitag. Denn in M stimmen für R und F die Grenzraten der Substitution im Tausch (Nutzenpreise) überein, und sind gleichzeitig identisch mit der in Q geltenden Grenzrate der Transformation (Kostenpreis).

Diese Darstellung macht deutlich, daß eine paretooptimale Allokation in einer Volkswirtschaft Produktionshöhe und Güterverteilung **simultan** bestimmt. Sie macht ferner deutlich, daß nicht jeder Punkt auf einer upc mit einer gesamtwirtschaftlichen paretooptimalen Allokation verträglich ist. Ein Beispiel dafür ist R; in R stimmen zwar die Nutzenpreise der GRS überein, sie sind aber nicht mit dem Kostenpreis der GRT in Q identisch. Folglich ist diese Allokation zwar möglich, die Abstimmung zwischen Produktion und Konsum ist jedoch nicht paretooptimal.

Wenn wir für beliebige Produktionsentscheidungen Q diejenigen Punkte M im Güterraum zusammenfassen, die mit einem gesamtwirtschaftlichen Pareto-Optimum vereinbar sind, so können wir die zugehörigen Nutzenniveaus von Robinson und Freitag im Nutzenraum darstellen. Das Ergebnis ist die **Nutzengrenze** (utility frontier uf).

Abbildung 14.6: *Utility frontier und Wohlfahrtsmaxierung*

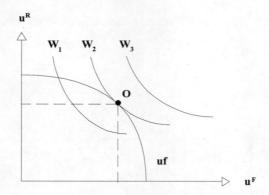

Jeder der Nutzenkombinationen auf der *uf* ist damit als gesamtwirtschaftliches Pareto-Optimum realisierbar. Keiner der Punkte auf der *uf* ist a priori besser oder schlechter. Das bedeutet, die Anwendung des Pareto-Kriteriums kann zwar "schlechte" von "guten" Allokationen aussondern, sie liefert aber keine Entscheidung für die Auswahl unter den Paretooptima.

Erst die Vorgabe eines **Distributionszieles** vermag eine Entscheidung zu finden. Damit verlassen wir den Kern der **Allokationstheorie** und gehen zur **Wohlfahrtstheorie** über. So ist z.B. die Auswahl der Allokation O auf der *uf* denkbar als die Manifestation der Präferenzen der Gesellschaft, die sich in einer sozialen Wohlfahrtsfunktion W der Form

(10) $$W = W(u^R, u^F),$$ $$W'_{u^R}, W'_{u^F} > 0$$

widerspiegeln. Existiert eine solche gesellschaftliche Bewertung individuellen Wohlbefindens, so lassen sich Wohlfahrtsindifferenzkurven W_1, W_2, W_3 bestimmen. In Abbildung 14.6 ist O dann als Optimum Optimorum ein wohlfahrtsmaximales Pareto-Optimum.

Auf die Wohlfahrtstheorie können wir an dieser Stelle nicht weiter eingehen, wohl aber auf den Zusammenhang zwischen gesamtwirtschaftlicher Effizienz und Wettbewerbsgleichgewicht. Dazu beziehen wir uns wieder auf das obige Beispiel einer 2-Güter-2-Faktoren-Ökonomie mit zwei Konsumenten und zwei Produzenten.

Die beiden sogenannten **Fundamentalsätze der Wohlfahrtstheorie** charakterisieren kurz und auf den Punkt gebracht die Vorteilhaftigkeit marktwirtschaftlicher Wettbewerbsökonomien. Sie lauten:

Satz 1: Jedes Wettbewerbsgleichgewicht ist paretooptimal

und

Satz 2: Jedes Pareto-Optimum kann nach Umverteilung der Anfangsausstattung als Wettbewerbsgleichgewicht realisiert werden.

In unserer Robinson-Crusoe-Ökonomie betrachten wir Robinson und Freitag als Konsumenten und Produzenten von Äpfeln und Birnen.

Als Konsumenten maximieren sie ihre Nutzen. Sie reagieren daher mit Mengenanpassung auf die vorgegebenen Güterpreise. Nach dem zweiten Gossenschen Gesetz gleichen sie ihren Nutzenpreis (GRS) mit dem Marktpreis ab. Da letzterer für beide gleich ist, sind es damit auch die individuellen Nutzenpreise (GRS).

Als Produzenten dieser Güter maximieren sie ihren Gewinn. Bei gewinnmaximaler Produktion realisieren sie jedes Outputniveau kostenminimal, d.h. sie allokieren den Faktoreinsatz effizient. Damit liegt die Produktion auf der Transformationskurve. Als Mengenanpasser an gegebene Güterpreise wählen sie diejenige Outputkombination, bei welcher der Kostenpreis (GRT) dem Marktpreis entspricht.

Der Marktpreis für die Güter A und B ist für Konsumenten wie Produzenten gleich. Also stimmen auch die individuellen GRS mit der GRT überein. Mit anderen Worten: Bei einem gleichgewichtigen Preissystem ist ein Wettbewerbsgleichgewicht paretooptimal. Damit ist der erste Satz "bewiesen".

Zum Beweis des zweiten Satzes argumentieren wir graphisch. Ein Pareto-Optimum ist insbesondere durch einen Punkt auf der Kontraktkurve $\mathcal{K}$ charakterisiert. Dieser sei in der Abbildung 14.7 der Punkt G.

Abbildung 14.7: *Zweiter Fundamentalsatz der Wohlfahrtstheorie*

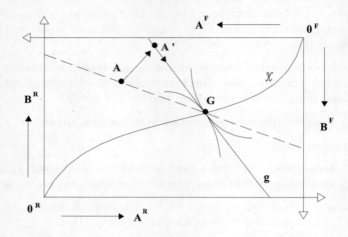

Ausgehend von A läßt sich das vorgegebene Gleichgewicht G nicht mit einem einheitlichen Austauschverhältnis erreichen. Dies gelänge nur für Anfangsausstattungen die auf der Linie g liegen, deren Steigung der GRS beider Konsumenten in G entspricht. In diesem Fall würde der Marktmechanismus mit einheitlichem Preis bzw. Preisverhältnis der Güter A und B (der Steigung der Geraden g) nutzenmaximierende Konsumenten auf die Kontraktkurve zu G führen.

Also bedarf es einer vorherigen Umverteilung der Anfangsausstattung auf die Preisgerade g. Nehmen wir an, es werde - z.B. durch den Staat - auf A' umverteilt. Dann kann im zweiten Schritt alles dem Markt und dem Wettbewerb überlassen werden, wenn die dann vorgegebenen Marktpreise der Güter den GRS im gewünschten Gleichgewicht G entsprechen. Damit ist auch der zweite Satz bewiesen.

Wenn also aufgrund gesellschaftlicher Nutzenbewertungen über eine soziale Wohlfahrtsfunktion eine Allokation als Optimum Optimorum wünschenswert erscheint, kann auch dieses **Distributionsziel** über den Markt und den Marktpreismechanismus bei vollkommener Konkurrenz realisiert werden. Voraussetzung dafür ist nur, daß der Staat z.B. über das gesamtwirtschaftliche Steuer- und Transfersystem die Anfangsausstattung aller Beteiligten entsprechend korrigiert. Also gibt der zweite Hauptsatz eine Rechtfertigung der Staatstätigkeit selbst bei funktionierenden Märkten.

> **Resümee:** *Die Allokationstheorie bildet die theoretische Basis zur Beurteilung wirtschaftspolitischer Eingriffe des Staates in marktwirtschaftlichen Wettbewerbsökonomien. Um in Fällen der Diagnose von Marktversagen geeignete Therapien von staatlichen Markteingriffen aufzeigen zu können, muß eine Vorstellung von funktionierenden Märkten und deren Effizienzeigenschaften vorhanden sein. Obwohl das allokative Grundmodell zunächst abstrakt und realitätsfern erscheinen mag, bildet es neben der makroökonomischen Theorie den zweiten Grundpfeiler jeglicher wirtschaftspolitischer Analyse.*

2. Wohlfahrtsverluste bei Monopolen

Auf kompetitiven Märkten gibt es eine Vielzahl von Anbietern und Nachfragern, die sich jeweils als Mengenanpasser verhalten. Anders im **Monopol**, hier gibt es eine Marktmacht auf einer der beiden Marktseiten. Für einen gewinnmaximierenden Angebotsmonopolisten haben wir im Kapitel 5 den **Cournotschen Punkt** als Ergebnis einer gewinnmaximalen Preis-Mengen-Strategie abgeleitet. Diese Strategie war dadurch gekennzeichnet, daß der Monopolist diejenige Menge eines Gutes anbietet, bei welcher Grenzerträge (GE) und Grenzkosten (GK) übereinstimmen. Damit wird aber die Bedingung (9.3) für eine paretooptimale Allokation verletzt. Denn diese verlangte, daß die Grenzkosten der Produktion (die GRT) und der Marktpreis (die GRS) übereinstimmen. Im Monopolfall liegt der vom Monopolisten geforderte Marktpreis aber über den Grenzkosten der Produktion. Die Differenz ist umso größer, je stärker die **Marktmacht** des Monopolisten ist. Wir haben gezeigt, daß die Marktmacht mit abnehmender Preiselastizität der Nachfrage zunimmt (vergleiche dazu (4) in Kapitel 5). Wenn aber nicht paretooptimal produziert wird, gibt es einen Verlust an gesamtwirtschaftlicher Wohlfahrt. Man mißt diesen, indem man den Gewinn und den Verlust der von den Konsumenten und Produzenten erzielten Renten im Vergleich zur kompetitiven "Grenzkosten = Preis-Regel" ermittelt und saldiert.

Die Ursache für die Renten im obigen Sinne ist das **Prinzip des einheitlichen Marktpreises**. Man spricht von **Konsumentenrente**, wenn man die Fläche unterhalb der Nachfragekurve und oberhalb der Marktpreislinie ermittelt. Diese Fläche ist ein nutzenmäßiges Äquivalent dafür, daß Konsumenten für alle nachgefragten Gütermengen den gleichen Preis zahlen nämlich den niedrigsten gemäß der Grenzzahlungsbereitschaft der Nachfragekurve.

Summiert man über alle Grenzvorteile auf, erhält man die Fläche zwischen der Nachfragekurve und der Abzisse im Nachfragediagramm. Zieht man davon die tatsächlich geleisteten Konsumausgaben - das "Preis-Mengen-Rechteck" - ab, verbleibt als Konsumentenrente die Fläche zwischen Nachfragekurve und horizontaler Preisgeraden.

In völliger Analogie dazu stellt die **Produzentenrente** die Differenz zwischen dem auf dem Markt erzielten Erlös und den tatsächlichen Kosten der Produktion dar. Dies ist die Fläche oberhalb der Angebotskurve und unterhalb der Marktpreislinie. Denn die Angebotskurve ist gleichzeitig die Grenzkostenkurve, so daß die Fläche unterhalb die gesamten (variablen) Kosten darstellt.

In Abbildung 14.8 verdeutlicht der Punkt *B* die kompetitive Marktlösung (*Preis = GK*) und *C* den Cournotschen Punkt (*GE = GK*). Im Wettbewerbsfall stellt die Fläche BDp_k die Konsumentenrente dar; die Produzentenrente ist gleich Null, da die GK-Kurve horizontal verläuft.

Abbildung 14.8: *Wohlfahrtsverlust im Monopol*

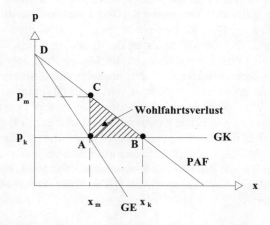

Im Monopolfall schrumpft die Konsumentenrente auf CDp_m, auf der anderen Seite entsteht aber eine Produzentenrente in Höhe von ACp_mp_k. Saldiert man Gewinn und Verlust, so bleibt ein Nettoverlust an Konsumentenrente in Höhe von *ABC*. Dies stellt den Wohlfahrtsverlust der monopolistischen Produktion dar.

Wie hoch in unserem Beispiel die tatsächlichen **Monopolprofite** sind, kann erst dann beantwortet werden, wenn neben den GK auch die totalen Durchschnittskosten (TDK) oder Stückkosten bekannt sind. Liegen diese beim Produktionsniveau x_m unterhalb des monopolistischen Preises p_m und oberhalb des Konkurrenzpreises p_k, so gibt es positive Monopolprofite.

Die Abbildung 14.9 verdeutlicht einen speziellen Verlauf der GK- und der TDK-Kurve, der in der Praxis gar nicht so selten ist. Man spricht vom **natürlichen Monopol**, wenn die GK-Kurve im gesamten relevanten Bereich fällt. Dies bedeutet, daß die TDK-Kurve überall oberhalb der GK-Kurve liegt. Eine Produktion mit einer derartigen Kostenstruktur führt geradezu zwangsläufig (natürlich) zu monopolistischem Angebot, da eine Produktionsausweitung Kostenvorteile bringt.

Abbildung 14.9: *Natürliches Monopol*

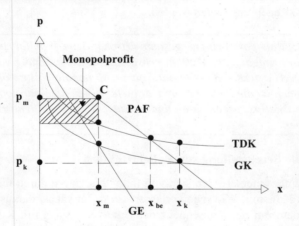

Auch hier gibt es einen Wohlfahrtsverlust, wenn bei monopolistischem Angebot nicht der paretooptimale Output $x_k(GK = p)$ sondern der profit-maximale $x_m(GK = GE)$ auf den Markt gelangt. Die paretooptimale Ausbringung ($p = GK$) liegt an der Stelle x_k. Wegen des fallenden Grenzkostenverlaufs können mit der "Preis=GK-Regel" nicht die Stückkosten gedeckt werden. Eine paretooptimale Produktion kann nur mit Verlusten angeboten werden. Dazu wird man durch staatliche Wettbewerbspolitik allein keine private Unternehmung bewegen können, es sei denn, der Staat zahlt Subventionen für die paretooptimale Produktion.

Auch wenn alternativ dazu öffentliche Unternehmungen an die Stelle der privaten treten, sind die Verluste aus paretooptimaler Produktion über den öffentlichen Haushalt zu finanzieren.

Dieser Fall des natürlichen Monopols ist das klassische Beispiel zur Rechtfertigung der Existenz öffentlicher Unternehmungen. Man kann sogar einen Schritt weiter gehen und sagen: **Erwirtschaften öffentliche Unternehmungen Gewinne, so sind sie nicht effizient oder sie sollten privatisiert werden.**

Die Bundesbahn und die Bundespost können als natürliche Monopole angesehen werden. Die Bundesbahn macht Verluste, was natürlich nicht automatisch auf effiziente Produktion schließen läßt. Umgekehrt aber gibt es beträchtliche Gewinne im Bereich der Bundespost. Das aber rechtfertigt den Schluß auf gesamtwirtschaftliche Wohlfahrtsverluste, da offensichtlich Postdienstleistungen nicht im paretooptimalen Umfang gemäß der "Preis=GK-Regel" angeboten werden.

> **Resümee:** *Monopole bringen gesamtwirtschaftliche Wohlfahrtsverluste. Daher ist es Aufgabe der Wettbewerbspolitik, die Entstehung von Monopolen zu verhindern. Im Falle natürlicher Monopole sollten öffentliche Unternehmen an die Stelle privater Anbieter treten, den paretooptimalen Output mit Verlust produzieren und Verluste über öffentliche Haushalte ausgleichen.*

3. Optimale Bereitstellung von Kollektivgütern

Kollektivgüter unterscheiden sich von Individualgütern durch die **Nichtrivalität im Konsum**. Wie schon erläutert wurde, erwächst daraus das Freerider Problem mit der Konsequenz der Unterversorgung mit Kollektivgütern.

Die Problematik der **Kollektivgüter**, auch als **öffentliche Güter** bezeichnet, muß man sorgfältig trennen von dem Problemkreis des **öffentlichen Angebots** von Gütern. Das **Marktversagen** bei Kollektivgütern erwächst primär aus ihrer Nutzung und nicht aus ihrer Erstellung.

So ist z.B. ein Leuchtturm ein Kollektivgut für alle potentiellen Nutzer, da die Grenzkosten der Nutzung des Gutes "Sicherheit" durch zusätzliche Schiffe solange gleich Null sind, wie eine störungsfreie Seefahrt möglich ist. Für die Grenzkosten der Produktion von Leuchttürmen gilt dies dagegen nicht.

Am Beispiel des Leuchtturms erkennen wir ein weiteres, für Kollektivgüter ebenso typisches Problem. Dies liegt darin, daß es schwierig ist, zahlungsunwillige Konsumenten von der Nutzung auszuschließen. Mit anderen Worten: Die Eigentumsrechte des Produzenten können nicht durchgesetzt werden, da die Nutzung kollektiver Güter keinen **Kaufakt** voraussetzt. Dieses letztere Problem der **Nichtausschließbarkeit** vom Konsum ist eine weitere Ursache für ein Free-rider Verhalten von Konsumenten und damit wieder für privatwirtschaftliche Unterversorgung mit solchen Gütern.

Woran aber orientiert sich eine paretooptimale Bereitstellung von Kollektivgütern? Die Effizienzbedingungen (9.1) bis (9.3) waren für Individualgüter und deren Allokation über funktionierende Märkte abgeleitet. Da die "Marktstörung" der Kollektivgüter nur durch die Nichtrivalität in ihrer Nutzung erwächst, bleibt also die Bedingung (9.2) der effizienten Faktorallokation davon unberührt. Entscheidend für das optimale Niveau des Kollektivgutangebots ist die Effizienzbedingung (9.3), die für Individualgüter fordert, daß Nutzen- und Kostenpreise übereinstimmen. Und genau das ist für den Fall der optimalen Allokation von Kollektivgütern nicht mehr notwendig.

Die den Konsumenten abverlangten Nutzenpreise müssen nicht mehr jeder für sich, sondern nur noch in der Summe (grenz-)kostendeckend sein. Denn da keine Rivalität im Konsum besteht, kann jede Einheit des Kollektivgutes von allen Konsumenten gleichzeitig genutzt werden.

Am Beispiel einer Robinson-Crusoe-Ökonomie mit einem Kollektivgut z und einem Individualgut x bedeutet dies, daß mit

(11) $$GRS^R_{z,x} + GRS^F_{z,x} = GRT_{z,x}$$

die Summe der Grenzraten der Substitution (Nutzenpreise) der Konsumenten Robinson und Freitag der Grenzrate der Transformation (Kostenpreis) entspricht.

Daß mit (11) die **paretooptimale Bereitstellung** von Kollektivgütern bestimmt ist, verdeutlicht die auf PAUL A. SAMUELSON zurückgehende Graphik - Abbildung 14.10.

Abbildung 14.10: *Optimale Allokation von Kollektivgütern*

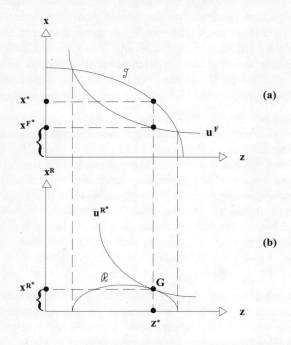

$\mathcal{J}$ ist die Transformationskurve für die alternativ mögliche Produktion eines Individualgutes x und eines Kollektivgutes z. Bei einer in (a) vorgegebenen Indifferenzkurve für Freitag bleibt für Robinson in (b) nur der mit $\mathcal{R}$ bezeichnete Restkonsumbereich. Robinson maximiert unter der Restriktion von $\mathcal{R}$ seinen Nutzen, in dem er den Punkt G wählt. In G ist für ein optimales Kollektivgüterniveau z^* die Paretobedingung (11) erfüllt, wie man sich leicht klarmachen kann. Denn der Restkonsumbereich $\mathcal{R}$ ergibt sich für jedes Niveau z aus der Differenz von $\mathcal{J}$ und der für Freitag in (a) vorgegebenen Indifferenzkurve. Somit ist die Steigung von $\mathcal{J}$ an der Stelle z^* gleich der Summe der Steigungen der beiden Indifferenzkurven für Freitag und Robinson.

Neben dem optimalen Niveau z^* ist auch das optimale Niveau des Individualgutes durch x^* und dessen optimale Aufteilung auf Robinson und Freitag bestimmt.

Wie im Fall der Individualgüter eröffnet die Bedingung (11) für die Paretoeffizienz ein ganzes Spektrum an paretooptimalen Allokationen von Individual- und Kollektivgütern. Damit ist also noch nicht die Frage nach dem tatsächlich zu realisierenden Kollektivangebot beantwortet. Diese Frage läßt sich wie im Individualgutfall erst dann eindeutig beantworten, wenn ein staatliches Distributionsziel vorgegeben wird oder eine Bewertung individueller Nutzen mit Hilfe einer sozialen Wohlfahrtsfunktion erfolgt.

Für die finanzpolitische Praxis läge eine (partialanalytische) Lösungsmöglichkeit darin, daß z.B. durch Befragungen individuelle Nachfragekurven für ein bestimmtes Kollektivgut ermittelt werden. So könnte z.b. der Staat die individuellen Zahlungsbereitschaften aller an der Bereitstellung zusätzlicher Leuchttürme interessierten Schiffsreeder ermitteln und durch Aggregation der individuellen Nachfragekurven - die nichts anderes als die Nutzenpreise der Zahlungsbereitschaft ausdrücken - eine Gesamtnachfragekurve ableiten.

Diese Aggregation erfolgt bei Kollektivgütern, wie Abbildung 14.11 für den Fall zweier Nachfrager verdeutlicht, durch **vertikale Addition**. Denn ein kollektives Gut wird nichtrival genutzt, und so ergibt für jede gegebene Menge z an Leuchttürmen die Summe der individuellen Zahlungsbereitschaften (Nutzenpreise) den aggregierten Nutzenpreis oder anders ausgedrückt, die aggregierte Nachfragekurve nach dem Kollektivgut z.

Abbildung 14.11: *Aggregation bei Kollektivgütern*

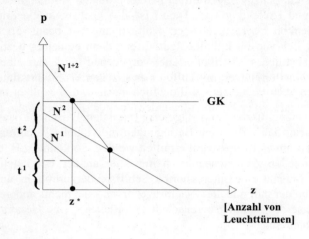

Sind die Grenzkosten zusätzlicher Leuchttürme (*GK*) konstant, so ergibt
sich aus dem Schnittpunkt der aggregierten Nachfragekurve mit der GK-
Kurve die optimale Anzahl z^* an Leuchttürmen. Sollen ferner die GK mit
dem Schlüssel der individuellen Zahlungsbereitschaft t_1 und t_2 auf beide
Nachfrager verteilt werden, so ist diese Lösung paretooptimal, da die
Summe der individuellen Nutzenpreise die GK deckt. Sie enthält aber
implizit ein zusätzliches **Distributionsziel** derart, daß jeder Nachfrager
sich an den (Grenz-) Kosten gemäß seinem eigenen Nutzenpreis beteiligt.
Dieses spezielle Pareto-Optimum wird **Lindahl-Gleichgewicht** genannt,
da diese partialanalytische Darstellung des optimalen Kollektivgüterange-
bots auf ERIK LINDAHL (1919) zurückgeht.

---

*Resümee: Eine paretooptimale Allokation von Kollektivgütern liegt dann
vor, wenn die Summe der Nutzenpreise den Grenzkosten der Produktion
des Kollektivgutes entspricht. Ein **Lindahl-Gleichgewicht** stellt eine
paretooptimale Allokation dar, bei welcher alle Kollektivgutnutzer einen
Kostenanteil gemäß ihrer GRS tragen. In der finanzpolitischen Praxis
liegt das Problem in der Ermittlung der "wahren" Präferenzen der
potentiellen Nachfrager. Für jeden Befragten ist es rational, seine wahre
Präferenz nach Kollektivgütern zu verschleiern, um als **Free-rider** nicht
zur Kasse gebeten zu werden.*

---

4. Optimale Allokation bei externen Effekten

Unter **Externen Effekten** versteht man die Auswirkungen ökonomischer Aktivitäten einzelner auf die Konsum- und Produktionsmöglichkeiten anderer, ohne daß diese Auswirkungen über freiwillige Markttauschakte und Marktpreise entgolten werden.

Diese etwas komplizierte Definition eines in der ökonomischen Realität weit verbreiteten Phänomens soll deutlich machen, daß es nicht um in der Volkswirtschaft typische Interdependenzen geht, sondern nur um jene Wirkungen, die nicht über Marktpreise **internalisiert** werden.

In Kapitel 12 haben wir schon den Problembereich der externen Effekte angesprochen. Denn sie führen zu Marktversagen, da individuelle Rationalität mit der gesamtwirtschaftlichen Rationalität kollidiert.

Diese **Rationalitätsfalle** soll am Beispiel des **Allmendeproblems** verdeutlicht werden. Diese Allmende sei der Fischteich einer Gemeinde, in welcher mit Reusen Fische gefangen werden. Eine Allmende ist Gemeineigentum. Jedes Gemeindemitglied kann ohne Lizenz und ohne Gebühr seine individuelle Fangstrategie optimieren. Kosten entstehen nur bei Erwerb von Reusen. Der Preis einer Reuse sei fix und unabhängig von der Anzahl der erworbenen Reusen. Welche Strategie ist individuell rational? Betrachten wir dazu die Überlegung eines "Grenzfischers", der sich überlegt, dem Beispiel seines Nachbarn zu folgen, eine Reuse zu erwerben und ebenfalls zu fischen. Er wird dies genau dann tun, wenn der (erwartete) Ertrag pro Reuse die Kosten einer Reuse übersteigt. Und diese Entscheidung werden alle weiteren Grenzfischer analog treffen, bis der Erwerb einer Reuse sich nicht mehr lohnt, weil der Ertrag zu niedrig ist. Es kommt also kein weiterer Fischer mehr hinzu, wenn der durchschnittliche Reusenertrag höchstens die Kosten einer Reuse deckt.

Diese Situation ist paretoineffizient, der Fischteich wird "überfischt". Denn die **individuelle Rationalität** eines neu hinzukommenden Fischers läßt die Ertragseinbußen anderer Fischer unberücksichtigt, die sein "Markteintritt" bewirkt. Für diesen **negativen externen Effekt** auf die Erträge anderer braucht keine Entschädigung gezahlt zu werden, denn der Teich ist ja Gemeineigentum.

Die **gesellschaftliche Rationalität** im Sinne des gemeinsamen Interesses der ganzen Gemeinde würde zusätzlichen Fischern dagegen nur solange den Zutritt erlauben, wie der auf den Gesamtertrag bezogene Grenzertrag eines zusätzlichen Fischers die Grenzkosten, d.h. den Preis einer Reuse übersteigt.

Es ist einsichtig, daß in diesem Fall weniger gefischt würde, denn der Durchschnittsertrag einer Reuse liegt über dem - auf den gesamten Fang bezogenen - Grenzertrag. Diesen Fall verdeutlicht die Abbildung 14.12. Die paretooptimale Menge *M* ist kleiner als die im Marktgleichgewicht *GG* bei individueller Optimierung.

Wie ließen sich im Allmendebeispiel die externen Effekte internalisieren? Indem der Gemeindeteich in Privateigentum überführt wird. Ein privater Nutzer würde eine Überausbeutung vermeiden, er setzt gerade so viele Reusen ein, bis der Grenzertrag und der Reusenpreis übereinstimmen.

Ein privater Eigner würde sich also genauso verhalten wie es die soziale Rationalität im Allmendebeispiel fordert. Damit stimmen individuelle und soziale Rationalität überein. Die Rationalitätsfalle ist beseitigt durch wohldefinierte Eigentumsrechte an ökonomischen Ressourcen.

Abbildung 14.12: *Allmendeproblem*

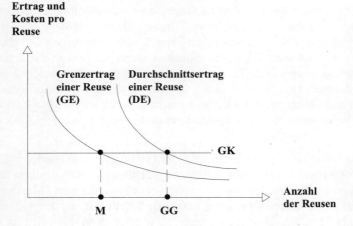

Die Analogie zur Umwelt ist offenkundig. Auch für Umwelt gibt es keine Eigentumsrechte. Solange Umwelt ein freies Gut war, bereitete dies keine Probleme. Durch zunehmende "Umweltnutzung" wurde daraus aber ein knappes Gut. Das ist die Situation, vor der wir heute stehen. Eine paretooptimale Nutzung muß wie im Allmendebeispiel den **individuellen**

Grenzertrag eines privaten Nutzers den **sozialen Grenzkosten** der Gesellschaft gegenüberstellen. Dies funktioniert aufgrund der Rationalitätsfalle nicht von allein, denn individuell rational ist es nur, die privaten Grenzkosten zu berücksichtigen. Diese Überausbeutung der Umwelt kann eine staatliche Wirtschaftspolitik verhindern, die mit Steuern, Subventionen, Auflagen oder Zertifikaten dafür zu sorgen hat, daß individuelle Rationalität zu paretooptimalen Lösungen führt.

Wie wäre das denkbar im Beispiel der Überfischung des Gemeindeteiches? Die Lösung ist höchst einfach. Die Reusen werden besteuert, oder der Ertrag wird besteuert. In Abbildung 14.13 wird der Fall der Reusenbesteuerung gewählt. Setzt die Gemeinde eine Steuer pro Reuse in Höhe von *t* fest - darunter kann auch eine Lizenz verstanden werden -, so verschiebt sich die individuelle GK-Kurve um *t* nach oben.

Abbildung 14.13: *Internalisierung eines externen Effektes*

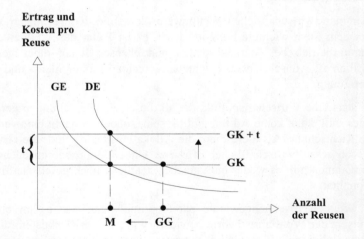

Wird t so gewählt, daß die Grenzkostenkurve nach Steuer (*GK* + *t*) die Durchschnittsertragskurve (*DE*) an der Stelle *M* schneidet, führt die individuelle Optimierung im Allmendefall zum Pareto-Optimum.

Es sind aber auch andere Lösungen denkbar. So hat der Nobelpreisträger des Jahres 1991 RONALD COASE das als **Coase-Theorem** bekannte Ergebnis begründet, daß unabhängig von staatlichen Aktivitäten paretoeffiziente Lösungen auch durch private Verhandlungen erreicht werden können. Sind die Transaktionskosten der Verhandlung niedrig und die Verfügungsrechte wohldefiniert und staatlicherseits gesichert, so kann auch ohne direkte Staatsaktivität ein externer Effekt internalisiert werden.

> **Resümee:** *Externe Effekte sind Ursachen dafür, daß marktmäßige Allokationen nicht paretooptimal sind. Die Erklärung dafür liegt in der Rationalitätsfalle: individuelle und gesellschaftliche Rationalität kollidieren. Eine Internalisierung negativer externer Effekte kann erreicht werden, indem die privaten Grenzkosten den sozialen Grenzkosten angeglichen werden. Dies kann durch staatliches Eingreifen aber auch durch private Verhandlungen zwischen den Betroffenen geschehen. Es gibt eine Vielzahl staatlicher Instrumente zur paretooptimalen Internalisierung. In der Regel empfiehlt es sich, diese auf den Verursacher des externen Effektes anzuwenden (**Verursacherprinzip**).*

5. Schlußbemerkung

In der marktwirtschaftlichen Wettbewerbsökonomie der westlichen Welt fallen dem Staat wichtige Funktionen zu. Er ist Hüter des Wettbewerbs, Reparaturbetrieb bei Marktstörungen und ebenso Garant einer gesellschaftlich als wünschenswert erachteten gerechten Einkommens- und Güterverteilung.

Eine staatliche Wirtschaftspolitik, die all diesen Zielvorstellungen gerecht werden will, kann keine Ad-hoc-Politik sein, sondern braucht eine verläßliche Richtschnur. Als diese dient die Allokationstheorie und ihre Grundidee von gesamtwirtschaftlicher Effizienz. Ohne diesen theoretischen Referenzrahmen gibt es weder individuelle, staatliche noch gesellschaftliche Rationalität.

Daß Wettbewerbsgleichgewichte paretooptimal sind, wie es im ersten Hauptsatz der Wohlfahrtstheorie bewiesen wird, ist der Grundstein dafür, daß die individuelle Rationalität nutzenmaximierender Konsumenten und gewinnmaximierender Produzenten auch gesamtwirtschaftlich rational ist. Daß der Staat notfalls in Fällen von Marktversagen die für einen funktionierenden Marktmechanismus notwendigen Rahmenbedingungen sicherstellen muß, ist dann eine logische Konsequenz.

Selbst dann, wenn die Gesellschaft andere als die über den Markt realisierten Distributionsziele verfolgt, und das ist der Inhalt des zweiten Hauptsatzes der Wohlfahrtstheorie, können diese Ziele wiederum über den Marktmechanismus und das heißt ohne Zwang und staatliche Bevormundung realisiert werden, falls der Staat die anfängliche Einkommens- und Güterverteilung zu diesem Zwecke geeignet korrigiert.

In dieser symbiotischen Beziehung zwischen marktwirtschaftlicher Freiheit und staatlicher Regelfixierung wie auch in ihrer subsidiären Hierarchie liegen die Wurzeln für den evolutorischen Erfolg marktwirtschaftlicher Wettbewerbsökonomien. Denn sie sind gleichermaßen effizient wie sie der Natur des Menschen gerecht werden.

Fragen und Aufgaben zum 14. Kapitel

1.) Was versteht man unter "Allgemeinem Gleichgewicht

2.) Verdeutlichen Sie die Paretooptima in einer Tauschökonomie am Beispiel einer Zwei-Güter-Ökonomie.

3.) Was ist der Unterschied zwischen Kontraktkurve und Effizienzkurve?

4.) Begründen Sie, warum im Fall unterschiedlicher Grenzraten der Substitution ein paretosuperiorer Tausch möglich ist.

5.) Wann ist in einer Produktionsökonomie mit zwei Faktoren die Faktorallokation effizient?

6.) Was ist der Unterschied zwischen Transformationskurve, Nutzenmöglichkeitskurve und Nutzengrenze?

7.) In welcher Beziehung stehen Distributionsziele zur allokativen Effizienz?

8.) Man erläutere das Konzept einer sozialen Wohlfahrtsfunktion.

9.) Was ist der Inhalt der beiden Hauptsätze der Wohlfahrtstheorie?

10.) Man erläutere die Konzepte der Konsumenten und Produzentenrente.

11.) Worin bestehen die Wohlfahrtsverluste im Falle monopolistischer Produktion?

12.) Was versteht man unter "natürlichem Monopol" und wie läßt sich in diesem Fall öffentliche Produktion rechtfertigen?

13.) Sollen öffentliche Betriebe Gewinne erwirtschaften oder dürfen sie es nicht?

14.) Was sind die Charakteristika von Kollektivgütern?

15.) Wann versagt der Markt in der paretooptimalen Bereitstellung von Kollektivgütern?

16.) Verdeutlichen Sie anhand des Samuelson-Modells die Bedingungen für eine optimale Allokation von Kollektivgütern.

17.) Was versteht man unter Lindahl-Gleichgewicht bei der Allokation von Kollektivgütern.

18.) Müssen Kollektivgüter öffentlich produziert werden?

19.) Welche Gründe könnte es geben, um auch Individualgüter durch den Staat anzubieten?

20.) Was genau sind externe Effekte, und wo liegen die Gründe dafür, daß externe Effekte in der Regel zu suboptimalen Allokationen führen?

21.) Verdeutlichen Sie das Allmendeproblem.

22.) Wie lassen sich externe Effekte internalisieren? Geben Sie Beispiele dazu an.

23.) Welche Bedeutung hat das Verursacherprinzip in diesem Zusammenhang?

24.) Was versteht man unter dem Coase-Theorem?

Literatur zum 14. Kapitel

Endres, Alfred. Umwelt- und Ressourcenökonomie. Darmstadt 1985.

Lindahl, Erik. Die Gerechtigkeit der Besteuerung. Lund 1919.

Musgrave, Richard A.; Musgrave, Peggy B.; Kullmer, Lore. Die öffentlichen Finanzen in Theorie und Praxis. Band 1. Tübingen 1990.

Rawls, John. A Theory of Justice. Cambridge, Mass. 1971.

Samuelson, Paul A. The Pure Theory of Public Expenditure. In: Review of Economics and Statistics. Band 36. S. 387-389. 1954.

Sohmen, Egon. Allokationstheorie und Wirtschaftspolitik. Tübingen 1976.

Stiglitz, Joseph E.; Schönfelder, Bruno. Finanzwissenschaft. München 1989.

Weimann, Joachim. Umweltökonomik. Eine theoretische Einführung. Berlin u.a.O. 1990.

Teil V Außenwirtschaftsbeziehungen

Kapitel 15 Grundlagen der Außenwirtschaft

1. Außenhandel und internationale Arbeitsteilung

Seit dem letzten Weltkrieg kann man eine fast kontinuierlich steigende Entwicklung des Welthandelsniveaus beobachten. Die Nationen der Welt sind durch Handelsbeziehungen sehr intensiv miteinander verflochten. Die Vorteile der Aufnahme von Außenhandelsbeziehungen führen in vielen Ländern zu Wohlstand und Wachstum. Man kann beobachten, daß sich einzelne Länder auf die Produktion bestimmter Güter spezialisieren und andere Güter lieber importiert werden. So kommen in Deutschland die meisten Kameras aus Japan, während andererseits Automobile mit großem Erfolg in alle Welt exportiert werden. Das Ergebnis ist eine arbeitsteilige Weltwirtschaft.

Warum kommt zwischen zwei Ländern Außenhandel zustande? Die Gründe dafür sind vielfältig. Der einfachste Grund ist, daß bestimmte Güter in einem Land **nicht verfügbar** sind, aber als Vorleistungs- oder Konsumgüter benötigt werden. So muß Deutschland zahlreiche Rohstoffe importieren, da sie nicht oder in zu geringer Menge im Lande existieren. Der nächste Grund für Handel sind **internationale Preisunterschiede**. Wenn ein Gut in einem Land zu absolut geringeren Kosten produziert werden kann, das andere Land ein anderes Gut günstiger produzieren kann und beide Güter in beiden Ländern gebraucht werden, dann werden die Länder Handelsbeziehungen aufnehmen. Dies soll an dem Zahlenbeispiel der Abbildung 15.1 (Fall 1) verdeutlicht werden. Man spricht hier von **absoluten Kostenvorteilen**. Land A wird Gut x exportieren, Land B das Gut y.

DAVID RICARDO erkannte nun, daß es auch sinnvoll sein kann, Handel zu treiben, wenn für ein Land keine absoluten Kostenvorteile existieren.

Land A produziert im Fall 2 beide Güter zu den niedrigsten Kosten. Land A hat sogar bei der Erzeugung des Gutes x einen besonders großen Kostenvorsprung, der Unterschied zwischen 3 und 9 Einheiten Arbeit ist verhältnismäßig größer als der Unterschied zwischen 30 und 40 Einheiten Arbeit. Dieser positive relative Kostenunterschied hat zur Folge, daß auch in diesem Fall Land A sich auf die Produktion von Gut x verlegen wird und Land B auf die Produktion des Gutes y. Man spricht hier von **komparativen Ko-**

stenvorteilen des Landes *A* bezüglich der Produktion von *x* und des Landes *B* bezüglich *y*.

RICARDO erkannte, daß Außenhandel vorteilhaft ist, wenn jedes Land sich auf die Produktion derjenigen Güter spezialisiert, für die es einen komparativen Vorteil besitzt und andere Güter importiert. Diese Erkenntnis ist als **Ricardo-Theorem** in der Literatur bekannt.

Abbildung 15.1: *Komparative und absolute Kostenvorteile*

Fall 1:	Land A	Land B
Gut x	3 Einheiten Arbeit	6 Einheiten Arbeit
Gut y	30 Einheiten Arbeit	10 Einheiten Arbeit

Fall 2:	Land A	Land B
Gut x	3 Einheiten Arbeit	9 Einheiten Arbeit
Gut y	30 Einheiten Arbeit	40 Einheiten Arbeit

In einer zweiten wichtigen Ausrichtung der Außenhandelstheorie werden internationale Preisunterschiede bei Autarkie durch nationale Unterschiede in der Ausstattung mit Primärfaktoren erklärt. Nach dem **Heckscher-Ohlin-Theorem** werden solche Güter exportiert, deren Produktion besonders intensiv mit denjenigen Faktoren betrieben wird, mit denen ein Land relativ reichlich ausgestattet ist.

Ein weiterer Grund für Außenhandel liegt in den Präferenzen der Konsumenten. In Deutschland wird zwar Wein angebaut, dennoch gibt es starke Präferenzen für ausländische Weine. Daher wird z.B. französischer, italienischer und spanischer Rotwein importiert, wohingegen bekannte deutsche Rebsorten wie Riesling oder Silvaner ins Ausland exportiert werden.

Die moderne Theorie des Außenhandels legt großen Wert auf dynamische Faktoren wie **Skalenerträge** und **Technischen Fortschritt**. Besonders die

Entwicklung neuer Produkte im Rahmen technischer Neuerungen, für die der nationale Mark zu eng ist, kann ein Grund für Export sein. Die Eroberung der Weltmärkte für bestimmte Produkte durch Japan kann teilweise aus dieser Dynamik erklärt werden.

> *Resümee: Aus demselben Grund, aus dem die binnenwirtschaftliche Arbeitsteilung den Handel zur Folge hat, erwächst aus der internationalen Arbeitsteilung der zwischenstaatliche Handel. Nicht allein aufgrund absoluter Kostenunterschiede, sondern auch aufgrund komparativer Kostenunterschiede, unterschiedliche Faktorausstattung und unterschiedlicher Präferenzen wird gehandelt.*

2. Außenhandelsbilanzen

Die Wirtschaftsbeziehungen, die ein Land im Laufe eines Jahres mit dem Ausland unterhält, kommen auf systematische Weise in der **Zahlungsbilanz** zum Ausdruck. Die Zahlungsbilanz ist in fünf Teilbilanzen unterteilt.

Im folgenden geben wir eine schematische Darstellung der wichtigsten Posten der Zahlungsbilanz. Zahlungen des Auslandes an das Inland sind auf der linken Seite vermerkt, Zahlungen durch das Inland an das Ausland auf der rechten Seite.

Die **Handelsbilanz** verzeichnet die Ein- und Ausfuhr von Gütern. In der BR Deutschland übertrifft die Ausfuhr praktisch zu jeder Zeit die Einfuhr, wie in Abbildung 15.2 zu sehen ist.

In der **Dienstleistungsbilanz** kommen Tourismus, Verkehrsleistungen (Luftfahrt, Schiffart) und Kapitalerträge zum Ausdruck. Der Urlaub eines deutschen Touristen in Spanien ist danach ein spanischer Dienstleistungsexport, der Transport einer dänischen Fracht auf einem deutschen Schiff ist ein deutscher Dienstleistungsexport. Die große Reiselust der Bundesbürger führt in der Regel dazu, daß der Saldo der Dienstleistungsbilanz negativ ist.

Die **Übertragungsbilanz** stellt Einnahmen und Ausgaben für Übertragungen gegenüber. Der wichtigste Posten ist für die BR Deutschland die Zahlung an die EG. In der Übertragungsbilanz werden aber auch Renten und Unterstützungszahlungen und Zahlungen für Entwicklungsländer aufgelistet. Handels-, Dienstleistungs- und Übertragungsbilanz ergeben durch die Zusammenfassung der Positionen die **Leistungsbilanz**.

Abbildung 15.2: *Internationale Handelsbilanzsalden*

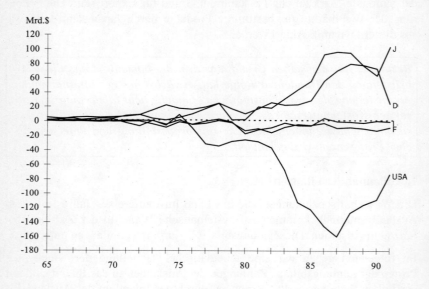

Quelle: SVR (1992), Jahresgutachten 1992/93.

In der **Kapitalverkehrsbilanz** werden die Änderung von Forderungen und Verbindlichkeiten gegenüber dem Ausland zusammengefaßt. Internationale Kapitalbewegungen sind **Portfolioinvestitionen** (Wertpapieranlagen) und **Direktinvestitionen** (Beteiligungen an Unternehmungen) und Kreditbeziehungen aller Art zwischen In- und Ausland. Ihre Ursachen können Zinsdifferenzen im In- und Ausland oder auch spekulative Wechselkurserwartungen sein. Diese Erwartungen beziehen sich auf den **Wechselkurs** als Preis der ausländischen Währung in inländischer Währung (Preisnotierung). Umgekehrt kann der Wechselkurs auch als Preis der inländischen Währung in ausländischer Währung ausgedrückt werden (Mengennotierung) Der Saldo aus der Kapitalverkehrsbilanz und der Leistungsbilanz ergibt einen Überschuß oder ein Defizit aus den Wirtschaftsbeziehungen mit dem Ausland.

Abbildung 15.3: *Schema einer Zahlungsbilanz*

1. Handelsbilanz

Warenexport

Warenimport

Saldo

+ 2. Dienstleistungsbilanz

Einnahmen aus
Dienstleistungsverkäufen

Saldo

Ausgaben für
Dienstleistungen
des Auslands

+ 3. Übertragungsbilanz

Einnahmen aus Renten,
Unterstützungen usw.

Ausgaben für Renten,
Unterstützungen, usw.

Saldo

= Leistungsbilanz

+ 4. Kapitalverkehrsbilanz

Zunahme der Forderungen
des Auslands gegenüber dem Inland
(Kapitalimport)

Zunahme der Forderungen
des Inlandes gegenüber dem Ausland (Kapitalexport)

Saldo

= Überschuß oder Defizit

+ 5. Gold- und Devisenbilanz
(Änderung der Nettoauslandsaktiva der DBuBank)

Abfluß von Devisen
Verminderung des Guthabens
beim IWF

Zufluß von Devisen
Erhöhung des Guthabens
beim IWF

Saldo

= Gesamte Zahlungsbilanz

Ein Überschuß führt zu einer Zunahme an Devisen, ein Defizit zu einer Abnahme des Devisenbestandes. Nimmt man die **Gold- und Devisenbilanz** hinzu, so liegt die gesamte Zahlungsbilanz vor. Hieraus ergibt sich, daß die Zahlungsbilanz ex definitione formal immer ausgeglichen ist, da jeder Transaktion eine entgegengesetzte Transaktion entspricht. Materiell braucht hingegen kein Gleichgewicht zu existieren, weil der Leistungstransfer und der Kapitalverkehr einen Überschuß oder ein Defizit aufweisen können.

Auf einfache Weise wird man feststellen können, daß die Zahlungsbilanz materiell im Gleichgewicht ist, wenn sich per Saldo keine Veränderungen der Devisenposition ergeben, d.h. keine Änderung des Gold- und Devisenvorrates und der Position beim Internationalen Währungsfond. Ein derartiges Ergebnis kann stets erreicht werden, wenn der Saldo der Leistungsbilanz durch einen ebenso großen Saldo der Kapitalverkehrsbilanz kompensiert wird. Ein Defizit in der Kapitalverkehrsbilanz, d.h. **Nettokapitalexport**, beispielsweise muß durch einen gleich großen Überschuß in der Leistungsbilanz gedeckt werden.

Wenn sich aus den Salden von Leistungsbilanz und Kapitalverkehrsbilanz ein Überschuß oder Defizit ergibt, das Anlaß zu fortwährendem Zu- oder Abfluß von Devisen ist, dann sprechen wir von einem **Zahlungsbilanzungleichgewicht**.

Resümee: Die Zahlungsbilanz gibt eine systematische Übersicht über die Transaktionen wirtschaftlicher Art, die ein Land im Laufe eines Jahres mit dem Ausland abwickelt. Die Zahlungsbilanz wird in fünf Teilbilanzen unterteilt, die zusammen im buchhalterischen Sinne immer im Gleichgewicht sind. Da aber das materielle Gleichgewicht von Interesse ist, müssen wir dieses aus dem Stand der Leistungsbilanz und der Kapitalverkehrsbilanz ablesen.

---

3. Ursachen von Zahlungsbilanzungleichgewichten

Bei der Betrachtung des Schemas zur Zahlungsbilanz wird deutlich, daß es zwei Bereiche gibt, in denen die Ursache für Zahlungsbilanzschwierigkeiten liegen können: Die Leistungsbilanz und die Kapitalverkehrsbilanz. Wenn sich c.p. eine dieser beiden Bilanzen verändert, entstehen bei vorherigem Zahlungsbilanzgleichgewicht Defizite oder Überschüsse (bei festem Wechselkurs). Auf die vom Wechselkurssystem abhängigen Ausgleichsmechanismen soll hier nicht eingegangen werden.

Die Leistungsbilanz kann sich durch unterschiedliche Preisentwicklungen verändern. Wenn das inländische Preisniveau stärker steigt als das ausländische, werden bei konstantem Wechselkurs ausländische Güter relativ billiger, was die Importnachfrage des Inlandes erhöht und die Exportmöglichkeiten verschlechtert. Dadurch würde sich der Saldo der Leistungsbilanz verschlechtern.

Nicht an der Produktivitätssteigerung der Arbeit orientierte Lohnerhöhungen können einen ähnlichen Effekt auslösen. Höhere Einkommen erhöhen auch die Nachfrage nach Importgütern, da ein Teil des zusätzlichen Einkommens für Importgüter ausgegeben wird. Da jedoch die inländische Wirtschaft nicht ebenso viele Güter zusätzlich produziert, wie zusätzlich nachgefragt werden, stehen weniger Güter für zusätzlichen Export zur Verfügung. Somit würden die Exporte schwächer steigen als die Importe, was zu einer unausgeglichenen Leistungsbilanz führt.

Fortschreitender technischer Wandel kann ebenfalls zu strukturellen Ungleichgewichten der Leistungsbilanz führen. Durch Verschiebung der inländischen Produktion in neue Gebiete ändert sich auch das Güterbündel, das ein Land auf dem Exportmarkt anbieten kann. Solch ein Wandel kann zu temporären Ungleichgewichten der Leistungsbilanz führen.

In der Kapitalverkehrsbilanz geht es um Finanzströme. Hier werden Direktinvestionen, Finanz- und Handelskredite erfaßt. Als Direktinvestitionen werden Kapitalbewegungen verstanden, die langfristig im Ausland verbleiben sollen. So ist es für zahlreiche ausländische Unternehmen interessant, nach der Vereinigung Deutschlands in diesen neuen großen Markt verstärkt zu investieren. Diese verstärkten Kapitalimporte aus dem Ausland verändern dann die Kapitalverkehrsbilanz. Unterschiedliche internationale Zinsniveaus können zu einer verstärkten Kreditvergabe an Hochzinsländer führen. Wenn zum Beispiel die USA zur Finanzierung von Haushaltsdefiziten und zur Finanzierung von Investitionen ausländisches Kapital benötigen, da die inländische Sparquote sehr niedrig ist, so müssen sie hohe Zinsen anbieten, die das ausländische Kapital ins Land locken. Dies führt in anderen Staaten wie Deutschland zu verstärkten Kapitalexporten. Im System flexibler Wechselkurse legen viele Anleger ihr Geld in einer ausländischen Währung an, wenn Aufwertungen dieser Währung erwartet werden. Die Anleger wollen Wechselkursgewinne erzielen. Dies führt dann ebenfalls zu verstärkten Kapitalexporten und verändert die Kapitalverkehrsbilanz.

Ein weiteres Problem, das dem statistischen Zugriff teilweise entgeht, ist besonders im Zusammenhang mit Entwicklungsländern zu nennen. Befürchtungen von rapiden Preisanstiegen, Angst vor drastischen Steuererhöhungen zur Haushaltsfinanzierung oder politische Umstürze führen dazu, daß die Kapitalanleger ihr Vermögen in ausländische Währungen transferieren. Dieses Phänomen ist als **Kapitalflucht** bekannt. Durch die Kapitalflucht werden häufig destabilisierende Effekte in einer Ökonomie erst ausgelöst oder verstärkt, denn ein starker Kapitalabfluß über verdeckte Kanäle erzwingt radikale, staatliche Maßnahmen, die dann zu Härten an anderen Stellen führen. Anders als bei anderen Kapitalbewegungen ist bei Kapitalflucht Angst um das Vermögen der Auslöser der Kapitalbewegungen. Dieses Argument kennt man auch als **Save-heaven-Argument**.

Wie bereits gesagt, ist die Zahlungsbilanz nicht bereits dadurch unausgeglichen, daß die Leistungsbilanz oder die Kapitalverkehrsbilanz im Ungleichgewicht ist. Ein Defizit in der Leistungsbilanz kann durch einen Überschuß der Kapitalverkehrsbilanz (Nettokapitalimporte) kompensiert werden. Dieses führt jedoch zu dem Aufbau einer Schuldnerposition gegenüber dem Ausland. Erst wenn dies nicht gegeben ist, und ein Ungleichgewicht zu einer dauernden Veränderung der Devisenbestände führt, dann spricht man von einer unausgeglichenen Zahlungsbilanz.

> *Resümee: Zahlungsbilanzungleichgewichte können c.p. durch Veränderungen der Leistungsbilanz oder der Kapitalverkehrsbilanz entstehen. Leistungsbilanzänderungen können durch zu starke Einkommensentwicklungen, unterschiedliche Preisentwicklungen oder durch Strukturwandel entstehen. Der Kapitalverkehrsbilanzsaldo kann sich durch verstärkte Direktinvestionen, internationale Zinsdifferenzen, Spekulation oder einsetzende Kapitalflucht verändern.*

4. Flexible und feste Wechselkurse

Nahezu jedes Land besitzt eine eigene Währung. Ausländische Zahlungsmittel werden im allgemeinen Devisen genannt. Das Wertverhältnis, das zwischen zwei Zahlungsmitteln besteht, nennt man den **Wechselkurs**. Dieser bringt zum Ausdruck, zu welchem Preis die eigene nationale Geldeinheit gegen eine andere Währung gehandelt werden kann. Wird der Preis einer ausländischen Währungseinheit in inländischer Währungseinheit zugrundegelegt spricht man von **Preisnotierung** des Devisenkurses,; ansonsten von einer **Mengennotierung**.

Bei einem System von **flexiblen Wechselkursen** überläßt man die Kursbildung bei Devisen dem freien Spiel der Kräfte, sprich: Nachfrage und Angebot . Die Nachfrage nach Dollars kann etwa in Verbindung mit dem Import amerikanischer Lizenzen stehen. Das Angebot an Dollars hängt wiederum teilweise zusammen mit dem Export deutscher Automobile in die Vereinigten Staaten. Ist nun zu einem bestimmten Zeitpunkt die Nachfrage größer als das Angebot, dann wird der Preis für den Dollar steigen, mit anderen Worten: Die eigene Währung wird relativ zum Dollar im Wert sinken. Man spricht in diesem Zusammenhang von einer Abwertung der DM. Eine Abwertung der DM bewirkt also einen Kursanstieg des US-Dollars. Durch diese Abwertung werden deutsche Produkte in den USA billiger und amerikanische in Deutschland teurer. Durch steigenden Absatz deutscher und nachlassenden Absatz amerikanischer Produkte würde sich auch auf dem Devisenmarkt ein neues Gleichgewicht mit verändertem Wechselkurs einstellen. Der Wechselkurs wird jedoch nicht nur durch den Gütermarkt bestimmt. Wenn in den USA ein höherer Zins geboten wird als in einem Land der EG, so ist es für europäische Anleger lohnend, ihr Geld nach Amerika zu transferieren. Dadurch steigt die Nachfrage nach Dollars, und der Dollar gerät unter Aufwertungsdruck. Weiterhin kann, wenn Aufwertungserwartung besteht, die Nachfrage nach Dollars steigen, da spekulative Aufwertungsgewinne möglich sind.

So frei, wie es zunächst den Anschein hat, sind die Wechselkurse zwischen den Ländern jedoch nicht. Meist haben die Zentralbanken eine Vorstellung von einem "vernünftigen" Wechselkurs. Um große durch Spekulation dominierte Kursschwankungen zu verhindern, wird die Politik des kontrollierten (schmutzigen) **Floatens** angewendet. Das bedeutet, daß die Zentralbanken bei großen Wechselkursänderungen mit Devisenkäufen oder -verkäufen in den Kapitalmarkt eingreifen. Eine Verpflichtung zum Eingriff besteht jedoch nicht.

In der Vergangenheit jedoch sind die Erfahrungen mit den faktisch flexiblen Wechselkursen ungünstig gewesen. Vor allem zwischen den beiden Weltkriegen hat der internationale Zahlungsverkehr nur wenige stabile Zeitabschnitte gekannt. Das Fluktuieren der Wechselkurse führte zu Währungsspekulationen und entmutigte den internationalen Handel, so daß das Welthandelsvolumen zurückging.

Die ungünstigen Erfahrungen mit faktisch flexiblen Wechselkursen haben nach dem Zweiten Weltkrieg dazu geführt, daß man zunächst zu **fixen Wechselkursen** übergegangen ist. Bei diesem System können nationale Währungen zu festen Kursen gehandelt werden.

Die Kursverhältnisse -man spricht auch von **Paritäten**- wurden im Jahre 1944 auf der Konferenz von Bretton Woods (USA) festgesetzt. Bei dieser Gelegenheit wurden auch der Internationale Währungsfonds (**IWF**) und die Bank für Internationalen Zahlungsausgleich (**BIZ**) mit Sitz in Basel gegründet. Die erste Institution wurde ins Leben gerufen, um die Währungen der angeschlossenen Länder nach dem Kriege auf eine dauerhafte Basis, nämlich Gold und Dollar zu gründen. Der IWF kann im Bedarfsfalle die von den Mitgliedern des Fonds eingebrachten Gelder den Ländern mit Zahlungsbilanzschwierigkeiten zur Verfügung stellen. Die zweite Einrichtung hat die Aufgabe, langfristige Kredite zu geben.

Der Ausdruck "fixe Wechselkurse" bedeutet nicht, daß der Wechselkurs nicht schwanken kann. Der Kurs einer Währung kann sich innerhalb einer gewissen Marge ober- oder unterhalb des abgesprochenen Kurses bewegen. Sobald diese Marge verlassen wird, muß interveniert werden, um den Kurs zu erhalten.

Um die in Bretton Woods vereinbarten Wechselkurse auch verteidigen zu können, mußten die beteiligten Länder (mit Ausnahme der USA) am Devisenmarkt intervenieren. Für Länder, die nur geringe oder keine Währungsreseven hatten, wurden 1967 auf der Jahrestagung des IWF **Ziehungsrechte** geschaffen. Mitgliedsländer des IWF bekamen mit diesen Ziehungsrechten das Recht, sich Devisen zu beschaffen. Diese allgemeinen Ziehungsrechte sind später mehrfach erweitert worden. 1969 wurden vom IWF die **Sonderziehungsrechte** (SZR) als künstliches Reservemedium geschaffen, da man die internationale Liquidität gefährdet sah. SZR werden im Wert durch einen Währungskorb mit den Währungen der wichtigsten Exportnationen bestimmt. SZR können für Zahlungen zwischen dem IWF und seinen Mitgliedsländern und für den Erwerb von konvertiblen Devisen verwendet werden. Damit sind SZR zu einem zusätzlichen internationalen Zahlungsmittel geworden. Wenn durch Interventionen der Wechselkurs nicht innerhalb einer bestimmten Schwankungsbreite verteidigt werden konnte und fundamentale Zahlungsbilanzschwierigkeiten vorlagen, konnte auch eine Wechselkursanpassung vorgenommen werden. Da durch Systeme fester Wechselkurse die Ökonomien starr miteinander verbunden sind, war das weltweite System fester Wechselkurse zum Scheitern verurteilt; der IWF und die BIZ blieben jedoch bis heute bestehen.

Einen neuen Anlauf zur Schaffung eines Systems fester Wechselkurse unternahmen einige Länder der Europäischen Gemeinschaft (EG) (Frankreich, Belgien, Bundesrepublik Deutschland, Dänemark, Irland, Italien, Luxemburg, die Niederlande, Spanien) mit der Schaffung des Europäischen

Währungssystems (**EWS**), das am 13. März 1979 in Kraft trat.. Die
beteiligten Länder (seit 1990 auch Großbritannien) schrieben die
Wechselkurse mit einer Bandbreite fest und verpflichteten sich zur Intervention auf dem Devisenmarkt, wenn die Bandbreitengrenze verletzt wird.
Ein solches System wird **Mischwechselkurssystem** genannt; es ist flexibel
gegenüber dem Ausland und fest innerhalb des Systems selbst. Als Re-
serve- und Transaktionsmedium wurde die European Currency Unit (**ECU**)
geschaffen, die wie das SZR auf der Basis eines Währungskorbes berechnet
wird, jedoch wird im **EWS** im Gegensatz zum Bretton-Woods-System
schon bei Abweichungen vom festen Kurs vorzeitig durch einen Indikator
festgelegt, wann ein Land, das Unregelmäßigkeiten verursacht, Maßnahmen
ergreifen sollte. Als Ultima ratio muß, wenn die anderen Maßnahmen
versagen, ein neuer Wechselkurs ausgehandelt werden. Verglichen mit dem
System von Bretton Woods liegen die Vorteile des EWS in der ausge-
prägten Politikkoordination und größeren Homogenität der beteiligten
Länder. Langfristig ist von den Mitgliedern der EG eine Europäische Wirt-
schafts- und Währungsunion (**EWWU**) geplant, in der es nur noch eine
Währung gibt und in der die Mitglieder die währungspolitische Verantwortung an eine gemeinsame Zentralbank abgeben. Die sieht der im Dezember
1991 in Maastricht von den EG-Staats- und Regierungschefs gebilligte und
am 7. Februar 1992 paraphierte Entwurf eines "Vertrages über die Europäische Union" (**Maastrichter Vertrag**) vor.

---

*Resümee: Grundsätzlich sind zwei Währungssysteme möglich: entweder
mit festen oder flexiblen Wechselkursen. In einem System fester Wechselkurse werden die Kurse mit einer Bandbreite fixiert und die Zentralbanken haben Interventionspflicht, wenn der Wechselkurs in Gefahr
gerät. In einem System flexibler Wechselkurse bildet sich der Wechselkurs auf einem Markt für Devisen, auf dem durch Devisenangebot und
Devisennachfrage der Kurs zustande kommt. Um zu starke Schwankungen
des Kurses zu verhindern, greifen die Zentralbanken öfter freiwillig in
den Markt ein.*

---

5. Leistungsbilanzreaktionen auf Wechselkursänderungen

Wenn ein Land Handelsbeziehungen zum Ausland unterhält, so ist die Höhe der Im- und Exporte auch durch den Wechselkurs bestimmt. Bei einem
gegebenen Wechselkurs wird somit eine Aufwertung der heimischen Währung zu einem größeren Angebot an Importgütern führen. Auf der anderen
Seite aber wird ein deutscher Automobilhersteller, der ein Auto vorher zum

Preis von DM 30.000 (also bei einem Wechselkurs von ω_0=2,00 (DM/US\$) zu 15.000 \$) anbieten konnte, nach DM-Aufwertung ($\omega_0 > \omega_1$) das gleiche Auto bei einem Wechselkurs von ω_1=1,50 nun zu 20.000 \$ anbieten.

Die Graphiken sollen das Entstehen von Im- und Exportmärkten verdeutlichen. Wenn der Handel auf Grund von Preisunterschieden zustande kommen soll, so ist es sinnvoll, Angebot und Nachfrage nur von solchen Gütern zu betrachten, die international gehandelt werden. Hier werden der nationale Markt und der internationale Markt getrennt. Zunächst soll in der Abbildung 15.4 und 15.5 das Entstehen des nationalen Exportangebots und der nationalen Importnachfrage auf dem internationalen Markt erklärt werden. Auf dem nationalen Markt für Exportgüter existiert zu einem Preis p_0 ein Gleichgewicht. Für alle Preise, die größer als p_0 sind, existiert ein Angebotsüberhang. Dieser Angebotsüberhang steht somit als Exportangebot zur Verfügung. Als Punkt, an dem das Exportangebot null ist, ist der Gleichgewichtspreis des nationalen Marktes gegeben. Für alle höheren Preise ist die Strecke des Angebotsüberhangs in den Quadranten des Exportgütermarktes zu übertragen (beispielhaft die Strecke *AB*). Ganz analog entsteht die Nachfrage nach Importen. Wenn ein Preis p_0 existiert, zu dem Angebot und Nachfrage ausgeglichen sind, so ist für alle niedrigeren Preisniveaus ein Nachfrageüberhang auf dem Importgütermarkt vorhanden. Dieser Nachfrageüberhang macht sich auf dem internationalen Markt als Importgüternachfrage bemerkbar. Ausdrücklich sei darauf hingewiesen, daß die Nachfrage und das Angebot auf dem nationalen Importgütermarkt sich von dem Angebot und der Nachfrage auf dem nationalen Exportgütermarkt unterscheiden, da hier unterschiedliche Güter vorliegen.

Wenden wir uns wieder dem Markt für Exportgüter zu. Die Erklärung der Exportgüternachfrage ist etwas komplizierter, da hier ein Drei-Quadranten-Schema verwendet werden muß. Im Quadranten *III* der Abbildung 15.6 sieht man den internationalen Markt für Exportgüter mit einem Gleichgewicht in p_0. Der Quadrant *II* zeigt die Umrechnung des nationalen Preises über den Wechselkurs zum internationalen Exportgütermarkt. Steigt der Wechselkurs, so nimmt die Steigung der Wechselkursgeraden zu.

Ist das Preisniveau kleiner als p_0, dann liegt auf dem internationalen Exportgütermarkt ein Nachfrageüberhang vor. Wie die Überschußnachfrage auf dem heimischen Markt als Nachfrage nach Exportgütern wirksam wird, hängt von der Höhe des Wechselkurses ab. Die durch die Strecke *AB* dargestellte Gütermenge wird bei dem Wechselkurs ω_0 zu einem niedrigeren inländischen Preis nachgefragt als bei dem höheren Wechselkurs ω_1. Eine Abwertung der inländischen Währung, d.h. eine Erhöhung des Wechselkurses, führt zu einer Drehung der Exportgüternachfrage nach außen. Analog kann das Importgüterangebot erklärt werden. Dabei bleibt zu beachten, daß $P_{ex}[DM] = \omega P_{ex}^{au}[\$]$ gilt.

Abbildung 15.4:

Exportangebot Ex^a

Abbildung 15.5:

Importnachfrage Im^n

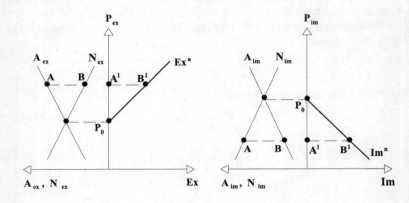

Abbildung 15.6: *Exportgüternachfrage Ex^n*

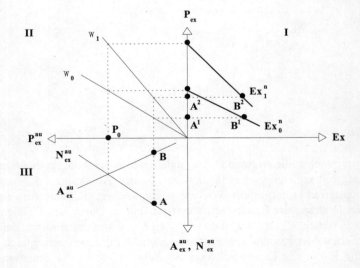

In Abbildung 15.7 ist zu sehen, daß ein Anstieg des internationalen Preisniveaus über p_0, den internationalen Gleichgewichtspreis, hinaus zu einem internationalen Angebotsüberschuß führt, der sich in einem durch den Wechselkurs beeinflußten Importgüterangebot auf dem inländischen Importgütermarkt äußert.

Wir wollen uns jetzt der Frage zuwenden, welche Wirkung eine Abwertung der heimischen Währung auf die Leistungsbilanz hat. Hierzu betrachten wir eine graphische Analyse der Märkte, für die bereits die Angebots- und Nachfragebedingungen analysiert wurden. Dabei bleibt zu beachten, daß P_{im} $[DM] = \omega P_{im}^{au}[\$]$ gilt.

Abbildung 15.7: *Importgüterangebot Im^a*

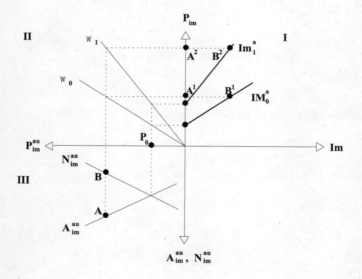

Wir vereinfachen die Argumentation, indem wir in der Anfangssituation ein Leistungsbilanzgleichgewicht annehmen. In der Abbildung 15.8 ist der Exportgütermarkt dargestellt. Wie wir wissen, äußert sich eine Abwertung in einer Drehung der Exportnachfrage nach außen. Durch den Flächenvergleich zwischen P_{ex_0}, A_0, Ex_0, 0 und P_{ex_1}, A_1, Ex_1, 0 kann man sehen, daß die exportierten Mengen und der Exportwert eindeutig zunehmen, gleich wie steil die Kurve der Exportnachfrage ist. Schwieriger ist die Situation auf dem Importmarkt. Die Abwertung führt hier zu einer Drehung und Verschiebung des Importangebots nach oben (siehe Abbildung 15.9). Mit Im_1 und Im_2 sind zwei verschiedene Importnachfragekurven eingetragen, bei denen man durch Vergleich der schraffierten Flächen sehen kann, daß trotz eindeutiger Reaktion der Importmenge, der Importwert steigen, fallen oder gleich bleiben kann. Somit ist nicht eindeutig bestimmbar, ob eine Abwertung der heimischen Währung zu einer Verbesserung oder Verschlechterung der Leistungsbilanz führt.

Abbildung 15.8: *Exportgütermarkt*

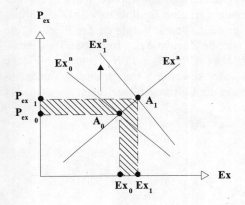

Abbildung 15.9: *Importgütermarkt*

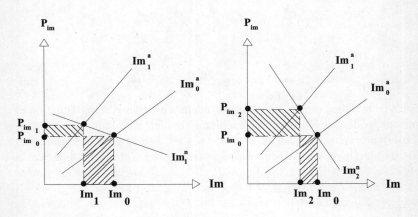

Beispielhaft sei die Situation eines Landes aufgezeigt, wie sie typisch für bestimmte Entwicklungsländer ist. Auf dem Importgütermarkt verläuft die Nachfragekurve sehr steil, da Entwicklungsländer Vorleistungsgüter und industrielle Endprodukte nicht selbst erstellen können und sie deshalb importieren müssen. Man kann von einem hohen Grad von Importabhängigkeit sprechen. Auf dem Exportgütermarkt ist die Situation häufig dadurch gekennzeichnet, daß auf dem Weltmarkt eine große Sättigung oder hohe Substitutionskonkurrenz existiert. (Kaffee, Reis, billige Uhren, Radios). Dadurch führen Preissenkungen eines Entwicklungslandes nur zu geringer zusätzlicher Nachfrage. Das Importangebot ist durch eine relativ flache Kurve gekennzeichnet, da die Veränderungen der Importe eines in der Regel kleinen Entwicklungslandes nur geringen Einfluß haben. Diese Situation ist in Abbildung 15.10 dargestellt. Durch Vergleich der Flächen, die die Zunahme des Exportwertes und die Zunahme des Importwertes darstellen (Saldo Importwert = Fläche $P_{im_0}, P_{im_1}, A_1, B$ minus Fläche Im_0, Im_1, B, A_0) sieht man, daß eine Abwertung mit großer Wahrscheinlichkeit nicht zu einer Verbesserung der Leistungsbilanz führt.

Abbildung 15.10: *Fall eines Entwicklungslandes*

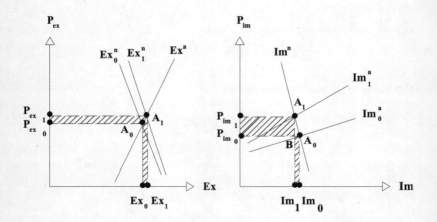

> **Resümee:** *Für ein Land kann man Export- und Importmärkte trennen, auf jedem dieser Märkte werden andere Güterbündel gehandelt. Wechselkursänderungen beeinflussen auf dem Importmarkt das Importangebot und auf dem Exportmarkt die Exportnachfrage. Eine Abwertung führt bei normaler Exportangebotsfunktion zu einer Vergrößerung des Exportwertes (eindeutig), beim Importgütermarkt ist die Reaktion nicht eindeutig. Entwicklungsländer können typischerweise nicht mit einer Verbesserung der Leistungsbilanz durch Abwertung rechnen.*

6. Internationaler Konjunkturzusammenhang

Länder, die Handelsbeziehungen mit anderen Ländern unterhalten, sind damit auch automatisch in die Weltkonjunktur eingebunden. Veränderungen der wirtschaftlichen Aktivität in einem Land führen auch zu Reaktionen in anderen Ländern. Solche Konjunkturzusammenhänge sind umso mehr von Bedeutung, je stärker ein Land in das Weltwirtschaftssystem integriert ist. Für die europäischen Nationen, bei denen der Außenhandel einen großen Teil der wirtschaftlichen Aktivität ausmacht, gilt dieser Zusammenhang besonders stark. Die Übertragungsmöglichkeiten sind auch vom jeweiligen Wechselkurssystem abhängig.

Bei festen Wechselkursen sind Preiszusammenhänge, Wirkungen unterschiedlicher Zinssätze und Einkommensveränderungen besonders wirksam. Durch die Interventionspflicht der Zentralbanken können Wirkungen auf die Geldmenge erfolgen.

Bei flexiblen Wechselkursen entfallen die Wirkungen aus Geldmengenveränderung, da die Zentralbank am Devisenmarkt nicht eingreifen muß. Im System flexibler Wechselkurse gehen über Wechselkursänderungen Impulse auf ausländische Ökonomien aus. Grundsätzlich kommt es unabhängig vom Wechselkursregime zu Konjunkturübertragungen. Die meisten Wissenschaftler denken jedoch, daß feste Wechselkurse zu stärkeren Abhängigkeiten führen. Beispielhaft seien nur einige internationale Zusammenhänge aufgezeigt, die das Problem verdeutlichen sollen.

Was geschieht, wenn in einem Land eine autonome Erhöhung der inländischen Investitionen erfolgt. Wenn man jetzt den Kapitalverkehr und das Wechselkursregime außer acht läßt, so ergibt sich folgender Zusammenhang: Die Erhöhung der inländischen Investitionen löst einen positiven Einkommenseffekt aus. Die Wirtschaftssubjekte werden einen Teil des zusätzlichen Einkommens für Importgüter ausgeben. Für das Ausland ergeben sich hieraus zusätzliche Exportmöglichkeiten, die ihrerseits auch positive

Einkommenseffekte und damit steigende Importnachfrage induzieren. Dies wirkt dann wiederum auf das Inland. Im Inland steigt das Volkseinkommen also stärker als bei Vernachlässigung der Rückwirkungen und auch im Ausland steigt das Volkseinkommen. Dieser Zusammenhang gibt immer wieder Anlaß zu der Forderung, daß in einer Rezession bedeutende Welthandelsländer durch aktiven Politikeinsatz eine **Lokomotivfunktion** für die Weltkonjunktur übernehmen sollen. Man kann zeigen, daß dieses scheinbar so einfache Kochrezept nicht zwingend funktioniert.

Um zu zeigen, daß in einem System mit festen Wechselkursen **Politikkoordination** wichtig ist, sei folgendes Beispiel gegeben. Im Inland führt die Zentralbank eine expansive Geldpolitik durch. Aus der IS-LM-Analyse in Kapitel 10 ist bekannt, daß die Rechtsverschiebung der LM-Kurve, bei normaler IS-Kurve zu Zinssenkungen führt. Wenn der internationale Kapitalverkehr auf Zinsänderungen reagiert, so wird die Veränderung der Zinsdifferenz zu einer Verschlechterung der Kapitalverkehrsbilanz führen. Wenn beispielsweise die Zinsen im In- und Ausland vorher gleich hoch waren, so wären sie nach der geldpolitischen Maßnahme im Inland niedriger. Kapitalanleger würden dann ihr Geld vermehrt im Ausland anlegen, wo die Rentabilität höher ist. Von dem zusätzlichen Einkommen, das durch die Geldpolitik entsteht, wird ein Teil für Importgüter ausgegeben, was zu einer Verschlechterung der Leistungsbilanz führt. Die gesamte Zahlungsbilanz kommt in den Defizitbereich. Die inländische Währung gerät unter Abwertungsdruck, so daß die Zentralbank durch Auflösung von Devisenreserven inländische Währung vom Markt nehmen muß. Dies führt jedoch zu einer Expansion der ausländischen Geldmenge und sinkenden Zinsen. Im Ausland kann dieser Effekt jedoch unerwünscht sein, weil z.B. Preissteigerungen befürchtet werden. Ebenso kann gezeigt werden, daß Fiskalpolitik zu Übertragungen führt. Unter bestimmten zusätzlichen Annahmen kann man zeigen, daß auch bei flexiblen Wechselkursen Übertragungen möglich sind.

Internationale Preisübertragungen sind in der Regel unerwünscht. Früher nahm man an, daß man durch flexible Wechselkurse solche Preisübertragungen verhindern kann. Jedoch hat die genauere Analyse ergeben, daß eine solche Behauptung nur unter sehr unrealistischen Annahmen gehalten werden kann. Da die Übertragungen jedoch bei festen Wechselkursen direkter sind, werden sie damit beispielhaft aufgezeigt. Wenn im Inland eine starke Preisentwicklung einsetzt, werden inländische Güter teurer. Dies wird die Inländer in der Regel dazu bringen, mehr Importgüter aus dem preisstabilen Ausland zu importieren. Daraus folgt für das Ausland eine verstärkte Exportnachfrage auf dem heimischen Markt. Diese verstärkte gesamtwirtschaftliche Nachfrage trifft auf ein konstantes Angebot, und somit werden auch im Ausland Preiseffekte eintreten, wenn das gesamtwirtschaftliche Angebot nicht unendlich preiselastisch ist (waagerechte Angebotskurve, möglich bei großen Lagerbeständen und unausgelasteten Kapazitäten). Wie bereits erkennbar, wird durch die inländische Preisentwicklung die Leistungsbilanz verschlechtert, was c.p. zu einer Verschlechterung der Zahlungsbilanz führt. Der hierdurch hervorgerufene Abwertungsdruck verpflichtet die Zentralbank zur Intervention. Langfristig führen unkontrollierte Preisentwicklungen zu Gegensteuermaßnahmen des Auslandes wie z.B. Handelsbeschränkungen, was dann den internationalen Handel nachhaltig schädigt. Wenn die Unternehmen des Auslandes eine cost-plus-Kalkulation für die Gewinnermittlung verwenden, können inländische Preisimpulse auch dann übertragen werden, wenn Exporte des Inlandes als Vorleistungsgüter in die ausländische Produktion fließen und nicht durch ausländische Vorleistungsgüter ersetzt werden können. Solche Vorleistungsgüter des Inlandes würden teurer und bei Verwendung von Zuschlagskalkulationen würden dann auch die ausländischen Preise steigen. Dieser Preiseffekt wäre durch Handelsbeschränkungen nicht zu beseitigen.

Die hier aufgezeigten Übertragungen stellen nur einen kleinen Ausschnitt der möglichen Übertragungswege dar. Für ausführliche Darstellungen sei auf die angegebene Literatur verwiesen.

> **Resümee:** *Länder, die am internationalen Handel teilnehmen, werden auch von Veränderungen der Weltkonjunktur betroffen. Konjunkturübertragungen können über das Zinsniveau, die Preisentwicklung oder die Einkommensentwicklung auf andere Länder einwirken.*

7. Die makroökonomische Bilanzgleichung

Das Nettosozialprodukt für eine geschlossene Volkswirtschaft mit staatlicher Aktivität beträgt $W = C + I + G$. Hierdurch entsteht ein Volkseinkommen Y, das gleich W ist und auf C, S und T verteilt wird. Nun da wir Beziehungen mit dem Ausland in unserer Analyse eingeführt haben, müssen wir unsere Darstellung in bezug auf Entstehung und Verwendung des Volkseinkommens den neuen Gegebenheiten anpassen. Es geht hierbei um zwei neue makroökonomische Größen, nämlich den Strom der exportierten Güter und Dienste Ex und den Strom der importierten Güter und Dienste Im.

Das Produktionsergebnis besteht nun nicht nur aus den Beträgen von C, I und G sondern auch aus dem Export. Zu der Summe aus Konsum, Investition und Staatsausgaben müssen wir deshalb noch den Export addieren. Zur Berechnung des Nettosozialprodukts haben wir aber von diesem Betrag den Wert der Einfuhr abzuziehen, weil in einer offenen Volkswirtschaft die aus dem Ausland eingeführten Güter und Dienste bereits in C, I, G und Ex enthalten sind. Und zwar sind einerseits die Importe aus dem Ausland als Vorleistungsimporte im Wert der inländischen produzierten Güter und andererseits als Fertigwarenimporte in C, I und G enthalten. Die Einfuhr stellt den Teil der Beträge von C, I, G und Ex dar, der vom Ausland beigesteuert wird. In einer offenen Volkswirtschaft wird ein Teil der Wertschöpfung vom Ausland erwirtschaftet. Für die Entstehung des Volkseinkommens in einer offenen Wirtschaft erhalten wir also die folgenden Gleichungen:

(1) $W = C + I + G + Ex - Im.$

Das Volkseinkommen Y wird für C, T und S verwendet, so daß auch gilt:

(2) $Y = C + S + T.$

Aus den beiden Identitäten folgt nun nicht mehr die Ex-post-Identität $S = I$ (ohne staatliche Aktivität) oder $S = I + (G - T)$ (mit staatlicher Aktivität), sondern

(3) $S = I + (G - T) + (Ex - Im).$

Ist das staatliche Budget ausgeglichen, indem die Steuereinnahmen den Ausgaben entsprechen, und ist zugleich der Saldo der Leistungsbilanz gleich null, so reduziert sich Gleichung (3) auf die schon bekannte elementare Kreislaufidentität $S = I$. Gleichung (3) ist also eine Verallgemeinerung der beiden bisher betrachteten Kreislaufidentitäten.

Diese allgemeine Version ist sehr aufschlußreich. Zeigt sie doch, daß es durchaus mit dem Gütermarktgleichgewicht einer Volkswirtschaft vereinbar ist, wenn sowohl das staatliche Budget wie der Leistungsbilanzsaldo unausgeglichen sind.

Allein entscheidend ist, daß die inländischen Ersparnisse S ausreichen, die Summe aus inländischen Investitionen I, Budgetdefizit $G-T$ und Leistungsbilanzsaldo $Ex-Im$ zu finanzieren.

Abbildung 15.11: *Kreislaufidentität in der offenen Volkswirtschaft*

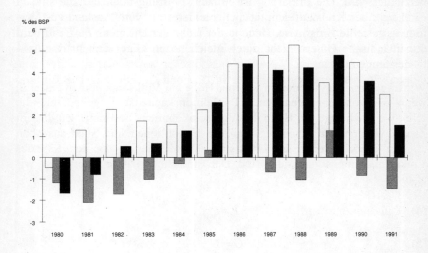

Deutschland

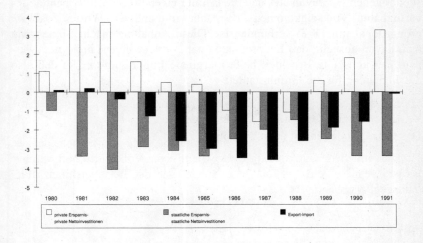

USA

Quelle: Tabelle 12.1 (D), OECD (1992), Wirtschaftsausblick 52, Tabellen R 14, R 21 und S. 66.

Aus (3) läßt sich auch das Paradox erklären, daß Staaten wie die USA sich gleichzeitig Haushaltsdefizite und Leistungsbilanzdefizite leisten können, ohne daß zusätzliche inländische Ersparnis benötigt oder auf Investitionen verzichtet wird. Die Erklärung ist einfach: Leistungsbilanzdefizite sind in der Logik der Kreislaufidentität nichts anderes als vom Ausland zur Verfügung gestellte Erparnisse. Denn in der Höhe der Differenz $Im-Ex>0$ wird der inländische Güterverzehr durch gleich hohen Güterverzicht des Auslandes alimentiert.

Wir fragen uns nun wieder, in welcher Höhe ein Volkseinkommen entsteht, wenn wir von einer gegebenen Produktionskapazität ausgehen und die effektive Nachfrage die Höhe des Volkseinkommens bestimmt. Zu diesem Zweck werden wir annehmen, daß die Investitionen, die Staatsausgaben und der Export autonom bestimmt sind, d.h. unabhängig von der Höhe des Volkseinkommens vorhanden sind. Der Einfachheit halber unterstellen wir also:

(4) $$I = I_0,$$

(5) $$G = G_0,$$

(6) $$Ex = Ex_0.$$

Weiter gehen wir davon aus, daß die Einfuhr einen konstanten Bruchteil des verfügbaren Volkseinkommens ausmacht, mit anderen Worten, daß Im proportional mit $(Y-T)$ verbunden ist. Diese Annahme macht Sinn, wenn man davon ausgeht, daß Endprodukte (statt Vorleistungen) importiert werden. Der konstante Bruchteil heißt marginale Importquote m, so daß also die Gleichung für die Einfuhr lautet:

(7) $$Im = M_0 + m(Y-T).$$

Das ganze Modell lautet dann wie folgt:

(8) $$Y = C + I + G + Ex - Im,$$

(9) $$C = c(Y - T) + C_0,$$

(10) $$I = I_0,$$

(11) $$G = G_0,$$

(12) $$Ex = Ex_0,$$

(13) $$Im = M_0 + m(Y-T),$$

(14) $$T = tY.$$

(8) stellt die bereits bekannte Gleichgewichtsbedingung in modifizierter Form dar. Für das gleichgewichtige Volkseinkommen Y^* erhalten wir nun:

$$Y^* = \frac{I_0 + G_0 + Ex_0 - M_0 + C_0}{1-(c-m)(1-t)}.$$

Setzen wir G_0, Ex_0, t und m gleich Null, dann erhalten wir den bereits im Kapitel 6 für Y^* bestimmten Gleichgewichtswert. Wenn die autonomen Investitionen, oder die autonomen Staatsausgaben, der autonome Export oder der autonome Konsum erhöht wird, dann steigt das gleichgewichtige Volkseinkommen Y^* um mehr als die primäre Zunahme. Dies ist der Multiplikatoreffekt. Im einfachen Modell des Kapitels 6 ist der Multiplikator durch $k_0 = 1/(1 - c)$ bestimmt. Der um staatliche Aktivität erweiterte dagegen $k_1 = 1/(1 - c(1 - t))$ und in einer offenen Volkswirtschaft

$$k_2 = \frac{1}{1-(c-m)(1-t)}.$$

Der Multiplikator ist also jeweils kleiner geworden.

> **Resümee:** *Das Keynessche Modell zur Erklärung der Höhe des Volkseinkommens beschreibt nun auch die Beziehungen zu dem Ausland, die marginale Importquote geht mit in das Modell ein.*

8. Schlußbemerkung

Das 15. Kapitel sollte einen Einblick in die Wirkungen internationaler Handelsbeziehungen geben. Die Analysen zeigen, daß nationale Politiken in einer offenen Volkswirtschaft zu anderen Reaktionen im nationalen und internationalen Bereich führen, können als sie bisher in einer geschlossenen Volkswirtschaft bekannt waren.

Abbildung 15.12: *Import- und Exportpreisindices*

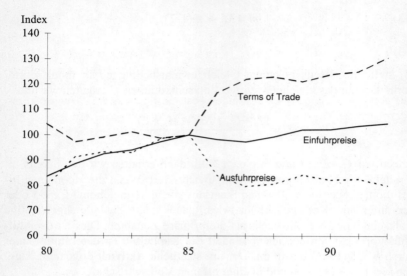

Quelle: StatBuAmt (1988/92), Statistische Jahrbücher 1988 und 1992, DBuBank (1993), Monatsbericht 3/93 und eigene Berechnungen.

Die Aufnahme von Handelbeziehungen bedeutet, daß im Land nicht nur Konkurrenz auf den nationalen Märkten hat, sondern daß es gleichzeitig in den Wettkampf der Länder eintritt. Als Indikator dafür, wie ein Land im internationalen Wettbewerb steht, werden gerne die Terms of Trade (ToT) herangezogen. Die ToT sind das Verhältnis der Exportpreise zu den Importpreisen jeweils in nationaler Währung, so daß zum Ausdruck kommt, wie viele Mengeneinheiten an Importgütern für eine Mengeneinheit Exportgüter erworben werden kann.

$$(ToT) = \frac{Preisindex\ der\ Exportgüter}{Preisindex\ der\ Importgüter} \cdot 100,$$

Von einer Verbesserung wird gesprochen, wenn die Terms of Trade steigen und damit mehr Importgüter für eine Einheit Exportgut erworben werden können. Wenn sich die Terms of Trade verbessern, wird das häufig als Indikator dafür gesehen, wie sich ein Land im internationalen Wettbewerb behauptet. Denn wenn sich die ToT verbessern, beispielsweise durch ein Ansteigen des Index der Exportpreise und die Leistungsbilanz verändert sich dadurch nicht, so hat die Preissteigerung keinen negativen Einfluß auf den Exportwert gehabt. Das ist nur möglich wenn das Inland hochwertige wettbewerbsfähige Güter anbietet, so daß die internationale Exportnachfrage nicht auf andere Länder ausweicht.

Wie schon gesagt, sind die ToT in nationaler Währung ausgedrückt. Der Wechselkurs geht durch die Umrechnung der internationalen Importgüterpreise in die ToT ein. Der Wechselkurs ist jedoch nicht nur durch den Verkehr von Gütern und Dienstleistungen bestimmt, so daß aus Wechselkursänderungen resultierende ToT-Änderungen nicht zwingend etwas über die Veränderung der Wettbewerbsposition eines Landes aussagen.

Fragen und Aufgaben zum 15. Kapitel

1.) Nehmen Sie Stellung zu der These, ein Land sollte seine Außenhandelsbeziehungen auf das Nötigste begrenzen und nur Güter importieren, die es selbst nicht herstellen kann.

2.) Wenn ein Land einen positiven Handelsbilanzsaldo hat, wie kann dann die Zahlungsbilanz doch noch ausgeglichen sein? Nennen Sie Möglichkeiten.

3.) Überlegen Sie sich Gründe, die für das eine oder andere Wechselkurssystem sprechen.

4.) Was sehen Sie für Möglichkeiten, ein Land gegen Konjunkturübertragungen zu schützen, wenn diese unerwünscht sind. Diskutieren Sie die Auswirkungen solcher Maßnahmen.

5.) Die Bundesrepublik hat seit einigen Jahren einen Handelsbilanzüberschuß. Ist dies positiv zu beurteilen?

6.) Welche Wirkungen sind durch eine Aufwertung der DM für die deutschen Ex- und Importpreise und Mengen zu erwarten?

7.) Untersuchen Sie die Auswirkung einer Abwertung für ein Land, dessen Importnachfragen und dessen Exportangebot völlig preiselastisch ist. Ist hier eine eindeutige Aussage für die Leistungsbilanz ableitbar, wenn die anderen Kurven einen normalen Verlauf haben?

8.) Für eine Volkswirtschaft gelten folgende Beziehungen:

$$C = \frac{2}{3}(Y - T) + 40$$

$$I = 50$$

$$G = 30$$

$$T = \frac{1}{10}Y$$

$$Ex = 20$$

Das Gleichgewicht wird bestimmt, indem das Volkseinkommen mit der Summe der Ausgaben gleichgesetzt wird.

a) Bestimmen Sie Y.

b) Wie lautet der Multiplikator des Modells?

c) Wenn G von 30 auf 40 steigt, ändert sich Y. Wie groß ist diese Änderung, wenn es sich um einer dauernde Erhöhung handelt.

Literatur zum 15. Kapitel

Deutsche Bundesbank (DBuBank). Monatsberichte. monatlich erscheinend.

Dieckheuer, Gustav. Internationale Wirtschaftsbeziehungen. München, Wien 1990.

Glismann, Hans H.; Horn, Ernst J.; Nehring, Sighart; Vaubel, Roland. Weltwirtschaftslehre: Eine problemorientierte Einführung. 2 Bände. Dritte Auflage. Göttingen, Zürich 1986/87.

International Monetary Fund (IMF). International Financial Statistics. Washington 1989.

Jarchow, Hans-Joachim; Rühmann, Peter. Monetäre Außenwirtschaft. 2 Bände. Zweite/Dritte Auflage. Göttingen 1989/91.

Konrad, Anton. Zahlungsbilanztheorie und Zahlungsbilanzpolitik. München 1979.

Rose, Klaus. Theorie der Außenwirtschaft. Zehnte, überarbeitete Auflage. München, Wien 1989.

Siebert, Horst. Außenwirtschaft. Fünfte, überarbeitete Auflage. Stuttgart 1991.

Stadermann, Hans-Joachim. Weltwirtschaft: Eine Einführung in eine monetäre Theorie internationaler Wirtschaftsbeziehungen. Tübingen 1988.

Statistisches Bundesamt (StatBuAmt). - Statistisches Jahrbuch 1992 und andere Jahrgänge. - VGR Fachserie 18, Reihe 1.3. 1989.

Kapitel 16 Spezielle Aspekte

1. Protektionismus

Die Realität des internationalen Handels ist durch zahlreiche handelshemmende Maßnahmen gekennzeichnet. Solche protektionistischen Maßnahmen zielen darauf ab, Ergebnisse des freien Handels bewußt zu verändern, um damit nationale Vorteile zu erzielen. Protektionistische Maßnahmen sind als solche oft nicht unmittelbar zu erkennen, was es dann auch schwierig macht, solche Hemmnisse in Verhandlungen abzubauen. Zunächst bieten sich zwei Bereiche an, in denen der Staat in den Handel eingreift: zum einen in den Verkehr von Gütern und Dienstleistungen und zum anderen in den internationalen Kapitalverkehr. Letzteres besteht in der schärfsten denkbaren Form aus der **Devisenbewirtschaftung**.

Zunächst seien einmal die möglichen Maßnahmen im einzelnen dargestellt. Die bekannteste Handelsschranke ist der **Zoll**. Zölle können auf die importierten Mengen- oder Werteinheiten erhoben werden. Ziel ist es, den Preis der importierten Güter zu erhöhen, um damit ihren Absatz zu reduzieren. Da der Zoll jedoch direkt als Handelsschranke erkennbar ist, sieht er sich schnell der Kritik der betroffenen Exportländer ausgesetzt, die dann mit Retorsions-(Vergeltungs-)zöllen drohen können. Nicht so unmittelbar als importbeschränkende Maßnahme zu erkennen sind Subventionen für Industrien, deren Güterproduktion mit Importgütern konkurriert. Vergibt der Staat eine Subvention pro Outputeinheit, so werden die Grenzkosten des Unternehmens verändert, was sich in einer Verschiebung der Angebotskurve um den Subventionssatz nach unten äußert. Dadurch können inländische Produktion erweitert und Importe zurückgedrängt werden. Subventionen haben den Nachteil, daß sie in der Regel das Staatsbudget belasten. Zudem besitzen sie eine große Bestandskraft und sind nur sehr schwer wieder abbaubar. Subventionen haben in der Bundesrepublik eine weite Verbreitung gefunden, die von den Werften über die Kohle (Kohlepfennig, der von jedem Haushalt mit der Stromrechnung eingezogen wird) bis in die Landwirtschaft reicht. Natürlich ist nicht jede Subvention auf das Zurückdrängen von Importen gerichtet. Protektionistisch wirken auch Maßnahmen im öffentlichen Auftragswesen, die darauf gerichtet sind, inländische Firmen den ausländischen Anbietern vorzuziehen. Bei öffentlichen Ausschreibungen ist es häufig üblich, beispielsweise eine Baumaßnahme auch als strukturpolitische Maßnahme zu betrachten, die Arbeitsplätze sichern oder schaffen soll. Dadurch haben ausländische Anbieter häufig kaum eine Chance, den Zuschlag zu erhalten. Die schwierigste Klasse der Importbeschränkungen ist das Aufstellen **nationaler technischer Normen**. Hier werden häufig aus anderen Motiven sinnvolle Maßnahmen zu Handelsschranken. Der verbindliche Einbau von geregelten Katalysatoren in Autos zur Schadstoffreduzierung kann für ein Exportland, das diese Technologie nicht beherrscht, die Wirkung eines Exportverbots haben oder aber zu erheblichen Mehrkosten führen. Ob nun Schadstoffreduzierung oder Importbeschränkung das Ziel der technischen Norm ist, ist im Einzelfall nur schwer festzustellen und es erfordert intensive internationale Verhandlungen, technische Normen auf einen sinnvollen gemeinsamen Nenner zu bringen.

Im Bereich der Devisenbewirtschaftung geht es häufig darum, den Abfluß von Kapital ins Ausland zu behindern. Wenn Kapital im Inland eingesetzt wird, so schafft es zusätzliche Einkommen und Arbeitsplätze, und darum erscheinen solche Maßnahmen zunächst sehr sinnvoll. Die Erfahrung mit Kapitalverkehrsbeschränkungen zeigt aber, daß sie einen sehr großen administrativen Aufwand erfordern und zum anderen ausländische Unternehmen nachhaltig davon abschrecken, im Inland zu investieren. Es wäre für ein ausländisches Unternehmen schließlich nicht sinnvoll, wenn es die im Ausland erzielten Gewinne nicht repatriieren (d.h., ins Heimatland zurückführen) kann.

Diese Aufzählung protektionistischer Maßnahmen ist unvollständig und soll nur einen Einblick in die Möglichkeiten der Eingriffe in den internationalen Handel geben.

Anhand eines Mengenzolls seien nun die Wirkungen einer protektionistischen Maßnahme dargestellt. Zwei Länder A und B betreiben Handel mit einem Gut. Land A möchte die Importe dieses Gutes beschränken und erhebt dazu einen Zoll in Höhe von z Geldeinheiten je Mengeneinheit importierter Ware. Damit steigen die Kosten je Mengeneinheit genau um z, was in einer Verschiebung der Angebotskurve auf dem Importgütermarkt zum Ausdruck kommt. Wie in der Abbildung 16.1 erkennbar, kommt es zu Preis- und Mengeneffekten bei dem importierten Gut. Der Importmarkt schrumpft von Im_0 auf Im_1. Gleichzeitig kommt es bei unveränderter Importnachfrage zu einem inländischen Preisanstieg. Dieser Preisanstieg bewirkt eine Produktionssteigerung im Inland und eine Steigerung der **Produzentenrente** (Fläche (B)), was aber auch einen Rückgang der **Konsumentenrente** impliziert. Die Zolleinnahmen des Staates sind durch die importierte Menge multipliziert mit dem Zollsatz z (Fläche (C)) bestimmt.

Da diese Einnahmen zur Verteilung im Inland zur Verfügung stehen, können zusätzliche Wohlfahrtseffekte für die Bevölkerung entstehen.

Abbildung 16.1: *Wirkungen eines Zolls*

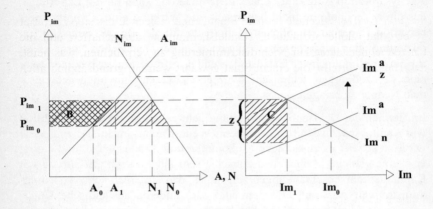

Wie man sehen kann, verhindern Zölle die **optimale internationale Arbeitsteilung**, falls jedes Land die Güter produziert, bei denen es absolute oder komparative Kostenvorteile hat. Zudem müssen die Konsumenten höhere Preise akzeptieren, und die konsumierte Menge des Importgutes geht zurück. Warum erheben aber Länder bei solchen negativen Wirkungen einen Zoll?

Zölle werden häufig mit dem Schutz inländischer Branchen vor ausländischer Konkurrenz begründet (**Schutzzollargument**). Auf diese Weise erhofft man sich die Sicherung von Arbeitsplätzen. Zölle nehmen den betroffenen Unternehmen den Rationalisierungsdruck, da die ausländische Konkurrenz Zusatzkosten durch den Zoll hat. Solche Unternehmen werden jedoch immer weniger konkurrenzfähig, so daß zum Schutz der Branche immer höhere Zölle erforderlich werden. Zudem verhindert der Ressourcenverbrauch in diesen Branchen eine alternative produktivere Verwendung. Nahe verwandt zu dem Zollargument ist die Idee, daß junge Industrien zunächst einen Schutz brauchen, bis sie sich so entwickelt haben, daß sie der ausländischen Konkurrenz gewachsen sind. Hier spricht man von **Erziehungszöllen**. Wenn in einer Branche große Skaleneffekte zu erwarten sind oder große Fixkostenblöcke eine große Produktionsmenge erforderlich machen, können solche Erziehungszölle sinnvoll sein. Für viele

Staaten spielt auch das **Einnahmenargument** eine wichtige Rolle. Zölle sind häufig eine einfache Möglichkeit, zu Staatseinnahmen zu kommen.

Insgesamt werden die negativen Wirkungen des Protektionismus als so gewichtig angesehen, daß man seit vielen Jahren bemüht ist, Handelsschranken abzubauen. So wurde bereits 1947 das **GATT** (General Agreement on Tariffs and Trade) von 23 Staaten unterzeichnet, das sich zum Ziel gesetzt hat, Zölle abzubauen, Handelshemmnisse abzuschaffen und die Unterzeichnerstaaten zur Nichtdiskriminierung zu verpflichten, was heißt, daß Handelsvorteile, die einem Staat gewährt werden, grundsätzlich allen Unterzeichnerstaaten zu gewähren sind. Zahlreiche Ausnahmeregelungen erlauben jedoch immer wieder Abweichungen von den Zielen des GATT.

Die Europäische Gemeinschaft verfolgt im europäischen Rahmen das Ziel, alle Handelshemmnisse zwischen den Mitgliedsländern abzuschaffen. Dieses Ziel war Ende 1992 verwirklicht. Der einheitliche Binnenmarkt, der nach § 8a EWG-Vertrag **vier Freiheiten** gewährleistet "einen Raum ohne Binnengrenzen, in dem der freie Verkehr von Waren, Personen, Dienstleistungen und Kapital" war am 1. 1. 1993 geboren. Schon Ende der sechziger Jahre wurden alle Innenzölle abgeschafft und ein gemeinsamer Außenzoll erhoben. Große Probleme bereiten immer noch die Herstellung der vollständigen Mobilität der Arbeitskräfte, da hierfür die Ausbildungsgänge aufeinander abgestimmt werden müssen, sowie die Beseitigung von Handelsschranken, die durch technische Normen der einzelnen Länder aufgebaut werden. Die endgültige Abschaffung von Kapitalverkehrsbeschränkungen ist in der EG erst 1987 durch die **Einheitliche Europäische Akte** gelungen. Darin verpflichten sich die Mitgliedsländer zu freiem Kapitalverkehr. Ziel dieser Akte ist es auch, den Prozeß der Einigung Europas weiter voranzutreiben. Langfristig sollen die Mitgliedsländer nach außen und nach innen als ein ökonomisches Gesamtsystem wirken. Die angestrebte Verwirklichung der im **Maastrichter Vertrag** festgelegten Ziele stellt den vorläufigen Höhepunkt dieser Entwicklung dar.

Resümee: *Es gibt zahlreiche Möglichkeiten den internationalen Handel zu hemmen. Einige der Maßnahmen sind nicht unmittelbar als Handelsschranke erkennbar. Die Wirkung von Zöllen muß insgesamt als negativ beurteilt werden. Im GATT und in der EG sind die Bemühungen auf einen weitgehenden Abbau von Protektionismus gerichtet.*

2. Entwicklungsländer

Der Wohlstand der Gesellschaften ist auf der Welt sehr ungleich verteilt. Auf der einen Seite existieren Staaten, für die der Begriff Überflußgesellschaften geprägt wurde. Auf der anderen Seite lebt bei weitem der größte Teil der Erdbevölkerung unter extremen Mangelbedingungen. Hunger, Krankheit und Analphabetismus sind Kennzeichen der Lebensbedingungen derjenigen Völker der Erde, die man mit dem Ausdruck "Dritte Welt" oder "Entwicklungsländer" gekennzeichnet hat. Mit dieser Bezeichnung soll verdeutlicht werden, daß in diesen Ländern weder der Schritt in die "Erste Welt" der Industrienationen noch der Schritt in die "Zweite Welt" der Übergangsgesellschaften getan worden ist. Das gegenwärtige Nebeneinander von Erster und Dritter Welt ist weder unter ethischer noch unter ökonomischer Sicht akzeptabel.

Abbildung 16.2: *Bruttosozialprodukt pro Kopf einiger Länder im Jahr 1990*

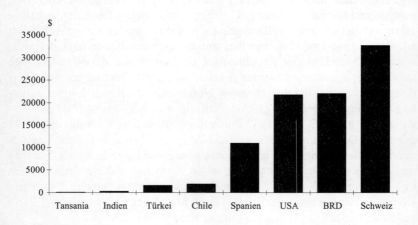

Quelle: World Bank. World Development Report 1992. Tab. 1, Basic Indicators, S.218 f.

Versucht man den Grad an ökonomischem und sozialem Mangel zu ermitteln, so wird häufig auf das **Pro-Kopf-Einkommen** als Indikator zurückgegriffen. So differenziert die Weltbank folgendermaßen: Länder mit niedrigem Einkommen (pro Kopf niedriger als 610 US $ pro Jahr in 1990), Länder mit mittlerem Einkommen(611 US $ bis 7619 US $ pro Jahr in

1990), erdölexportierende Staaten mit hohem Einkommen, die marktwirtschaftlichen Industrieländer und die Staatshandelsländer. Bei den Ländern mit niedrigem Einkommen wird noch die Untergruppe der Least Developed Countries (**LDC**) gebildet, in der die Länder zusammengefaßt sind, die man als die Ärmsten der Armen bezeichnen kann. Das Einkommen allein ist häufig ein unzureichender Indikator, da Schattenwirtschaft zu einem tendenziell höheren Einkommen führt oder große Verteilungsunterschiede eine sehr reiche kleine Gruppe und eine arme große Gruppe zulassen, aber im Durchschnitt ein mittleres Einkommen erwirtschaftet werden kann.

Entwicklungsländer können außerdem anhand folgender Indikatoren identifiziert werden:

• ein hoher Anteil der Bevölkerung arbeitet in der Landwirschaft (50 - 80 %),

• das Einkommen liegt nahe dem Existenzminimum, der größte Teil wird für Nahrung ausgegeben und es werden nur wenige Ersparnisse gebildet,

• soziale und gesundheitliche Versorgung sind nur in Ansätzen vorhanden,

• hohe Analphabetenrate und ein niedriger Ausbildungsstand,

• niedrige Arbeitsproduktivität,

• Export von hauptsächlich landwirtschaftlichen Gütern, Rohstoffen und billigen Massengütern,

• ein relativ hohes Bevölkerungswachstum.

Es ist nun bekannt, daß für wirtschaftliches Wachstum der Kapitalstock eines Landes wesentlich ist. Eine wesentliche Rolle spielt zudem das **Bevölkerungswachstum**. Die zur Entwicklung des Kapitalstocks notwendigen Investitionen können selten durch das inländische Sparvolumen finanziert werden. Ebenso müssen Maßnahmen zur Steigerung der Arbeitsproduktivität finanziert werden. So ist in fast allen Entwicklungsländern eine starke Zunahme der Auslandsverschuldung im Verhältnis zum BSP in den letzten 20 Jahren zu beobachten. Hieraus ist auch die **Schuldenkrise** der 80er Jahre entstanden, als zahlreiche Länder in Zahlungsprobleme kamen. In vielen Ländern ist das reale BSP zwar gewachsen, aber das Bevölkerungswachstum ist häufig so stark, daß dieser Effekt pro Kopf häufig nur eine Stagnation oder sogar eine Verschlechterung ergab.

Der Ausdruck Entwicklungsländer sagt zwar, daß sich diese Länder entwickeln oder entwickeln sollen, aber das Ergebnis der letzten Dekaden ist eher entmutigend. Nur wenige Länder haben die Gruppe gewechselt. Über 100 Staaten der Welt werden zu den Entwicklungsländern gezählt. Die westlichen Industrienationen versuchen über Entwicklungshilfe den armen Nationen zu helfen.

Abbildung 16.3: *Entwicklungshilfezahlungen der Industrienationen 1990*

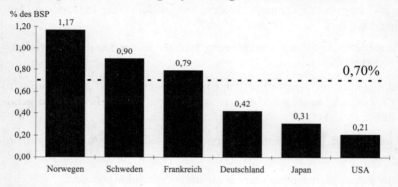

Quelle: IW(1992) Internationale Wirtschaftszahlen 1992, Tabelle 4.

Die Entwicklungshilfe umfaßt im wesentlichen Know-how-Transfer, Technologie- und Ressourcentransfer. Die Entwicklungshilfe wird von öffentlichen und privaten Organisationen geleistet. Für die Höhe der jährlichen Entwicklungshilfeleistungen der westlichen Industrieländer haben die **OECD** und die Welthandelskonferenz der Vereinten Nationen (**UNCTAD**) seit 1964 Ziele festgelegt, die sich am Bruttosozialprodukt orientieren. Ein 1 % - Ziel für die gesamten öffentlichen und privaten Leistungen, ein 7 % - Ziel für die öffentliche Entwicklungshilfe (**ODA**) und ein 0,15 % - Ziel bei der öffentlichen Entwicklungshilfe zugunsten der am wenigsten entwickelten Länder (**LDC**). Die von der UN geforderten 0,7% des BSP als öffentliche Hilfe an Entwicklungsländer wird von den meisten Geberländern zwar als Ziel akzeptiert, jedoch lediglich von den skandinavischen Ländern stets erreicht. Insgesamt wurde nur ca. die Hälfte dieser Zielvorgabe tatsächlich geleistet. So bleibt die Entwicklungshilfe nur ein Tropfen auf den heißen Stein.

> **Resümee:** *Das BSP pro Kopf wird als wesentlicher Indikator für Entwicklungsländer angesehen. Länder mit weniger als 611 $/Kopf (1990) gelten als arme Länder. Mehr als 40 Nationen zählen 1990 zu den Entwicklungsländern mit weniger als 611 US $ Pro-Kopf-Einkommen. Gleichzeitig haben 1990 101 Staaten nur Pro-Kopf-Einkommen, die niedriger als 7619 US $ sind Das Wachstum des Kapitalstocks wird häufig durch das Bevölkerungswachstum überrundet, so daß sich real keine Pro-Kopf-Vermehrung des Einkommens ergibt.*

3. Internationale Organisationen

Vor allem nach dem 2. Weltkrieg sind die Nationen der Welt bemüht, in internationalen Verhandlungen die nationalen Außenwirtschaftspolitiken aufeinander abzustimmen. Durch solche Verhandlungen können Handelsbeziehungen intensiviert und damit der Wohlstand der Nationen verbessert werden. Viele Länder haben sich, damit für die Verträge ein großer gemeinsamer Rahmen existiert, in Organisationen zusammengeschlossen.

Wie im vorletzten Paragraphen bereits erwähnt, wurde 1947 das **GATT** beschlossen. Zunächst handelte es sich bei dem GATT nur um ein multilaterales Handelsabkommen. Es hat jedoch später den Rang einer Sonderorganisation der UN bekommen. Die größten Erfolge hat das GATT im Bereich der Zollreduktion zu verzeichnen. Die **Kennedy-Runde** (Abschluß 1967) erreichte eine Zollreduktion seitens der Industrieländer um ca. 35%. Später wurden die Verhandlungen in der **Tokio-Runde** (bis 1979) fortgesetzt, in der es wiederum zu Zollsenkungen für Industriegüter kam. Besondere Schwierigkeiten machen jedoch die Handelshemmnisse, die nicht auf Zöllen beruhen. Solche Handelshemmnisse sind nach den Grundsätzen des GATT zwar eigentlich verboten. Da das Vertragswerk jedoch zahlreiche Ausnahmen zuläßt, sind Handelshemmnisse aber weiterhin weltweit verbreitet. Die Liberalisierung des Handels mit landwirtschaftlichen Erzeugnissen, wie die Abstimmung von Normen sind Hauptziel der **Uruguay-Runde** , die 1986 in Uruguay eröffnet wurde und bis 1990 abgeschlossen werden sollte, Mitte 1993 aber immer noch läuft. Dem GATT traten zur Gründung 23 Staaten bei. Inzwischen hat das GATT (1989) 96 Vertragsparteien (d.h. Mitgliedsstaaten) und 28 weitere Staaten wenden die Bestimmungen an.

Die in Europa wichtigste Organisation ist die **EG** (Europäische Gemeinschaft), die aus den drei Teilgemeinschaften Europäische Wirtschaftsgemeinschaft ("Römische Verträge" 1957), Montanunion für Kohle und Stahl und der Europäischen Atomgemeinschaft besteht. (Mitglieder 1993: F, D, NL, B, E, IRL, GB, DK, I, P, GR, L). Ziel der EG ist es, einen einheitlichen Wirtschaftsraum zu schaffen, in dem ein völlig freier Austausch von Waren und Dienstleistungen möglich ist, in dem freier Faktoraustausch möglich ist (jeder EG-Bürger darf in jedem EG-Land arbeiten), keine Kapitalverkehrsbeschränkungen existieren und nationale Geld- und Fiskalpolitiken aufeinander abgestimmt werden. Zur Unterstützung dieser Ziele haben sich einige EG Länder zum **EWS** (Europäischen Währungssystem) zusammengeschlossen, mit dem Ziel, eine einheitliche Währung für Europa zu schaffen. Im Maastrichter Vertrag werden Kriterien benannt, nach denen einzelne Mitgliedsstaaten der EG (12) die notwendigen Voraussetzungen für die Einführung einer einheitlichen Währung und damit für den Eintritt in die dritte Stufe der Europäischen Wirtschafts- und Währungsunion (EWWU) erfüllen. In der EG werden zunehmend nationale Kompetenzen auf supranationale EG-Organe übertragen werden. So existiert bereits ein Europäisches Parlament, ein Europäischer Gerichtshof und der Ministerrat, der als wesentliches Organ die wichtigsten Entscheidungen trifft. Bis zur Neujahrsnacht 1992/1993 war das Ziel des einheitlichen Wirtschaftsraumes verwirklicht.

Bei den Außenbeziehungen der EG ist das Abkommen von **Lomé** bedeutsam, das den AKP-Staaten (dies sind 68 Staaten Afrikas, der Karibik und der Pazifikregion) eine Präferenz beim Handel mit der EG einräumt. Das 1989 unterzeichnete **Lomé-IV-Abkommen**, das im Gegensatz zu seinen auf fünf Jahre angelegte Vorgängern eine Laufzeit von zehn Jahren hat, soll den Zugang für Produkte der AKP-Staaten zu den Märkten der EG erleichtern und zur Exporterlösstabilisierung (**STABEX**) der AKP-Staaten beitragen. Bei Exporterlösausfällen können Ausgleichszahlungen aus STABEX erfolgen, die nach Lomé IV grundsätzlich nicht mehr zurückgezahlt werden müssen. Das Finanzvolumen beträgt für die ersten fünf Jahre knapp 25 Mrd. DM. Mit einer Beteiligung von ca. 26 Prozent ist Deutschland dabei der größte Beitragszahler.

Als Organisation für die kommunistischen Staaten in Europa wurde 1949 der **RGW** (Rat für gegenseitige Wirtschaftshilfe, gelegentlich Comecon genannt) gegründet. Diese Organisation diente zur Plankoordinierung und Spezialisierung der einzelnen Mitgliedsländer, und zudem wurde der Intrablockhandel organisiert. Schwerwiegende Niveau- und Strukturunterschiede zwischen den einzelnen Staaten, Interessengegensätze und die sowjetische Dominanz im RGW führten zu Spannungen, die in den Ratstagungen nicht mehr ausgleichbar waren. Seit den 1988 einsetzenden politischen Veränderungen zeigte auch der RGW Auflösungserscheinungen, die sich seit dem 3. Oktober 1990, dem Tag der politischen Einheit Deutschlands, noch verstärkt haben. Mittlerweile ist der RGW nicht mehr existent. Als weitere europäische Handelsorganisation gibt es die **EFTA** (European Free Trade Association), die auf britische Initiative mit den nicht an den Römischen Verträgen beteiligten europäischen Staaten zustande kam. Die Mitglieder (SF, S, N, CH, A, IS) haben sich zur Förderung des wirtschaftlichen Wachstums, Beseitigung der Handelsbarrieren bei nichtagrarischen Gütern und der Förderung des Wohlstandes der Mitgliedsländer verpflichtet. Die Zollfreiheit für industrielle Güter wurde bereits 1967 erreicht, eine weitergehende Integration hin zum einheitlichen Wirtschaftsraum ist nicht geplant.

Die **OEEC** (Organisation for European Economic Cooperation) war zunächst eine europäische Angelegenheit. Diese Organisation entstand 1947, um die amerikanische Hilfe gemäß des Marshall-Plans in die richtigen Bahnen zu leiten. Siebzehn europäische Länder sind dieser Vereinigung angeschlossen. Im Laufe der Jahre verlegte die OEEC den Schwerpunkt ihrer Arbeit auf die Liberalisierung des europäischen Handels- und Zahlungsverkehrs. Im Jahre 1961 wurde die OEEC zur **OECD** (Organisation for Economic Cooperation and Development). Neben den nichtkommunistischen europäischen Ländern traten auch die Vereinigten Staaten und Kanada bei. Im Jahre 1963 ist sogar Japan Mitglied geworden. Und heute sind es mit 24 Mitgliedern nahezu alle westlichen Industrienationen. Der Akzent in der Zielsetzung ist in Richtung auf Hilfe für in der Entwicklung zurückgebliebene Gebiete und Erweiterung des Welthandelsvolumens verschoben.

Die OECD hat sich im Lauf der Zeit zur Spitzenorganisation der westlichen Industrienationen entwickelt, die durch eigene Forschung ökonomische Probleme (insbesondere Probleme der Entwicklungsländer, Verschuldungsprobleme, Umweltprobleme) auf internationaler Ebene lösen möchte. Die OECD versucht Entwicklungsprogramme, Währungs- und Konjunkturpolitiken und handelsfördernde Maßnahmen über einen 14 Mitglieder umfassenden Rat zu koordinieren. Die ökonomischen Forschungen und die Erfassung von statistischen Daten durch die Fachausschüsse gelten als wichtiger Beitrag für die wissenschaftliche Analyse der Weltökonomie.

Aus dem System von Bretton Woods sind mit dem **IWF** (Internationaler Währungsfonds) und der **Weltbank** zwei Organisationen erhalten geblieben, denen große Bedeutung zukommt. Bretton Woods war der Versuch, die Wechselkurse der Welt zu stabilisieren. Um kurzfristige Zahlungsbilanzstörungen ausgleichen zu können, wurde der Fonds mit Mitteln durch die einzelnen Mitglieder ausgestattet. Der Fondsanteil wurde über eine Quote, die sich an volkswirtschaftlichen Daten orientiert, für die einzelnen Länder bestimmt. Daraus wurde auch der Umfang der Ziehungsrechte bei Zahlungsbilanzschwierigkeiten bestimmt. Später wurden die Ziehungsrechte um Sonderfazilitäten erweitert, was insbesondere den Entwicklungsländern die Möglichkeit verschaffte, internationales Kapital zu beziehen. So wurde 1988 eine erweiterte **Strukturanpassungsfazilität** für besonders arme Entwicklungsländer geschaffen. Die Möglichkeit, eine solche Fazilität in Anspruch zu nehmen, ist für viele Dritte-Welt-Staaten mit Auflagen durch den IWF versehen, die eine produktive Verwendung des Kapitals sicherstellen sollen. Die **Weltbankgruppe** besteht aus drei internationalen Finanzorganisationen:

- International Bank for Reconstruction and Development (**IBRD**, im deutschen auch als **Weltbank** geläufig)

- International Development Association (**IDA**)

- International Finance Corporation (**IFC**).

Die Gründung der Weltbank wurde zusammen mit der Errichtung des IWF beschlossen ("Die Schwestern von Bretton Woods"). Ebenso wie bei IFC und IDA geht es darum, die Entwicklung armer Länder zu fördern. Die Weltbank stellt langfristiges Kapital zur Verfügung, die IDA versorgt hochverschuldete Entwicklungsländer mit Kapital zu "weicheren" Bedingungen, als sie auf dem Kapitalmarkt normalerweise verlangen würde und die IFC versucht durch Unterstützungsmaßnahmen privates Kapital in die Entwicklungsländer zu lenken.

Im Rahmen der Verschuldungsprobleme von Entwicklungsländern hat eine informelle Organisation an Bedeutung gewonnen. Im **"Pariser Club"** findet das Krisenmanagement der westlichen Industrienationen statt. Die Höhe der Verschuldung führt immer wieder zu Zahlungsschwierigkeiten seitens der verschuldeten Staaten. Im Pariser Club wird versucht, die ökonomischen Auswirkungen der Krise beherrschbar zu machen und unter den Regierungen der Gläubigerstaaten abgestimmt zu für die Schuldnerstaaten tragbaren Lösungen zu kommen.

> **Resümee:** *Zur Entwicklung des internationalen Handels sind zahlreiche Organisationen entstanden. Einige dieser Organisationen wollen in erster Linie den Entwicklungsländern bei der Lösung ihrer wirtschaftlichen Probleme helfen. Die europäischen Gemeinschaften haben das Ziel, alle Mitgliedsländer zu einem gemeinsamen Markt zusammenzuführen.*

4. Integration, Wettbewerb und Koordination

Die 80er und beginnenden 90er Jahre sind durch ökonomisch höchst bedeutsame Entwicklungsprozesse gekennzeichnet. Auf der einen Seite ist die Transformation sozialistischer Volkswirtschaften der Länder Mittel- und Osteuropas in marktwirtschaftliche Wettbewerbsökonomien zu beobachten und damit das Scheitern jahrzehntelanger Praktizierung sozialistischer Zentralverwaltungsökonomien, deren Grundidee darin bestand, die autonome und willkürliche, oder nach Karl Marx "anarchische" Entscheidung des Marktes über Güterproduktion, -verwendung und -verteilung durch eine, ideologischen und politischen Zielsetzungen entsprechenden Entscheidung zentraler Planbürokratien zu ersetzen.

Zum anderen erleben wir die Evolution des Integrationsgedankens der Wettbewerbswirtschaften der Länder Westeuropas und den Übergang zu wettbewerbswirtschaftlichen Koordinationsökonomien.

Man könnte nun meinen, daß hierin ein gewisses Paradoxon liegt. Die evolutorisch siegreiche Idee, die auf dezentraler marktwirtschaftlicher Entscheidungsfindung beruht und auf den demokratischen Individualismus setzt, nimmt auf dem Wege der europäischen Integration des Europas der Zwölf immer mehr Elemente zentralbürokratischer Entscheidungsfindung auf. Im politischen Sprachgebrauch wird häufiger "Harmonisierung" als "Wettbewerb" verwandt.

Wo liegt die Logik dieser Entwicklung, muß man sich fragen, wenn man weiß, daß freie Märkte, individuelle Souveränität und unreglementierter Wettbewerb den Erfolg unseres Wirtschaftssystems ausgemacht haben. Gilt das, was "im kleinen" - innerstaatlich - richtig war, "im großen" - zwischenstaatlich - nicht mehr oder nur eingeschränkt? Wäre nicht z.B. zwischenstaatlicher Wettbewerb der Steuersysteme und nicht deren zentralgeplante und koordinierte Angleichung die Antwort auf die Lehren der Vergangenheit? Worin kann ein Grund liegen für den zwischenstaatlichen Koordinationsbedarf, der in marktwirtschaftlichen Wettbewerbsökonomien gerade überflüssig, ja sogar schädlich und wohlfahrtsmindernd war? Auf einen kurzen Nenner gebracht liegt er darin, daß kein Markt mit einer Vielzahl von Akteuren existiert: Im zwischenstaatlichen Wettbewerb ist die Menge der Akteure klein. Somit ist das allokationstheoretische Konzept vollständigen Wettbewerbs auf vollkommenen Märkten hier als Modell ungeeignet. Damit geben uns auch die daraus ablesbaren Erkenntnisse keine hilfreichen Handlungsanweisungen zur zwischenstaatlichen Wohlfahrtsmaximierung.

Wir brauchen einen anderen methodischen Ansatz, der Raum schafft für Verhandlungen und Absprachen. Diesen liefert uns die ökonomische **Spieltheorie**. Am folgenden Beispiel, das in der Literatur unter dem Namen **Gefangenendilemma** bekannt ist, läßt sich die Grundstruktur unseres Problems demonstrieren. Denn es zeigt sehr gut, wie im Falle von zwei Akteuren (Staaten) eine individuelle - oder übertragen - einzelstaatliche Wohlfahrtsmaximierung ohne Koordination und Absprachen zu paretoinferioren Lösungen führt, oder anders ausgedrückt, beide Akteure (Staaten) im Ergebnis schlechter stellt.

Abbildung 16.4: _Gefangenen-Dilemma (mit Kronzeugenregelung)_

| | **Angeklagter 2** | |
	Gestehen	**Nicht gestehen**
Angeklagter 1 **Gestehen**	(-8, -8)	(0, -10)
Nicht gestehen	(-10, 0)	(-1, -1)

(-8, -8) Nash-Gleichgewicht; (-1, -1) Pareto-Optimum

In der Matrix der Abbildung 16.4 ist für eine, zwei Angeklagten gemeinsam zur Last gelegte Straftat das den Angeklagten 1 und 2 zugesprochene Strafmaß in Jahren notiert, für die 4 Kombinationen der individuellen Strategien "gestehen" und "nicht gestehen".

Welche der vier Konstellationen wird das Ergebnis sein, wenn beide Personen als Eigennutzmaximierer ihre individuelle Strafe minimieren wollen?

Betrachten wir dazu den Angeklagten 1: In Unkenntnis der Strategie des anderen wird 1 gestehen, da er möglicherweise als Kronzeuge nicht bestraft wird (0) oder, falls der andere gesteht, mit weniger als 10 Jahren (-8) bestraft wird. Das Spiel ist symmetrisch, daher wird Spieler 2 die gleiche Strategie wählen. Das Ergebnis ist also 8 Jahre für beide ($-8,-8$)!

Diese Lösung ist offentlichtlich nicht paretooptimal, denn wenn beide nicht gestehen, stellen sich mit ($-1,-1$) d.h., jeweils einem Jahr Gefängnis, beide Akteure besser. Aber dennoch wird die für **beide schlechtere** Alternative von individuell optimierenden Individuen gewählt! Was ist die Ursache? Sie liegt darin, daß "gestehen" die dominante Strategie für jeden ist. D.h., was auch immer der andere macht, "gestehen" kostet weniger als "nicht gestehen". Das Spiel ist symmetrisch, diese Argumentation gilt damit für beide. Also ist "gestehen" ein Gleichgewicht. Es ist erwartungskompatibel, wenn jeder davon ausgeht, daß der andere die für ihn beste Strategie wählt, und keiner hat einen Anreiz, von diesem Gleichgewicht abzuweichen, da jede individuelle Abweichung eine Verschlechterung bedeutet.

Man nennt solcherart stabile Gleichgewichte **Nash-Gleichgewichte** bei dominanten Strategien. In unserem Beispiel ist das Nash-Gleichgewicht paretoinferior. Also gibt es einen Koordinationsbedarf zwischen beiden Akteuren. Die Struktur dieses Problems kann man unmittelbar auf den uns interessierenden Mehr-Länder-Fall übertragen.

Damit ist folgende **These** begründet:

Einzelstaatliche Wohlfahrtsmaximierung unter souveränen Staaten macht zwischenstaatliche Koordination notwendig.

Wir können aus obigem Beispiel aber noch mehr lernen. Denn selbst, wenn beide koordinieren und sich absprechen, nicht zu gestehen, ist die Geschichte noch nicht zu Ende. Denn in diesem Fall lohnt es sich für jeden der beiden, von der Absprache abzuweichen, da dies eine individuelle Verbesserung bedeutet, gegeben der andere hält sich an die Absprache. Da dies beide wissen, werden beide abweichen. Das Ergebnis ist wieder paretoinferior.

Dies kann nur dann verhindert werden, falls bindende Absprachen mit Durchsetzbarkeit von Strafkosten geschlossen werden können.

Übertragen auf unseren Mehr-Länder-Fall können wir also eine weitere **These** formulieren:

Wohlfahrtsmaximierung bei zwischenstaatlicher Koordination verlangt ein übergeordnetes Rechtssystem mit Vertragsschutz.

Also ist **Koordination** und rechtlich verbürgter supranationaler **Vertragsschutz** eine zentrale Voraussetzung für Wohlfahrtsgewinne zwischenstaatlicher Integrationsprozesse. Damit ist unser anfangs formuliertes Paradoxon aufgelöst: Koordination und Wettbewerb sind im Ablauf der Europäischen Integration kein Widerspruch. Beide Prinzipien sind notwendig im Integrationsprozeß. Dies bedeutet aber nicht, daß Koordination ein Freibrief für jede Form von Regulierung durch Harmonisierung darstellt. So kann das Koordinationsargument wohl nicht dafür als Begründung herangezogen werden, daß "Zollgrenzen in Amtsstuben verlegt werden", wie es sich als Folge der jetzt beabsichtigten Steuerharmonisierung der EG andeutet. Ein vernünftiges Grundprinzip wäre hier sicherlich, soweit wie möglich auf **Wettbewerb als Entdeckungsverfahren** zu vertrauen, und dem Wettbewerb der Währungen, der Steuersysteme und anderer Bereiche soviel Raum und Zeit wie möglich lassen und nicht durch politische Vorgaben oder bürokratische Eigendynamik einen Pseudohandlungsbedarf erzeugen.

Resümee: Koordination und Harmonisierung auf der einen Seite und Wettbewerb und Deregulierung auf der anderen Seite stellen im Bereich supranationaler Wohlfahrtsmaximierung unter souveränen Staaten keine Gegensatzpaare dar. Beide Prinzipien sind notwendige Komponenten zwischenstaatlicher ökonomischer Integrationsprozesse.

---

5. Schlußbemerkung

In diesem Kapitel sind einige Spezialaspekte des internationalen Handels untersucht worden. Es sollte ein kurzer Einblick in die Wirkungen des Protektionismus, der internationalen Koordination und der koordinierenden Organisationen, sowie der Probleme von Entwicklungsländern gezeigt werden. Es sollte verdeutlicht werden, daß in bestimmten Bereichen eine internationale Kooperation für alle beteiligten Länder Vorteile und Wohlstand bringt.

Politiken, die darauf abzielen, ökonomische Vorteile nur zugunsten eines Landes auszunutzen, führen zu Retorsionsmaßnahmen der Länder, die um ihre Vorteile gebracht werden. Entwicklungsländer, die von dem Wohlverhalten der Erste-Welt-Länder stark abhängig sind, haben i.d.R. keine oder nur geringe Vergeltungsmacht. Sie sind deswegen besonders auf internationale Kooperation angewiesen. Die hohe Verschuldung der Dritten Welt hat jedoch dazu geführt, daß diese Länder eine Gegenmacht in den Händen halten, mit der sie den internationalen Kapitalverkehr und die Weltkonjunktur schädigen könnten. Die Einstellung des Schuldendienstes großer hochverschuldeter Länder könnte auch zu Reaktionen in den Industrieländern führen. Dies hat den Druck zur Kooperation ebenso verstärkt wie die Erkenntnis, daß durch den Umweltverbrauch in der Dritten Welt in Form externer Effekte negative Wirkungen auch für die Erste Welt zu erwarten sind. Ein zunehmender Wille zu kooperativen Strategien ist also sehr wahrscheinlich.

Fragen und Aufgaben zum 16. Kapitel

1.) Diskutieren Sie die These, daß der Staat junge Industrien oder strukturschwache Industrien durch Zölle vor der internationalen Konkurrenz schützen sollte.

2.) Nennen Sie für folgende Branchen die Methode des Protektionismus und versuchen Sie herauszufinden, warum diese Branchen in Deutschland geschützt sind.

   a) Landwirtschaft

   b) Energieversorgung (Elektrizität)

   c) Schiffswerften.

3.) Der Staat vergebe an eine Industrie, deren Produkte mit Importgütern konkurrieren, eine Subvention S je Outputeinheit. Versuchen Sie analog zu Abbildung 16.1 darzustellen, wie die Importe dadurch behindert werden. Stellen Sie auch die anderen Veränderungen auf diesem Markt heraus.

4.) Auf welche Weise kann der Wettbewerb in der EG durch zunehmende Integration zu- oder abnehmen?

5.) Wie beurteilen Sie die Ergebnisse und Verhandlungen des GATT für die Erste und für die Dritte Welt?

6.)   Warum müssen Entwicklungsländer sich über den IWF oder die Welt-
      bankgruppe ihre Devisen beschaffen?

Literatur zum 16. Kapitel

Bergsten, C. Fred. (ED.) Global Economic Imbalances. Washington 1985.

Dieckheuer, Gustav. Internationale Wirtschaftsbeziehungen. München,
Wien 1990.

International Monetary Fund (IMF). International Financial Statistics.
Washington 1989.

McGovern, Edmond. International Trade Regulation. Globefield
(England) 1986.

Meerhaeghe, M.A.G. van. International Economic Institutions. Fünfte
Auflage. Dordrecht (Niederlande) 1987.

Rübel, Gerhard. Factors Determining External Debt: An Intertemporal
Study. Berlin, Heidelberg 1988.

Statistisches Bundesamt (StatBuAmt). - Statistisches Jahrbuch 1990 und
andere Jahrgänge. - Statistisches Jahrbuch für das Ausland.

Wagner, Norbert; Kaiser, Martin; Beimdiek, Fritz. Ökonomie der
Entwicklungsländer. Zweite Auflage. Stuttgart 1989.

Wenzel, Heinz-Dieter; Wiedenmann, Ralf. Tanzania's Economic Perfor-
mance in the Eighties. Saarbrücken, Fort Lauderdale 1989.

World Bank. World Development Report. Washington 1992.

Glossar

Kapitel 1 Fragen und Methoden der Volkswirtschaftslehre

Volkswirtschaftslehre, die Wissenschaft, die sich mit der Erklärung derjenigen Erscheinungen befaßt, die aus der Knappheit erwachsen.

Knappheit, die Spannung, die zwischen Bedürfnis und Bedürfnisbefriedigung besteht.

Gut, jedes Mittel, das ein Bedürfnis erzeugen und befriedigen kann.

Freie Güter, sind für jeden in jeder gewünschten Menge verfügbar.

Knappe Güter, sind nur begrenzt verfügbar.

Mikroökonomie, befaßt sich mit einzelwirtschaftlichen Sachverhalten.

Makroökonomie, betrachtet die Aggregate einer Ökonomie.

Finanzwissenschaft, beschäftigt sich mit der Rolle des Staates.

Außenwirtschaft, berücksichtigt Verflechtungen einer nationalen Volkswirtschaft mit dem Ausland.

Induktion, die wissenschaftliche Methode, bei der, ausgehend von empirischem Material, allgemeine Schlüsse auf dem Wege logischer Ableitungen gewonnen werden.

Deduktion, die wissenschaftliche Methode, bei der, ausgehend von relevanten Hypothesen, allgemeine Schlüsse auf dem Wege logischer Ableitungen gewonnen werden.

Abstraktion, Reduktion auf ausgewählte relevante Aspekte der Realität.

Theorie, Erklärungsmuster, das von der Realität abstrahiert.

Modelle, quantifizierte Theorien.

Ceteris-paribus-Bedingung, Klausel, die "alles übrige" unverändert läßt.

Positive Ökonomie, Analyse von ökonomischen Ursachen und Wirkungen.

Normative Ökonomie, gibt Normen zur Erreichung ökonomischer Ziele vor.

Produzieren, die Kombination von Produktionsfaktoren in den Unternehmungen und im öffentlichen Sektor.

Produktionsfaktoren, Umwelt, Arbeit und Kapital.

Kapitalstock, die Gesamtheit des als Produktionsfaktor verwendbaren Kapitals.

Arbeitsproduktivität, Produktion pro eingesetzter Arbeit.

Arbeitsteilung, Spezialisierung der Arbeit auf Teilbereiche der Produktion.

Tausch, der Austausch von Gütern als Folge der Arbeitsteilung in Form Güter gegen Güter oder Güter gegen Geld.

Nutzen, Indikator für Bedürfnisbefriedigung einzelner Wirtschaftssubjekte.

Wohlfahrt, Indikator für Befürfnisbefriedigung der Gesellschaft.

Zentralverwaltungswirtschaft, eine zentral gelenkte Wirtschaft, auch Zentralplanwirtschaft genannt.

Freie Marktwirtschaft, eine Wirtschaftsordnung, in der die wirtschaftlichen Entscheidungen der Individuen nicht außerökonomisch eingeschränkt werden.

Soziale Marktwirtschaft, Marktwirtschaft mit vom Staat vorgegebenen sozialen Regeln.

Daten, ökonomisch relevante Fakten, die innerhalb ökonomischer Theorien nicht weiter erklärt werden.

Technischer Fortschritt, verändert den Datenkranz einer Volkswirtschaft, bewirkt die Produktivitätszunahme von Faktoren.

Kapitel 2 Theorie des Haushalts

Budgetrestriktion, Begrenztheit der Ausgaben durch das Einkommen.

Haushalt, fällt Konsum- und Arbeitsangebotsentscheidung zum Zweck der Bedürfnisbefriedigung.

Unternehmung, fällt Produktions- und Arbeitsnachfrageentscheidung i.d.R. zum Zweck der Gewinnmaximierung.

Preis, spiegelt Knappheit wider und fungiert als Steuerungsinstrument für ökonomische Entscheidungen auf Märkten.

Markt, Ort der Koordination der Pläne von Haushalten und Unternehmungen.

Konsum, Güterverbrauch des Haushalts.

Sparen, intertemporale Verbrauchsentscheidung des Haushalts durch Verzicht auf Gegenwartskonsum.

Budgetmenge, geometrischer Ort aller finanzierbaren Konsumpläne des Haushalts.

Budgetgerade, Budgetmenge, bei der das Einkommen voll verausgabt wird.

Präferenzordnung, nutzenmäßige Bewertung alternativer Konsumgüterbündel des Haushalts.

Indifferenzkurve, geometrischer Ort aller Güterkombinationen gleichen Nutzens für den Konsumenten.

Nutzenindex, Nutzenwert der Güterkombinationen einer Indifferenzkurve.

Nutzenfunktion, funktionale Zuordnung alternativ konsumierbarer Gütermengen zu Nutzenindizes.

Ordinale Nutzentheorie, nur die Rangfolge von Nutzenindizes und nicht deren Werte sind ökonomisch relevant.

Kardinale Nutzentheorie, auch der Abstand von Indifferenzkurven wird als ökonomisch relevant angesehen.

Grenzrate der Substitution, die relative Wertschätzung eines Gutes, ausgedrückt in Einheiten eines anderen Gutes, entspricht (dem Betrag) der Steigung der Indifferenzkurve.

Nutzenpreis, entspricht als Zahlungsbereitschaft der Konsumenten der Grenzrate der Substitution.

Rationalprinzip, Haushalte streben nach maximaler Bedürfnisbefriedigung, Unternehmungen i.d.R. nach maximalem Gewinn.

Optimaler Konsumplan, Konsumplan mit maximalem Nutzen, wird auch als Haushaltsgleichgewicht bezeichnet.

Kostenpreis, relative Kosten des Kaufs eines Gutes, gemessen in dem dazu notwendigen Verzicht auf ein anderes Gut, entspricht (dem Betrag) der Steigung der Budgetgerade.

Mengenanpassung, der Preis wird als nicht veränderbar betrachtet, die ökonomischen Wahlhandlungen beziehen sich nur auf Mengen.

Einkommenseffekt, Konsumplanänderung durch Einkommensänderung bei konstanten Preisen.

Substitutionseffekt, Konsumplanänderung durch Preisänderung bei gleichem Nutzenniveau.

Einkommens-Konsum-Kurve, der geometrische Ort aller optimalen Konsumpläne bei zwei Gütern, wenn das Einkommen variiert wird, wird auch Engel-Kurve genannt.

Einkommensnachfragekurve, geometrischer Ort des optimalen Konsumplanes eines Gutes, wenn bei konstanten Preisen das Einkommen variiert wird.

Nachfragefunktion, funktionale Beziehung zwischen Preis und nachgefragter Menge des betreffenden Gutes.

Allgemeine Nachfragefunktion, funktionale Beziehung zwischen der Nachfrage nach einem Gut und allen Güterpreisen sowie dem Einkommen.

Nachfragekurve, geometrischer Ort einer Nachfragefunktion.

Gesamtnachfragekurve, entsteht bei Individualgütern aus der horizontalen Aggregation über die Nachfragekurven aller Konsumenten eines Gutes.

Reallohnsatz, das Verhältnis von Lohnsatz und Güterpreis.

Opportunitätskosten, hier: Kosten des durch Freizeit entgangenen Arbeitseinkommens, werden auch als Kosten der Freizeit bezeichnet.

Arbeitsangebotskurve, geometrischer Ort der Beziehung zwischen der vom Haushalt angebotenen Arbeit und dem Preis der Arbeit.

Allgemeine Arbeitsangebotsfunktion, von allen Güterpreisen und dem Lohnsatz abhängiges Arbeitsangebot eines Haushalts.

Erstes Gossensches Gesetz, der Grenznutzen eines Gutes sinkt mit steigendem Konsum dieses Gutes.

Zweites Gossensches Gesetz, im Haushaltsgleichgewicht entspricht das Verhältnis zweier Grenznutzen dem Verhältnis der entsprechenden Güterpreise.

Elastizität, Grad der Reaktion einer abhängigen Variablen auf Änderung einer unabhängigen Variablen; die Preiselastizität der Nachfrage gibt an, um wieviel Prozent die Nachfrage sinkt, wenn der Preis um ein Prozent steigt.

Kapitel 3 Theorie der Unternehmung

Produktionsplan, Kombination von Input- und Outputmengen.

Effiziente Produktionspläne, liegen auf dem oberen Rand aller möglichen Produktionspläne und werden Produktionsfunktionen genannt.

Ertragsgesetz, spezielle Produktionsfunktion mit zunächst zunehmendem, dann abnehmendem Grenzertrag pro Faktor. ·

Grenzertrag, marginale Ertragsänderung bei marginalem Faktormehreinsatz.

Partielle Produktionselastizität, prozentualer Produktionsanstieg bei einprozentigem Faktormehreinsatz eines Faktors.

Kosten, variable Kosten variieren mit der Produktionsmenge und den Faktorpreisen, fixe Kosten sind davon unabhängig.

Kostenfunktion, Kosten als Funktion des Outputs.

Grenzkosten, marginale Zusatzkosten bei marginaler Outputsteigerung.

Optimaler Produktionsplan, ist die gewinnmaximale Kombination von Input- und Outputmengen.

Outputregel, bestimmt den optimalen Produktionsplan, wenn die Grenzkosten den Grenzerlösen entsprechen.

Angebotsfunktion, Zuordnung von Preis und optimaler Outputmenge.

Gesamtangebotskurve, entsteht aus der horizontalen Aggregation der Angebotskurven aller Anbieter auf einem Markt.

Inputregel, bestimmt den gewinnmaximalen Faktoreinsatz.

Faktornachfragefunktion, wird aus der Inputregel durch Variation der Inputpreise abgeleitet.

Isogewinnkurve, geometrischer Ort gleicher Gewinne in der Faktor-Output-Ebene.

Wertgrenzprodukt, marginale Erlösänderung bei marginalem Mehreinsatz eines Faktors.

Preis-gleich-Grenzkosten-Regel, gewinnmaximale Strategie eines Mengenanpassers.

Kapitel 4 Das Marktgleichgewicht bei Mengenanpassung

Homogenes Gut, qualitätsidentische Güter auf einem Markt im subjektiven Sinne (z.B. in den Augen der Konsumenten).

Vollkommener Markt, ein Markt, auf dem ein homogenes Gut gehandelt wird und der transparent in dem Sinne ist, daß alle relevanten Marktinformationen allen Marktteilnehmern kostenlos zur Verfügung stehen.

Vollkommene Konkurrenz, sehr viele Anbieter und Nachfrager operieren auf einem vollkommenen Markt.

Marktgleichgewicht, Angebot gleich Nachfrage.

Objektive Wertlehre, erklärt Preis aus Produktionskosten.

Subjektive Wertlehre, erklärt Preis aus indivueller Wertschätzung.

Kapitel 5 Das Marktgleichgewicht bei Preisstrategie

Monopolistische Konkurrenz, unvollkommener Markt mit monopolistischem Angebot gleichartiger Güter durch mehrere Anbieter.

Monopol, Marktform, bei der der Absatz eines Anbieters ausschließlich von dessen eigenem Preis abhängt.

Oligopol, Marktform, bei der der Absatz eines jeden Anbieters nicht ausschließlich von seinem eigenen Preis abhängt, sondern auch von dem seiner Konkurrenten.

Preis-Absatz-Funktion, Haushaltsnachfrage bei alternativen vom Monopolisten gesetzten Preisen.

Cournotscher Punkt, ist "Angebotsfunktion" des Monopolisten und stellt dessen gewinnmaximale Preis-Mengen-Kombination dar.

Contestable Markets Theorie, sie macht plausibel, daß auch im Monopolfall Annäherungen an die kompetitive Marktlösung stattfinden.

Spieltheorie, Theorie ökonomischer Wahlhandlungen bei strategischem Verhalten.

Dyopol, Angebotsoligopol mit zwei Anbietern.

Cournot-Nash-Gleichgewicht, Gleichgewicht bei bedingten Angebotsfunktionen zweier Anbieter, wenn jeder Anbieter das Angebot des anderen als für diesen gegeben betrachtet.

Marketing-mix, Unternehmenspolitik, die den simultanen Einsatz von Fertigung, Preisen, Distribution und Werbung festlegt.

Kartell, begrenzt oder regelt zwischenbetriebliche Konkurrenz.

Vertikale Preisbindung, der Erzeuger setzt den Endverkaufspreis fest.

Horizontale Preisbindung, Absprache zwischen Unternehmungen, die zum Inhalt hat, daß für alle Produkte, die sie in ihrem Wirtschaftsbereich erzeugen, feste Preise gelten sollen.

Kapitel 6 Die Güter und der Gütermarkt

Geschlossene Volkswirtschaft, ohne Berücksichtigung der monetären und realen Interdependenzen mit dem Ausland.

Güterkreislauf, Faktor- und Güterbeziehungen zwischen den Konsumenten und Produzenten.

Pol, im Kreislaufschaubild zusammengefaßte Sektoren gleichartiger ökonomischer Aktivitäten.

Kreislaufaxiom, für jeden Pol ist die Summe der ein- und ausgehenden Ströme gleich.

Stationäre Wirtschaft, ohne Ausbau des Kapitalstocks.

Evolutionäre Wirtschaft, die in den Ausbau des Kapitalstocks investiert.

Bruttoinvestition, Summe aller produzierten und nichtkonsumierten Güter.

Nettoinvestition, Bruttoinvestition abzüglich produktionsbedingtem Verschleiß - der Abschreibung.

Volkseinkommen, Summe von Löhnen und Gehältern, Pacht und Mieten, sowie Zinsen und Gewinnen.

Sozialprodukt, der Wert der in einem Jahr (von den Inländern) produzierten Güter und Dienstleistungen, abzüglich der Vorleistungen.

Bruttowertschöpfung, Differenz zwischen dem Wert der Produktion und dem Wert der Vorleistungen ist in einer geschlossenen Volkswirtschaft ohne Staat identisch mit Bruttoinlandsprodukt (BIP) und Bruttosozialprodukt (BSP).

Nettowertschöpfung, Bruttowertschöpfung abzüglich Abschreibung, ist in einer geschlossenen Volkswirtschaft ohne Staat identisch mit Nettoinlandsprodukt (NIP) und Nettosozialprodukt (NSP).

Volkswirtschaftliche Ersparnis, Summe der Ersparnisse der Haushalte, Unternehmungen und des Staates.

Effektive Nachfrage, Nachfrage, die die Auslastung der Produktionskapazität bestimmt.

Nachfragemodell, Grundmodell der Keynesschen Theorie bei der die Produktion von der Absatzseite her begrenzt ist.

Konsumfunktion, makroökonomische Verhaltenshypothese, welche besagt, daß der Konsum vom Einkommen abhängt.

Konsumquote, marginale K. ist die marginale Veränderung des Konsums bezogen auf marginale Einkommensänderungen; durchschnittliche K. ist die Relation von Konsum zu Einkommen.

Sparquote, Komplement zur Konsumquote.

Gleichgewicht auf dem Gütermarkt, im Nachfragemodell, wenn die Produktion mit der effektiven Nachfrage übereinstimmt, auch Nachfragegleichgewicht genannt.

Komparativ-statische Analyse, Vergleich alternativer Gleichgewichtssituationen.

Exogene Variablen, Größen, die innerhalb eines Modells nicht erklärt werden.

Endogene Variablen, durch ein Modell erklärte Größen.

Elementarer Multiplikator, multiplikative Erhöhung des Volkseinkommens bei Erhöhung der autonomen Ausgaben im Nachfragemodell.

Grenzleistungsfähigkeit des Kapitals, Ertragsrate des Sachkapitals.

IS-Kurve, Kurve der Gütermarktgleichgewichte gemäß I = S.

Preisniveau, gewogenes arithmetisches Mittel der Güterpreise.

Preisindex, Verhältniszahl für die Veränderung des Preisniveaus mit Basis gleich 100 Prozent.

Kapitel 7 Das Geld und der Geldmarkt

Devisen, ausländische Zahlungsmittel.

Mindestreserve, von der Zentralbank festgelegter Anteil an den Verbindlichkeiten des Banksektors, welcher zinslos bei der Zentralbank hinterlegt werden muß.

Giralgeld, auch Buchgeld genannt, wird vom Bankensystem im bargeldlosen Zahlungsverkehr geschaffen.

Sichteinlagen, Einlagen, die jederzeit (auf Sicht) in gesetzliche Zahlungsmittel umgetauscht werden können.

Geldmenge, auch Geldvolumen genannt, beinhaltet Bargeld und Sichteinlagen der Nichtbanken, wird in M1, M2, M3 unterschieden.

Geldbasis, unverzinsliche Verbindlichkeiten der Bundesbank.

Geldschöpfungsmultiplikator, wird auch als Kreditmultiplikator bezeichnet, führt zur Giralgeldausweitung durch Kreditausgabe der Überschußreserve.

Inflation, Geldentwertung durch Preisanstieg.

Geldmarktmodell, zeigt, auf welche Weise das Geldangebot entsteht.

Geldangebotsfunktion, faßt die Bestimmungsgründe des Geldangebots funktional zusammen.

Geldnachfrage, Geldhaltung durch Haushalte und Unternehmungen.

Geldnachfragefunktion, nach Keynes durch das Transaktions-, Vorsichts- und Spekulationskassenverhalten bestimmt.

Liquiditätsfalle, bei zu niedrigem Zins fließt freies Geld ausschließlich in die Spekulationskasse.

Geldmarkt, fiktiver Markt für Geldangebot und -nachfrage.

LM-Kurve, Kurve der Geldmarktgleichgewichte gemäß L = M.

Keynesscher Bereich, der LM-Kurve, Bereich mit hoher Zinselastizität der Geldnachfrage.

Klassischer Bereich, der LM-Kurve, Bereich mit niedriger Zinselastizität, im Extremfall Unabhängigkeit vom Zins.

Geldpolitische Instrumente, Festlegung der Mindestreservesätze, Diskont- und Lombardsätze durch die DBuBank.

Offenmarktpolitik, An- und Verkauf festverzinslicher Wertpapiere durch die Zentralbank, führt zu einer Geldmengenänderung durch Geldbasisvermehrung.

Kapitel 8 Gleichgewicht auf dem Güter- und Geldmarkt: Das IS-LM-Modell.

IS-LM-Modell, Modell mit interdependentem Geld- und Gütermarkt.

Nachfragemultiplikator (im IS-LM-Modell), berücksichtigt im Gegensatz zum elementaren Multiplikator auch die kontraktiven Rückwirkungen über Zinserhöhungen.

Crowding-out, Abschwächung des expansiven Gütermarktmultiplikators durch Zinserhöhungen und daraus resultierendem Investitionsrückgang.

Makroökonomische Güternachfragekurve, das Gleichgewicht im IS-LM-Modell bei Variationen des Preisniveaus.

Stromgleichgewicht, Gleichgewicht in einem ökonomischen Modell mit pro Zeiteinheit definierten Stromvariablen, z.B. das Gütermarktgleichgewicht.

Bestandsgleichgewicht, Gleichgewicht bei Beständen, die von einer Referenzperiode unabhängig sind und zu einem Zeitpunkt gemessen werden, wie z.B. das Geldmarktgleichgewicht.

Kapitel 9 Der Arbeitsmarkt

Arbeitsmarkt, fiktiver Markt für einen homogenen Faktor Arbeit.

Lohnstruktur, Komplex unterschiedlicher Lohnsätze bei unterschiedlichen Arbeitsqualitäten.

Lohnquote, Anteil der Löhne und Gehälter am Volkseinkommen.

Lohndrift, übertarifliche Entlohnung.

Arbeitslosigkeit, Angebotsüberschuß an Arbeit.

Arbeitsnachfragefunktion, gewinnmaximale Beziehung zwischen Reallohnsatz und Arbeitsnachfrage der Unternehmungen.

Arbeitsangebotsfunktion, nutzenmaximales Angebot an Arbeit durch die Haushalte, in Abhängigkeit von dem Reallohnsatz bei Freiheit von Geldillusion.

Freiheit von Geldillusion, nicht das nominale Arbeitseinkommen, sondern dessen Kaufkraft bestimmt das Arbeitsangebot.

Asymmetrische Informationen, auf dem Arbeitsmarkt, wenn Arbeitsanbieter und -nachfrager unterschiedlich gut informiert sind über die tatsächlichen Preise.

Rationale Erwartungen, alle an ökonomischen Entscheidungen Beteiligte kennen die "wahre" ökonomische Modellstruktur und können sich nicht systematisch irren, Abweichungen sind nur durch stochastische Störungen bedingt.

Adaptive Erwartungen, Prognosen berücksichtigen den Erwartungsirrtum der Vergangenheit zu einem immer festen Prozentsatz.

Kapitel 10 Das allgemeine keynesianische Modell

Neoklassische Synthese, verbindet die keynessche an der effektiven Nachfrage ausgerichteten Denktradition mit der mikroökonomischen Fundierung der Angebotsseite einer Ökonomie.

Vollbeschäftigungsgleichgewicht, Gleichgewicht auf Güter-, Geld- und Arbeitsmarkt.

Kurze und lange Marktseite, die kürzere Marktseite bestimmt die tatsächlichen Transaktionen auf einem Markt, die lange Marktseite paßt sich an.

Keynes-Effekt, Kausalbeziehung zwischen Preisniveauänderung und realen Gütermarkteffekten.

Unterbeschäftigungsgleichgewicht, bezeichnet Arbeitslosigkeit mit Beharrungsvermögen im allgemeinen keynesianischen Modell.

Investitionsfalle, zinsunelastische Investitionen verhindern die Wirksamkeit des Keynes-Effektes, ist damit Ursache für ein Unterbeschäftigungsgleichgewicht.

Liquiditätsfalle, Geldmarktrigiditäten sind Ursache für ein Unterbeschäftigungsgleichgewicht.

Pigou-Effekt, vermögensabhängige Konsumnachfrage wirkt gegen ein Gleichgewicht bei Unterbeschäftigung.

Makroökonomische Güterangebotsfunktion, Beziehung zwischen gewinnmaximalem Güterangebot und variablem Preisniveau im Modell der neoklassischen Synthese.

Beschäftigungsfallen, Investitions- und Liquiditätsfalle sowie Preis- und Lohnsatzrigidität.

Budgetdefizit des Staates, Differenz zwischen Ausgaben und Einnahmen.

Staatsausgabenmultiplikator, Wirkung zusätzlicher Staatsausgaben auf das Volkseinkommen.

Haavelmo-Theorem, steuerfinanzierte Staatsausgabenprogramme erhöhen das Sozialprodukt im Ausmaß der Staatsausgabenerhöhung.

Kontraktiver Effekt, vermindert das Sozialprodukt.

Expansiver Effekt, erhöht das Sozialprodukt.

Policy-mix, kombinierter Einsatz von Fiskal- und Geldpolitik.

Fiskalpolitik, setzt an staatlichen Ausgaben und Einnahmen an.

Invisible hand, ein von A. Smith geprägter Begriff für die markträumende Wirksamkeit des autonomen Preismechanismus.

Klassik, ökonomische Denkschule des 18. Jahrhunderts, die durch Vertrauen auf das Harmonieprinzip der Invisible hand gekennzeichnet ist.

Neoklassik, baut auf der Klassik auf und weist dem Marginalprinzip eine entscheidende Rolle für ökonomische Wahlhandlungen zu.

Keynessche Theorie, makroökonomische Theorie, die auf ökonomischen Aggregaten aufbaut und in der effektiven Nachfrage den Schlüssel für die Erklärung von Arbeitslosigkeit sieht.

Saysches Gesetz, das Angebot schafft sich seine eigene Nachfrage.

Cambridge-Gleichung, das Geldangebot einer Volkswirtschaft ist dem Produkt von realem Transaktionsvolumen, Preisniveau und Kassenhaltungsdauer gleich.

Quantitätsgleichung, Interpretation der Cambridge-Gleichung mit Betonung der Rolle der Umlaufgeschwindigkeit des Geldes.

Deficit-spending, kreditfinanzierte staatliche Ausgabenprogramme zum Zwecke der ökonomischen Expansion.

Kontrazyklische Fiskalpolitik, staatliches Gegensteuern derart, daß kontraktive und expansive Konjunkturen der Volkswirtschaft bewußt geglättet werden sollen.

Monetaristische Theorie, weist dem Sayschen Gesetz eine zentrale Rolle zu und hat als Erklärungsziel Inflationseffekte.

Theorie der rationalen Erwartungen, beruht auf der Muthschen Hypothese rationaler Erwartungen und sieht für staatliche Wirtschaftspolitik keine Notwendigkeit.

Kapitel 11 Wachstum und Verteilung

Konsumentenpreise, die von Konsumenten gezahlten Preise, beinhalten auch die indirekten Steuern.

Produzentenpreise, die vom Produzenten verlangten Preise, sind gesamtwirtschaftlich um die vom Staat an Unternehmungen gezahlten Subventionen zu niedrig.

Bruttoinlandsprodukt, Wertschöpfung des Inlandes und nicht wie beim BSP, der Inländer.

Technischer Fortschritt, Ausmaß der technologischen Weiterentwicklung, die Einfluß auf die Faktorproduktivität hat.

Konjunkturelle Arbeitslosigkeit, liegt in zyklisch unzureichender effektiver Nachfrage begründet.

Strukturelle Arbeitslosigkeit, ist durch Störungen auf der Angebotsseite, d.h. bei Arbeitsangebot und/oder -nachfrage bedingt.

Nachfragedefizit, unzureichende effektive Nachfrage.

Hochkonjunktur, Phase hoher Auslastung des Produktionspotentials, auch als Boomphase bezeichnet.

Rezession, Phase rückläufiger Nachfrage und Unterauslastung des Produktionspotentials.

Satellitenkonten, ergänzende Konten zu den Standardkonten in der VGR.

Eurosklerose, ökonomische Stagnation in Europa als Gegensatz zu dynamisch expandierenden Ländern Nordamerikas und des asiatischen Raumes.

Arbeitslosenquote, Anteil der Arbeitslosen an den abhängigen Erwerbspersonen (beschäftigte Arbeitnehmer und Arbeitslose).

Verdeckte Arbeitslosigkeit, Arbeitslosigkeit am Arbeitsplatz.

Sucharbeitslosigkeit, Arbeitslosigkeit im statistischen Schnitt von Erfassungsperioden aufgrund von Arbeitsplatzwechseln.

Preisindex für die Lebenshaltung, in den Statistiken der VGR ein Preisindex, der mit einem Warenkorb bestimmte Verbrauchsgewohnheiten berücksichtigt.

Cost-push-Inflation, durch Kostenanstieg induziert.

Demand-pull-Inflation, durch Nachfragesteigerung ausgelöst.

Zielkonflikt, gleichzeitige Zielerreichung ausgeschlossen, es gibt einen Trade-off zwischen Zielen wie Vollbeschäftigung und stabilem Preisniveau.

Phillips-Kurve, Kurve für Trade-off zwischen Vollbeschäftigung und stabilem Preisniveau.

Inflationstheorien, monetäre und güterwirtschaftliche, werden zur Analyse von Inflationsursachen verwandt.

Arbeitseinkommensquote, vom Sachverständigenrat verwandtes Konzept, das von der Lohnquote abweicht, indem kalkulatorischer Unternehmerlohn die Gewinne und damit die Gewinnquote verringert.

Bereinigte Lohnquote, berücksichtigt in der Lohnquote die Veränderung des Anteils der Unselbständigen an der Erwerbsbevölkerung.

Funktionelle Einkommensverteilung, Aufteilung gemäß der Funktionen der Faktoren.

Personelle Einkommensverteilung, Verteilung der Brutto- oder Nettoeinkommen privater Haushalte.

Lorenz-Kurve, Kurve der kumulierten Haushaltseinkommen in Prozenten gemessen.

Konzentrationsfläche, Fläche zwischen der Lorenz-Kurve und der Hauptdiagonalen, die die Abweichung von der Gleichverteilung mißt.

Gini-Koeffizient, ein Maß für die Abweichung von der Gleichverteilung.

Verteilungskategorien, intertemporal über den Lebenszyklus, sozioökonomisch nach Stellung im Beruf, regional und sektoral.

Primärverteilung, durch den Marktprozeß.

Sekundärverteilung, nach Umverteilung durch staatliche Politik.

Kapitel 12 Die Funktion des Staates in der Volkswirtschaft

Umweltzertifikate, handelbare Rechte für Umweltnutzung.

Staatlicher Sektor, Abgrenzung der staatlichen Aktivität im Wirtschaftsablauf nach den VGR oder der Finanzstatistik.

Staatsverbrauch, staatlicher oder öffentlicher Konsum.

Pareto-Prinzip, Kriterium zum Vergleich alternativer ökonomischer Zustände, das in wohlfahrtstheoretischen Anwendungen der Wirtschaftspolitik normativ verwendet wird.

Individualgut, mit Rivalität im Konsum.

Kollektivgut, ohne Rivalität im Konsum.

Free-rider-Verhalten, Verschleierung der eigenen Präferenzen, in der Hoffnung, am Kollektivgut kostenlos partizipieren zu können.

Nichtanwendbarkeit des Ausschlußprinzips, nichtzahlende Konsumenten können nicht ausgeschlossen werden, z. B. weil Ausschluß nicht möglich oder zu teuer ist.

Externe Effekte, nicht über marktmäßige Kontrakte abgegoltene Nutzungen von Gütern oder Faktoren, oder Schädigungen durch diese.

Allmende, Gemeineigentum ohne individuelle Eigentumsrechte.

Adverse Selektion, auf asymmetrischer Information beruhende Auswahl schlechter Risiken.

Moral-hazard-Effekt, Abnahme der Vorsorgebereitschaft bei Vollversicherung eines Versicherungsteilnehmers.

Meritorische Güter, setzen eine Meta-Nutzenfunktion des Staates voraus, da sie eine individuell unzureichende Bewertung erfahren.

Popitzsche Gesetz, der Anziehungskraft des größten Budgets innerhalb einer föderativen Finanzstruktur.

Bruttounternehmen, zählen nach der Finanzstatistik zum staatlichen Sektor.

Nettounternehmen, die nur mit Überschüssen oder Defiziten in den öffentlichen Haushalt eingehen, zählen nicht zum staatlichen Sektor.

Haushaltsdefizit, die Differenz zwischen Ausgaben und Einnahmen, die in der Höhe dem Finanzierungssaldo entspricht.

Konjunkturpolitik, WiPo, die überwiegend auf der Nachfrageseite ansetzt.

Strukturpolitik, WiPo, die überwiegend auf der Angebotsseite ansetzt.

Theorie der Wirtschaftspolitik, theoretischer Rahmen für eine zieladäquate Wirtschaftspolitik.

Gesamtwirtschaftliches Gleichgewicht, Verwirklichung der Ziele der WiPo: nach § 1 StWG und einer gerechten Verteilung von Einkommen und Gütern.

Budgetpolitik, Variation von Art und Umfang der Staatseinnahmen und -ausgaben.

Konzertierte Aktion, abgestimmtes Handeln und Konsens zwischen Arbeitgeber- und Arbeitnehmerorganisationen.

Kapital 13 Der Staatshaushalt

Finanzverfassung, regelt in Abschnitt X GG in den Artikeln 104a bis 115 die Beziehungen zwischen Bund und nachgeordneten Körperschaften.

Subsidiaritätsprinzip, alle Aufgaben werden soweit wie möglich von den nachgeordneten Körperschaften erfüllt, Prinzip der Verantwortung "von unten nach oben".

Gemeinschaftsaufgaben, nach Art. 91a GG gemeinsame Aufgaben von Bund und Ländern.

Finanzausgleich, horizontaler F. zwischen gleichrangigen und vertikaler F. zwischen unterschiedlichen Körperschaften.

Finanzhoheit, ist Steuergesetzgebungskompetenz nach Artikel 115 GG.

Ertragshoheit, regelt nach Artikel 106 GG die Verteilung des Steueraufkommens auf Bund, Länder und Gemeinden.

Verwaltungshoheit, nach Artikel 108 GG die Regelung der Steuerverwaltung.

Budget, Haushaltsplan des Staates.

Gesamtplan, faßt die nach Einzelplänen geordneten Einnahmen und Ausgaben in verschiedenen Übersichten zusammen.

Haushaltsübersicht, enthält nach Einzelplänen zusammengefaßte Einnahmen, Ausgaben und Verpflichtungsermächtigungen.

Finanzierungsübersicht, verdeutlicht Nettokreditaufnahme zur Finanzierung der Ausgaben.

Kreditfinanzierungsübersicht, verdeutlicht Art und Weise der Finanzierung des Defizits.

Einzelplan, jede oberste Bundesbehörde verfügt über einen eigenen Einzelplan, in welchem die Einnahmen, Ausgaben und Verpflichtungsermächtigungen einer Haushaltsperiode veranschlagt sind.

Kapitel, oberstes Gliederungssystem für Einzelpläne.

Titel, die nächste Unterteilung von Kapiteln.

Gruppierungsplan, gliedert in Hauptgruppen nach volkswirtschaftlichen Einnahme- und Ausgabekategorien.

Finanzplan, eine mehrjährige Finanzplanung von fünf Jahren ist nach §§ 9, 14 StWG für die Haushaltswirtschaft des Bundes und der Länder vorgeschrieben.

Budgetzyklus, vier Phasen des Haushaltskreislaufs.

Öffentliche Betriebe, staatliche Produktion von Gütern und Dienstleistungen.

Subventionen, nach zweijährig erscheinendem Subventionsbericht der Bundesregierung zählen dazu Finanzhilfen und Steuervergünstigungen für Unternehmungen und Haushalte.

Staatsquote, Anteil der Staatsausgaben aller öffentlicher Körperschaften am BSP.

Wagnersches Gesetz, säkular zunehmende Staatstätigkeit und damit verbundene Zunahme der Staatsausgaben.

Sozialbudget, Teilbudget, das alle Ausgaben und Einnahmen der sozialen Sicherung in der BR Deutschland umfaßt.

Finanzierungssaldo, Differenz zwischen der Summe der Einnahmen und der Ausgaben.

Steuern, monetäre Zwangsabgaben ohne Anspruch auf Gegenleistung.

Gebühren, werden für tatsächlich in Anspruch genommene Leistungen an den Staat entrichtet.

Beiträge, werden von potentiellen Nutzern erhoben, unabhängig davon ob die in Aussicht gestellten Leistungen beansprucht worden sind.

Volkswirtschaftliche Steuerquote, Anteil der Steuern am BSP.

Abgabenquote, Anteil der Steuern, Gebühren und Beiträge am BSP.

Indirekte Steuern, sogenannte Kostensteuern die beim Produzenten erhoben werden und bei der Gewinnermittlung abzugsfähig sind.

Direkte Steuern, alle Steuern auf Einkommen, Vermögen und Verbrauch, die das Einkommen der Steuerzahler direkt belasten.

Steuerreform, dreistufige Änderung der steuerrechtliche Bestimmungen in den Jahren 86, 88 und 90, die vorwiegend auf eine Senkung der Belastung durch die Einkommensteuer ausgerichtet war.

Einkommensteuertarif, Gegenüberstellung von zu versteuerndem Einkommen und darauf zu zahlender Steuer.

Grenzsteuersatz, marginaler Steuersatz, der die Grenzbelastung des Zusatzeinkommens angibt.

Splitting, Wahlmöglichkeit im deutschen Einkommenssteuerrecht, auf das hälftige Haushaltseinkommen die doppelte Einkommensteuer zu zahlen.

Nettokreditaufnahme, ergibt sich aus dem Finanzierungssaldo (abzüglich der Einnahmen aus dem Münzregal beim Bund).

Münzregal, das Recht, Münzen zu prägen und in Umlauf zu bringen (liegt in der BR Deutschland beim Bund).

Notenmonopol, das Recht, Banknoten zu drucken und in Umlauf zu bringen (liegt in der BR Deutschland bei der DBuBank).

Verschuldungsquote, Anteil der Staatsverschuldung am BSP.

Investive Ausgaben, werden in der Finanzstatistik für den Bundeshaushalt ausgewiesen und umfassen alle Ausgaben, die nach dem Gruppierungsplan als Investitionen charakterisiert sind.

Intertemporales Äquivalenzprinzip, Kosten und Nutzen von Staatsausgaben sollen intertemporal gerecht verteilt werden, an zukunftswirksamen Ausgaben sollen sich auch spätere Nutznießer beteiligen.

Haushaltsgesetz, stellt vor Beginn eines Rechnungsjahres den Haushaltsplan fest.

Doppelhaushalt, nach § 1 BHO kann ein Haushaltsplan wahlweise für ein oder für zwei Rechnungsjahre festgestellt werden.

Kapitel 14 Staat, Effizienz und Wohlfahrt

Marktversagen, Märkte allokieren nicht mehr effizient, wenn Annahmen der vollkommenen Konkurrenz nicht gelten.

Effizienz, am Pareto-Prinzip ausgerichtetes Entscheidungskriterium "mehr Nutzen ist besser als weniger".

Kompetitive Ökonomie, Volkswirtschaft bei vollkommener Konkurrenz.

Allgemeines Gleichgewicht, gleichgewichtige Allokation von Faktoren und Gütern bei vollkommener Konkurrenz.

Allokation, Aufteilung von Faktoren und Gütern.

Edgeworth-Güterbox, verdeutlicht Tauschmöglichkeiten und Tauschoptima bei fester Anfangsausstattung von Gütern.

Kontraktkurve, Menge der Tauschoptima.

Nutzenmöglichkeitskurve, (Utility possibility curve), Übertragung der Kontraktkurve in den Nutzenraum.

Edgeworth-Faktorbox, verdeutlicht Produktionsmöglichkeiten bei alternativer Allokation zweier in fester Menge gegebenen Faktoren.

Isoquanten, geometrischer Ort von Faktormengenkombinationen, die zu gleichem Output führen.

Effizienzkurve, geometrischer Ort der effizienten Faktoreinsätze.

Grenzrate der Substitution (im Tausch), Verhältnis der Grenznutzen zweier Güter für ein Individuum.

Transformationskurve, geometrischer Ort der Produktionsmöglichkeiten zweier Güter bei effizientem Faktoreinsatz.

Technische GRS, Verhältnis der Faktorproduktivitäten in einem homogenen Produktionsbereich.

Effizienz im Tausch, individuelle GRS im Tausch stimmen überein.

Effizienz in der Faktorallokation, technische GRS stimmen in allen Produktionsbereichen überein.

Effizienz in der Produktion, alle GRS im Tausch stimmen mit der auf dieselben Güter bezogenen GRT überein.

Grenzrate der Transformation, entspricht dem relativen Kostenpreis eines Gutes; drückt den Preis in Minderproduktion eines Gutes zugunsten der Mehrproduktion eines anderen Gutes bei effizientem Faktoreinsatz aus.

Nutzengrenze (Utility frontier), Umhüllende aller Nutzenmöglichkeitskurven bei unterschiedlichen Produktionsniveaus.

Allokationstheorie, beschäftigt sich mit paretooptimaler Allokation von Gütern und Faktoren.

Wohlfahrtstheorie, erweitert die Allokationstheorie durch Vorgabe gesellschaftlicher Präferenzbewertungen.

Optimum Optimorum, Paretooptimum, das die Wohlfahrtsfunktion maximiert.

Zwei Fundamentalsätze der Wohlfahrtstheorie,

(1) Jedes Wettbewerbsgleichgewicht ist paretooptimal,

(2) Jedes Paretooptimum kann nach Umverteilung der Anfangsausstattung als Wettbewerbsgleichgewicht realisiert werden.

Distributionsziel, Verteilungsziel des Staates.

Wohlfahrtsverlust im Monopol, im Cournotschen Punkt ist gegenüber der Konkurrenzlösung der Preis höher und die Menge niedriger, der Konsumentenrentenverlust übersteigt den Produzentenrentengewinn.

Konsumentenrente, Fläche unterhalb der Nachfragekurve und oberhalb der Preisgerade.

Produzentenrente, Fläche unterhalb der Preisgerade und oberhalb der Grenzkostenkurve.

Natürliches Monopol, die GK-Kurve fällt und liegt überall unterhalb der Stückkostenkurve.

Vertikale Addition, von Nachfragekurven bei Kollektivgütern.

Lindahl-Gleichgewicht, paretooptimales Angebot an Kollektivgütern, bei dem der Nutzenpreis dem Zahlpreis des Nachfragers (Konsumentenpreis) entspricht.

Rationalitätsfalle, individuelle und gesellschaftliche Rationalität widersprechen sich.

Coase-Theorem, Internalisierung externer Effekte durch private Verhandlungen.

Verursacherprinzip, zur Internalisierung externer Effekte sollte am Verursacher angesetzt werden.

Kapitel 15 Grundlagen der Außenwirtschaft

Komparative Kostenvorteile, absolute und relative, sie begründen Wohlfahrtsgewinne durch Außenhandel.

Skalenerträge, relative Outputänderungen bei Erhöhung des Faktoreinsatzes aller Faktoren.

Ricardo-Theorem, begründet Wohlfahrtsgewinne durch Außenhandel bei komparativen Kostenvorteilen.

Heckscher-Ohlin-Theorem, begründet Wohlfahrtsgewinne durch Außenhandel bei unterschiedlicher Faktorausstattung.

Zahlungsbilanz, Systematik aller Verflechtungen einer nationalen Volkswirtschaft mit dem Ausland.

Handelsbilanz, der Teil der Zahlungsbilanz, der die Ein- und Ausfuhr von Gütern gegenüberstellt.

Dienstleistungsbilanz, der Teil der Zahlungsbilanz, der Dienstleistungen gegenüberstellt.

Übertragungsbilanz, der Teil der Zahlungsbilanz, der Übertragungen gegenüberstellt.

Leistungsbilanz, Summe von Handels- Dienstleistungs- und Übertragungsbilanz.

Kapitalverkehrsbilanz, mißt Kapitalströme und stellt zusammen mit der Geld- und Devisenbilanz den Ausgleich der Zahlungsbilanz sicher.

Portfolioinvestitionen, Wertpapieranlage im Ausland.

Direktinvestitionen, Unternehmensbeteiligungen im Ausland.

Wechselkurs, Preis der ausländischen Währung in Einheiten einer inländischen Währungseinheit.

Kapitalimport (-export), Zunahme der Forderungen (Verbindlichkeiten) in der Kapitalverkehrsbilanz.

Nettokapitalexport, Defizit in der Kapitalverkehrsbilanz.

Kapitalflucht, Transferierung von Vermögen in ausländische Währung.

Save-heaven-Argument, Begründung für Kapitalflucht.

Floaten, Eingriff zur Wechselkursbeeinflussung durch nationale Zentralbanken durch An- und Verkauf von Devisen.

Paritäten, Wechselkurse.

Sonderziehungsrechte, (SZR) ist Kunstwährung des IWF, Agglomerat nationaler Währungen.

EWS, europäisches Währungssystem, seit 13. März 1979 in Kraft.

Maastrichter Vertrag, im Dezember 1991 in Maastricht gebilligt und am 7.2 1992 paraphiert als " Entwurf eines Vertrages über die Europäische Union.

European Currency Unit, (ECU) Kunstwährung im EWS, Agglomerat nationaler Währungen.

Makroökonomische Bilanzgleichung, stellt Kreislaufidentität dar.

Terms of Trade, sind das Verhältnis von Exportpreisen zu den Importpreisen.

Kapitel 16 Spezielle Aspekte

Protektionismus, Eingriffe in die Ergebnisse des Freihandels, um nationale Vorteile zu erzielen.

Zoll, Einfuhrabgaben auf den Preis eines importierten Gutes.

Schutzzollargument, Zölle zur Sicherung nationaler Arbeitsplätze.

Erziehungszölle, Schutz zur Entwicklung nationaler Volkswirtschaften.

Nash-Gleichgewicht, eine stabile Gleichgewichtslösung in spieltheoretischen Fragestellungen, bei der niemand einen Anreiz hat, davon abzuweichen.

Dominante Strategien, Strategien, die unabhängig von den Strategien der anderen immer vorteilhaft sind.

Abbildungsverzeichnis

Tabellenverzeichnis

Namenverzeichnis

Sachregister

Springer-Lehrbücher

J. Schumann

Grundzüge der mikroökonomischen Theorie

6., überarb. u. erw. Aufl. 1992. XVII, 486 S.
217 Abb. (Springer-Lehrbuch)
Brosch. DM 36,- ISBN 3-540-55600-1

Dieses im deutschen Sprachgebiet weit verbreitete Buch ist für das wirtschaftswissenschaftliche Grund- und Hauptstudium gedacht. Es vermittelt solide Kenntnisse der mikroökonomischen Theorie und schafft Verständnis für das Funktionieren einer Marktwirtschaft.

U. Meyer, J. Diekmann

Arbeitsbuch zu den Grundzügen der mikroökonomischen Theorie

3., verb. Aufl. 1988. X, 250 S. 132 Abb.
Brosch. DM 27,50 ISBN 3-540-50046-4

B. Felderer, S. Homburg

Makroökonomik und neue Makroökonomik

5., verb. Aufl. 1991. XV, 455 S. 97 Abb.
(Springer-Lehrbuch) Brosch. DM 36,-
ISBN 3-540-53415-6

Aus einer Besprechung:
„...die Autoren bieten eine längst überfällige, übersichtliche Einführung in die verschiedenen makroökonomischen Schulen, die sich in den vergangenen 200 Jahren entwickelt haben und früher oder später jedem Studenten im VWL-Studium begegnen... eine willkommene Orientierungshilfe im „Dichicht" der widerstreitenden Makroschulen... ein komplexes Standardwerk, das über das gesamte Studium hinweg einen guten Wegbegleiter abgibt."   *WISU*

B. Felderer, S. Homburg

Übungsbuch Makroökonomik

3., verb. Aufl. 1993. VIII, 145 S. 38 Abb.
(Springer-Lehrbuch) Brosch. DM 19,80
ISBN 3-540-56701-1

A. Pfingsten

Mikroökonomik
Eine Einführung

1989. XIV, 240 S. 56 Abb.
Brosch. DM 29,80 ISBN 3-540-50971-2

Dieses Lehrbuch der Mikroökonomik vermittelt einen Einblick in grundlegende Fragestellungen, Methoden und Modelle mikroökonomischer Theorie. Nach kurzen Abschnitten über die Stellung der Mikroökonomik in den Wirtschaftswissenschaften, Grundprobleme des Wirtschaftens und wirtschaftswissenschaftliche Modellbildung folgen mehrere ausführliche Kapitel zur Haushaltstheorie, zur Gleichgewichts- und Wohlfahrtstheorie, sowie zur Produktionstheorie. Elastizitäten und ein kurzer Abstecher in die Preistheorie bilden den Abschluß.

Springer

Preisänderungen vorbehalten.

B3.06.080